K.

Jörg Magenau

Eine Biographie **Christa Wolf**

verlegt bei
KINDLER

Inhalt

Von vorn anfangen

»Eine Art Mit-Schrift wäre mein Schreibideal. Ein Griffel folgte möglichst genau der Lebensspur, die Hand, die ihn führte, wäre meine Hand und auch nicht meine Hand, viele und vieles schriebe mit, das Subjektivste und das Objektivste verschränkten sich unauflösbar, ›wie im Leben‹, die Person würde sich unverstellt zeigen, ohne sich zu entblößen, der Blick betroffen, jedoch nicht vom Bodensatz ungeklärter Ressentiments getrübt, nicht kalt, anteilnehmend, so unsentimental wie möglich, verdiente sich so vorurteilsfreie Aufmerksamkeit –.«

Christa Wolf 1994[1]

Eine beliebte hypothetische Frage lautet, ob man sich ein anderes Leben gewünscht hätte als das, das man hatte. Es ist ein Gedankenspiel, eine Phantasieflucht, um versuchsweise in andere, glücklichere Rollen zu schlüpfen. Zu verbessern gäbe es immer etwas, und Wünsche, die unerfüllt blieben, gibt es auch. Christa Wolf musste sich in einem Fernsehinterview zu ihrem 70. Geburtstag mit dieser Frage auseinandersetzen, und sie antwortete darauf wie fast alle Menschen mit Nein. So wie es war, so soll es auch gewesen sein – wie sonst? Da saß sie auf einem Gartenstuhl vor ihrem Sommerhaus in Mecklenburg, sehr gelassen, sehr freundlich, ein wenig zerbrechlich wirkend und doch ihrer selbst kraftvoll gewiss. Dieser Frau, das konnte man sehen, war nichts mehr anzuhaben. Wer so viele Angriffe auf die eigene Person und die eigenen Werke in zuverlässiger Regelmäßigkeit überstanden hat, ist nicht so leicht zu erschüttern. Wer so viele Hoffnungen begraben hat, braucht sich auch vor dem eigenen Leben nicht mehr zu fürchten.

Schwerer tat sich Christa Wolf mit der Zusatzfrage, ob sie ihr gelebtes Leben noch einmal genau so leben wollte. Da war ein Erschrecken in ihrem Gesicht zu erkennen, ähnlich dem, das sie einmal bei Anna Seghers als Reaktion auf dieselbe Frage beobachtet hatte. Noch einmal dieses Leben? Noch einmal den Glauben an die sozialistische Utopie? Noch einmal die mühsamen, schmerzhaften Emanzipationsversuche, das Ringen um Freiheit im Schatten der Ideologie? Noch einmal all die zermürbenden Auseinandersetzungen mit Parteibonzen und Ästhetikwächtern? Wieder zurück ins geteilte Deutschland mit Kalten Kriegern hüben und drüben, wo jedes Buch unweigerlich zwischen die Fronten geriet? Christa Wolf antwortete prompt. Ein bisschen klüger, ein bisschen geschickter würde sie im Wiederholungsfall schon gerne sein. Aber dann wäre es ja nicht mehr dasselbe Leben. »Also, es geht nicht«, sagte sie pragmatisch. »Man muss das Leben nehmen, das man hat, und versuchen, das Beste daraus zu machen, so lange wie es eben geht.«

Viele würden ebenso antworten. Und doch klingt darin die stets wiederkehrende Grundmelodie dieses Lebens an, lieber am Vertrauten festzuhalten, als den großen Ausbruch zu wagen, und eher das beste Mögliche zu praktizieren, als für das unmögliche Beste alles aufs Spiel zu setzen. Die Biographie Christa Wolfs ist eine Chronik fortgesetzter Verabschiedungen. Sie lässt sich auch als beharrliches Festhalten, als Dabeibleiben oder nur als Dableiben beschreiben. Kontinuität und Brüche bedingen sich gegenseitig. »Ernüchterung« ist der Begriff, der ihr Leben am hartnäckigsten begleitet. Welten liegen zwischen dem sozialistischen Sturm und Drang der Bescheidwisserin der fünfziger Jahre und der vorsichtig gewordenen Siebzigjährigen im Mecklenburger Gartenstuhl. Die Summe der Niederlagen, Irrtümer und Enttäuschungen ergibt in ihrem Fall kein falsches Leben, sondern ein aufrichtiges.

»Das Leben«, sagt Christa Wolf entsagungsvoll, »ist nicht auf ›Glück‹ angelegt.«[2] Die Erfahrungen der Aufbruchszeit des Sozialismus, die zum Glück geradezu verpflichtete, hinterließ ihr ein Misstrauen gegen allen verordneten Optimismus. Wer Christa Wolf und ihre Werke später zu charakterisieren versuchte, hob gewöhnlich ihren »elegischen Ton« hervor oder bezeichnete sie, wie Marcel Reich-Ranicki es tat, kurz und brutal als »Deutschlands humorloseste Schriftstellerin«[3]. Dieses Urteil verkennt ihren sublimen, niemals polternden Humor. Ironie ist allerdings nicht ihre Sache. Ihr Schreiben ist dominiert von Trauer, Ernst und Sorge. Der Horizont ihres Schreibens ist jederzeit »Wahrheit«, verstanden als ein Zustand subjektiver Wahrhaftigkeit. Vom Glück, das so viele Menschen als persönliches Lebensziel nennen, sagt sie in durchaus marxistischer Tradition: »Glück? Was ist das? Ein Zentralphänomen der Trivialliteratur, dem sie übrigens ihre große Aufmerksamkeit verdankt. In ihren entfremdeten Lebensverhältnissen sehnen sich die Menschen nach ›Glück‹ – ganz verständlich. Nur dass diese Sehnsucht sich unter den heutigen gesellschaftlichen Umständen aus der kleinbürgerlichen Moral speist mit ihrer Sucht nach Harmonie und ihrem Geschick, die Konflikte der Realität zu verdrängen.«[4]

In der Geschichte »Unter den Linden« erzählt Christa Wolf aber doch von einer Begegnung mit dem Glück. Die Erzählung entstand 1969 in einer Phase tiefer Niedergeschlagenheit und Depression. Die Auseinandersetzung mit dem Glück hatte hier eine kathartische Funktion. Sicherheit und die Überwindung der Zweifel erscheinen als Bedingung des Glücks. Am Ende aber gelingt es nur im Traum. Da begegnet der Erzählerin eine junge Frau, die in ihrer Schönheit, Lockerheit und Fröhlichkeit all das repräsentiert, was sie sich immer vergeblich gewünscht hatte. »Nie vorher«, heißt es da, »hatte eine Begegnung mich so getroffen. Diese Frau würde niemals vom Glück verlassen sein. Alles, was anderen misslang, würde ihr glücken. Nie, nie konnte sie Gefahr laufen, sich zu verfehlen.«[5] Im Erwachen wird der Erzählerin dann klar, dass es sie

selbst war, der sie da begegnete, und dass der Sinn dieser »Bestellung« darin lag, sich selbst »wiederzufinden« [6].
Die »Schwierigkeit, Ich zu sagen« – so ein zentrales Motiv in ihrem Werk –, ist für einen kurzen, traumhaften Moment aufgehoben. Die Erzählerin ist ganz bei sich: Utopie der Übereinstimmung mit sich selbst. Außerhalb des Traums jedoch kann es eine solche Ankunft beim eigenen Ich nicht geben. Welches »Ich« aus der langen Reihe verschiedener Personen, die eine Biographie ausmachen, wäre dem zugrunde zu legen? Wann ist der Mensch er selbst, wenn er erst aus der Summe seiner sich wandelnden Erscheinungsbilder begreifbar wird? Man kann mit Äußerlichkeiten beginnen, wie es der Schriftstellerkollege und Freund Günter de Bruyn tat, als er 1972 ein Porträt über Christa Wolf schreiben sollte. Wie ein Maler ging er die Aufgabe an und versuchte, das Gesicht zu schildern, dem er die Herkunft aus der Region östlich der Oder ansehen zu können glaubte. »Das Haar ist dunkel. Die Brauen, weil auch dunkel, sind deutlich herausgehoben; tief angesetzt beschatten sie Augen schwer erkennbarer Färbung. Grau, grün, blau, graugrün, graublau? Bezeichnend die Nase: schon vom Ansatz her Tendenzen zur Breite. (…) Passend dazu dann die Flächen, groß, ausgedehnt, die Stirn, die Wangen.«[7] Am Ende des Besuches aber resignierte der Porträtist. Er musste erkennen, dass er mehr in dieses Gesicht hineinlas, als sich darin entdecken ließ, dass die Freundlichkeit und die offene Aufnahme, die er bei der Familie Wolf erfuhr, ihn auf sich selbst zurückwarfen. De Bruyn schrieb: »Vor dem Gesicht, das er erforschen wollte, stand er wie vor dem eignen Gewissen. Er kann verstehen, dass mancher das nicht mag. Der wehrt sich dann mit Anschuldigungen – und charakterisiert sich selbst.«[8] Also blieb das Porträt Fragment und ist gerade dadurch sprechend. Die emotionale Mischung aus Eingeschüchtertheit, Erleichterung und schließlich Bewunderung, die sich im Besucher einstellte, ist typisch für Begegnungen mit Christa Wolf.

Eine Tendenz zur Gemeindebildung umgibt ihre Person wie ein heiliges Rauschen. Ostdeutsche sehen in ihr eine Fürsprecherin des »Es kann doch nicht alles schlecht gewesen sein«-Bewusstseins, eine Jeanne d'Arc, die das »Recht auf die eigene Biographie« und selbstbewusste Ost-Identität verkörpert. Für Frauen ist sie ein Vorbild selbstverständlichen weiblichen Selbstbewusstseins und Vertreterin einer humaneren, »weiblichen« Rationalität: eine sanfte Feministin. Für die traditionelle Linke ist sie die gelernte Kassandra, deren zuverlässige Warn- und Mahnrufe sich mit reflexhaft düsterem, antikapitalistischem Kopfnicken begleiten lassen. Grün-Alternative finden in ihren Büchern die gesundheitsfördernde Vollkornmischung aus Selbstverwirklichungsbestrebungen, Umweltbewusstsein, Weiblichkeit und Friedenssehnsucht. Für Literaturfreunde ist sie eine Art weiblicher Heinrich Böll des Ostens, in ihrer internationalen Bedeutung und weltweiten Anerkennung unter den deutschen Gegenwartsautoren wohl nur mit Günter Grass zu vergleichen.

Wer Verehrung produziert, produziert zugleich Feindschaft. »Ich bin eine Figur, auf die man vieles projizieren kann«, sagte Christa Wolf in einem Gespräch, das ich 1994 für die Wochenzeitung »Freitag« mit ihr führte.[9] Da lagen die heftige Debatte um ihre Stasi-Mitarbeit Ende der fünfziger Jahre und ihre Erzählung »Was bleibt« noch nicht weit zurück. Vor 1989 im Westen eher als kritische DDR-Autorin wahrgenommen, galt sie nach der Wende plötzlich als »Staatsdichterin« und Repräsentantin des Systems, für dessen Veränderung sie sich doch eingesetzt hatte. Weil Christa Wolf moralische Integrität und subjektive Aufrichtigkeit nicht nur propagierte, sondern repräsentierte, eignete sie sich so gut für Angriffe, die auf mehr zielten als bloß auf die Literatur. Und umgekehrt schien mit ihrem Bekenntnis, einmal die informelle Mitarbeiterin »Margarete« gewesen zu sein, schlagartig auch ihre Literatur erledigt.

Gerade deshalb lohnt es sich, entlang ihres Lebens die Geschichte der DDR noch einmal zu erzählen: als politische Biographie einer Autorin, die sich in die Kämpfe ihrer Zeit stets eingemischt hat. Ob als mutige Opponentin auf dem 11. Plenum des ZK der SED im Dezember 1965, bei den Protesten gegen die Biermann-Ausbürgerung 1976 oder als Rednerin auf dem Alexanderplatz am 4. November 1989: Stets war Christa Wolf an exponierter Stelle dabei, auch wenn sie dabei gelegentlich wie in Thomas Brussigs Satire »Helden wie wir« mit der biederen Eislauftrainerin Jutta Müller verwechselt werden konnte. Für Brussig und die jüngere Generation aus der DDR hatte sich ihr vorsichtiges Agieren bereits überlebt. Sie, die mit der DDR nichts mehr zu tun haben wollten, konnten auch mit der Haltung loyaler Dissidenz, die bis zuletzt nicht auf Überwindung, sondern auf die Verbesserung der DDR-Gesellschaft zielte, nichts mehr anfangen.

Mit dem historischen Abstand zu den überhitzten Debatten der Wendezeit sind auch die einfachen Antworten veraltet, die, selbst ideologisch und moralisierend, sich kaum für die lebensweltliche Vielfalt und den Widerspruch zwischen Anpassung und Veränderungswille interessierten. Christa Wolf ist seltsam unbeschadet aus dem Getümmel hervorgegangen. Unbeschadet, aber nicht unberührt: Sich mit ihrer ganzen Person ein- und auszusetzen, gehört seit je zu ihren Prinzipien; ihr Schreiben und ihr politisches Handeln sind stets Methoden der Lebensbewältigung, so dass sich »Person« und »öffentliches Wirken«, »Leben« und »Schreiben« nicht trennen lassen. Repräsentierte Heiner Müller für viele die kalte, zynische Vernunft des Intellektuellen, so steht Christa Wolf für wärmende Zuwendung und emotionale Fürsorge. Man wird sehen, ob solche Zuschreibungen haltbar sind. Die Funktion als moralische Mutter der Nation hat sie in dem Maße eingebüßt, in dem die hypertrophe Rolle der Schriftsteller und Intellektuellen des Ostens als ersatzweiser Öffentlichkeit und einer Instanz für

Trost und Kritik sich historisch erledigt hat. Auch »den Westen« als außen liegenden Verstärker gibt es nicht mehr. Der Resonanzraum des öffentlichen Sprechens ist verschwunden. Doch die Gemeinde blieb.

Als ich Christa Wolf mit dem Plan einer Biographie konfrontierte, lehnte sie höflich, aber bestimmt ab. Dafür sei es noch zu früh, man möge sich doch gedulden, bis sie einmal nicht mehr da sei. Noch habe sie einiges vor und betrachte ihr Leben und ihr Werk nicht als abgeschlossen. Die Erfahrungen, die sie nach der Wende mit der (west)deutschen Öffentlichkeit gemacht hatte, trugen dazu bei, dass ihr bei der Vorstellung einer Biographie unbehaglich wurde. Doch wem ginge es anders? Man muss nicht allzu viel Phantasie aufbringen, um sich vorzustellen, dass es nicht sehr angenehm ist, zum Gegenstand erhoben und zum Objekt gemacht zu werden. Dabei wollte sie gegen einen Autor, der als Westler, als Mann und einer jüngeren Generation zugehörend ihr denkbar fremd gegenübertrat, noch nicht einmal Einwände erheben. Christa Wolf, deren Literatur stets auf die Stärkung des Subjekts gerichtet ist und allen Versuchen entgegenarbeitet, den Anderen zum Objekt zu machen, hätte es gerne mit Anna Seghers gehalten und allein das Werk sprechen lassen. Schließlich aber akzeptierte sie, dass sie als wichtige Figur der Zeitgeschichte und als Autorin von überragender Bedeutung auch ein biographisches Interesse ertragen müsse. Und da sie es nicht verhindern könne, wolle sie wenigstens dazu beitragen, dass die Fakten stimmen.

Die Gespräche mit ihr und Gerhard Wolf wurden von Mal zu Mal offener. Bei Kaffee und Keksen saßen wir in ihrem Arbeitszimmer, wo die Photographien von Heinrich Böll, Friedrich Schlotterbeck, Rosa Luxemburg und der Mutter Herta Ihlenfeld im Bücherregal stehen. Unentwegt klingelte im Flur das unduldsame Telefon: die Töchter, die Enkel, Freunde, Redaktionen. Christa Wolf liebt es, von Menschen und Gesprächen umgeben zu sein. Wenn sie

manchmal stöhnt, dass ihr das eigentlich zu viel sei, dann ist das nicht so gemeint. Ohne den Trubel wäre es noch viel schlimmer.
Von der DDR sprach sie in Anekdotenform, manchmal mit einem Kopfschütteln, oft lachend. Das Land, dem die Kämpfe ihres Lebens gegolten haben, lag in weiter Ferne, in tiefer Vergangenheit. In staunenswerter Abgeklärtheit blickte sie darauf zurück. Zur Materialfülle aus Interviews und Briefen, Zeitungsartikeln, Bibliotheken füllender Sekundärliteratur und Archivmaterial, mit denen ich mich beschäftigte, kamen so die Informationen aus erster Hand, Geschichten und Anekdoten, die Christa und Gerhard Wolf zumeist gemeinsam erzählten, indem sie sich dabei immer wieder ins Wort fielen: Lass mich mal erzählen, da warst du doch gar nicht dabei!
Nicht alle Erinnerungen ließen sich eindeutig rekonstruieren. Von manchen Erlebnissen oder Gesprächen blieb Jahrzehnte später nur noch die Atmosphäre übrig oder ein Gefühl. Manchmal widersprachen sich die beiden und gerieten mit der Chronologie der Ereignisse durcheinander. Das bleibt nicht aus nach fünfzig Jahren gemeinsamen Lebens. In ihrer Literatur misstraut Christa Wolf hartnäckig linearen Handlungsabläufen. Erinnerungen sind anarchisch und halten sich nicht an die Chronologie. Jede Gegenwart ist durchsetzt von Vergangenheiten. Eine Biographie muss das Leben trotzdem als Kontinuum erzählen, selbst wenn klar ist, dass es sich dabei um eine Konstruktion handelt. Nicht nur das Werk, auch das Leben handelt mit Fiktionen. So autobiographisch das Material vieler ihrer Bücher ist, so inszeniert und kalkuliert sind manche Äußerungen zur Person in Interviews und Selbstauskünften. Es ist im Nachhinein oft nicht zu entscheiden, was nun als »wahr« genommen werden kann. Im Zweifelsfall steckt die Wahrheit in der Summe der entworfenen Bilder, je widersprüchlicher, umso echter. Die Aufrichtigkeit persönlicher Briefe steht dem wahnhaften Wirklichkeitsfetischismus der Stasi-Akten gegen-

über, in denen sich erstaunlich viel Unsinn findet. Die Wolfs haben, als sie 1992 ihre so genannten »Opfer«-Akten einsehen konnten, einen ganzen Koffer mit Kopien gefüllt, den sie mir zu lesen gaben. Seltsame Situation, als Gast in ihrem Wohnzimmer zu sitzen, dort die Überwachungshinterlassenschaften eines voyeuristischen Staates zu studieren und damit Einblicke in Lebensdetails zu erhalten, die Gästen normalerweise verschlossen bleiben. Manchmal kam Christa Wolf herein, setzte sich dazu und sagte: Scheußlich, was? Es war eine ermüdende Lektüre, bei der in der Fülle der Nebensächlichkeiten rasch der Blick fürs Ganze verloren geht. Das Ganze aber ist: ein exemplarisches deutsches Intellektuellenleben in der zweiten Hälfte des 20. Jahrhunderts.
Erzählungen über die DDR kranken häufig daran, dass sie von ihrem Ende aus erzählt werden und dass das Wissen um das Scheitern des Sozialismus ihnen als Voraussetzung zugrunde gelegt wird. Man muss dennoch, um den Handlungen der in ihre Zeit eingebundenen Personen gerecht zu werden, von vorn und mit offenem Ende erzählen. Noch ist nichts entschieden. Sonst könnten alle Hoffnungen nur falsch gewesen sein. Alle Taten wären immer schon verfehlt, und die, die früher lebten, wären immer die Dummen. Wäre es so, könnte man sich die Auseinandersetzung mit der Vergangenheit sparen. Also versuchen wir es und fangen ganz von vorne an.

Goldene Nüsse *Die Pflicht, glücklich zu sein: Kindheit in Landsberg*

Im September 1997 besuchte Christa Wolf die polnische Stadt Gorzów Wielkopolski, die einst, als sie am 18. März 1929 hier geboren wurde, Landsberg an der Warthe hieß und zu Deutschland gehörte. Es war nicht der erste Besuch in ihrem Geburtsort nach 1945, doch nie zuvor empfand sie deutlicher, wie stark die emotionale Bindung an den Ort der Kindheit nachgelassen hatte. Die achtundsechzigjährige Schriftstellerin kehrte in eine Stadt zurück, die ihr fremd und seltsam vertraut erschien. Die Brunnenmarie, früher das Landsberger Wahrzeichen und Treffpunkt der Liebespaare, stand plötzlich wieder originalgetreu auf dem Marktplatz, obwohl sie doch in den letzten Kriegsmonaten zerstört worden war. Christa Wolf hatte sie bei früheren Besuchen schmerzlich vermisst, wenn sie auf dem leeren Platz neben der Marienkirche stand, in der sie konfirmiert worden war.

Nun, 1997, saß sie zu einer Lesung auf der Bühne des alten Stadttheaters. Der polnische Staatspräsident persönlich begrüßte sie und freute sich: »Sie gehören ja zu uns.«[1] Es gab Rosen, einen Handkuss und eine Plakette. Die roten Plüschsessel im Zuschauerraum waren dieselben wie früher und wirkten ziemlich durchgesessen. Christa Wolf atmete den Staub ein, der in der Luft hing, und erkannte den Geruch wieder, den sie schon als Kind wahrgenommen hatte, als sie in der Vorweihnachtszeit ins Theater kam, um dem Märchen von der Schneekönigin zu lauschen.

Am Ende der Lesung aus »Kindheitsmuster« erhob sich ein Mann, um zu erzählen, wie er ihren Schulweg nachgegangen sei. Ein anderer kam auf die Bühne, um der berühmten Tochter der Stadt eine Tüte mit Nüssen zu überreichen, die er im Hof ihres Elternhauses geerntet habe. Christa Wolf verstand, dass dies ein symbolischer Akt sein müsse, und bedankte sich gerührt, obwohl im Garten ihres Elternhauses nie ein Nussbaum gewesen war. Später, so berichtet sie nicht ohne Humor, habe sie das Geschenk wie »goldene Nüsse aus dem Märchen« mit Andacht gegessen.[2] Denn wer weiß, ob der Geschmack der Nüsse nicht doch irgendwie zur Kindheit dazugehört, selbst wenn er sich erst so spät einstellte. Nie wieder, sagte sie im Theater in Gorzów Wielkopolski, habe sie sich irgendwo so zu Hause gefühlt wie hier als Kind.

Was ist Wirklichkeit? Welche Bruchstücke der Erinnerungen – eigene und fremde – sind wahr? Und welche Bilder, auch wenn sie sich im Nachhinein verwandeln, bestimmen doch ein Leben? Zu den prägenden Eindrücken der frühen Jahre gehört zweifellos die karge, flache Landschaft der Region. Der Fluss gehört dazu, die Kiefern, die Seen, der trockene, kontinentale Sommer. Die Trauerweide hinter dem Café im Stadtpark bleibt für sie der schönste Baum auf der Welt. Und Landsberg selbst, diese »mittelgroße, eigentlich eher kleine Stadt jenseits der Oder«, gibt mit der nachgemachten deutschen Backsteingotik zeitlebens das »Muster für Städte« vor, auch wenn oder gerade weil dort keine außergewöhnlichen Sehenswürdigkeiten zu entdecken sind. Ein anderer Hintergrund für das eigene Leben wäre für Christa Wolf jedenfalls nicht vorstellbar gewesen.[3]

Heimat ist ein Geschmack oder ein Gefühl und grundiert alles, was folgt. In ihrem autobiographischen Roman »Kindheitsmuster« ist Christa Wolf diesen Grundierungen nachgegangen. Über keinen anderen Lebensabschnitt hat sie sich ausführlicher geäußert als über diesen, fernstliegenden, wenn auch unter der schützenden

Maske der Fiktion und versehen mit der mahnenden Vorbemerkung, alle Figuren und Ereignisse seien Erfindungen der Erzählerin. Das stimmt insofern, als alle Erinnerung mit Erfindung zu tun hat. Es ist falsch, weil der ganze Roman ein Ringen um Aufrichtigkeit demonstriert und stets auch die verschlungene Funktionsweise der Erinnerung selbst in den Blick zu bekommen versucht.

»Das Milieu, das ich in ›Kindheitsmuster‹ beschrieben habe, ist authentisch«, sagte Christa Wolf einmal, »die äußeren Umstände, unter denen ich aufgewachsen bin, kann man schon daraus abziehen.«[4] Das Mädchen, das sie einmal war und das ihr nun in der Erinnerung wiederbegegnete, erschien ihr dabei jedoch so fremd, dass sie ihm einen anderen Namen gab: Nelly Jordan. Nur so, indem sie die eigene Herkunft von sich weghielt, konnte sie sich ihr nähern. Nur so ließen sich Aussagen treffen über die Kindheit im Nationalsozialismus und die Prägungen, die daraus resultierten: eine durchschnittlich angepasste, durchschnittlich glückliche Kindheit in einer durchschnittlichen Provinzstadt in einer außerordentlichen Epoche.

Berühmtheiten hat Landsberg keine vorzuweisen – außer eben Christa Wolf, der man dafür »goldene Nüsse« überreichte. Der Philosoph Friedrich Schleiermacher war einmal kurz zu Besuch, Victor Klemperer wurde hier geboren, die Familie zog aber so früh weg, dass ihm keine persönlichen Erinnerungen an die Stadt an der Warthe blieben. Klemperers Vater war Rabbiner, vielleicht ja in ebenjener Synagoge, an deren Zerstörung Christa Wolf sich in »Kindheitsmuster« erinnert. Keine zehn Jahre alt war Nelly am 9. November 1938, als die Synagoge brannte und es sie dorthin zog, weil sie unbedingt die rauchende Ruine sehen wollte. Zu ihrem Entsetzen kamen Leute aus dem abgebrannten Gebäude, Juden, die versuchten zu retten, was noch zu retten war. Was ein Rabbiner ist, wusste Nelly noch nicht.[5]

Gottfried Benn war während des Zweiten Weltkrieges als Offizier

und Truppenarzt in der damaligen General-von-Strantz-Kaserne stationiert, die Landsberg burgartig überragte. Einhundertsiebenunddreißig Stufen hatte die Treppe, die dort hinaufführte – Benn hat sie gezählt. Für ihn war Landsberg »eine Stadt im Osten«. Christa Wolf fand diese geographische Einordnung geradezu lachhaft, als sie in Benns »Roman eines Phänotyps. Landsberger Fragment« darauf stieß. Für sie als Kind begann der Osten weit weg, in Bromberg oder in Königsberg. Die eigene Heimatstadt lag wie jede Heimatstadt im Mittelpunkt der Welt. In »Kindheitsmuster« zitiert sie Benn als Beispiel für den fremden Blick, der Seltsamkeiten entdeckt, die sie nicht wiederzuerkennen vermag: »Straßen, die Hälfte im Grund, die Hälfte auf Hügeln, ungepflastert; einzelne Häuser, an die kein Weg führt, unerfindlich, wie die Bewohner hineingelangen; Zäune wie in Litauen, moosig, niedrig, nass.«[6]
Die elterliche Wohnung in einem Eckhaus am Sonnenplatz 5 kann Benn damit nicht gemeint haben. Am Neubau in der Soldiner Straße muss es allerdings einen Lattenzaun um den Vorgarten gegeben haben. Noch im Juli 1971, bei der ersten Reise aus der DDR zurück in die polnische Heimatstadt, kann Christa Wolf dessen Reste ausmachen. Am Sonnenplatz unterhielten die Eltern, die Kaufleute Otto und Herta Ihlenfeld, ihr erstes Lebensmittelgeschäft und dekorierten die Schaufenster mit Kathreiner Malzkaffee und Knorr Suppenwürsten. Hier kam 1932 der Bruder Horst zur Welt, von hier aus ging Christa, gerade sechs Jahre alt geworden, Ostern 1935 zum ersten Mal zur Schule, um Lesen und Schreiben zu lernen und den Hitlergruß. Der ging ihr so sehr in Fleisch und Blut über, dass es ihr nach 1945 schwer fiel, »Guten Tag« und »Auf Wiedersehen« zu sagen. Aber auch die Lieder der Zeit – »Vorwärts, vorwärts, schmettern die hellen Fanfaren, vorwärts, vorwärts, Jugend kennt keine Gefahren« – setzten sich hartnäckig im Gedächtnis fest. »Die Lieder sind das Schlimmste gewesen«, sagt die Kinderärztin Vera Brauer aus Christa Wolfs Debütérzählung

»Moskauer Novelle« zu ihrem russischen Freund Pawel: »Man vergisst sie so schwer. Können Sie sich vorstellen, wie das ist, wenn man misstrauisch jeden Ton bewachen muss, der einem von den Lippen will?«[7]

Der Vater, Otto Ihlenfeld, ist im späteren Urteil der Tochter ein weicher Mensch.[8] Weil es die Umstände erforderten, war er schon 1933 in die NSDAP eingetreten oder vielmehr sanft in die Partei hineingeglitten: Der Ruderclub, dem er angehörte, wurde im Zuge der Neuordnung der Sportvereine in die entsprechende NSDAP-Gliederung integriert. Nazis waren die Eltern aber nicht. Die Ihlenfelds gehörten zum aufstrebenden, arbeitsamen Mittelstand und waren in protestantisch geprägtem Ethos darauf bedacht, als ordentliche Mitglieder der Gesellschaft nicht aufzufallen. Die dreißiger Jahre waren für sie Friedensjahre und eine sorglose Zeit des Wohlstands. Das Geschäft ging gut. Man konnte sich eine neue, rotbraune Sesselgarnitur leisten und ein Mende-Radio statt des billigen Volksempfängers – nicht um womöglich nach verbotenen Sendern zu suchen, sondern eher aus Statusgründen. Das Radio holte Max Schmelings Niederlage gegen Joe Louis in die heimische Küche und ließ den Vater fast verzweifeln. Das Geheul des Sportreporters scheint mehr Emotionen aufgewühlt zu haben als das übliche Geschrei der Nazis, das nicht recht in die Behaglichkeit passte. Im Wohnzimmer standen ein schwarzes Buffet, ein Blumenständer, die Anrichte. Die Neubaupläne für die oberhalb der Stadt gelegene Soldiner Straße lehnte die Mutter zunächst als größenwahnsinnig ab. Am 1. September 1936 zog die Familie jedoch ins neue, weiß gestrichene Haus und verlegte auch das Lebensmittelgeschäft hierher. Christa konnte vom Fenster ihres Zimmers aus weit über die ganze Stadt, über die Seen und Wälder der Umgebung blicken.

Eine sehr frühe Erinnerung gilt jenem Tag im Jahr 1934, an dem »der Führer« Landsberg besuchen sollte. Die Geschäfte hatten geschlossen, die Straßenbahn fuhr nicht mehr, auf den Straßen drängte die erwartungsvolle Menge. Hitler kam dann doch nicht, weil er in benachbarten Städten aufgehalten wurde. Dennoch bleibt die allgemeine Erregung ein unauslöschliches Erlebnis. Die Fünfjährige »fühlte, was der Führer war. Der Führer war ein süßer Druck in der Magengegend und ein süßer Klumpen in der Kehle, die sie freiräuspern musste, um mit allen laut nach ihm, dem Führer, zu rufen, wie es ein patrouillierender Lautsprecherwagen dringlich forderte.« Sie verstand nicht, worum es ging und was die Leute miteinander redeten, aber »die Melodie des mächtigen Chors hat sie in sich aufgenommen, der sich durch viele kleine Schreie hineinsteigerte zu dem ungeheuren Schrei, in den er endlich ausbrechen, zu dem er sich endlich vereinigen wollte. Wenn sie auch zugleich ein wenig Angst davor hatte, verlangte es sie doch sehr danach, diesen Schrei zu hören, auch von sich selbst. Wollte wissen, wie man schreien und wie man sich mit allen eins fühlen konnte, wenn man den Führer sah.«[9]

So verläuft die erste Begegnung mit der Masse als erotisches Erlebnis und Wunsch nach Vereinigung. Darin ist sie jenem ganz anderen Massenereignis vergleichbar, das Christa Wolf am 4. November 1989 als Rednerin vor einer Million Zuhörern auf dem Alexanderplatz sieht. Da steht sie auf dem Podium und spricht über die »Sprache der Wende« und ist überzeugt von der Verbundenheit der Intellektuellen mit dem Volk. Die beiden so gegensätzlichen Erlebnisse markieren den großen historischen Bogen, den die Biographie Christa Wolfs beschreibt, eine Bewegung, die von der kollektiven Selbstaufgabe für den Führer bis hin zu jenem kurzen historischen Augenblick reicht, als »das Volk« glaubte, sein Geschick selbst in die Hand nehmen zu können und die Schriftstellerin sich als dessen Stimme empfand.

Die Autorin kann sich nicht erinnern, in ihrer Kindheit Menschen getroffen zu haben, die sich kritisch über Hitler oder den National-

sozialismus geäußert hätten.[10] Das stimmt nicht ganz, denn immerhin ist von der Mutter der legendäre Satz »Ich scheiß auf euren Führer« überliefert. Gesprochen wurde er am Abend des 25. August 1939 in Gegenwart des Briefträgers, der Otto Ihlenfeld den Einberufungsbescheid überbrachte. Und im Jahr 1944 erhielt die Mutter Besuch von zwei Herren im Trenchcoat, nachdem sie im Laden, laut und vernehmlich, in Gegenwart mehrerer Kundinnen, die Meinung vertreten hatte, dass der Krieg verloren sei. Die beiden Herren bestellten sie zu einer Aussprache ins Haus der Gestapo, ließen die Angelegenheit aber schließlich auf sich beruhen. Man muss solche verärgerten Äußerungen nicht als Zeichen besonderer Zivilcourage interpretieren, eher entsprachen sie dem pessimistischen Naturell der Mutter, die von Christa Wolf als »Schwarzseherin« und »Kassandra hinterm Ladentisch« beschrieben wird, die eben so ihre »Stimmungen« hatte.[11]
Sehr bewusst handelte die Mutter allerdings, als sie die Kinder zum Nachhilfeunterricht zu einem Studienrat schickte, der vom Schuldienst suspendiert wurde, weil er angeblich Jude war. Dazu gehörten im Jahr 1942 Mut und eine selbstverständliche humanistische Grundhaltung, die sich gegenüber der nationalsozialistischen Rassenideologie immun zeigte. »Wie eine Löwin« habe ihre Mutter sich für die Kinder geschlagen, wenn es nötig war, »und wir haben sie sehr, sehr geliebt. Sie war streng in dem Sinne, dass sie Grundsätze hatte und auch innerlich als Frau kein leichtes Leben hatte.«[12] Sie war selbst so erzogen worden, dass ihr alles Sinnliche als Sünde erschien, und diese Haltung gab sie nun an die Tochter weiter.
Christa wuchs in mildem protestantischem Geist der Rechtschaffenheit auf, wurde jedoch, wie sie rückblickend meint, nicht gerade »überströmend gefühlvoll«[13] erzogen: »Ich war ein gut erzogenes, aber aufmüpfiges Kind. Jedenfalls hat meine Mutter mir immer gesagt – ich bin am 18. März, dem Jahrestag der Revolution von 1848

geboren – ›du bist ein richtiges Revolutionsbaby‹, weil ich ganz bestimmte Standpunkte einfach nicht aufgab. Sie hatte mir beigebracht, nicht zu lügen. Und das habe ich eben dann auch nicht gemacht. Das war manchmal sehr anstrengend, für sie und für mich natürlich auch. Aber da war ich vollkommen unbelehrbar. Gott sei Dank ist das bei meinen Töchtern und Enkelkindern nicht so gewesen. Aber ich habe ihnen auch nicht gesagt: Ihr sollt nicht lügen. Ihr dürft eure Mutter nicht anlügen.«[14]
Militante Ehrlichkeit war das eine, eine Verpflichtung zur Dankbarkeit das andere; Dankbarkeit dafür, es einigermaßen gut zu haben, und folglich die moralische Pflicht, glücklich zu sein. Diese emotionale Grundhaltung der Kindheit sollte lange, vielleicht das ganze Leben lang, nachwirken, entfaltete sich aber besonders prächtig in der Gründungszeit der DDR. Wo bald das Paradies auf Erden etabliert sein würde, wäre es unverzeihlich gewesen, nicht fröhlich zu sein und dankbar dafür, am Aufbau der neuen, besseren Welt mitwirken zu dürfen. Eingeübte Kindheitsmuster: Nirgendwo wird die Verpflichtung aufs Glück deutlicher als an Weihnachten, dem christlichen Fest familiärer Zusammengehörigkeit. Christa erfuhr das, als einmal ein Akkordeon als Hauptgeschenk unter dem Weihnachtsbaum stand. Das Dienstmädchen hatte ihr den schwarzen Kasten, der im Kleiderschrank versteckt worden war, allerdings schon Wochen vorher gezeigt, und eigentlich war ihr längst klar, dass sie gar keine Lust hatte, das Akkordeonspiel zu erlernen. Nun aber musste sie Überraschung vortäuschen und eine Begeisterung heucheln, die direkt und rettungslos in ungeliebten Akkordeonunterricht mündete.[15] Dienstag für Dienstag besuchte Christa im Kriegsjahr 1943 eine »mopsgesichtige« Musiklehrerin und stümperte dort mit einiger Mühe Lieder wie »Es hatt' ein Bauer ein schönes Weib« oder »Lustig ist das Zigeunerleben« auf dem Instrument – protestantische Pflichterfüllung in Dankbarkeit.[16]

Mit der Kirche als Institution unterhielt die Familie Ihlenfeld jedoch keine ausgeprägte Beziehung, auch wenn Katholizismus irgendwie als »falsch« erschien. Zur Konfirmation im Jahr 1943 schickten die Eltern Christa eher aus Rücksicht auf die Großeltern als aus innerer Überzeugung. Christa war diese Veranstaltung äußerst zuwider. Nur ungern besuchte sie den Konfirmandenunterricht. Mit Ekel betrachtete sie die gefalteten Hände des Pfarrers und verweigerte ihrerseits Händefalten und devotes Kopfsenken beim Gebet. Als die Konfirmanden am Festtag würdevoll Einzug in die Kirche hielten, schnitten sie, hinter dem Altar vor den Blicken des Pfarrers und der Gemeinde geschützt, grässliche Grimassen und schüttelten sich in lautlosem Gelächter. Die kirchliche Zeremonie hatte keine tiefere Bedeutung für eine Jugend, die längst den Inszenierungen des Nationalsozialismus verfallen war. Dessen Glaubensartikeln gegenüber hätte man sich ähnliche Respektlosigkeiten nicht erlaubt.
In der Schule lernte Christa Sprüche wie »Seele ist Rasse von innen gesehen. Rasse ist Seele von außen gesehen«. Als sie sieben Jahre alt war, hörte sie dort zum ersten Mal das Wort »Konzentrationslager« in der volkstümlichen Variante »Konzertlager«. Im Biologiebuch der Oberschülerin waren, wie es üblich war, die Vertreter »niederer Rassen« in abschreckenden Darstellungen abgebildet. Rassenwahn und Prüderie gehörten untrennbar zusammen: Die Biologielehrerin, eine blonde, schüchterne Frau, dozierte ausführlich über den Darwinismus und die naturgewollte Überlegenheit der nordischen Rasse, errötete aber, wenn sie über Pollen und Samen sprechen musste.
Christa Ihlenfeld war eine ordentliche, eifrige Schülerin mit einem Hang zum Strebertum und dem Bedürfnis, die Beste zu sein. In den Anfangskapiteln von »Nachdenken über Christa T.« beschreibt Christa Wolf die Stimmung im Jahr 1944, als Christa Tabbert, die »Neue«, in die Klasse kommt und erst einmal mit Miss-

achtung aufgenommen wird. Christa Ihlenfeld war schon seit 1939 Mitglied des BDM, hatte ein Ausbildungslager des Jungmädelbundes in Küstrin absolviert, sich in der Hitler-Jugend bei Gesängen und Geländespielen durch besonderen Eifer hervorgetan und war so zur »Führeranwärterin« geworden, ein Angebot, das sie gegen den Widerstand der Mutter annahm. Besonders lustvoll war der Gebrauch des Wortes »Kameradschaft«, das ein Gefühl der Zugehörigkeit versprach. Die Passagen in »Kindheitsmuster«, die von diesen Empfindungen handeln, bereiten der erwachsenen Erzählerin vernehmliche Beklemmungen. Hier, wo das Mädchen, das sie »Nelly« nennt, ihr am fremdesten ist, rückt es der Sozialistin, die sich zu Beginn der siebziger Jahre noch als Teil der DDR und einer fortschrittlichen Weltbewegung begreift, zugleich bedrohlich nahe. Irgendwann, heißt es in »Kindheitsmuster«, hatte sie verstanden, »dass Gehorchen und Geliebtwerden ein und dasselbe ist«. Dazu gehörte auch die Erfahrung, dass man sich »beliebt machen muss, um geliebt zu werden«.[17]

Eine Erziehung, die nicht auf Selbständigkeit, sondern auf Gehorsam zielte, führte dazu, dass allein die Anerkennung durch andere, durch die Autoritäten, das Selbstwertgefühl stabilisierte. So buhlte Christa ganz besonders um die Zuneigung eines Lehrers, der in SA-Uniform erschien. Er unterrichtete ausgerechnet Religion und war der Ansicht, dass auch Jesus Christus, lebte er heute, ein Anhänger des Führers wäre. Um ihm zu gefallen, stimmte Christa ihm zu. Sie glaubte ihm, denn nur so war seine Liebe zu gewinnen. Und doch erinnert sie sich auch an das Gespräch mit Freundin Helga auf dem Schulhof, in dem die beiden Mädchen, etwa zehn Jahre alt, sich kopfschüttelnd darüber verwunderten, dass es so viele Menschen gebe, die eben nicht glaubten, was der Lehrer sagte.[18] Es muss ihnen also durchaus bewusst gewesen sein, dass man auch ganz anders denken kann. Das Weltbild war nicht restlos geschlossen.

Den Wunsch, jederzeit geliebt zu werden, hält Christa Wolf für eine generationsspezifische Prägung. 1987, in ihrer Rede zur Verleihung des Geschwister-Scholl-Preises, sprach sie vom »Hang zur Ein- und Unterordnung«, der ihrer Generation geblieben sei, von »Autoritätsgläubigkeit« und »Angst vor Widerspruch«.[19] Diese Haltung, so die Schriftstellerin 1988, habe ihre Generation »in eine andere Gesellschaft mit hinübergenommen (von der sie, nebenbei gesagt, sehr gefördert wurde), und von der sich, soweit ich sehen kann, gar nicht so viele Generationsgenossen wirklich frei machen konnten. (...) Meine Generation hat früh eine Ideologie gegen eine andere ausgetauscht, sie ist spät, zögernd, teilweise gar nicht erwachsen geworden, will sagen: reif, autonom. (...) Da ist eine große Unsicherheit, weil die eigene Ablösung von ideologischen Setzungen, intensiven Bindungen an festgelegte Strukturen so wenig gelungen ist.«[20]

Christa Wolf spricht häufig von ihrer »Generation«, wenn sie sich selbst meint. Der Generationsbegriff funktioniert wie eine Hülle, die das eigene Ich als größeres Allgemeines schützend umgibt. Es kräftigt die Stimme, »wir« zu sagen statt »ich«. Tatsächlich aber ist Autoritätsgläubigkeit weit weniger generationstypisch, als Christa Wolf behauptet. Unterschiedlich sind bloß die Autoritäten, an die die verschiedenen Generationen sich heften, und damit auch die Schuldhaftigkeit, die sich daraus ergibt. Auch im Nationalsozialismus gab es für Jugendliche andere Optionen als fanatisiertes Mitläufertum, so dass die vereinheitlichende Rede von der »Generationserfahrung« mehr verbirgt als erklärt.

Mit Kunst – vor allem mit Literatur – kam Christa Ihlenfeld von zu Hause aus kaum in Berührung. Im pragmatischen Elternhaus war der Kunstsinn wenig ausgeprägt. Die Vorfahren waren Bauern, Arbeiter, Beamte und Handwerker. Der Großvater mütterlicherseits, pensionierter Reichsbahner, hatte es niemals weiter gebracht als bis zum Fahrkartenknipser und war wegen Trunkenheit frühzeitig aus dem Dienst entlassen worden. Auch wenn sie »den Büchern früh verfallen« war, wusste Christa nicht, was Literatur ist oder sein könnte.[21] Wilhelm Busch, der wie in jedem deutschen Wohnzimmer auch in dem der Ihlenfelds mit einer zweibändigen Ausgabe vertreten war, gehörte zu ihrer ständigen Lektüre. Die Todesarten, die in »Max und Moritz« so genüsslich zelebriert werden, zogen sie an und stießen sie ab.[22] Karl May fand sie langweilig, bevorzugte eher Lessings Theaterstücke – vielleicht ein Hinweis darauf, dass schon die jugendliche Leserin sich weniger für Handlungselemente als für die Intentionen der Figuren interessierte.[23] Mit »Gier und Genuss« verschlang sie wahllos, was gängig und verfügbar war, nicht unbedingt Nazibücher, jedoch all das »verschwommen-schwülstige Zeug« von Autoren wie Binding, Carossa, Jelusich, Grimm oder Johst.[24] Sie las alte Heldensagen, Siegfried oder Beowulf, und erinnert sich an eine Illustration, auf der ein riesiger, ausgerissener Arm von der Decke hing. Die beklemmende, düstere Atmosphäre missfiel ihr, aber sie wusste zugleich, dass ihr diese Geschichten doch gefallen sollten. Die Neigung, etwas zu akzeptieren, was sie eigentlich ablehnte, prägte die Kindheit und prägte über die Kindheit hinaus.

»Lückenloser kann die Absperrung von aller Literatur der Zeit nicht erdacht werden, als sie uns zugefügt wurde, bis zu unserem sechzehnten Jahr«, schreibt Christa Wolf in ihrem großen Essay »Lesen und Schreiben« von 1968, wieder einmal im Pluralis der Generation. »Denn was wir zu lesen bekamen, was wir massenhaft verschlangen, (…) das alles war nicht nur vordergründig auf Chauvinismus und Kriegsbegeisterung und ein von Grund auf verkehrtes Geschichtsbild angelegt (monströse Historien waren es zumeist, die ich aus der Schulbibliothek entlieh): Hintergründig hemmte es, sicherlich erfolgreich, das Erwachsenwerden, das Reifen des kritischen Verstandes und verständiger, nicht von übelsten Vorurteilen und Ressentiments verkrüppelter Gefühle.«[25] Und doch werden Christa Wolf später von Freunden und Feinden immer wieder Eigenschaften zugeschrieben wie Ernsthaftigkeit, Reife und eine ausgeprägte »Erwachsenheit«[26]. Man kommt nicht umhin, darin eine bewusste Reaktion auf die Hemmnisse der Jugend zu sehen.

In »Lesen und Schreiben« benennt Christa Wolf aber auch die moralische Grenze dessen, was sie literarisch mitzutragen bereit war. Dabei kommt sie auf ein eindrückliches Lese-Erlebnis zu sprechen, das sie auch in »Kindheitsmuster« aufgenommen hat.[27] Die Heldin des Buches hieß Christine Torstensen, ein Mädchen »nordisch-wertvoller Rasse«. Ihre Heldentat bestand darin, die Leichen der Pestkranken im eigenen Lager zu küssen und zu umarmen, um sich anschließend, den Bazillus im Leib, dem Feind hinzugeben und ihm so die Pest zu bringen. Der Satz, der die Grenze des Erträglichen bezeichnete, ist im Roman und im Essay identisch: »Das nicht.« In »Kindheitsmuster« mischt sich allerdings auch eine Spur Begeisterung in die Beklommenheit der Lesenden.

»Das nicht« war auch der Gedanke der Dreizehnjährigen, nachdem sie in einer Zeitschrift einen Bericht über eine Einrichtung des »Lebensborn« gelesen hatte, wo blonde Frauen sich blauäugigen SS-Männern hingaben, um reinrassige Kinder zu zeugen und dem Führer zum Geschenk zu machen. Hier kollidierte die geforderte Moral der Führerhingabe mit dem häuslichen Protestantismus und der mütterlichen Mahnung, sich nicht »wegzuwerfen« – ein Konflikt, der immerhin partielle Nicht-Übereinstimmung mit offiziellen Überzeugungen ermöglichte.[28]

Erwähnt werden muss in diesem Zusammenhang auch die Lektüre von Erich Maria Remarques »Im Westen nichts Neues«, ein stockfleckiger Pappband, der rätselhafterweise auf der Kommode der Großmutter lag, die selbst nie Bücher las. Das Buch gehörte in die Kategorie »Das ist nichts für dich«. Christa las es auf dem Sofa der Großeltern und erfuhr darin die bestürzende Neuigkeit, dass auch deutsche Soldaten im Krieg sterblich sind, ja sogar ziemlich elend an einem Bauchschuss krepieren können. »Vielleicht«, schreibt sie im Rückblick, »war dieser Tote der erste, gegen dessen Schicksal ich mich unwillkürlich auflehnte.«[29]

Im Deutschunterricht kam sie mit solchen Stoffen gewiss nicht in Berührung; die Deutschlehrerin war es aber, die in ihr den Wunsch weckte, selbst Lehrerin zu werden. Diese Frau, überzeugte Nationalsozialistin, wurde von Christa Ihlenfeld ebenso sehr bewundert, wie sie sich von ihr bestärkt und bestätigt fühlte. In »Kindheitsmuster« beschreibt sie die Lehrerin als klein und dunkel, unverheiratet und selbstbewusst. Sie entsprach kein bisschen dem Ideal einer deutschen Frau und war die einzige weit und breit, die als Intellektuelle durchgehen konnte.

Die Bewunderung für die Deutschlehrerin korrespondierte mit den frühen Versuchen zu schreiben; Christa war eine der wenigen, die nicht nur über »Volk ohne Raum«, sondern auch über ein eher zartes Thema wie »Der erste Schnee« Aufsätze schreiben konnte. Schreiben entsprach dem kindlichen Wunsch, sich zu verwandeln, eine Andere zu sein und die Begrenztheit des eigenen Lebens zu überwinden. Deshalb war auch die verlogene Familien-Idylle nicht falsch, die sie mit Blick auf die liebende Zustimmung der Lehrerin verfasste, sondern der Entwurf eines anderen, geeigneteren Lebens. »Ich habe früh versucht, die Verwandlung zu vollziehen, auf weißem Papier: Der Schmerz über die Einmaligkeit und Unwiederholbarkeit des Lebens ließ sich mildern«, erinnert sich Christa Wolf 1965.[30] Man muss die kindlichen Versuche nicht zu Anfängen des Schreibens stilisieren. Das Motiv der Verwandlung aber, das ihnen zugrunde liegt, und der Wunsch nach Anerkennung werden für die Schriftstellerin Christa Wolf ein Schreib-Impuls bleiben.

Das verlorene Lachen

Flucht ohne Wiederkehr – Ankunft im Sozialismus

Der Kriegsbeginn ist für Christa Wolf ein holzschnittartiges Erinnerungsbild: Soldaten, exakt in Reihen ausgerichtet, die Gewehre eine gedachte Linie bildend, werden am Haus der Ihlenfelds vorbei in Richtung Osten befördert, während sie selbst, zehn Jahre alt, ihnen Zigarettenschachteln zuwirft. Die Stimmung zu Hause war gedrückt. Kein Kriegsrausch. Der Vater ist an der Front. Ende August wurde er eingezogen, am 1. September stand er als Posten an der deutsch-polnischen Grenze und öffnete früh um halb fünf den Schlagbaum.

Dass der Vater nur durch Zufall nicht zum Mörder wurde, erzählt Christa Wolf in »Kindheitsmuster«. Da beschreibt sie Nellys Entsetzen über ein Telefongespräch des Vaters, der für ein paar Tage auf Heimaturlaub zu Hause war. Ein Freund aus seiner Infanterieeinheit rief ihn an und teilte ihm mit, dass vorgestern fünf Geiseln erschossen worden seien. Aschgrau sei das Gesicht des Vaters da gewesen. »Schade, dass du nicht dabei warst«[1], habe der Freund gesagt. Nach dem »Polenfeldzug« wurde der Jahrgang des Vaters, 1897, demobilisiert, so dass er, »garnisonsdienstverwendungsfähig Heimat«, als Unteroffizier in die Schreibstube des Wehrbezirkskommandos in Landsberg versetzt wurde. Später musste er französische Kriegsgefangene bewachen und geriet, mit ihnen auf der Flucht westwärts, am 30. Januar 1945 in sowjetische Gefangenschaft.

Lange Zeit war der Krieg in der Landsberger Provinz kaum spürbar. Erst 1944, als die Fliegeralarme immer länger und die Fahnenappelle immer schwächlicher wurden, näherte er sich der Stadt. Da schien die Bevölkerung nur noch aus Soldaten, Kriegswitwen und Luftwaffenhelfern zu bestehen, aber man konnte auch noch ins Kino gehen. Im Nachmittagsprogramm lief der Propagandafilm »Die goldene Stadt«. Am 20. Juli 1944 trugen die BDM-Mädchen, zum Zeichen ihrer »unverbrüchlichen Treue« zum Führer, Uniform mit schwarzem Dreieckstuch und geschürztem Knoten.[2] Noch war der Glaube an den Endsieg ungebrochen. Doch in den folgenden Monaten trafen immer mehr Flüchtlinge aus dem Osten ein, ganz und gar Fremde, auf deren Vorbeiziehen sich blicken ließ, als hätte man nichts damit zu tun.

Um der geliebten Deutschlehrerin zu imponieren, hilft Christa einem Flüchtlingstreck beim Abladen. Der Säugling, der ihr heruntergereicht wird und den sie der Mutter weitergibt, ohne dass ihr etwas auffällt, ist tot; sie bemerkt es erst am Schrei der Mutter und fällt vor Entsetzen in Ohnmacht. Wochenlang liegt sie mit einem »Nervenfieber« im Bett. Wie noch oft in ihrem Leben reagiert sie mit Krankheit auf eine bedrohliche Situation, flüchtet sich in ein Fieber, das den Blick vernebelt und die Wirklichkeit schemenhaft erscheinen lässt. Draußen verstärken sich die Flüchtlingsströme. Die Namen der Dörfer und Städte ihrer Herkunft, die sie den Landsbergern zurufen, werden immer bekannter. Bald wird auch der Name Friedeberg genannt, Wohnort der Freundin Christa Tabbert – »Christa T.«. Jetzt ist klar, dass die Grenze zwischen »denen« und einem selbst gefallen ist, dass man dazugehört und sich einzureihen hat ins Schicksal der Flüchtlinge.[3]

Am 29. Januar 1945 besteigen Christa und ihr Bruder Horst den mit einer Plane überzogenen Pritschenwagen, den ein Onkel organisiert hat. Die Geschwister haben gegen die Kälte mehrere Pullover und Mäntel übereinander gezogen. Inmitten all des aufgestapelten

Hausrats wirken sie selbst wie Sachen, die schnell verpackt und aufgeladen wurden. Vom Stadtrand her sind die ersten Schüsse zu hören, die Garnison ist bereits im Eilmarsch abgerückt. Auch Tante und Großeltern sind an Bord. Herta Ihlenfeld aber bleibt im letzten Moment zurück, die Mutter lässt den Wagen mit den Kindern und der Verwandtschaft davonfahren. Eine Kurzschlussreaktion: Sie kann sich nicht losreißen vom Haus und all den Dingen, die das bisherige Leben ausmachten und die nun in einer unbetretbaren Vergangenheit versinken sollen. Man lässt doch sein Hab und Gut nicht einfach im Stich! Das Führerbild, das im Herrenzimmer hing, hatte sie bereits im Ofen der Zentralheizung verbrannt. Den Wagen hatte sie bepackt mit sinnlosen Gütern, die auf der Flucht nach und nach verloren gingen: keine Zeit, darüber nachzudenken, was man brauchen könnte. Das Familienalbum mit den Photos aus glücklichen Kindertagen blieb zurück, so wie das ganze bisherige Leben.[4]

In ihrer Erzählung »Blickwechsel« und in »Kindheitsmuster« beschreibt Christa Wolf die Stationen der Flucht und die merkwürdige Veränderung, die dabei in ihr vorging. Es war, als sei es nicht mehr sie selbst, sondern eine Fremde, die da auf dem hart gefrorenen Bettensack auf dem Lkw hockte und durch einen Schlitz in der Plane nach hinten, auf die verschneite Straße spähte, und dort, grau in grau, in kleinen Ausschnitten, die Häuser, Gassen und Straßen ihrer Heimatstadt vorüberziehen sah.[5] Sie starrte hinaus und sah sich selbst dabei zu und spürte die Gewissheit des Gedankens: »Das siehst du niemals wieder!«[6]

In Interviews kommt sie immer wieder auf diese blitzhafte Erkenntnis zu sprechen, die sie damals für sich behalten musste: »Ich wusste im selben Moment, dass ich das nicht aussprechen durfte, weil das ganze Lastauto voller Verwandter war, die ausgerastet wären. Es hieß ja immer, es ist nur für kurz, so lange, bis der Krieg, vielleicht sogar zu unseren Gunsten, beendet ist.«[7] Auch für

Christa Ihlenfeld hatte der Glaube an den Endsieg neben dieser katastrophalen Gewissheit des endgültigen Abschieds weiterhin als Möglichkeit Bestand. Ein seltsamer, somnambuler Bewusstseinszustand stellte sich ein, in dem das Unverträgliche – Endsieg und endgültige Vertreibung – hart nebeneinander existieren konnte.
Das Motiv der Entfremdung – der Loslösung von allem Gewohnten – äußert sich in »Blickwechsel« als seltsames, irres Gelächter, mit dem die Ich-Erzählerin ihre Verwandtschaft während der Flucht irritiert: »Ich höre wieder das feine Geräusch, mit dem der biedere Zug *Wirklichkeit* aus den Schienen springt und in wilder Fahrt mitten in die dichteste, unglaublichste Unwirklichkeit rast, so dass mich ein Lachen stößt, dessen Ungehörigkeit ich scharf empfinde.«[8] Das Lachen, das die Angehörigen nicht verstehen, weil sie es auf sich beziehen, ist der Sprung in der Welt und im eigenen Ich, jenes »Höllengelächter«, das Christa Wolf in der Erzählung »Kein Ort. Nirgends« Heinrich von Kleist in den Mund legen wird: »Warum lacht man? Nicht aus Fröhlichkeit. Wie man bald aufhören wird, aus Trauer zu weinen. Bald werden wir für alles, was uns überkommt, nur noch dieses Gelächter haben.«[9] Es ist ein trostloses Gelächter, das seine Unschuld verloren hat und von dem es in »Nachdenken über Christa T.« heißt: »Aber wir lachten nicht, beileibe nicht. Eher warfen wir uns in den nächsten Straßengraben und weinten, das war wenigstens etwas. Die Geschichte von unserem verlorenen und nach Jahren wiedergefundenen Lachen ist eine andere Geschichte.«[10]
Die Strecke, die der Treck in den ersten, eiskalten Winterwochen der Flucht zurücklegte, führte von der Oder über die Seelower Höhen in großem Bogen nördlich um Berlin herum. Nach drei Wochen fand Herta Ihlenfeld wieder zur Familie, ein kleines Wunder der Wiedervereinigung inmitten des Flüchtlingschaos. In dem Dorf Grünefeld bei Nauen blieb die Gruppe bis Mitte April und nahm Quartier in einer kleinen Stube der Gastwirtschaft.

Die Monate in Grünefeld sind noch einmal ein letztes Atemholen. Christa geht in Nauen zur Schule und fehlt nur zufällig an dem Tag, an dem das Gebäude bombardiert wird. Es ist eine allgemeine Erfahrung: Wer überlebt, überlebt zufällig. Grünefeld war auch der Ort, an dem Nelly in »Kindheitsmuster« ihr Tagebuch verbrannte. Noch im April 1945 hält sie darin ihre unverbrüchliche Treue zum Führer fest und notiert nachts, im Luftschutzkeller, die Texte von Kampfliedern der Hitler-Jugend. Das Motiv der Tagebuchverbrennung findet sich auch in anderen Werken, in der »Moskauer Novelle«, im »Geteilten Himmel«, in »Christa T.«. Die Heldinnen Vera Brauer, Rita Seidel und Christa T. vollziehen damit einen symbolischen Akt der Reinigung, eine Loslösung von der irregeleiteten Vergangenheit. In »Kindheitsmuster« erscheint die Prozedur dagegen eher als Vorsichtsmaßnahme. Die Vernichtung wird von der Mutter initiiert, die das Tagebuch der Tochter heimlich mitliest und rigoros anordnet: »Das kommt mir jetzt aber weg.«[11] Die Rote Armee setzt zu diesem Zeitpunkt bereits zum Sturm auf Berlin an. Grünefeld wird zu einem unsicheren Ort, die nächste Evakuierung steht bevor.

Die Flucht geht nun mit einem Handwagen weiter in nordwestlicher Richtung, den Amerikanern entgegen. Der Weg entsprach in etwa der Route, die auch die KZ-Häftlinge aus Oranienburg bei ihrem Todesmarsch nehmen mussten. Doch die Ihlenfelds waren den Gefangenen um ein paar Tage voraus, sahen also nicht die Tausende von Toten, die am Straßenrand liegen blieben. Der erste Tote, den die Tochter sah, war ein Landarbeiter, der von einem Tiefflieger getroffen wurde, der Vater eines gleichaltrigen Jungen, mit dem sie in einer nahen Scheune Schutz gesucht hatte. Wie sie sich in den Straßengraben warf und die Flugzeuge, die Jagd auf die Flüchtenden machten, über sich hinwegziehen ließ, hat Christa Wolf in »Blickwechsel« beschrieben. Sie lag auf dem Rücken, denn sie wollte sehen, wer auf sie schoss. Erst da fiel ihr ein, »dass in jedem

Flugzeug ein paar einzelne Leute saßen«, und kaltblütig begann sie sich zu fragen, »ob ihnen das Spaß machte, was sie taten. Übrigens ließen sie bald davon ab.«[12]

Die direkte Konfrontation mit dem Tod beendete abrupt den Dämmerzustand, in den die Sechzehnjährige sich zurückgezogen hatte, unberührbar geworden und so gefühlstaub, dass ihr Gleichmut zugleich als Tapferkeit erscheinen konnte. In »Nachdenken über Christa T.« fand Christa Wolf dafür die Metapher vom »Ritt über den Bodensee« und verglich die Flucht mit jenem Reiter aus der Ballade Gustav Schwabs, der, als er erfährt, dass er soeben quer über den zugefrorenen See geritten ist, vor Schreck tot vom Pferd fällt.

Die Flucht und die Nachkriegszeit schieben sich wie Nebelstreifen in die Erinnerung. Im Rückblick stellte die Autorin erstaunt fest, dass »zwischen den Lebensepochen der Kindheit – sagen wir: bis sechzehn Jahre – und einer neuen Etappe, wo sich, oberflächlich ausgedrückt, ein ›neues Weltbild‹ formiert hatte, eine Art Niemandsland liegt, und dass diese beiden Epochen, die jede für sich ziemlich deutlich und klar sind, getrennt sind durch einen Streifen von merkwürdiger Farblosigkeit.«[13] Eine Art Verpuppung setzte ein, das Einspinnen in einen Kokon für mehrere Jahre, bis aus dem BDM-Mädchen die junge Sozialistin geworden war. Wie diese Transformation vonstatten ging, lässt sich nur an einigen wenigen Beispielen dokumentieren, die Christa Wolf in Erinnerung geblieben sind und die sie immer wieder erzählt. In diese Zwischenzeit fiel auch die kurze, aber sehr intensive Phase eines »Versuchs mit dem Christentum«. Doch diese erste Suchbewegung nach geistiger Orientierung blieb erfolglos: »Das ging nicht.«[14]

Der Schockzustand, in den sie 1945 fiel, enthielt auch ein latentes Erschrecken über die eigene Schuld – beginnende Ahnung, an das Falsche geglaubt zu haben. Dazu trug das Gespräch mit einem KZ-Häftling an einem Lagerfeuer in der Nähe Schwerins bei, eine Begegnung, auf die Christa Wolf immer wieder zu sprechen kommt, weil sie emblematisch das Vorher und das Nachher scheidet. Erst Jahre später konnte sie diese Szene, die auch in »Kindheitsmuster« geschildert wird[15], wirklich begreifen,[16] und doch brannte sie sich sofort ins Gedächtnis ein. Die Mutter hatte den Mann, der noch seine gestreifte Häftlingskleidung trug, gefragt, was man ihm denn vorgeworfen habe. Seine Auskunft, er sei Kommunist, beantwortete sie mit dem erstaunten Ausruf: »Aber deshalb allein kam man doch nicht ins KZ!« Dass jemand sich offen dazu bekannte, Kommunist zu sein, war für Christa bereits irritierend. Schließlich kannte sie bis dahin Kommunisten nur als Schreckgestalten nationalsozialistischer Propaganda, und dass das Dienstmädchen der Ihlenfelds in Landsberg aus einer Kommunistenfamilie stammte, war ein Geheimnis, das instinktiv bewahrt werden musste. Noch irritierender aber war die müde Verzweiflung, mit der der Häftling am Feuer den Kopf schüttelte und sagte: »Wo habt ihr bloß alle gelebt.«[17] Sein Satz öffnete einen Spalt im Bewusstsein und machte blitzartig erkennbar, dass die friedliche Normalität des Familienlebens eine andere Wirklichkeit ausschloss. Dass nichts zu wissen oder nichts wissen zu wollen keine Gewähr für Unschuld ist.

In der Nähe Schwerins, in dem Dorf Gammelin, endete die Flucht. Zwei Tage fehlten den Flüchtlingen, um es noch über die Elbe zu schaffen. Ein paar Kilometer weiter westlich, und »mein Leben wäre ein völlig anderes geworden. Und so ist es eben dieses geworden. So waren die deutschen Schicksale.«[18] Zufälle, die das Leben bestimmen: Die Amerikaner übergaben Gammelin im Juni 1945 an die Briten, im Juli wurde Mecklenburg insgesamt der sowjetischen Verwaltungszone zugeschlagen. Den Sommer verbrachten die Ihlenfelds »sehr zusammengedrängt auf irgendwelchen Bauernhöfen« in einem »Gefühl von großer Schwere und Bedrückung«.[19] Vom Vater fehlte jede Nachricht, er galt für tot. Vor den Russen hatten die Frauen gute Gründe, Angst zu haben, eine Beklemmung, die Christa Wolf in »Kindheitsmuster« nicht verschweigt. Lächerlich erschien ihr die russische Propaganda mit roten Spruchbändern über der Straße, Hammer und Sichel und heroischen Filmen aus der Sowjetunion.

Für die ersten Nachkriegsmonate fand sie Arbeit im Bürgermeisteramt als »Schreiberin«. Sie genoss es, hier ein bisschen Macht in der Hand zu halten, und bemühte sich mit mäßigem Erfolg, wie eine Zwanzigjährige und eine richtige Respektsperson auszusehen. Eine Einwohnerzählung führte sie als das »neue Fräulein des Bürgermeisters« persönlich durch und unterschrieb die Akten mit großem Ernst »für die Richtigkeit« der erhobenen Daten. Als die Russen im Oktober den politisch belasteten Bürgermeister schließlich seines Amtes enthoben, wurde auch »das Fräulein« entlassen. In einem Lebenslauf, den sie 1955 verfasste, passte Christa Wolf diese Episode den neuen Anforderungen der Zeit an und schrieb: »Ich arbeitete längere Zeit als Schreibkraft des Bürgermeisters und sammelte meine ersten Erfahrungen bei der praktischen Durchführung der Bodenreform.«[20] Rigoroser ist die Auskunft, die sie in »Blickwechsel« über die unmittelbare Nachkriegszeit gibt. »Ich hatte keine Lust auf Befreiung« [21], heißt es da lapidar.

Ab März 1946 besucht Christa Ihlenfeld die Oberschule in Schwerin. Doch die Normalität ist nicht so leicht wiederherzustellen, wenn die Banknachbarin vor Hunger in Ohnmacht fällt und die Lehrer die Haare der Schülerinnen nach Läusen durchsuchen. Aufsatzthemen dieser Zeit lauteten etwa so: »Persönlichkeiten, die die neue Ordnung aufbauen«.[22] Schon im Mai musste Christa den Schulbesuch unterbrechen, weil sie an Tuberkulose erkrankte. Typhus hatte sie zuvor schon überstanden, zusammen mit ihrem Bruder. Gemeinsam lagen sie im Krankenhaus, abgemagert bis auf die Knochen, und mussten zusehen, wie ihnen nach dem Fieber die Haare ausfielen.[23]

Die Tuberkulose ist lebensbedrohlich, aber auch ein Glücksfall, denn sie bedeutet in erster Linie viel freie Zeit und Schonung. Die schönen Tage des Frühlings verbringt Christa lesend unter dem Apfelbaum eines Bauerngartens. Immer noch gehören Carossa, Binding, Griese und Jelusich zu den Autoren ihrer Wahl. Bis ins Jahr 1947 hält sie an dieser verschwommen-schwülstigen Lektüre fest, was ihr später als Indiz dafür erscheint, dass »mein ganzer Wahrnehmungsapparat offensichtlich beschädigt war«.[24]

In diese Monate fällt allerdings auch das literarische und moralische Erweckungserlebnis mit Gedichten von Goethe. Der kleine, blaue Band »Wie herrlich leuchtet mir die Natur« war der einzige Gegenstand, der vom Landsberger Leben geblieben war, doch erst jetzt entfaltete er seine »bestürzende Wirkung«. Goethes Gedichte, von denen stets ein heilsamer Effekt ausging, setzten ein neues Maß, das in Zukunft nicht mehr unterschritten werden konnte: »Unbewusst, später bewusst, verlangte ich nach dieser Erschütterung. Allmählich, über Jahre, lernte ich es, auf ihr als einem nicht nur ästhetischen, auch moralischen Zentrum meines Lebens zu bestehen.«[25] Einige heimlich geschriebene Gedichte waren die unmittelbare Folge dieser Erfahrung, Verse, in denen es um etwas ging, das »Glück« hieß.[26] Daneben entstanden Märchen, Erzählungsversuche, Entwürfe zu Stücken und vor allem Tagebuchnotizen.[27] Wichtiger als die eigenen Ausdrucksversuche waren jedoch die »Erschütterungen und Einsichten« jener »furchtbaren Bücher«, die über die Verbrechen der Nationalsozialisten berichteten, so dass kein Zweifel mehr daran bestehen konnte.

Dem Sommer in Mecklenburg folgte ein Winter im Lungen-Sanatorium, 1947 dann der Umzug nach Bad Frankenhausen/Kyffhäuser im Harz. Nachdem der Vater im Sommer 1946 aus sowjetischer Gefangenschaft heimgekehrt war – ausgehungert und auf 85 Pfund abgemagert, kahlgeschoren und vollkommen fremd –, übernahm er eine Stelle als Heimleiter eines Kinderheims. Das Gebäude lag sehr schön am Hang des Kyffhäuser, und, besonders erfreulich, es

gehörte eine Dienstwohnung in einem Zweifamilienhaus dazu. Nach den Jahren in engen Zimmern und auf fremden Dachböden erschien der Familie diese Aussicht wie das Paradies.
Christa, durch Flucht und Erkrankung zurückgeworfen, besuchte die Oberschule. Im Deutschunterricht nahm man Goethe und Rilke durch, aber auch, weil es eben sein müsse, Anna Seghers' »Das siebte Kreuz«, das in den damals auf Zeitungspapier gedruckten Rowohlt-Rotationsdrucken ausgegeben wurde. Christa las diesen Roman einer Flucht, diese Geschichte eines Kommunisten, mit Spannung und gleichzeitig mit Verwunderung. Das Deutschland ihrer Kindheit war ihr anders, glücklicher erschienen. Hatte es tatsächlich Verfolgung und Unterdrückung unter der glatten Oberfläche der eigenen Erfahrung gegeben, so, wie sie es nun atemlos zur Kenntnis nahm?[28] Waren Kommunisten solche Menschen wie dieser zähe, lebenslustige Georg Heisler, der in allen Schichten des Volkes Unterstützung findet? Die Seghers-Lektüre stellte die Weltsicht der Gymnasiastin nachhaltig in Frage.
Unter den Schulkameradinnen, die zwei bis drei Jahre jünger waren als sie selbst, gab es nur wenige Flüchtlinge. Christa entdeckt plötzlich wieder, dass es auch »so etwas wie ein leichtes Leben« gibt. Sie selbst war aus ihrer Kindheit unvermittelt heraus- und ins Erwachsenenleben hineingeschleudert worden, so dass sie im Rückblick sagen konnte: »Ich hatte keine Jugend.«[29] Das mag übertrieben sein, doch viel Zeit blieb dem Flüchtlingsmädchen aus dem Osten nicht, bis es 1949 in Frankenhausen das Abitur ablegte.
In diese Zeit fallen mehrere Ereignisse, die Christa Wolf später als beginnendes politisches Bewusstsein und »Ende der Gleichgültigkeit« beschreibt. Sie berichtet davon in einem essayistischen Text, einer Auftragsarbeit, die sie 1971, zum 25. Jahrestag der Gründung der SED, schrieb. Vergeblich durchsucht sie darin ihr Gedächtnis nach Hinweisen, was in ihrem Leben an jenem 21. April 1946 geschehen sein könnte – es gibt keine Spiegelung der offiziellen Ge-

schichte im eigenen Nachkriegsalltag. »Die Wahrheit ist«, schreibt sie im Ton eines peinlichen Geständnisses, »dass ich erst zweieinhalb Jahre nach jenem 21. April 1946 meine erste marxistische Schrift las.«[30]

Wieder, wie schon bei der Schilderung der Goethe-Lektüre unterm Apfelbaum, malt Christa Wolf als Kulisse eine ländliche Idylle, eine bäuerliche Genreszene mit Äpfeln: »Es war ein schöner Herbsttag, pfundweis aß ich die kleinen, säuerlichen Äpfel, die meine Großmutter mir ins Fenster reichte, nachts notierte ich mir – falsch, wie man sehen wird – den Titel der Schrift in mein Tagebuch: Feuerbach und die ausgehende klassische Philosophie.«[31] Doch die Sätze von Friedrich Engels – »Und so wird im Lauf der Entwicklung alles früher Wirkliche unwirklich« – infizierten die Neunzehnjährige sofort, denn sie stimmten mit ihrer Erfahrung überein. Mit Bleistiftanstreichungen rückte sie dem Text zu Leibe und unterstrich, was ihr bedeutend erschien: »An die Stelle der absterbenden Wirklichkeit tritt eine neue, lebensfähige Wirklichkeit.« Das, so kommentiert die Schriftstellerin 1971, »sollte der Vorgang werden, der dann mein Leben ausfüllte. Ahnte ich es an jenem Abend? Keineswegs.«[32]

Sätze wie dieser, gesprochen in ungebrochenem Fortschritts-Glauben und im kräftigen Selbstbewusstsein einer Sozialistin, die weiß, dass sie auf der richtigen Seite steht, lesen sich nach dem Untergang des Sozialismus nicht ohne Verblüffung. Das historische Gefälle zwischen der überlegenen Erwachsenen und der unwissenden Halbwüchsigen verlängert sich hinter dem Rücken der Autorin von 1971. Ahnte sie damals, wie sehr das Thema der absterbenden Wirklichkeit sie weiter beschäftigen würde bis über das Absterben des Sozialismus hinaus? Keineswegs. Der in der Jugend unterstrichene Satz von Engels hat sich jedenfalls über die Wende hinaus bewahrheitet und erwies prophetischere Qualitäten, als Christa Wolf 1971 ahnen konnte.

Ganz ähnlich verhält es sich mit der Auskunft, die sie 1965 über die Jahre nach dem Krieg gab: »In den nächsten Jahren erlebten wir, wieviel leichter ein ›Nein‹ sich ausspricht als ein neues ›Ja‹, das sich auf Wissen gründet und nicht auf neue Fehlschlüsse und Illusionen; wieviel leichter, sich seines Volkes zu schämen, nachdem man die ganze Wahrheit wusste, als es wieder neu lieben zu lernen.«[33] Auch hier ist die frühere Haltung der Verweigerung und des Trotzes durch einen späteren Zustand der illusionslosen Erkenntnisse überwunden: Eine Illusionslosigkeit jedoch, die sich inzwischen selbst als Illusion herausgestellt hat. Immer wieder stößt man im Werk Christa Wolfs auf Sicherheiten, die sich historisch erledigt haben. Es ist, als taste sie sich von Sicherheit zu Sicherheit voran, um doch nur auf neue Fragwürdigkeiten zu stoßen. Was sie vorantreibt, ist der Wille zur Aufrichtigkeit.

Im November 1948, kurz nach der ersten Begegnung mit marxistischer Theorie, wird Christa Ihlenfeld Mitglied der FDJ. Im Februar 1949 tritt sie in die SED ein, sichtbares Zeichen für den Bruch mit der Vergangenheit, die eigene Wandlung und den Wunsch nach neuer Teilhabe. Marxismus und SED waren für sie »genau das Gegenteil von dem, was im faschistischen Deutschland geschehen war. Und ich wollte genau das Gegenteil. Ich wollte auf keinen Fall mehr etwas, was dem Vergangenen ähnlich sehen könnte. Ich glaube, das ist in meiner Generation häufig so gewesen. Das war der Ursprung dieser Bindung; das war auch der Grund, warum wir so lange an ihr festhielten, nicht gegen innere Widerstände; ich sah auch später noch keine Alternative dazu.«[34] Diese Aussage stammt aus dem Jahr 1993, doch schon zwanzig Jahre zuvor, in der relativ liberalen frühen Honecker-Phase, äußerte Christa Wolf sich ähnlich distanziert gegenüber ihrem einstigen sozialistischen Aufbruch: »Das alte hypertrophe Selbstbewusstsein (dem ja ein tiefes Minderwertigkeitsgefühl zugrunde lag), verdientermaßen zerstört, war nicht einfach durch ein fertiges, neues zu ersetzen. Um aber

doch weiterleben zu können, griff man begierig auch nach nicht vollwertigen Ersatz-Teilen, einem neuen blinden Glaubenseifer zum Beispiel (in einer Zeit, die... gerade von Sozialisten ein dialektisches Denken gefordert hätte) und der anmaßenden Behauptung, ein für alle Mal im Mitbesitz der einzig richtigen, einzig funktionierenden Wahrheit zu sein.«[35]
Eine wichtige Rolle bei dieser Wandlung, die so viele Konstanten beinhaltete, spielte der Protest gegen die Eltern. Sich von ihnen, vor allem vom Vater, abzustoßen, von deren Versagen im Nationalsozialismus, war ein innerer Zwang, der mit Notwendigkeit in eine neue ideologische Bindung führte. Im Gegensatz zum passiven Mitläufertum der Eltern-Generation und ihrer Haltung des Geschehenlassens wählte die Tochter das Engagement. Indem sie Partei ergriff und in die Partei eintrat, glaubte sie, sich von ihren Eltern zu unterscheiden.[36] Als am 7.Oktober 1949 die Deutsche Demokratische Republik gegründet wurde, war das für Christa Ihlenfeld nur noch die äußere Bestätigung ihrer persönlichen Entscheidung.

Wir heißen euch hoffen *Das Lachen Brechts: Studienjahre in Jena und Leipzig*

Die Gründung der DDR fiel für Christa Ihlenfeld mit dem Beginn ihres Studiums an der Friedrich-Schiller-Universität in Jena zusammen. Für das junge Parteimitglied war der Weg ins Leben wie für viele ihrer Generation gleichbedeutend mit dem Aufstieg der neuen Gesellschaft. Der jugendliche Aufbruch fügte sich nahtlos in den Heroismus der Aufbauzeit, der naive Überschwang des Gefühls ins Pathos der Propaganda, die Sehnsucht nach weltanschaulicher Geborgenheit in die Vorgaben der Ideologie. Biographie und Geschichte schienen für einen kurzen, glücklichen Moment deckungsgleich zu sein. Nicht ohne Befremden erinnerte sich Christa Wolf ein Jahr vor dem Ende der DDR an diese Zeit zurück: »Wir waren in einer Stimmung übersteigerter Intensität, alles was ›hier und heute‹ geschah, war entscheidend, das Richtige musste sich bald und vollkommen durchsetzen, wir würden den Sozialismus, den Marx gemeint hatte, noch erleben. Auf der einen Seite Einübung in nüchternes, kritisches, analytisch-dialektisches Denken, auf der anderen Seite eine Art Heilsgewissheit, wenige Jahre lang.«[1]

Die spätere Bindung an Sozialismus und DDR ist ohne diese blinder Verliebtheit gleichende Euphorie der Gründerzeit nicht zu begreifen, die durch das tief sitzende Schuldgefühl und ein historisches Wiedergutmachungsbedürfnis verstärkt wird. Der Mensch zu jedem Verbrechen fähig, war ein verführbares Wesen, dem mit

Argwohn zu begegnen war. Die pädagogische Strenge des Kommunismus, die daraus resultierte, richtete sich nicht zuletzt gegen die eigene Person: Hatte das Mitläufertum im Nationalsozialismus nicht hinreichend bewiesen, dass nur der »Mangel an Gelegenheit« das Schlimmste verhütete? In »Nachdenken über Christa T.« schildert Christa Wolf diese Verunsicherung. Ungewöhnlich scharf, geradezu inquisitorisch, lässt sie ihre Erzählerin gegen »den Erwachsenen in sich« ankämpfen: »Gegen ihn vorgehen, endlich, in voller Schärfe. Ihn verdächtigen, ihn anklagen, ihn überführen. Keine Widerrede dulden. Verteidigung höhnisch zurückweisen; das Urteil sprechen: lebenslänglich. Es annehmen. Es vollstrecken.«[2] Die Sätze erschrecken, weil sie – nach innen gewendet – den anklägerischen Tonfall einer Gesellschaft wiedergeben, in der es zwischen Heroisierung und Verdammnis wenig Zwischentöne gab. Antifaschist oder Nazi, Kommunist oder Imperialist, Schwarz oder Weiß: Der Kalte Krieg ließ wenig Spielraum. Wer nicht für uns ist, ist gegen uns.

Christa Ihlenfeld schrieb sich zunächst für Pädagogik ein und leistete, wie sie 1955 in einem Lebenslauf notierte und wie es sich eigentlich von selbst verstand, »viel gesellschaftliche Arbeit in der FDJ-Fakultätsgruppe«[3]. Noch war der Berufswunsch Lehrerin aktuell. Kein Zweifel, dass der »neue Mensch« einer selbstbewussten, gerechten Gesellschaft den alten, schuldig gewordenen Bürger schon bald ablösen würde, ja, dass die junge wandlungsfähige Generation selbst diesen neuen Menschen sozialistischer Moral hervorbringen würde. Das Studium und das Berufsziel Lehrerin war getragen von diesem Glauben an die Verbesserbarkeit des Menschen – und vom Glauben, dazu als aufgeklärter Aufklärer beitragen zu können. Nach einem ersten Praktikum verabschiedete sie sich jedoch von diesem Berufsziel.

Zum fünften Semester sattelte Christa Ihlenfeld auf Germanistik und Geschichte um. Sie durchlebte allerdings auch mit diesen Fä-

chern ihre Krise und überlegte, es mit Psychologie zu versuchen.[4] Dass es dazu nicht mehr kam, hat vielleicht mit dem Kommilitonen Gerhard Wolf zu tun, den sie 1949 kennen lernte. Er kam wie sie aus Bad Frankenhausen. Die Familien Ihlenfeld und Wolf kannten sich, Christa und Gerhard waren sich dort aber nie begegnet. Sie hatten immer nur gerüchteweise voneinander gehört und keine günstige Meinung voneinander gewonnen. Sie hielt ihn für einen Zyniker, einen Spötter, und es hieß, er habe keinen Familiensinn. Er erfuhr über sie, dass sie stets die Klassenbeste und streberhaft sei. Als sie dann zu Beginn des Studiums in Jena aufeinander trafen, überwog folglich die Skepsis.[5] An die erste Begegnung auf der Treppe zur Mensa erinnert Christa Wolf sich genau. Er trug eine Luftwaffenhelferhose, eine Luftwaffenhelferjacke und hatte eine ballonartige Baskenmütze auf. Sie trug, der damaligen Mode entsprechend, einen Glockenrock und eine Jacke, die aus einer Krankenhausdecke geschneidert war.
Gerhard Wolf beeindruckte sie mit seinen literarischen Kenntnissen. Er gab ihr Rilke, las ihr Gedichte vor und selbst geschriebene Kassandra-Verse[6]. Gemeinsam lasen sie eine ganze Nacht hindurch Erich Maria Remarques »Arc de Triomphe«, und bald wohnten sie auch zusammen, in dem idyllisch oberhalb der Stadt gelegenen Haus der schwerhörigen Witwe Specht. Sie besuchten Seminare bei Edith Braemer, einer Mitarbeiterin von Professor Gerhard Scholz. Als Jüdin aus dem Exil in Shanghai zurückgekehrt, lehrte sie eine marxistische Literaturwissenschaft, die sich die Dogmen von Georg Lukács' Realismuskonzeption zu eigen gemacht hatte. Die Studenten empfanden Braemers Seminare als befreiend und progressiv. Brecht war für sie ein Anziehungspunkt. Auch mit J. M. R. Lenz, dem jugendlichen Antipoden Goethes, beschäftigten sie sich intensiv und verstanden ihn als frühen sozialkritischen Autor. Der Sturm und Drang war die literarische Epoche, der man sich in der Euphorie der Gründerzeit der DDR am nächsten fühlte.

Die Studentin Christa Ihlenfeld befand sich ganz im Einklang mit der herrschenden Literaturauffassung. »Schriftsteller sind Kampfgenossen der Regierung«, verkündete Ministerpräsident Otto Grotewohl auf dem II. Schriftstellerkongress im Juli 1950 in Ostberlin, wo er im Namen des »sozialistischen Realismus« gegen »formalistische Experimente« zu Felde zog. Unter dem Schlagwort »Formalismus« wurde alles zusammengefasst, was nicht in die glorifizierenden Wunschbilder sozialistischer Selbstdarstellung passte und ästhetisch die enge Vorstellungswelt einer kleinbürgerlichen Parteiführung überstieg. Formalismus war ein Kampfbegriff gegen alles Westliche, das als kosmopolitisch diskreditiert wurde. Dagegen wurde »das Typische« verlangt, doch typisch war stets der Arbeiter, der alle Schwierigkeiten meistert und siegreich in die Zukunft blickt. Der Kulturfunktionär Alexander Abusch assistierte brav und erinnerte an »das tiefe Wort Stalins« von den Schriftstellern als »Ingenieuren der menschlichen Seele«. Es lehre, dass »nicht eine äußerliche Beschreibung der Betriebe und des Produktionsvorganges das Wesentliche ist, sondern der sich verändernde Mensch und seine neue menschliche Zielsetzung«.[7] Brecht notierte dagegen im Oktober 1950 in seinem Arbeitsjournal: »bekämpfer des formalismus wettern oft gegen neue und reizvolle formen wie gewisse reizlose hausfrauen, die schönheit und bemühung um schönheit ohne weiteres als hurenhaftigkeit (und kennzeichen der syphilis) denunzieren.«

Lukács war das Nonplusultra der Studenten Ihlenfeld und Wolf. Seine Werke studierten sie Wort für Wort und übernahmen – etwa in Bezug auf Expressionismus und Romantik – seine Wertungen, die sie erst später korrigierten. Auch Stalin zählte zu den Klassikern der Literaturwissenschaft und wurde in den germanistischen Seminaren gründlich rezipiert. Sein Werk zur Sprachwissenschaft blieb Christa Ihlenfeld und Gerhard Wolf allerdings trotz redlicher Bemühungen und mehrfacher Lektüreversuche verschlossen, und

es dämmerte ihnen, dass das womöglich nicht an eigener Beschränkung, sondern an Stalins Bedeutung als Sprachwissenschaftler liegen könnte.[8]
Stattdessen vor allem und immer wieder: Goethe. Christa Ihlenfeld war vor allem dem jungen Goethe »verfallen«[9]. Damit lag sie auf der Linie der offiziellen Literaturtheorie, die die bürgerliche Kultur mit Goethe an der Spitze als vorbildlichen humanistischen Bestand zum »Erbe« erklärte, das jederzeit abrufbar bereitlag und dessen Formenkanon von der Gegenwartsliteratur bloß noch mit sozialistischen Inhalten gefüllt werden musste. Alle ästhetischen Neuerungen waren ja sowieso »Formalismus«. Nicht die Romantik, die als reaktionär erachtet wurde, sondern der revolutionäre Sturm und Drang, der bürgerliche Aufbruch des schaffenden, tätigen Menschen, dem in Schillers »Glocke« gehuldigt wird, war das Literaturmodell, an das die DDR-Germanistik anknüpfte, weil mit ihm das Hohelied des Aufbaus gesungen werden konnte.
Von ihrer Begeisterung legt eine umfangreiche Arbeit über »Goethes Auffassung von Persönlichkeit und Gesellschaft« Zeugnis ab. Als Gewinnerin eines Aufsatzwettbewerbs wurde die Studentin Christa Ihlenfeld damit zu den »Goethe-Tagen der Jugend« eingeladen, die im Goethe-Jahr 1949 in Weimar stattfanden. Dort hielt Otto Grotewohl eine Rede, von der sie den Satz im Gedächtnis behielt: »Du musst steigen oder sinken, leiden oder triumphieren, Amboss oder Hammer sein!«[10] Erich Honecker als FDJ-Vorsitzender erkor das Goethe-Wort vom »Geschlecht, das aus dem Dunkel ins Helle strebt«, zum Motto seiner Rede und bekannte sich in der Tradition der Aufklärung zur »Auffassung vom ewigen Fortschritt der menschlichen Gesellschaft«. Auch der Germanist Hans Mayer war als Redner geladen. Er erinnert sich in seinen Memoiren an einen Saal voller FDJler im Blauhemd, an Blumen auf der Bühne und das obligate Streichquartett sowie einen abendlichen Fackelzug, betont aber, dass die Jugendlichen vom Jahrgang 1929 und

1930 »ersichtlich weder herkommandiert waren noch die Veranstaltung als lästiges Bildungsgetue empfanden«. Das Interesse war echt, das Bekenntnis zum Humanismus noch frisch erworben und mehr als eine Phrase.[11]

In Weimar absolvierte die Studentin dann auch ein Praktikum bei der Ausstellung »Gesellschaft und Kultur der Goethe-Zeit«, die unter der Federführung von Gerhard Scholz und Edith Braemer im Schloss gezeigt wurde. Sie wohnte während dieser Wochen im Nietzsche-Haus, ohne sich deshalb für diesen unliebsamen Propheten des neuen Menschen zu interessieren. Christa Wolf würdigte die Ausstellung noch 1988 als »einen der ersten Versuche, eine marxistische Sicht auf eine der wichtigsten Perioden unserer Literaturgeschichte populär zu machen«, und zählte ihre Mitarbeit wie auch die Seminare bei Edith Braemer zu den Erfahrungen, die sie »nicht missen« wolle – auch wenn Edith Braemer in den sechziger Jahren in der Debatte um »Nachdenken über Christa T.« zu ihren entschiedenen Gegnern gehörte, die die Autorin der »Häresie« und »aller möglichen Abweichungen« bezichtigte.[12]

1950 erlebte Christa Ihlenfeld eine ihrer ersten Brecht-Aufführungen. Das »Berliner Ensemble« gastierte mit Brechts Bearbeitung des Lenz'schen »Hofmeisters« in Weimar. Doch wichtiger als das, was sich auf der Bühne ereignete, war Brecht selbst, der nur wenige Meter von der Studentin entfernt auf einem Eckplatz des ersten Ranges saß. In einem Beitrag für Radio DDR erinnerte sich Christa Wolf Mitte der sechziger Jahre an das Befremden, mit dem sie Brecht damals beobachtete. Brecht schüttelte sich angesichts des tragischen Geschehens immer wieder vor Lachen. »Sein Vergnügen an den oft gar nicht vergnüglichen Vorgängen im Rampenlicht provozierte und steigerte mein Vergnügen – weckte aber auch eine leichte Verwunderung. Nicht überall, wo Brecht lachen musste, hätte ich mich zu lachen getraut. Seine Respektlosigkeit gegenüber dem ›bürgerlichen Trauerspiel‹ machte uns die Köpfe heiß.«[13] In ihren germanistischen Seminaren über den »kommunistischen Stückeschreiber« Brecht hätte man die auf der Bühne gezeigten Unterdrückungsverhältnisse überhaupt nicht komisch finden dürfen und konnte Brechts Gelächter nur als frivolen Zynismus und als Taktlosigkeit auslegen. Brecht machte zwar »Appetit auf Entdeckungen«, in ihrer Vorstellungswelt einer klaren sozialistischen Moral hatte man jedoch mit Unterdrückten Mitgefühl zu empfinden und sie nicht auch noch dafür zu verachten, dass sie sich unterdrücken ließen. Brechts dialektische Methode, Widersprüche zu verschärfen, um sie in Bewegung zu bringen, verwirrte die klare Orientierung suchende Studentin: eine durchaus produktive Verunsicherung.

Zur »etwas distanzierten Haltung«, die der Jenaer Scholz-Kreis gegenüber Brecht pflegte, trug der Weimarer Auftritt sicherlich bei. Christa Wolf spricht zwar von einem grundsätzlich »positiven« Verhältnis, das sie damals zu Brecht gewonnen zu haben glaubte, das aber von einem Gefühl der Überlegenheit gegenüber dessen moralischer Fragwürdigkeit geprägt war. Erst in einem Gespräch aus dem Jahr 1983 formulierte sie ihr Verhältnis zu Brecht eindeutig: »(...) viel später habe ich begriffen, dass Brecht auf mich als Autorin überhaupt keinen Einfluss gehabt hat, dass ich mich nie mit ihm auseinander gesetzt habe, weder positiv noch negativ, was ja auch ein Urteil ist.«[14]

Dass sie nie in den »Brecht-Sog« geriet, begründete sie an anderer Stelle damit, dass sie als Autorin nichts mit Dramatik zu tun hatte, hauptsächlich aber damit, eine Frau zu sein. Niemals wäre sie in der Lage gewesen, die Selbstaufgabe, die Brecht Frauen abverlangte, leisten zu können und zu wollen.[15] Die Trennlinie zwischen Wolf und einem Autor wie Bertolt Brecht verläuft entlang der Moral. Sie versuchte, das nicht Geheure, das moralisch Dubiose möglichst auszuschließen.[16] Wenn Brecht der sinnenfrohe, geradezu katholische Genießer und Ironiker ist, so erscheint

Christa Wolf eher als Vertreterin protestantischer Strenge und pädagogischer Ernsthaftigkeit. Findet man beim Theaterautor Brecht einen spielerischen Umgang mit Rollenvielfalt und eine unbändige Lust am Widerspruch, so steht Christa Wolf für das Bemühen um Ehrlichkeit, Integrität und moralische Eindeutigkeit – eine Tendenz, die auch ihr Schreiben maßgeblich prägt.

1951 heirateten Christa und Gerhard Wolf und zogen nach Leipzig um. In der kriegszerstörten Stadt mit ihren kahlen Plätzen und Ruinenfeldern, über denen der Wind den Staub aufwirbelte, bewohnten sie zwei Zimmer zur Untermiete im Stadtteil Gohlis. Eine unbequeme Wandbank und ein so genanntes Clubtischchen waren zum Schreiben nicht gerade geeignet. An den Wänden hingen düstere Ölgemälde, die aufs Gemüt schlugen.[17] Christa Wolf, im sechsten Monat schwanger, schrieb sich wieder an der Universität ein und engagierte sich als »Sekretär einer Seminargruppe« – eine Art Klassensprecherin. In »Nachdenken über Christa T.« lässt sie einen sommersprossigen Studenten in nämlicher Funktion vorkommen, der die Kommilitonen der Fakultät dazu aufruft, sich am Bau eines Kinderspielplatzes zu beteiligen, und verantwortungslosen Studenten Tabellen vorlegt, aus denen sie ersehen können, wie ihr schlechtes Lernergebnis die Durchschnittsnote der Seminargruppe drückt.[18] Moral war ein politisches Werkzeug, mit dem das Individuum in die Gemeinschaft eingepasst wurde. Im großen Hörsaal der Universität traf sie die Landsberger Freundin Christa Tabbert wieder, die ebenfalls Germanistik studierte – ein Wiedersehen, das nach den Wirren von Flucht, Heimatverlust und Neuanfang an ein Wunder grenzte.

Gerhard Wolf, Parteimitglied wie seine Frau, ließ sich vom Studium beurlauben. Er hatte eine Stelle als Hilfsredakteur beim Rundfunk gefunden, die mit 300 Mark recht gut dotiert war. Einer der beiden musste arbeiten, denn die 220 Mark Studienbeihilfe, die sie zusammen erhielten, reichten nicht aus, zumal im Januar

1952 die Tochter Annette geboren wurde. Innerhalb eines Jahres wurde Gerhard Wolf, obwohl er das Studium nicht abgeschlossen hatte, verantwortlicher Redakteur und nach Berlin versetzt. Die junge DDR litt überall an einem Mangel an qualifizierten Fachkräften, so dass junge Leute die Chance hatten, sehr früh in verantwortliche Positionen zu gelangen. Auch das trug zur starken Bindung dieser Generation an die junge Republik bei.

Die Atmosphäre, die in diesen Jahren beim Rundfunk herrschte, beschreibt eine Anekdote, die Gerhard Wolf gerne erzählt: »Wir hatten in einer Sendung ein Rilke-Gedicht. Ich musste damit zum Chefredakteur, das war Heinz Zöger. Der sagte: ›Rilke ist spätbürgerlich, das kommt für uns nicht in Frage.‹ Ich erwiderte, dass gegen dieses Gedicht doch aber nichts zu sagen sei, und er erzählte, dass er natürlich am Abend zu seiner Erholung auch Rilke lesen würde. Dies nun wurde an einen höheren Funktionär weitergetragen: ›Wie finden Sie das – verbietet es für die Sendung, liest es aber privat gern?‹ – ›Das kommt nun darauf an‹, antwortete dieser, liest er Rilke, weil er sich weiterbilden will, oder hat er Genuss dabei?‹ Das wurde bei uns zum geflügelten Wort für bestimmte Verhaltensweisen: ›Ja, der hat Genuss dabei!‹«[19]

Christa Wolf blieb mit dem Kind in Leipzig zurück, was, wie sie sagt, »in vielerlei Hinsicht schwierig«[20] war. Die bloße Bewältigung des Alltags war in der Mangelgesellschaft der Nachkriegszeit aufwendig genug, so dass für viele Frauen bereits an dieser Stelle die proklamierte Gleichstellung der Geschlechter an ihre Grenzen stieß. Sie teilte die Erfahrungen junger DDR-Frauen, die in den fünfziger Jahren Kinder bekamen, ohne sich ausschließlich in die Mutterrolle abdrängen lassen zu wollen: »Es gab kaum Kindergärten oder Krippen, eine Frau, die weiter arbeiten oder studieren wollte, musste für ihr Kind private Lösungen suchen, wir wussten bitter wenig über die emotionalen Bedürfnisse von Säuglingen, frage heute Frauen meiner Generation – wir alle haben Schuldgefühle gegenüber unseren Kindern. Es gab keine Waschmaschinen, keine Babynahrung. (...) Du musstest schon wahnsinnig motiviert sein – wie ich es offenbar war – und einen Mann haben, der nicht auf die Idee kam, dass du, nur weil du eine Frau warst, deine berufliche und politische Entwicklung zurückstellen solltest, um nicht zu verzichten.«[21]

Schon während des Studiums schrieb Christa Wolf Literaturkritiken. Die erste, über E. R. Greulichs Roman »Das geheime Tagebuch«, erschien am 20. Juli 1952 im »Neuen Deutschland«(ND). Doch den Freiraum für Studium und Schreiben musste sie sich immer neu erkämpfen. Die Alternative Kinder oder Berufstätigkeit stand nie konkret zur Debatte. Die Kinder – die zweite Tochter Katrin wurde 1956 geboren – waren »einfach immer da«[22] und wären im Zweifelsfall wichtiger gewesen als das Schreiben. Ein Leben ohne Kinder und ohne Familie als Mittelpunkt, von dem aus sich alles andere ordnet und relativiert, ist für sie immer undenkbar gewesen. Die Familie ist das Kraft- und Energiezentrum ihres Lebens[23], und die Beziehungen zu Mann, Kindern und später dann den Enkeln sind es, die Christa Wolf die Frage: »Was ist Glück?« mit dem Satz: »Die Fähigkeit, Bindungen einzugehen«, beantworten lässt.[24]

Die Sicherheit des privaten Arrangements half vor allem in kritischen Zeiten, nicht den Boden unter den Füßen zu verlieren. »Ich glaube«, sagte Christa Wolf im Dezember 1989 recht pathetisch, »dass ich ohne diese nahen Menschen heute nicht mehr am Leben wäre.« In der für sie typischen protestantischen Gefühlsmischung aus Dankbarkeit und einem gehörigen Maß an Schuldbewusstsein reflektierte sie ihre Mutter-Rolle. Es ist dieselbe emotionale Struktur, mit der sie in der Nachkriegszeit auf die eigenen Verstrickungen und das Überleben im Nationalsozialismus reagiert hatte: »Ich habe vielleicht durch niemanden so viel gelernt wie durch meine zwei Töchter, auch später, weil sie dann die andere Generation waren und mich zum Nachdenken über mich brachten und bringen. Kinder sind für mich ein Ferment, ein Fundament des Lebens. Ich habe niemals Simone de Beauvoir verstanden und ihre totale Ablehnung von Kindern, weil sie angeblich die Entwicklung der Intelligenz stören. (...) Ich habe immer bis an die Grenzen meiner Kräfte gearbeitet und gelebt, mehr hätte ich nicht leisten können. Aber vielleicht hätte ich anderes tun müssen, mehr mit meinen Kindern zusammenleben müssen, so wie meine Töchter es heute mit ihren Kindern tun. Diese menschlichen Beziehungen wurden bei uns in den fünfziger und sechziger Jahren oft der Politik und der Arbeit untergeordnet. Das rächt sich jetzt. Was ich mir sagen kann, ist, dass ich meine Kinder nicht daran gehindert habe, so zu werden, wie sie jetzt sind. Aber die Kinder der Eltern, die damals keine wirkliche Beziehung zu ihnen aufbauen konnten, sind nun die jungen Leute, die weggehen.«[25]

Sosehr die Familie als privater, der Öffentlichkeit entgegengesetzter Schutzraum dient, sosehr erscheint die Familie zugleich als das »Politische«, von dem aus sich im Dezember 1989 sogar der Zerfall der DDR erklären lässt. Die mangelnde Bindung der Bürger an ihren Staat ist die Folge der mangelnden Aufmerksamkeit der Eltern gegenüber ihren Kindern – eine Beobachtung, die zugleich ein Licht auf das familienförmige, fast familiäre Staatsverständnis Christa Wolfs wirft. Der Staat ist der Erzieher seiner Bürger, die Politiker übernehmen eine Elternfunktion, wie auch der Schriftsteller vor allem Pädagoge an der Menschheitsverbesserungsfront zu sein hat. Die Familie ist das biedermeierliche Modell dieser sozialen Konstellation, die Keimzelle der Gesellschaft, und wären nur alle Familien so sicher gebaut gewesen wie die Familie Wolf, vielleicht, wer weiß, gäbe es die DDR heute noch als Hort der Wohlbehüteten.

Bei Christa und Gerhard Wolf wird die Familie – seltener Glücksfall – darüber hinaus zum Ort gemeinsamer Produktivität und

Produktion. Ihre Ehe ist Liebes- und Arbeitsbeziehung zugleich. Ungläubig, dass sie schon fast vierzig Jahre andauere, äußerte sich die Autorin im Herbst 1989 über diese Ehe: »Unser Zusammenleben war spannungsreich, hat aber nie auf dem Spiel gestanden, war niemals gefährdet, merkwürdigerweise. Ich weiß nicht, was Gerd sagen würde, aber ich weiß, dass er für mich der notwendige Partner war, vor allem, weil er mich so gut kennt. Weil ich mit ihm eine Auseinandersetzung führen kann über das, was ich schreibe, mit der Sicherheit, dass er mich nicht zerstören will. (...) Außerdem, unser Alltagsleben ist nie langweilig, es ist ein dauerndes, endloses Gespräch.«[26] Ohne die geistige Gemeinschaft mit ihrem Mann und ohne seine immerwährende praktische Hilfe, das gibt Christa Wolf unumwunden zu, hätte sie ihre schriftstellerische Arbeit so nicht bewältigen können. Er übernimmt im Haushalt den Part des Kochs. Er ist ihr erster Lektor, mit dem sie neue Arbeitsvorhaben bespricht und die ersten Textfassungen diskutiert. Nie wird ein Manuskript veröffentlicht werden, bevor seine Kritik eingearbeitet ist.[27]

Die innerfamiliäre Arbeitsteilung beschrieb Christa Wolf einmal in einem Podiumsgespräch nicht ohne Selbstironie: »Ich glaube überhaupt, dass Gerhards Einfluss auf meine Arbeit größer ist als mein Einfluss auf seine. Wenn ich schreibe, reden wir vorher viel darüber. Erstens verstehe ich im Reden allmählich selbst besser, was ich will. Ich werde durch seine Reaktionen immer mehr hineingetrieben in das, was ich will, weil er sehr gut weiß, was ich will. Wenn eine Sache fertig ist, ist er natürlich der Erste, der es liest. Es gibt einen Familiensketch von meiner jüngeren Tochter, die Regisseurin wird. Einmal hat sie ihn aufgeführt: Vater liest Mutters Manuskript, und umgekehrt: Mutter liest Vaters Manuskript, wie unterscheidet sich das? Sie stellt dar, wie er, vollkommen hineingewühlt in die Sache, Mutters Manuskript kritisch beurteilt, als ob es sein eigenes wäre, wie er es mir sozusagen ganz kritisch um die Ohren haut und zerfetzt. Wenn ich am Ende sage, ›Was soll ich nun machen, es ist ja ganz furchtbar!‹, dann sagt er: ›Wieso, es ist doch sehr gut ... es sind nur noch diese paar Kleinigkeiten auf jeder Seite.‹ Und umgekehrt, ich lese sein Manuskript: Ich sitze im Sessel und lese ganz still, ich sage überhaupt nichts. Er umrundet mich wie ein Tiger oder geht in sein Zimmer, kommt nach ganz wenigen Minuten und guckt mir über die Schulter. Dann geht das ganz anders von mir aus, ganz ruhig und vorsichtig. Aber er sagt mir mehr zu meinen Sachen als ich ihm zu seinen. Ich habe mehr davon. Das ist sozusagen ein inneres Psychogramm.«[28]

Bis zum Ende ihres Studiums im Sommer 1953 blieb Christa Wolf mit ihrer kleinen Tochter weitgehend auf sich allein gestellt. In Leipzig lehrten damals Werner Krauss und Ernst Bloch, deren Vorlesung sie jedoch nicht besuchte; Hermann August Korff und Theodor Frings, dessen Vorlesungen zur Sprachgeschichte für Prüfungsabsolventen verbindlich waren. Von Bedeutung waren ihr vor allem jene Dozenten, die wie Hans Mayer aus der Emigration zurückgekehrt waren, die »etwas Weltluft in die stickige Atmosphäre der Germanistik brachten und die Literatur in die historischen Kämpfe stellten«.[29] Mayer, der 1948 von Frankfurt am Main nach Leipzig gezogen war, weil er sich hier die Verwirklichung eines demokratischen Sozialismus erhoffte, wurde in den fünfziger Jahren zu einer Institution in der DDR-Germanistik. Sein Ruhm und seine Beliebtheit unter den Studenten gründeten darauf, dass es ihm gelang, Marxismus und Ästhetik auf souveräne Weise miteinander zu verbinden, ohne die Kunst der Ideologie unterzuordnen und ohne das »Engagement« dem Kunstschönen zu opfern.

Christa Wolf besuchte im Herbst 1951 Mayers Seminar »Große Romane der Weltliteratur« und hielt dort ihr erstes Referat über Romain Rollands Künstler- und Bildungsroman »Jean-Christophe«. Mayer versagte ihr allerdings die Teilnahme am Oberseminar, da er in der Studentin, die aus Jena gekommen war, eine Parteigängerin des Antipoden Gerhard Scholz vermutete. Sie hielt den Graben zwischen Jenaer Sturm-und-Drang-Auffassungen und Mayers Positionen jedoch nicht für unüberbrückbar.[30] In dessen liberalem Geist festigte sich für sie die marxistische Methode, sich mit Literatur auseinanderzusetzen. Was sie sich in den Jahren nach 1945 so hastig wie unsystematisch angelesen hatte, erhielt nun ein theoretisches Fundament. Die der jungen Generation vollkommen unbekannte republikanische, progressiv-bürgerliche Tradition der deutschen Geschichte wurde von Mayer ins Bewusstsein zurückgeholt. Dafür stand etwa seine Interpretation von Goethes Symbolum, das mit den Verszeilen »Versäumt nicht zu üben / Die Kräfte des Guten« und dem Schlussakkord »Wir heißen euch hoffen!« zum Grundbestand der frisch angeeigneten »Lebenshilfe- und Vorsatzliteratur« Christa Wolfs gehörte.[31]

Mayer akzeptierte schließlich auch ihre Diplomarbeit über »Probleme des Realismus im Werk Hans Falladas«, die ordnungsgemäß mit einem Lenin-Zitat begann und »im Geiste der Realismusauffassung von Lukács«[32] geschrieben war. Das Thema hatte Mayer vorgegeben, nachdem er Wolfs Wunsch, über »Prosaliteratur der DDR« zu arbeiten, mit der Begründung abgelehnt hatte, dabei handle es sich doch nur um »rot angestrichene Gartenlauben«, die wissenschaftlicher Bemühungen und eines weiteren Anstrichs kaum bedürften. Die Studentin war empört, musste jedoch akzeptieren und bemühte sich folglich darum, Fallada nachzuweisen, wie sehr »seine kleinbürgerliche Ideologie dem Realismus seiner Romane geschadet« habe.[33] Besonders originell war das nicht, aber immerhin pünktlich, ordentlich und fleißig.

In seiner Gratulation zu Christa Wolfs 60. Geburtstag im März 1989 kam Hans Mayer auf diese Episode zu sprechen und verteidigte seine damalige Entscheidung im Vergleich mit Uwe Johnson, der einige Semester nach Christa Wolf die Vorlesungen im legendären Hörsaal 40 besuchte: »Es war mit der Studentin Wolf anders als –

bald darauf – mit dem etwas jüngeren Studenten Uwe Johnson. Der war vom ersten Augenblick an, gleich bei unserer ersten Unterredung im Dozentenzimmer, ganz und gar der künftige Uwe Johnson. Christa Wolf hat sich hinaufschreiben müssen zu sich selbst, wenn ich es richtig sehe. Was auch bedeuten mag, dass sie sich wegschreiben musste von manchem Angelernten. Beispielsweise von den roten Gartenlauben. Da konnte der Kleinbürger Hans Fallada, dieser außerordentliche Erzähler und Darsteller der kleinbürgerlichen Misere und des Unglücks im Winkel, nur nützlich sein. Die Studentin Christa Wolf hat's schließlich auch eingesehen.«[34]

Die Arbeit über Fallada muss ihn aber doch so überzeugt haben, dass er der Diplomandin anbot, als Assistentin bei ihm zu bleiben. Christa Wolf lehnte ab. Die Universität war nicht ihre Welt. Jetzt wollte sie sich endlich mit der Prosaliteratur der DDR beschäftigen, mit den Problemen der Gegenwart. Eine Stelle als wissenschaftliche Mitarbeiterin beim Deutschen Schriftstellerverband (DSV) in Berlin bot ihr dazu Gelegenheit. Die Germanistik, so betonte sie später immer wieder, habe sie um Jahre zurückgeworfen und in ihrer dogmatischen Ausrichtung ihr eigenes Schreiben lange Zeit verhindert, weil sie die »Unmittelbarkeit des Erlebens« blockierte.[35] So ist es nicht verwunderlich, dass ihre Erinnerungen an Leipzig wenig freundlich ausfallen: »*Mein* Ort war das Leipzig der frühen fünfziger Jahre nicht.«[36]

Die Ereignisse vom 17. Juni 1953 sind für Christa Wolf, die zu dieser Zeit in der Deutschen Bibliothek über den Romanen Hans Falladas sitzt, ein Einschnitt. Auch wenn sie damals kaum begriff, was vor sich ging, markiert dieses Datum vielleicht das Ende jener Phase allzu naiver Übereinstimmung mit der jungen Republik. Publizierte Äußerungen der Vierundzwanzigjährigen gibt es dazu nicht – ebenso wenig wie zu Stalins Tod im März 1953. In den Erinnerungen Hans Mayers ist aber nachzulesen, dass auch die Leipziger Universität von tiefer Trauer erfüllt war. Die Studenten weinten bei der offiziellen Trauerfeier. In den Kreisen der politisch engagierten Jugend, also in der FDJ, herrschte ein Gefühl der Leere, des Alleingelassenseins, weil man sich nicht vorstellen konnte, wie die Weltgeschichte ohne Stalin weitergehen könnte. »Unter solchen Umständen«, resümiert Mayer mit Blick auf den 17. Juni, »musste es undenkbar sein, dass ein großer Teil der Jugend in dieser jungen Deutschen Demokratischen Republik das Scheitern dieses Staates und seine Umwandlung in eine Filiale der nicht minder jungen Bundesrepublik hätte wünschen können.«[37]

Der Ausbruch der Gewalt muss Christa Wolf sehr befremdet haben. Dass die Partei so sehr gehasst werden konnte, machte ihr klar, wie zerbrechlich die Konstruktion des Neuen war, die sie für stark und unbezweifelbar gehalten hatte. In »Nachdenken über Christa T.« deutet sie die dem Aufstand folgende Verunsicherung vorsichtig an, allerdings aufgelöst in diffuser Innerlichkeit, die man keineswegs auf die politische Situation beziehen muss. »Fremd wie eine Mauer« steht Christa T. »im Frühsommer dreiundfünfzig« alles entgegen. Da ist »eine Kälte in allen Sachen. Die kommt von weit her, durchdringt alles. Man muss ihr entweichen, ehe sie an den Kern kommt.«[38]

Erst sehr viel später, ein Jahr vor dem Ende der DDR, ging Christa Wolf genauer auf ihre Wahrnehmung des 17. Juni ein: »Ich erlebte zum ersten Mal, was sich später öfters wiederholte: die verschiedenartigen Reaktionen der verschiedenen Menschen auf ein Schock-Erlebnis. Manche vergaßen ganz schnell, was sie in den ersten Tagen gesagt oder auch in der Zeitung geschrieben hatten: dass es Gründe für Unzufriedenheit gegeben hatte, gerade unter den Arbeitern, dass Korrekturen in der Politik der staatlichen Stellen nötig seien; sie suchten die Ursachen nun jenseits der Grenze und in faschistoiden Tendenzen, die wiederaufgelebt seien. Dazu gerieten andere, auch ich, in Widerspruch, wir beharrten auf Analyse der Vorgänge, auf Veränderungen. Andererseits: gerade in

Leipzig habe ich an jenem Tag Gruppen gesehen, Einzelfiguren, die etwas Bedrohliches, stark Gewalttätiges, Gestriges hatten. (...) Die Zerstörung von Akten, Schreibmaschinen, Büromaterialien habe ich gesehen. Und einen wilden, ungezügelten Hass gegen diesen Staat, der mit dem Anlass, der ihn angeblich ausgelöst hatte, nicht übereinging. (...) Ich habe damals niemanden gefunden, der mir diesen Ausbruch von Destruktionslust, den ich am 17. Juni beobachtet habe, erklären konnte. Ich kam am Abend dieses Tages nach Hause mit einer Handvoll Parteiabzeichen, die ich von der Straße aufgelesen hatte. Mir wurde bewusst, auf einer wie dünnen Decke wir gingen.«[39]

Der Schriftstellerverband veröffentlichte einen Aufruf mit der Überschrift »Wie ich mich schäme«, den der Verbandssekretär Kurt Barthel, der sich »Kuba« nannte, verfasst hatte. Auf »Kuba« war jenes berühmte Gedicht Brechts gemünzt, das nach dem Aufstand des 17. Juni die Regierung aufforderte, der Einfachheit halber das Volk aufzulösen und ein anderes zu wählen. »Kuba« war es auch, der Christa Wolfs Bewerbung beim Schriftstellerverband unterstützte und ihr damit den Weg zur Literaturkritik und mitten hinein in die kulturpolitischen Auseinandersetzungen der Zeit bahnte. Endlich konnte sie ihrem Mann nach Berlin folgen. Vorübergehend erhielten die Wolfs eine Dachwohnung mit zwei Zimmern des Schriftstellerverbands zur Nutzung, ehe sie in die Stechlinstraße 4 im Stadtteil Karlshorst zogen – keine besonders anmutige Gegend, eingeklemmt zwischen Kohlenplatz, S-Bahn und Kraftwerk, wie es in »Nachdenken über Christa T.« heißt.[40] Hier wohnten sie zunächst zur Untermiete. Nach einem Jahr meldeten sie dem Wohnungsamt, dass der Hauptmieter schon lange ausgezogen sei, und erhielten dann einen eigenen Vertrag. Damit hatten sie ein wichtiges Pfand in der Hand, mit dem sie bei den späteren Umzügen immer wieder eine andere Wohnung in der chronisch an Wohnraummangel leidenden DDR eintauschen konnten.

Der Endsieg des Proletariats

Aufstrebende Kritikerin mit Klassenstandpunkt

Er war aufgedunsen und hatte eine quäkende Stimme, die er immer wieder einsetzte, um anzuklagen und zu denunzieren. In den Erinnerungen Hans Mayers erscheint der Schriftsteller Kurt Barthel wenig vorteilhaft: eine »ungemein widerwärtige Figur«. »Kuba« habe »seine literarischen Gegner als Staatsfeinde« betrachtet und dafür gesorgt, »dass der Staat selbst es genauso hielt«.[1] Die Erinnerungen Christa Wolfs an »Kuba« sind freundlicher. Ihr Porträt bewahrt das respektvolle Verhältnis der jungen Mitarbeiterin des Schriftstellerverbands zu ihrem ersten Chef und enthält – bei aller Fragwürdigkeit seiner Person – auch Dankbarkeit dafür, dass er ihr sehr früh sehr viel zugetraut hat. Ihre Haltung gegenüber »Kuba« war durchaus exemplarisch für ihr Verhältnis zur älteren Generation, und noch im Rückblick ist ihre Einschätzung geprägt vom Ringen um Verständnis: »Kuba konnte schreiend und tobend im Zimmer umherrennen, Schimpfworte ausstoßen. (…) Er war kein Dogmatiker, obwohl er entsetzlich dogmatische Ansichten vertreten konnte; parteitreu, ja, stalingläubig, auch das. Der XX. Parteitag hat ihn beinahe umgebracht, da hat er angefangen, sich wie wild gegen zu wehren, hat überall die Gefahr der Aufweichung gewittert, auch ich fiel später unter diejenigen, deren Ansichten und Haltung er nicht ertrug und heftig bekämpfte. Aber er hat mich jahrelang fasziniert, er war kein enger, sondern ein ungebärdiger Mensch; ein Arbeiterjunge mit wirklicher, dichterischer Begabung, auch wenn heute viele seiner Gedichte grob, allzu vereinfachend auf mich wirken.«[2]

»Kuba« gehörte zur Riege der kommunistischen und antifaschistischen Exilrückkehrer, mit denen die junge Mitarbeiterin des Deutschen Schriftstellerverbandes nun häufig zu tun hatte. Die Älteren, Erfahreneren gaben dort den Ton an. Sie lernte Louis Fürnberg kennen, der sehr wichtig für sie wurde, Franz Carl Weiskopf und Alex Wedding, Willi Bredel und Eduard Claudius. Sie bewunderte Anna Seghers, Kurt und Jeanne Stern, mit denen sie später Freundschaften verbanden. Die Exilrückkehrer waren Identifikationsfiguren und stellten für die an ihren Schuldgefühlen laborierende Christa Wolf eine natürliche Autorität dar. Sie übernahmen in der DDR die Vorbildrolle, weil sie in der Zeit des Faschismus so viel vorbildlicher gehandelt hatten. Sie traten als erfahrene Lehrer auf, die, weil sie den Nationalsozialismus durchschaut und bekämpft hatten, auch in ihren sozialistischen Überzeugungen richtig liegen mussten. Sie beeindruckten, weil sie für ihre Ansichten eingestanden waren und sich nicht hatten einschüchtern lassen. Sie brachten Offenheit, Schwung und Welterfahrung in die kleine, enge DDR.

Die Unfehlbarkeitspostulate des glorifizierungsbedürftigen Staates wirkten sich auf die Beziehungen zwischen den Generationen jedoch wenig vorteilhaft aus. Anstatt sich mit der jüngeren Generation auseinanderzusetzen, betrachteten Leute wie »Kuba« ihre Positionen als sakrosankt. Die Jüngeren hielten an den eingeübten autoritären Mustern der NS-Zeit fest, ordneten sich erneut ein und unter und blickten mit bravem Respekt zu den gestandenen Antifaschisten auf. So trugen beide Seiten zur ideologischen Erstarrung bei: Die einen wurden zu unantastbaren Denkmälern ihrer eigenen Geschichte, die anderen machten sie dazu oder ließen es zumindest geschehen.

Dass es auch unter den Exilrückkehrern Spannungen und sich bekämpfende Fraktionen gab, blieb Christa Wolf lange verborgen. Naiv ging sie davon aus, dass Antifaschisten »auf alle Fälle miteinander befreundet«[3] sein müssen, und übersah zunächst, dass es ein gehöriger Unterschied war, ob man aus Mexiko zurückkehrte, wie Anna Seghers und Bodo Uhse, oder aus Moskau wie Willi Bredel und Alfred Kurella. Als sie ihre Arbeit im Schriftstellerverband aufnahm, war sie politisch unbedarft und hatte nicht mehr organisatorische Erfahrung aufzuweisen als die Arbeit in der FDJ-Gruppe an der Universität. Sie war ungeübt im Taktieren und Fraktionieren. Sie ahnte wenig von den Feinheiten der unter den Moskaurückkehrern eingeübten Kunst, Kritik und Denunziation unlösbar zu verschränken. Interne Konflikte beängstigten sie mehr, als dass sie darin Möglichkeiten erkannt hätte, Veränderungen in Gang zu setzen.

Im Schriftstellerverband arbeitete Christa Wolf zunächst in der Abteilung für junge Literatur und übernahm die Funktion einer Gutachterin. Sie beurteilte eingesandte Exposés und Manuskripte und entschied über Entwicklung und Förderung so genannter »junger Talente«. Daneben schrieb sie Literaturkritiken, die umfangreichsten und wichtigsten für die Verbandszeitschrift »Neue deutsche Literatur« (NDL). Neben die Begegnungen mit den Exilanten traten somit die Kontakte mit jungen Autoren, verstärkt noch dadurch, dass Gerhard Wolf als Literaturredakteur beim Rundfunk mit derselben Berufsgruppe zu tun hatte. »Für mich«, schrieb Christa Wolf in einer Selbstdarstellung von 1965, »ist das Beste an all diesen Jahren, dass sie mich mit vielen verschiedenen Menschen zusammenbrachten, dass sie mich in alle Schichten der sich gerade formierenden neuen Gesellschaft führten. Die genaue Kenntnis dieser noch ›rohen‹, ›flüssigen‹ Übergangsformen von der alten zur neuen Gesellschaft ist gar nicht zu überschätzen.«[4] Doch auch erste Bekanntschaften mit Autoren aus dem Westen ergaben sich über die Rundfunkarbeit ihres Mannes. Heinrich Böll war einer der wenigen, die mit einem ostdeutschen Sender zusammenarbeiteten. Kontakte ergaben sich gleichfalls zu Helmut Heißenbüttel, Klaus Roehler und Hans Erich Nossack.[5] Noch – bis ins Jahr 1956 – war die Politik der DDR gesamtdeutsch orientiert.

In diese Jahre, in denen sie sich entschieden innerhalb der vorgeschriebenen Bahnen des offiziellen Denkens und sozialistischer Konventionen bewegte, fällt auch eine Erinnerung von Erich Loest, die den Geist der Zeit und Christa Wolf als dessen treue Exponentin charakterisiert: »Es wird 1954 oder 1955 gewesen sein, als ich Erwin Strittmatter in seiner Wohnung in der Stalinallee in Berlin besuchen wollte. Ich traf dessen Frau Eva an, auch Christa Wolf war da, Funktionärin des Schriftstellerverbandes und Kritikerin. Hemingways ›Der alte Mann und das Meer‹ war erschienen und in aller Munde. Ich war begeistert und konnte nicht begreifen, dass meine beiden Genossinnen es scharf angriffen: ›Die harte Schreibweise‹, ein gängiger Begriff damals in der DDR, sei dem sozialistischen Realismus fremd, mit diesem Buch sollten wir kosmopolitisch unterwandert werden, es sei sozialdarwinistisch und weiß der Himmel was noch. Waren es die beiden, die es faschistoid nannten, oder hörte ich das von Alfred Kurella? Wir stritten erbittert, keiner konnte die Meinung des anderen auch nur um eine Nuance verrücken.«[6]

Der revolutionäre Eifer der jungen Frau spricht auch aus den ideologisch geprägten Aufsätzen der Literaturkritikerin. Für ihren ersten Auftritt in der NDL im Januar 1954 nahm Christa Wolf sich den Roman »Im Morgennebel« von Ehm Welk vor. Welk war ein Autor aus der revolutionären Tradition der Weimarer Republik, der im Jahr 1954 den Nationalpreis erhielt, der im Vorstand des Schriftstellerverbandes saß und sich besonders beim Aufbau der Volkshochschulen im Land Verdienste erworben hatte. Sich mit ihm anzulegen, lässt sich als strategisch kluges Verhalten deuten, war damit doch Aufmerksamkeit garantiert. Ihn zu kritisieren zeigt, mit welcher Unerschrockenheit und vielleicht auch Unbedarftheit Christa Wolf im Dienste der Wahrheit zu Werke ging. Angst, sich mit einer Autorität anzulegen, hatte sie jedenfalls nicht und musste auch keine haben. Sie trat als linientreue, dogmengestählte, moralisch unbestechliche Kritikerin auf, die ihre Unbestechlichkeit gerade dadurch unter Beweis stellt, dass sie selbst vor Autoritäten in den eigenen Reihen nicht zurückschreckt.

Unter der Überschrift »Probleme des zeitgenössischen Gesellschaftsromans«[7] warf sie Ehm Welks Roman über die Novemberrevolution von 1918 vor allem das Festhalten an kleinbürgerlichen Positionen vor. In der »Ignorierung aller Theorie«, der »Ehrfurcht vor den unmittelbaren Eindrücken der Wirklichkeit«, der falschen Heldenwahl, den »klassenmäßig begrenzten Erlebnissen« komme »eine gefährliche ideologische Schwäche des Autors« zum Ausdruck: »seine geheime Vorliebe für die Spontaneität der Ereignisse«. Und Spontaneität, das wusste man seit Lenin, gehörte zu den besonderen Kinderkrankheiten unreifer Revolutionäre, die von der organisierenden Rolle der marxistisch-leninistischen Partei und ihrem Führungsanspruch noch nicht hinreichend durchdrungen waren. Ehm Welks Roman konnte folglich nicht mehr sein als eine »in revolutionäre Gewänder gehüllte Harlekinade«, der es an »künstlerischer Konsequenz in der Parteinahme für die Arbeiterklasse« mangele.

Der richtige Klassenstandpunkt mit der optimistischen Gewissheit, dass die Kämpfe »letzten Endes doch für das Proletariat siegreich enden müssen«, ist der Dreh- und Angelpunkt aller Kritik. Der »Endsieg« aus dem nationalsozialistischen Kriegsvokabular hat sich in eine religiöse Geschichts-Metapher verwandelt, die wie ein Glaubensbekenntnis wieder und wieder vorgetragen wird. Zum großen Glauben gehört das große Gefühl: Der historische Sieg mit dem Heraufdämmern des Kommunismus ist nicht nur eine Vernunftsache, sondern muss vor allem mit dem Herzen begriffen werden. Der ideale Schriftsteller, wie Christa Wolf ihn sich vorstellte, sollte nicht nur bekenntnishaft, sondern »gefühlsmäßig, mit seinem ganzen Wesen, in Sympathie und Abneigung auf der richtigen Seite« stehen. Er musste also nicht nur richtig denken, sondern auch richtig fühlen. Zögern und Zaudern zeugte dagegen davon, nicht wirklich bei der Sache zu sein: »Ehm Welk ist in diesem Roman ganz und gar der spätbürgerlichen Furcht vor allem großen Pathos verfallen. Die kapitalistische Gesellschaft ist ja in der Tat so unheroisch und nüchtern wie möglich. Echtes Pathos ist ihr fremd. Die Geschichte der Arbeiterklasse aber kennt wahren Heroismus und echtes Pathos, nicht zuletzt in der Novemberrevolution von 1918. Warum scheut sich Ehm Welk, das darzustellen?«

Es wäre allzu einfach, sich über solche Einsichten zu erheben und sie dem Gelächter preiszugeben. Christa Wolf selbst hat sich schon in den sechziger Jahren so weit von ihren Anfängen entfernt, dass sie sich nur ungern daran erinnern ließ. Immerhin machte sie geltend, dass ihre frühen Texte aufrichtig gewesen seien. Entscheidend sei, dass man es »zu der Zeit ehrlich gemeint hat, dass es sich um einen ehrlichen Irrtum gehandelt hat (der dadurch nicht gerechtfertigt ist) und nicht um Produkte des Opportunismus«.[8] Die Schriftstellerin musste die Kritikerin und ihre normative Ästhetik überwinden, um zu eigener Kreativität zu finden. So gab sie 1965 zu Protokoll: »Manche meinen, von der Germanistik und der Literaturkritik führe ein direkter Weg zur ›richtigen‹ Literatur. Ich will nicht bestreiten, dass die Kenntnis der literarischen Entwicklung und der genaue Einblick in die Probleme angehender Schriftsteller mir nützlich sind, mir vielleicht Umwege ersparen. Andererseits wird es einem, je länger man sich mit Literatur beschäftigt, immer schwerer, selbst etwas zu veröffentlichen.«[9]

Deutlicher, weiter entfernt von den germanistischen Gewissheiten der frühen Jahre, äußerte sie sich 1974: »Das Studium der Germanistik hat mich – so sehe ich es heute – zunächst irritiert und in eine kritisch-theoretische Richtung gedrängt: ich schrieb Literaturkritiken. Vielleicht war mir eine gewisse Unmittelbarkeit im Kontakt mit der Realität abhanden gekommen, auch die Unbekümmertheit, die ja doch auch in dem wahnwitzigen Entschluss steckt, dem Unmaß an Geschriebenem nun auch ein eigenes Scherflein noch beizusteuern. Jedenfalls gab es starke Barrieren, die nur durch starke Erschütterungen durchbrochen werden konnten und einen Zwang zum Schreiben auslösten.«[10] Und schließlich 1983: »Ich habe Kritiken geschrieben – im falschen Sinne. Ein Kritiker, der Bücher nach einem bestimmten Maßstab beurteilt. Das habe ich dann mit Entsetzen sein gelassen. (…) Die reine Werkkritik ist oft eine Fehlentwicklung: die Kritiker nehmen ein Buch her wie ein Objekt – so wie die Naturwissenschaftler irgendein zu untersuchendes Objekt. Aber gerade *dieser* Wissenschaftsbegriff ist auf Literatur ganz sicher nicht anzuwenden. Wenn also die Kritiker sich nicht entschließen können, die Subjektivität, die in dem Buch sich ausdrückt, mit in ihre Betrachtungen einzubeziehen, und sich selbst dazu in irgendein Verhältnis setzen, und zwar offen, dann wird das immer eine verklemmte Sache sein.«[11]

Christa Wolf lehnte es stets ab, Aufsätze aus den fünfziger Jahren nachzudrucken. Diese Phase gehört für sie nicht zum Werk, sondern zu einer journalistischen Vorzeit. Die pauschale Ablehnung grenzt trotz gegenteiliger Beteuerung an Verdrängung und enthält wohl auch ein Gefühl der Peinlichkeit. Die Kritiken sind so sehr abgetan, dass eine differenzierte Auseinandersetzung mit ihnen nicht mehr erforderlich scheint. Dabei finden sich hier schon die grundlegenden Denkmuster, die über die fünfziger Jahre hinaus für die Schriftstellerin bestimmend blieben. Das gilt für das pädagogische Ethos und den unerschütterlichen, gutbürgerlichen Glauben, Literatur sei ein Mittel zur Verbesserung, zumindest aber zur moralischen Verfeinerung des Menschen. Das gilt ebenfalls für ihren fortdauernden Kampf gegen »Massenliteratur«, gegen »Minderwertiges«, gegen »Schund« und »Kitsch« – exemplarisch ausgetragen in dem Aufsatz »Achtung, Rauschgifthandel!« von 1955. Und das gilt für die Suche nach objektiven Maßstäben für das Gelingen von Literatur, auch wenn die Maßstäbe selbst sich radikal veränderten und schließlich gerade das subjektive, selbstreflexive Element zu ihrem Markenzeichen wurde.

Sich mit Christa Wolfs frühen Positionen zu befassen, ist auch aus einem weiteren Grund sinnvoll. Ihre Aufsätze sind, was damals von jedem Roman verlangt wurde: »typisch«. An ihnen lässt sich die Geschichte des Bewusstseins der frühen DDR ablesen. Christa Wolf, immer bemüht, die Beste zu sein, stand auch als Kritikerin an vorderster Front. Ihr »moralischer Rigorismus« machte sie zu einer »heiligen Johanna der Literaturkritik der fünfziger Jahre in der DDR«, zu einer »herausragenden Figur; anrührend in ihrer, von jedem Eigennutz freien, intelligenten Gläubigkeit – und ein wenig vom Glanz der Narrheit umgeben«.[12] Es ging ihr um nichts Geringeres als die große Aufgabe der Epoche: den »neuen Menschen«. Mit dieser Perspektive wandte sich Christa Wolf gegen revolutionäre Halbherzigkeiten ebenso wie gegen propagandistische Plattitüden und Vereinfachungen im Dienst der Sache, gegen den reaktionären Westen und kleinbürgerlich zurückgebliebene Subjekte ebenso wie gegen schönfärberische Harmonisten in den eigenen Reihen.

Der sozialistische Realismus, für den Christa Wolf im Einklang mit der herrschenden Literaturdoktrin stritt, musste nicht nur in Frontstellung zum so genannten »Formalismus« durchgesetzt werden, sondern – und das war in der DDR die alltäglichere Praxis – gegen den »Naturalismus«. Immer wieder polemisierte Christa Wolf gegen sozialistisches Biedermeier und die Haltung, die »Wirklichkeit« als Beweis und Verteidigung für einen literarischen Stoff anzuführen. Sozialistischer Realismus, wie sie ihn mit Lukács verstand, arbeitete demgegenüber mit »Typisierungen« und verlangte, nur solche Details der gesellschaftlichen Entwicklung herauszugreifen, die exemplarisch für den historischen Gesamtverlauf stünden. Das erlaubte einerseits, alles als »untypisch« wegzudrängen, was gerade nicht in die ideologischen Erfordernisse des Machterhalts und der Propaganda passte. Es bedeutete aber auch das Eingeständnis, dass Realismus in der Literatur nicht mit der Wirklichkeit identisch sein kann, sondern dass erst eine übergreifende Idee den Stoff formt und mehr aus ihm macht als die Anhäufung von Details: Selbst die materialistische Geschichtsauffassung kommt ohne eine Idee nicht aus.

Bei Christa Wolf ist im Verlangen nach »Realismus« ein geradezu metaphysisches Bedürfnis nach historischer Gesetzmäßigkeit spürbar. Der sozialistische Schriftsteller ist für sie ein Hohepriester des gesellschaftlichen Sinns. Er ist privilegiert im Erkennen des historischen Ziels und ein Avantgardist der Wahrheit. Der sozialistische Schriftsteller sieht seinem bürgerlichen Urbild damit zum Verwechseln ähnlich.

Recht unsanft stürzte die Autorin aus den unberührbaren Höhen des sozialistischen Realismus in die Niederungen der gesellschaftlichen Wirklichkeit ab. In dem Aufsatz »Achtung, Rauschgifthandel!« vom Februar 1955 berichtete sie von einem Krankenhausaufenthalt, bei dem sie als Angehörige einer literarischen Verwaltungselite schockhaft mit dem alltäglichen Literaturverständnis draußen im Lande in Berührung kam.[13] Ihre Zimmergenossin las doch – man denke! – tatsächlich lieber billige Stella-Romane als Scholochows Werke. Dabei handelte es sich um eine durchaus klassenbewusste Arbeiterin, die sich für Politik interessierte und mit der Christa Wolf über alles Mögliche diskutieren konnte. Warum, fragte sie in ihrem Essay, würde ein einigermaßen bewusst lebender Mensch niemals schlechte oder gar vergiftete Nahrungsmittel zu sich nehmen, gibt sich aber sehr wohl mit »dauernder geistiger Unterernährung« zufrieden? Wie, fragte sie, kann man

»diesen gefährlichen Rauschgifthandel« bekämpfen und die der Zigarettensucht vergleichbare Lust an Comics und an kitschigen Liebesromanen eindämmen?

Das kulturkonservative Plädoyer der Sozialistin deckte sich weitgehend mit Positionen von National-Konservativen aus der Bundesrepublik, die im jugendlichen Konsum von Micky-Maus-Heften den Untergang des Abendlandes heraufdämmern sahen. Sie fürchteten die »Amerikanisierung« der Kultur, die sich die Bundesrepublik mit der Westbindung eingehandelt hatte. Für Christa Wolf begann »der Westen« nicht erst in den USA, sondern schon jenseits der deutsch-deutschen Grenze. Pauschal machte sie das kapitalistische Ausland dafür verantwortlich, mit seinem Schund die Menschen in der DDR gezielt zu verdummen: »Wer ihre Schmöker liest, empfindet, ob er will oder nicht, was diese Leute gerne wollen: dass ›der Westen‹ die wahren Bedürfnisse der Menschen besser zu befriedigen wisse als ›der Osten‹.« Der Kampf um die Herzen und Hirne der Massen war Mitte der fünfziger Jahre zu einem Kampf der Systeme geworden. Die Abwanderung in den goldeneren Westen gab der DDR ernsthafte Probleme auf. Es versteht sich, dass die inkriminierten »wahren Bedürfnisse« die Waren-Bedürfnisse sind, sabotagemäßig ausgestreut wie Kartoffelkäfer, um die Geburt des »neuen Menschen« zu behindern.

Christa Wolf berief sich dagegen auf Mao Tse-tung und forderte eine literarische Niveauerhöhung: »Popularisieren und Heben des Niveaus gehen Hand in Hand.« Ihr Essay »Achtung, Rauschgifthandel!« zeigt, wie weltfremd die junge Kritikerin dachte. Sie argumentierte eher naiv als dogmatisch. In ihrer Wahrheitsliebe schreckte sie vor dem Konflikt mit einer schönfärberischen Propaganda nicht zurück, die so tat, als könne es gar keine anderen Interessen geben als die am sozialistischen Arbeiter-und-Bauern-Heldenroman. Dabei war sie durchaus eine Verfechterin vormundschaftlicher Erziehung, die dem Kulturapparat bedenkenlos Aufgaben zuordnete, die gemeinhin eher der Ärzteschaft, der Polizei und der Justiz im Umgang mit Süchtigen obliegen.[14] Auch in späteren Arbeiten Christa Wolfs bleibt die kulturkonservative Grundhaltung mit der Verachtung von Unterhaltungsliteratur spürbar. Noch in ihrem wichtigen Essay »Lesen und Schreiben« von 1968 findet sich nach einer Mahnung vor der Übermacht der Massenmedien Funk, Film und Fernsehen der Satz: »Es ist der Gefahr zu begegnen, dass der Reisende, für Stunden abgeschnitten von den Massenmedien, am Bahnhofskiosk nur nach dem Krimi greift, an den er gewöhnt ist. Aber das wollen wir hier nicht Prosa nennen.«[15] Erst Ende der achtziger Jahre bekannte sie sich dazu, leidenschaftlich gern und anfallartig gute Krimis zu lesen – im Unterschied zu ihrem Mann, den derartige Lektüre langweile.[16]

Die literarische Welt der fünfziger Jahre war von Ismen eng umzingelt. Christa Wolf schlug sich 1955 mit dem westdeutschen Landserroman in Gestalt von Peter Bamms »Die unsichtbare Flagge«[17] herum. Sie beschäftigte sich mit dem Hamburger Autor Hans Erich Nossack, den sie als Vertreter des Existentialismus begriff. Dieser Aufsatz ist heute noch mit Gewinn zu lesen; Nossack bedankte sich brieflich bei der Autorin.[18] Sie setzte sich mit einem Krankenhaus-Trivialroman von Hildegard Maria Rauchfuß auseinander, der sie noch einmal mit dem Problem konfrontierte, wie Leser zum »guten Buch« und Autoren zur Wahrnehmung ihrer pädagogischen Verantwortung zu führen wären. Denn, so heißt es da geradezu bedrohlich apodiktisch, wenn auch in rhetorischer Frageform: »Haben Bücher nicht tief in den Menschen einzugreifen?«[19] In fast jeder der Kritiken findet sich die Bemerkung, dass das Gelingen nicht nur vom Talent der Autoren abhänge, sondern »auch und vor allem von der Tiefe und Richtigkeit ihres Weltbildes«[20]. Doch ebenso unerbittlich ist ihr Kampf gegen den »Schematismus« und den verbreiteten »Hang zur Idylle« sowie – und das ist besonders bemerkenswert – gegen die plumpe Abbildung der

Arbeitswelt. »Nicht als Stoff an sich ist der Produktionsprozess literarisch interessant«, bemerkt Christa Wolf in ihrer Auseinandersetzung mit dem Bergarbeiterroman »Martin Hoop IV« von Rudolf Fischer, »sondern als Mittel, als eines der wesentlichsten Mittel zur Veränderung des Menschen, da er in unserer Gesellschaft die schöpferischen Energien des arbeitenden Menschen befreit.«[21]

Erwin Strittmatters »Tinko« ist ihr dann endlich das gesuchte Beispiel für einen gelungenen Roman des sozialistischen Realismus, in dem die »gedankliche Durchdringung des Stoffes« auf der »weltanschaulichen Höhe« geglückt ist. Strittmatter habe damit den Naturalismus seines Erstlings überwunden und auch der Gefahr des Symbolismus, der übermäßigen Sinnaufladung von Details als Kehrseite des Naturalismus, getrotzt. Siegreich konnte man all diesen Verfehlungen, die vom Realismus wegführten, nur widerstehen, wenn als Maxime feststand: »Der Fortschritt setzt sich durch, Schwierigkeiten zum Trotz, und zieht alles Saubere und Gesunde auf seine Seite. Die Entwicklung zum Sozialismus vollzieht sich gesetzmäßig und unaufhaltsam.«[22] Im Materialienheft zum IV. Schriftstellerkongress im Januar 1956 lobte Christa Wolf dagegen Strittmatters Fähigkeit, sich auch mit scheiternden Menschen auseinanderzusetzen, die »sich nicht zum Verständnis ihrer Zeit heraufarbeiten können« und an »subjektiven Fehlern« zerbrechen[23]. Damit befand sie sich im Widerspruch zur herrschenden Mehrheit, die die Literatur auf positive Helden und glorifizierende Erfolgsgeschichten festlegen wollte.

Auf diesem Kongress bekannten die Autoren sich per Resolution zum sozialistischen Realismus, als sei es eine Frage der Tagesordnung und der Beschlussfassung, die richtige Schreibweise durchzusetzen. Schriftstellerkongresse wurden zelebriert wie Parteitage und bestanden aus den selben ritualisierten Grußworten, Ansprachen und zuvor festgelegten Beschlussfassungen. Walter Ulbricht, der auf dem Podium saß, ergriff mehrfach das Wort und bezeichnete kritische Äußerungen als überflüssige Dummheiten. »Kuba« rühmte die Arbeiterromane von Otto Gotsche, Ulbrichts schriftstellerndem Sekretär. In der anschließenden Diskussion ging es dann jedoch um die Frage, ob in einem Kunstwerk die ideologische Ausrichtung oder die künstlerische Meisterschaft höher zu veranschlagen sei. Die Frage zu stellen war schon ein Signal, das den unter der Oberfläche grollenden Unmut vieler Autoren an den starren ideologischen Vorgaben kenntlich machte. Anna Seghers beschäftigte sich in ihrem Referat kritisch mit einer Kunstauffassung, die die Dogmen der Partei als Vorgabe nehme und die Wirklichkeit nur noch nach Teilchen absuche, mit denen sich die Dogmen illustrieren ließen. Bertolt Brecht, kurz vor seinem Tod, beklagte die Wirkungslosigkeit der Gegenwartsdramatik. Georg Lukács, bei seinem letzten Auftritt in der DDR, tadelte die Tendenz, ideologische Zielvorgaben schon als verwirklichte Gegenwart auszugeben. Stefan Heym machte als Freund klarer Worte deutlich, dass solche Werke offenbar von höchster Stelle gewünscht und die entsprechende Stümperei staatlich gefördert werde.[24]

Christa Wolf hatte ihr Statement bereits vor dem Kongress im Rahmen einer vorbereitenden »Literaturdiskussion« in der NDL veröffentlicht. Unter dem Titel »Popularität oder Volkstümlichkeit« machte sie sich erneut Sorgen um die »Masse des Volkes«, die stets die falschen, bloß unterhaltenden Bücher lese.[25] Stärker noch als in früheren Texten agitierte sie gegen »den Westen«, der mit einem »raffinierten Machtapparat« ausgestattet, unentwegt »kleinbürgerliche Ideologie« als Herrschaftsmittel produziere. Die Konsumgesellschaft erzeuge nichts als die Jagd nach Geld. Die schönen Fassaden verdeckten jedoch »eine ungeheure menschliche Öde«. Mitte der fünfziger Jahre war unübersehbar geworden, dass der Sozialismus auf ökonomischer Ebene nicht konkurrenzfähig sein würde – auch wenn dieses Wissen heftig beschwiegen und von Beteuerungen baldigen wirtschaftlichen Erfolgs übertönt wurde. Umso dringlicher war die ideologische Arbeit der Intellektuellen gefordert, die zu erklären hatten, dass der Sozialismus die besseren Menschen hervorbringen würde, also zumindest in der Konkurrenz der inneren Werte einen strahlenden Sieg davontragen würde.

In Richtung derer, die eine fette Suppe der überlegenen Moral vorziehen, rief Christa Wolf: »Wir überlegen uns lieber, durch welche Mittel der Überzeugung wir so tief und nachhaltig auf sie einwirken können, dass ihr altes Lebens›ideal‹ in Trümmer geht und ein neues Lebensbewusstsein, ein neues Lebensgefühl sich entwickeln können; denn gerade das zu erreichen, ist Aufgabe der Literatur. Was müssen solche Menschen, was müssen wir alle verstehen und fühlen lernen, damit wir immun sind gegen die raffinierteste Hetze unserer Gegner, unbeirrbar in der Überzeugung von der historischen Notwendigkeit unseres Weges? Worin besteht denn die Funktion unserer Literatur, als Ganzes betrachtet? Sie müsste klarmachen, wie bei uns endlich das gesellschaftlich Notwendige sich in Übereinstimmung befindet mit der tiefen Sehnsucht der Menschen nach Vervollkommnung, nach allseitiger Ausbildung ihrer Persönlichkeit; welch ein starker, unerschöpflicher Kraftstrom der sozialistischen Welt durch die Möglichkeit zufließt, diese tiefe Sehnsucht der Menschen zu befriedigen.«[26]

Und so weiter, seitenlang in diesem Stil. Ausdauernd und fromm musste die Gebetsmühle der Loyalität gedreht werden, ehe dabei auch ein wenig Ketzerisches zum Vorschein kommen durfte. Der Satz, der so wortreich in Siegeszuversichts-Phraseologie eingebettet werden musste, lautete: »Wer an die Darstellung der sozialistischen Gesellschaft in ihrem jetzigen Entwicklungsstadium aus Bequemlichkeit und Enge des Weltbildes, aus dem Unvermögen heraus, dialektisch zu denken, von einem primitiv apologetischen Standpunkt herangeht, hilft dieser Gesellschaft kaum.«[27]

Schreib, Christa! Schreib!

Die Wahrheit als Waffe: Funktionärin mit Moral und Frustrationen

Christa Wolf sorgte nicht nur als Literaturkritikerin für Aufsehen, sondern machte auch im Schriftstellerverband Karriere. Wie es der Pflicht entsprach, beteiligte sie sich an der Arbeit der Betriebsgewerkschaft und wurde dort sogar zur Vorsitzenden gewählt. 1954 nahm sie an einer Delegationsreise nach Ungarn teil. Kurz danach wurde sie offizielles Mitglied des DSV und rückte gleich in den Vorstand auf. Dass sie ihre Beziehungen nutzte, um den Eltern zu einer Stelle als Leiter des Schriftstellerheims »Friedrich Wolf« in Petzow am Schwielowsee zu verhelfen, muss einigen Unmut unter der Autorenschaft verursacht haben. So zumindest ist es einem Bericht des DSV-Sekretärs Johannes Schellenberger zu entnehmen, der als IM »Hannes« eine recht missgünstige Einschätzung der Kollegin Wolf ablieferte.[1] Das Haus am Schwielowsee, einst die Villa der Ufa-Schauspielerin Marika Rökk, war nicht so feudal wie Schloss Wiepersdorf, das zum Erholungsheim für Kulturschaffende ausgebaut wurde. Zehn Mark am Tag inklusive Mittagessen waren ein guter Preis, und es gibt kaum einen DDR-Autor, der nicht gelegentlich in Petzow Aufenthalt genommen hätte. Dort trafen die Wolfs auf Johannes Bobrowski und Christoph Meckel, auf den Lyriker Georg Maurer und auf Dieter Noll. Auch westdeutsche Autoren kamen dorthin. Sie lernten Leonhard Frank und Gerd Ledig kennen, Elisabeth Borchers und Peter Hamm. Wenn sie über das Wochenende und in den Ferien zu den Eltern hinausfuhren, nahmen sie die S-Bahn quer durch Westberlin. Am Wannsee stieg die Volkspolizei zu und kontrollierte die Ausweise. Der Westen blieb unbetretenes Zwischenreich: Feindesland.

1956 wechselte Christa Wolf vom Schriftstellerverband zum Verlag Neues Leben, zu dessen Cheflektorin sie berufen wurde. Verlagsleiter Bruno Petersen, ein alter Genosse, setzte großes Vertrauen in sie. So schmeichelhaft diese Erfahrung auch war, sie verursachte auch Unbehagen. Die Siebenundzwanzigjährige fühlte sich dem Verantwortungsdruck nicht gewachsen. Sie empfand ihre Kompetenzen als mangelhaft und wählte »einen typischen weiblichen Ausweg: Ich bekam mein zweites Kind«.[2] Ende September kam die Tochter Katrin zur Welt.

Wieder einmal beruft sich Christa Wolf an dieser Stelle, wo eine Kluft zwischen Ansprüchen und Möglichkeiten spürbar wird, auf die Generationserfahrung als schützende Ummantelung. Das »Nichtgewachsensein«, erklärte sie 1988, sei bei anderen Generationsgenossen, die in der DDR früh verantwortliche Positionen übernehmen mussten, ähnlich gewesen. »Ich glaube, wenn sich Leute meiner Generation überwinden könnten, ganz offen mit Jüngeren zu sprechen, würden die vielleicht erstaunt sein über das Maß an Selbstverleugnung, Selbstzweifel und dauernder Über-Anstrengung, das da zum Vorschein käme, das die Dauer-Überforderung anzeigt, die sie eingegangen sind – immer aus dem Gefühl heraus, die gesellschaftliche Entwicklung erfordere es, dass man in diese Bresche springt.«[3]

Überforderung, Überanstrengung, Selbstzweifel: die Einschätzung ist brisant. Jede Handlung vollzog sich in einem überindividuellen Horizont und im großen historischen Auftrag. Über das Programm eines Verlages zu entscheiden, bedeutete mehr als nur die Lappalie, gute oder weniger gute Bücher zu veröffentlichen. Es ging, gemäß des eigenen pädagogischen Selbstverständnisses, immer um das große Ganze, um den einst vom FDJ-Vorsitzenden Erich

Honecker postulierten Glauben an den »ewigen Fortschritt der menschlichen Gesellschaft«. Der Druck, der damit auf jedem lastete, der mit einigem Ernst bei der Sache war, konnte eigentlich nur zu Frustrationen oder in den Zynismus führen. Letzteres hätte der gläubigen, von ihren Überzeugungen getragenen Christa Wolf nicht entsprochen. Blieb also die Überforderung – und die Familie als Rückzugsort.

Der Schriftsteller Louis Fürnberg, nicht nur gegenüber Christa Wolf ein steter Förderer und Ermunterer, vermisste schon bald »Christas reinigende und belehrende Aufsätze in der ›Neuen Deutschen Literatur‹« und schrieb an Gerhard Wolf: »Wenn Christa wüsste, wie oft wir von ihr sprechen und mit wie viel Liebe wir an sie denken, würden ihr die Ohren klingeln.«[4] Schon 1954 hatte er gleich nach den ersten Kritiken von Christa Wolf in der NDL dem Chefredakteur Franz Carl Weißkopf mitgeteilt, dass er die »Christina Wolf« übrigens für »eminent begabt« halte.[5] Im November 1955 ermunterte er die junge Kritikerin, keine falschen Rücksichten zu nehmen: »Der liebe Gott hat dich nicht geboren, damit du deutschen Schriftstellern die angeborenen grammatischen Unzulänglichkeiten verbesserst. Schreib!!! Fahr mit der Feder im Augiasstall säubernd herum. Und *erzieh* die jungen Schriftsteller.«[6] Das war, kurz vor ihrem Wechsel zum Verlag Neues Leben, ein tröstender Zuspruch, denn sie hatte in einem Brief vom 7. November ihre Lage beklagt: »Ich sitze noch nicht im Verlag, sondern bis zum 1. Januar als Lückenbüßer in der NDL. Nicht sehr erfreulich. Meine Unzufriedenheit mit mir selbst wächst von Tag zu Tag und legt sich mir schon auf den Magen. (…) Die Diskrepanz zwischen dem, was sein *sollte*, und dem, was *ist*, kann einen schon krank machen. (Ich meine: zwischen dem, was *ich* sein sollte, und dem, was ich kann und bin, um es deutlich zu sagen.)«[7]

Unzufrieden mit sich und ihrem Beruf, schickte sie im Sommer 1956, hochschwanger und aus dem Verlag bereits ausgeschieden, dem älteren Vertrauten erneut eine brieflich Klage: »Ich habe sehr viel zu tun, den ganzen Haushalt und eine Menge Arbeit für verschiedene Verlage; aber das ist doch nicht das Eigentliche und macht mich nicht zufrieden. Übrigens sehe ich Kritik im Moment auch nicht als ›Das Eigentliche‹ an. Selber schreiben möchte ich können, ich wüsste vielleicht sogar, was.«[8] Diese Zeilen sind die erste zaghafte Wortmeldung der Schriftstellerin Christa Wolf: eine Ankündigung.

Fürnberg antwortete auf ihr Bekenntnis mit einem emphatischen Ermutigungs-Furor, der sich heute nicht ohne Komik lesen lässt. Der kompromisslose Zuspruch, der sich in einem Ausrufezeichengewitter entlädt, trug dazu bei, dass Christa Wolf den Mut fand, ihre erste Prosaarbeit zu beginnen – auch wenn es bis zur Veröffentlichung ihres Debüts »Moskauer Novelle« noch fünf Jahre dauern sollte. Doch wer hätte der geballten Begeisterung Fürnbergs widerstanden? »Selber schreiben möchtest Du können und wüsstest vielleicht sogar, was? Christa!! Ja, wer soll denn schreiben können, wenn nicht Du? So schreib doch!! So versuch's doch einmal! (...) Hab nur keine Hemmungen, weiß nur, was Du willst und wohin Du willst! Ob es geht oder nicht, sagt Dir Dein eigener Geschmack zur rechten Zeit – vorausgesetzt, dass Du mir vorher das Manus zu lesen gibst! Schreib, Christa! (...) Hab Vertrauen zu Dir! Wenn Du möchtest, dann ist es schon wie ein Befehl! Talent brauchst Du nicht nachzuweisen – das ist in jeder Zeile von Dir, darauf versteh ich mich! Schreib!«[9]

Und Christa Wolf schrieb. Kleine Prosaskizzen entstanden, der Entwurf zu einem Theaterstück mit dem Titel »Das Pseudonym« und, schon 1954/55 handschriftlich entworfen, umfangreiche Notizen für ein Filmdrehbuch mit dem Titel »Man lebt nur einmal«. Rührend unbeholfen beginnt ein erster Dialog: »›Was geht schief?‹ ›Nichts geht schief, Genosse Karlsen.‹ ›Das glaube ich nicht. Warum kommst du sonst?‹ ›Ich möchte mich in eine andere Abteilung versetzen lassen. Dazu soll die Partei ihre Zustimmung geben.‹ ›Also doch. – Man macht euch wieder Schwierigkeiten mit den Rohmaterialien, ja?‹ ›Das nicht gerade. Wir haben genug.‹ (…) ›Also, was ist, Mädel?‹ ›Ach, weißt du, … wenn man noch jung ist, denkt man, man eignet sich für dies und das, nicht wahr? Später merkt man: Es ist nicht das Richtige. So zum Beispiel bei mir. Erst dachte ich, ich möchte unbedingt Maschinen konstruieren. Jetzt sehe ich: Warum sollen es nicht auch Motoren sein? Oder Schiffsschrauben? Oder …‹«[10]

Hauptfigur dieser Geschichte sollte eine junge Frau aus kleinbürgerlichem Milieu sein. Aufgewachsen in Jena, heiratet sie in eine gut gehende Fleischerei nach Düsseldorf. Aber sie wird im Westen nicht glücklich, ihr Leben ist »verloren«, ohne dass sie es selbst begreift. In einem Exposé zum Film schrieb Christa Wolf: »Der Hauptstoß richtet sich gegen das kleinbürgerliche Lebensideal.« Der Glaube an ein überschaubares materielles Glück und eine »schmarotzerhafte Einstellung zum Leben« sei der Grund für viele, die DDR zu verlassen. Trotzdem sollte nicht die Republikflucht das eigentliche Thema sein, sondern die »Spaltung von Sein und Bewusstsein« der Hauptfigur, die erst Hilde, in späteren Fassungen Jutta hieß. Unsicherheit und das Bemühen um politische Korrektheit sind dem Manuskript deutlich anzumerken. Erstaunlich jedoch, dass es darüber hinaus bereits für Christa Wolf typische Formen und Motive erkennen lässt. Das Geschehen sollte in rückblendenden Erinnerungsbildern der Hauptfigur erzählt werden. Eine äußere, geschlossene Fabel könne es, so Christa Wolf, nicht geben, da ein innerpersönlicher Vorgang darzustellen sei. Damit war sie ihren eigenen theoretischen Verlautbarungen literarisch voraus.

Die »Überforderung«, mit der Christa Wolf ihren Rückzug aus dem Verlag begründete, erscheint somit in einem anderen Licht: als Unzufriedenheit mit dem Beruf und als beginnende Umorientierung. Dazu muss im Jahr 1956 auch eine politische Verunsicherung gekommen sein. Auf dem XX. Parteitag der KPdSU im Februar machte Nikita Chruschtschow die Verbrechen Stalins publik und läutete damit die Entstalinisierung und die »Auseinandersetzung mit dem Personenkult« ein, wie es im offiziellen Sprachgebrauch verharmlosend hieß. Walter Ulbricht zeigte sich von den Enthüllungen so beeindruckt, dass er sich nachts im Moskauer Hotelzimmer des Genossen Karl Schirdewan angeblich zu dem entsetzten Ausruf hinreißen ließ: »Genosse Stalin ist jetzt kein Klassiker mehr!«

Ähnliche Erschütterungen Christa Wolfs sind nicht überliefert. In der Retrospektive erwähnt sie jedoch den »tiefen Schock«, den der XX. Parteitag ausgelöst habe[11], und sieht darin den Beginn einer langfristigen Wandlung: »Es hat uns nicht zerstört, wohl aber *ver*stört, die Wahrheit, oder einen Teil der Wahrheit über Stalins und Berijas Verbrechen zu erfahren. Verstört haben mich auch Reaktionen älterer Kollegen und Genossen im Schriftstellerverband, besonders solcher, die in der Moskauer Emigration gewesen waren, von denen einige jetzt zusammenbrachen. Ich fragte mich, wie es ihnen möglich gewesen war, alles, was sie dort erfahren oder selbst erlebt hatten, so weit zu verdrängen, dass sie ganz oder partiell gläubig bleiben konnten. Ich denke, ich habe dabei etwas gelernt: Meine eigene Gläubigkeit schwand dahin, künftig wollte ich zu meinen Erfahrungen stehen und sie mir durch nichts und niemanden ausreden, verleugnen oder verbieten lassen.«[12]

Den Verlautbarungen Christa Wolfs ist diese Verunsicherung zunächst nicht anzumerken – im Gegenteil: Die emphatischen Glaubensbekenntnisse erreichen erst Ende der fünfziger Jahre ihren Höhepunkt. In der Phase der Desorientierung nach dem XX. Parteitag war Christa Wolf zunächst mit Verlagsarbeit beschäftigt, um dann in den Schwangerschaftsurlaub zu gehen. Im Juni hielt sie sich zur Erholung im FDGB-Heim »Walter Ulbricht« in Friedrichroda auf. In diesen Monaten geriet vieles in Bewegung. Selbst loyale Intellektuelle wie Willi Bredel begannen, gegen den phrasenhaften Dogmatismus aufzubegehren. Und die Jüngeren erlebten eine heilsame Irritation. Die Moskauer Exilanten verloren ihren Heiligenschein. Ihre Härte, ihre ideologischen Erstarrungen, ihre Parteidisziplin wurden als Folge der Erfahrungen mit stalinistischem Terror verständlicher. Die Alten schienen selbst aufzuatmen und es als Befreiung zu empfinden, endlich über die verdrängten traumatischen Erfahrungen des Moskauer Exils sprechen zu können. Ahnte Christa Wolf damals schon, dass es sich um »Angehörige einer tragischen Generation« handelte, die »erbarmungslos zwischen den Fronten zerrieben wurde und auf die Nachsicht der Nachgeborenen allerdings nicht rechnen kann«? Und wann erkannte sie, dass auch die Angehörigen ihrer eigenen Generation »bestimmt waren, in den Untergang jenes Experiments mit hineingerissen zu werden, an dessen Verwirklichung wir schon lange nicht mehr glaubten«?[13] Die Fragen stellte Christa Wolf in einem tagebuchartigen Text aus dem Jahr 1994. Sie blieben offen.

1956 litt die sozialistische Siegeszuversicht unter den Eröffnungen Chruschtschows jedenfalls noch nicht. Vielmehr schien nun erst recht der nächste Schritt zur Befreiung des Menschen möglich, nachdem der als »Personenkult« recht niedlich begriffene Stalinismus administrativ für überwunden erklärt wurde. Die SED hatte Mühe, die von der Entstalinisierung ausgehende Ermunterung kritischer Stimmen einzudämmen. Hans Mayer verabschiedete auf einer literaturwissenschaftlichen Konferenz im Mai die Stalin'sche Definition von den Schriftstellern als »Ingenieuren der Seele«, die auf dem IV. Schriftstellerkongress im Januar noch selbstverständlich gegolten hatte[14] und der ja auch Christa Wolf anhing mit ihrer Forderung, Literatur müsse tief ins Innere des Menschen eingreifen. Mayer hielt diese mechanistische Vorstellung für antiquiert und unmenschlich: »Schriftsteller haben die menschliche

Seele nicht zu manipulieren.«[15] Er war es auch, der die nach der Niederschlagung des Budapester Aufstands wieder einsetzende Repressionsschraube sehr direkt zu spüren bekam. Auch Gerhard Wolf war in diese Episode verwickelt. Christa Wolf erzählte davon im November 1990, kurz nach dem Vollzug der deutschen Einheit, als sie zu Mayers Rede »Nachdenken über Deutschland« eine Einführung gab.

Hans Mayer hatte 1956 einen Essay mit dem Titel »Zur Gegenwartslage unserer Literatur« verfasst, in dem er beklagte, dass die DDR, in der man Joyce und Kafka verteufele, den Anschluss an die Weltliteratur verloren habe und auch nicht wiederfinden werde, wenn nicht administrative und bürokratische Hemmnisse beseitigt würden. Gerhard Wolf hatte als Kulturredakteur des Deutschlandsenders das Manuskript angenommen, zur Sendung vorbereitet und in Telegrammen an Persönlichkeiten wie Heinrich Böll eigens auf die Ausstrahlung Ende November hingewiesen. Den Abend der Sendung verbrachte das Ehepaar Wolf in Feierlaune im Presseclub in der Friedrichstraße. Christa Wolf erinnert sich, dass dort »ein erzürnter Peter Huchel an unseren Tisch kam und meinem Mann vorwarf, er habe nicht [Hans Mayers] Text, sondern die Banalitäten eines anderen senden lassen. Ich weiß noch, dass mein Mann bestürzt telefonieren ging und dass danach unsere Stimmung umschlug: Ein übergeordneter Zensor hatte eingegriffen und selbst einen Kommentar gesprochen.« Durch eine »Panne im Zensurmechanismus«, so Christa Wolf weiter, wurde die Rede wenige Tage später in der Wochenzeitung »Sonntag« aber doch noch veröffentlicht.[16]

Was Christa Wolf 1990 nicht erzählte, sind die folgenden, dramatischen Ereignisse. Sie sparte die historische Pointe aus und ließ die Repression hinter dem Rücken der Anekdote verschwinden. Denn die Veröffentlichung des Textes im »Sonntag« vom 2. Dezember 1956 war einer der Auslöser für die Verhaftung der Redakteure

Gustav Just und Heinz Zöger im März 1957. Schon im Dezember waren der Leiter des Aufbau-Verlags, Walter Janka, und sein Cheflektor Wolfgang Harich verhaftet worden. Sie wurden beschuldigt, eine Widerstandsgruppe zum Sturz Walter Ulbrichts initiiert zu haben. Angebliche Kontakte zu Georg Lukács und zum ungarischen »Petöfi-Kreis« – einem Diskussionszirkel von Studenten und Intellektuellen, die im Vorfeld des Budapester Aufstands die demokratische Erneuerung der Gesellschaft anstrebten – dienten als Anklagepunkte. Lukács, bis dahin sakrosankt, galt nach seiner Mitarbeit in der Reformregierung Imre Nagys plötzlich als Konterrevolutionär und fiel in Ungnade. Zöger und Just wurden als Zeugen im Harich-Prozess vernommen und aus dem Zeugenstand heraus selbst verhaftet. Im Prozess gegen sie spielte auch der Mayer-Artikel als Belastungsmaterial eine Rolle. Alle Angeklagten wurden in diesem DDR-Schauprozess zu fünf Jahren Zuchthaus verurteilt.

Für Gerhard Wolf war die Zensur des Mayer-Beitrags einer der Gründe, warum er nicht länger beim Rundfunk bleiben wollte.[17] Christa Wolf meldete sich im Frühjahr 1957 in der NDL zurück, publizierte nun aber auch regelmäßig in der Studentenzeitung »Forum«, im wieder auf Linie gebrachten »Sonntag«, in der SED-Zeitung »Neues Deutschland« und in der »Berliner Zeitung«. Sie fühlte sich wohl mit ihrem Status als freie Autorin. Als sie im Mai 1958 dazu auserkoren wurde, in die Redaktion der NDL aufzurücken, war sie davon aus arbeitsorganisatorischen Gründen nicht begeistert. Obwohl die Partei, die nach dem heißen Herbst 1956 in allen Kultureinrichtungen des Landes Leute ihres Vertrauens platzierte, gerufen hatte, waren mehrere Aussprachen im ZK erforderlich, um sie zu überreden. Sie sagte unter der Bedingung zu, nur an drei Tagen pro Woche in der Redaktion sein zu müssen und die übrige Arbeitszeit – insgesamt 48 Stunden – zu Hause absolvieren zu dürfen. So berichtete es fein säuberlich IM »Hanna« der Staatssicherheit, die sich in dieser Zeit ebenfalls für Christa Wolf zu interessieren begann und Gutachten über die moralische und gesinnungsmäßige Zuverlässigkeit der vielversprechenden Genossin einholte.[18]

Kurios ist der Bericht des Stasibediensteten Kurt Möllendorf, der bei einem Besuch in der Stechlinstraße 4 im Oktober 1958 folgende ermittlungsrelevanten Sachverhalte festhielt: »Die Person, die ich angetroffen habe, war allem Anschein nach das Dienstmädchen. Fam. Wolf besitzt eine sehr umfangreiche Bibliothek, mit Werken fortschrittlicher Autoren und ältere Werke. Das Wohnzimmer, in dem sich die Bibliothek befindet, ist exklusiv eingerichtet und lässt auf Wohlhabenheit schließen. Sie besitzen auch einen Fernsehempfänger. Auf dem Schreibtisch liegen viele kleinere Bücher, die Kunstcharakter tragen, z. B. ›PICASSO‹ usw. Auch liegen einige Exemplare ›Neues Deutschland‹ auf dem Tisch. Das anwesende Kind, das dann aus dem Hause gegangen ist, trug das Halstuch der ›Jungen Pioniere‹. Ich kann mir nicht vorstellen, dass die anwesende junge Frau die Frau Wolf war, denn sie sprach auch des öfteren von ihrem Chef und meinte damit wohl Herrn Wolf. Die Äußerlichkeiten lassen auf eine fortschrittlich eingestellte Familie schließen.«[19] Verständlich, dass Stasileutnant Paroch, der mit der Anwerbung Christa Wolfs befasst war, diese Ermittlungen für »völlig unzureichend« hielt.[20] Doch es gab eigentlich keinen Grund, an ihrer Parteitreue zu zweifeln. Auch der DSV vertraute ihr und schickte sie im Juni 1957 mit einer offiziellen Delegation nach Moskau, die dort auf Einladung des sowjetischen Schriftstellerverbands einen Freundschaftsvertrag unterzeichnen sollte – ganz so, als hätten Schriftsteller auch als Staatsbedienstete offiziell zu agieren.

Im Oktober 1957 lud der DSV zu einer Konferenz über die »Widerspiegelung des Zweiten Weltkriegs in der DDR-Literatur«. Das harmlos klingende Thema war brisant, ging es dabei doch um das ideologische Fundament der DDR: den Antifaschismus. Schon auf dem IV. Schriftstellerkongress hatte Anna Seghers kritisiert, dass sich die zukunftszugewandte DDR-Ideologie der Gründerjahre ausschließlich auf den heroischen Aufbau fixiert und den Faschismus vorschnell für überwunden erklärt habe. Die Auseinandersetzung mit den subkutanen Folgen und langfristigen Bewusstseinsprägungen sei dadurch vernachlässigt worden. Der Kongress, über den Christa Wolf in der NDL berichtete, nahm diese Kritik auf, wendete sie aber in eine harmlosere Richtung. Über weiterwirkende faschistische Elemente im Sozialismus sollte gerade nicht nachgedacht werden. So forderte Alfred Kurella, den Zweiten Weltkrieg nicht nur aus der Perspektive der Deutschen als »Hitlerkrieg« darzustellen, sondern »als Krieg des Landes des Sozialismus zur Vernichtung des Faschismus«.[21]

Christa Wolf stimmte dieser Einschätzung zu, indem sie als »Kern der Diskussion« und als Voraussetzung gelungener Kriegsliteratur wieder einmal die »Parteinahme für den Sozialismus« entdeckte.[22] Sozialismus als Antifaschismus war die Prämisse, unter der sie Parteimitglied geworden war. Was, wie der Hitler-Stalin-Pakt oder Stalins Gulags, von denen man nach dem XX. Parteitag hätte wissen können, nicht in dieses Bild passte, blieb unberücksichtigt. Erst in ihrer Kritik zu Dieter Nolls »Die Abenteuer des Werner Holt«[23], vor allem aber im Aufsatz über den Kriegsroman »Wir sind nicht Staub im Wind« von Max Walter Schulz ging sie über die Beteuerung des richtigen Standpunkts hinaus. In diesem Text aus dem Jahr 1962 deuteten sich die Fragen an, denen Christa Wolf in »Nachdenken über Christa T.« und vor allem in »Kindheitsmuster« nachging: »Gerade wir Deutschen haben keinen Grund, die jüngste Vergangenheit als erledigt anzusehen. Nicht nur, dass sie in Westdeutschland, gefährlich und auf neu geputzt, wieder Staatsdoktrin ist: Auch bei uns kann, wer die Augen offen hält, beobachten, in wie vielerlei Gestalt die politisch überwundene Vergangenheit in das heutige Dasein der Menschen hineinspielt. Sie in allen Schichten des Bewusstseins zu überwinden, sich von ihr zu befreien, braucht Zeit, Geduld, Unnachgiebigkeit, Sachkenntnis und ein aktives, selbständiges Verhältnis zur Gegenwart.«[24]

Das allerdings war in der heißen Zeit des Kalten Krieges leichter gesagt als getan. Christa Wolf war sehr stark in ideologischer Formelhaftigkeit und politischer Abhängigkeit gefangen. Ihre Erörterung der Frage »Kann man eigentlich über alles schreiben?«[25] – ein Plädoyer für die Erziehungsdiktatur und die Notwendigkeit von Zensur –, ihr Essay »Literatur und Zeitgenossenschaft«[26] – eine Jubelarie auf die historische Überlegenheit des Sozialismus angesichts der ersten Weltraumrakete der Sowjetunion – und ein wohl in Erfüllung redaktioneller Pflichten entstandenes huldvolles Porträt Otto Gotsches[27] sind die Texte, die ihr in der Rückschau die größte Peinlichkeit verursachen müssten. Es ist kein Zufall, dass in diese Zeit auch ihre Stasi-Kontakte und die Verpflichtung als IM »Margarete« fallen. Die Stasi hatte 1959 für kämpferische Sozialisten wie Christa Wolf noch nicht das bedrohliche Erscheinungsbild, das sie schon kurz darauf annahm. Ein paar Jahre später wäre bei ihr in dieser Hinsicht »überhaupt nichts mehr zu machen gewesen«, sagte sie 1993 zu Günter Gaus.[28] Ihre Verwunderung darüber, mit der Stasi zu einem Zeitpunkt kooperiert zu haben, als sie den Tiefpunkt ihrer Abhängigkeit von Partei und Ideologie schon überwunden habe, lässt sich nach der Lektüre ihrer damaligen Schriften nicht mehr teilen.

Alle ihre Aktivitäten beruhten auf einem gemeinsamen Nenner: der pädagogischen Verantwortung, verstanden als Dienst an der Wahrheit und am Sozialismus auf Erden. Und so sahen es die Herren von der Stasi ja auch. In dem im Sommer 1958 erschienenen Aufsatz »Kann man eigentlich über alles schreiben?« ging es Christa Wolf um die Verantwortung der Verlage gegenüber den Autoren und damit um eine subtile Begründung der Zensur. Da setzte sie sich mit Autoren auseinander, die, weil Texte von ihnen ungedruckt blieben, der Meinung waren, »bei uns« könne man im Unterschied zum Westen »nicht über alles schreiben«. Listig fragte sie, was dieses »alles« zu bedeuten habe, und legte den Verdacht nahe, dass die betreffenden Autoren eben darin versagt hätten, »das Ganze eines Stoffes« darzustellen.

Doch sie begnügte sich keineswegs mit sophistischen Spitzfindigkeiten, sondern nahm die Frage als politischen Konflikt ernst: »Kann ein Schriftsteller bei uns schreiben, was er will? Kann er also zum Beispiel – wenn er einen Gegenwartsstoff gestaltet – Unzulänglichkeiten, die in unserer Gesellschaftsordnung auftreten, beim Namen nennen und kritisieren? Kann er auf Widersprüche hinweisen, die sich im Leben der Menschen zu tragischen Konflikten auswachsen? Kann er – darauf läuft diese Frage doch meistens hinaus – die ›Wahrheit‹ schreiben? Das kommt nun freilich ganz darauf an, was er für ›die Wahrheit‹ hält.«[29] Es gibt, und das ist entscheidend, demnach kein subjektives Dafürhalten, das Gültigkeit oder wenigstens ein öffentliches Existenzrecht beanspruchen könnte, wenn es nicht mit einer objektiv gegebenen Wahrheit in Übereinstimmung zu bringen ist. Einsicht in die gesellschaftliche Notwendigkeit steht über Freiheit, Disziplin über Individualismus. Wahrheit, so verstanden, gerinnt zur Ideologie, die ihre Hüter und privilegierten Deuter braucht: die Partei und die Intellektuellen als priesterliche Exegeten.

Die Partei hatte bekanntlich immer Recht, und über die Wahrheit in der Literatur entschieden ihre Stellvertreter in den Verlagen, Kulturinstitutionen und Redaktionen wie zum Beispiel Christa Wolf. Den Vertretern einer von ihr in Anführungszeichen gesetzten Moderne, die im Gefolge Hemingways Geschichten aus dem »Morast des Lebens« erzählten, hielt sie, ohne zu zögern, die klassische Zensoren-Weisheit entgegen: »Es ist ja nicht die Wahrheit, was sie schreiben. Sie halten es nur dafür. Und man druckt sie nicht, weil es in manchen Situationen gefährlich ist, die Unwahrheit oder auch nur die halbe Wahrheit zu verbreiten. Zu dieser Einsicht muss man ihnen verhelfen.«[30]

Es ist paradox: Je entschiedener Christa Wolf ihre ideologischen Gewissheiten formulierte, je kompromissloser sie für eine Literatur kämpfte, die den Leser gemäß der historischen Auftragslage verändern sollte, umso stärker verwickelte sie sich in Widersprüche. Der Weg zur klassenlosen Gesellschaft führte zu einer ideologischen Klassengesellschaft, in der die Wahrheitsbesitzer denen gegenüberstanden, die zur Einsicht gezwungen werden mussten. Die im Sozialismus stets virulenten Vorwürfe gegen die Intellektuellen und ihre Privilegien in Gestalt sozialer Vorteile und Reisefreiheiten haben hier ihren Grund. Die gesellschaftliche Hierarchie baute weniger auf materiellen Gütern als auf ideologischem Kapital. Der Machtapparat wurde nicht mit Geld, sondern mit der Verfügungsgewalt über »Wahrheit« geschmiert, die die Funktionäre austeilten wie Brot oder wie Waffen. Nachdem Christa Wolf im Sommer 1958 an einer Diskussion der SED-Kreisleitung Eisleben mit Arbeitern teilgenommen hatte, die ihre Erfahrungen in einer literarischen Anthologie versammelt hatten, schrieb sie darüber in der NDL: »An diesem Tag in Eisleben saßen die Menschen vor uns, die vom Schriftsteller die geformte Wahrheit als Waffe in die Hand bekommen wollen; angesichts dieser aufgeschlossenen, intelligenten, durch jahrzehntelange Klassenkämpfe geprägten Gesichter wäre jedem Literaten das Naserümpfen vergangen.«[31]

So entschlossen sie mit der Wahrheitswaffe herumfuchtelte – Literatur konnte auf dieser Basis nicht entstehen, und Christa Wolf war sich dieses Widerspruchs bewusst. Ihre literaturkritischen Texte aus den fünfziger Jahren belegen bei aller ideologischen Borniertheit auch den konsequenten Einsatz gegen weltanschaulichen Kitsch und propagandistische Abziehbilder. Und vielleicht dröhnte die Entschlossenheit am Ende des Jahrzehnts deshalb so schrill, weil sie laut werdende eigene Zweifel übertönen musste. Das literarische Schreiben bot einen Ausweg aus diesem Dilemma. In der Prosa war es einfacher, Widersprüche zu formulieren und statt der einen Gewissheit unterschiedliche Möglichkeiten durchzuspielen. Einwände ließen sich auf mehrere Figuren verteilen und konnten nebeneinander existieren, während die Literaturkritik zwingend verlangte, alle weltanschaulichen Zweifel zurückzuweisen. Die bereits zitierte Selbstauskunft aus dem Jahr 1965 stützt die Vermutung: »Diese Sehnsucht, sich zu verdoppeln, sich ausgedrückt zu sehen, mehrere Leben in dieses eine schachteln zu können – das ist, glaube ich, einer der mächtigsten und am wenigsten beachteten Antriebe zum Schreiben. (…) Ich habe früh versucht, die Verwandlung zu vollziehen, auf weißem Papier: Der Schmerz über die Einmaligkeit und Unwiederholbarkeit des Lebens ließ sich mildern.«[32]

Doch auch innerhalb ihrer Literatur musste Christa Wolf sich die nötige Freiheit erst erarbeiten. Ihre frühen Texte suchen noch dieselbe Eindeutigkeit, die sie als Kritikerin forderte und als Herausgeberin betonte. Zusammen mit Gerhard Wolf gab sie 1959, zum 10. Jahrestag der DDR, eine literarische Anthologie in zwei Bänden heraus. Der feierliche Anlass verlangte die Konzentration aufs Repräsentative und verführte unter dem mitreißenden Titel »Wir, unsere Zeit«[33] zu planerfüllerischen Erfolgsmeldungen: »Wir erlebten die Veränderung des Menschen in einem sich ändernden Land.« Kunst und Volk fanden demnach endlich zusammen, so dass auf dem Boden der DDR und vor dem Hintergrund der antifaschistischen Literatur der Weimarer Republik und des Exils eine »sozialistische deutsche Nationalliteratur« entstand. Besonders hervorzuheben sind für die Wolfs die Bücher von Willi Bredel, Hans Marchwitza, Ludwig Renn, Anna Seghers, Bodo Uhse, F.C. Weiskopf und Arnold Zweig und die Gedichte von Johannes R. Becher, Bertolt Brecht, Erich Weinert und Friedrich Wolf. Die

Spannweite der Anthologie reicht von Franz Fühmann und Stefan Heym bis zu Parteischriftstellern wie Otto Gotsche, dem LPG-Dichter Werner Reinowski und dem Bergarbeiterautor Rudolf Fischer. »Gibt es irgendein kapitalistisches Land«, fragt das Herausgeberpaar, »wo die Arbeiter den Schriftstellern vorwerfen, sie hätten immer noch kein Buch über ihren speziellen Lebensbereich geschrieben? Spricht aus solchen Forderungen nicht der Wunsch, sich selbst und seine Arbeit poetisch gewürdigt, durch Literatur erhöht zu sehen? Wollen sie nicht ihr eigenes Lebensgefühl, ihr Verhältnis zum Dasein ausgedrückt finden? Müssen wir diesen Wunsch nicht ernst nehmen?«[34]

Die Fragen sind, wie so oft, rhetorisch. Natürlich mussten die Wünsche der Arbeiter ernst genommen werden, und das umso mehr, als bereits im April 1959 die 1. Bitterfelder Konferenz stattgefunden hatte. Auf Initiative des Mitteldeutschen Verlags und auf Einladung des Elektrochemischen Kombinats kamen 150 Schriftsteller und 300 »schreibende Arbeiter« nach Bitterfeld. Die Losung, unter der sie sich versammelten, lautete: »Greif zur Feder, Kumpel, die sozialistische deutsche Nationalkultur braucht dich!« Es war die Geburtsstunde der »Zirkel schreibender Arbeiter«, deren Erfahrungen in der Produktion so wichtig genommen wurden, dass sie auch literarisch bedeutsam sein mussten. Es handelte sich dabei weniger um eine spontane Bewegung von »unten« als um eine offizielle Kampagne. Sie diente der ideologischen Erhöhung des Proletariats und erlaubte zugleich, Schwierigkeiten und Probleme in der Arbeitswelt in angemessener Form diskutierbar zu machen.

Für die Schriftsteller bedeutete »Bitterfeld« eine Verengung des Wahrnehmungshorizontes. Thema und Erfahrungsraum waren ihnen damit vorgegeben. Literatur auf der Höhe der Zeit hatte von der industriellen Produktion zu handeln, ja, der Autor sollte selbst zum Industriearbeiter werden. Er musste der Welt nicht mehr »objektiv« gegenüberstehen, sondern parteiisch in ihr aufgehen. Damit war die Widerspiegelungstheorie Georg Lukács' aufgehoben. Proletarische Literatur sollte nicht wie die bürgerliche nach dem Modell des Spiegels funktionieren, sondern wie ein Megaphon. Sie sollte nicht abbilden, sondern authentisch sprechen. Der Klassenstandpunkt wurde nicht nur theoretisch eingefordert und biographisch vorausgesetzt, er musste praktisch bewiesen werden.

Die Redaktion der Zeitschrift NDL machte sich zu diesem Zweck auf, die Farbenfabrik in Wolfen bei Bitterfeld zu besuchen. Sie musste dort erkennen, dass die Kommunikation zwischen Intellektuellen und Proletariat keineswegs so reibungslos verläuft, wie es die frommen Wünsche der Funktionäre vorsahen. Nicht ohne Komik liest sich der stenographisch protokollierte Bericht Christa Wolfs auf einer Sitzung der Kulturkommission beim Politbüro des ZK, wo am 11. Mai 1959 über die Konsequenzen der Bitterfelder Konferenz und die Lage im Schriftstellerverband gesprochen wurde. Alfred Kurella als Sitzungsleiter sprach den denkwürdigen Satz: »Die Lage ist unübersichtlich und wenig auskristallisiert.« Und Otto Gotsche eröffnete seinen Diskussionsbeitrag so: »Ich muss euch ganz offen sagen, die Frage der Parteidisziplin ist keine Frage, über die man diskutiert. Die ist einfach da. Man kann doch nicht über eine Sache, die dasteht wie ein Turm, diskutieren. Ich diskutiere mit keinem Genossen der Partei über die Parteidisziplin.«

Christa Wolf meldete sich erst gegen Ende der ganztägigen Aussprache, die laut Protokoll um 9.10 Uhr im Raum 2310 des ZK-Gebäudes begann, zu Wort: »Wir kamen in eine Brigade der sozialistischen Arbeit der Farbenfabrik Wolfen und unterhielten uns dort mit den Kollegen. Das waren alles ganz junge FDJler. Darunter waren kaum Genossen. Sie kamen gleich auf uns zu und sagten: Ach, jetzt kommen die Schriftsteller! – Sie wussten ja nicht, dass ich kein Schriftsteller bin. Sie sagten uns: Warum schreibt eigentlich nie jemand über die Chemie? – Ich sagte ihnen: In der nächsten

Nummer der NDL erscheint eine große Reportage eines Schriftstellers über Leuna. – Sie sagten: Leuna ist auch ganz gut. – Wir sagten ihnen: Wir werden euch das Heft schicken und kommen dann zu euch und diskutieren darüber. – Sie waren alle gleich Feuer und Flamme. Wir haben dann weiter erörtert, wie man das machen kann. Das wird ein Brigadeabend werden, den sie zusammen mit ihren Frauen verleben. Eine andere Brigade im Betrieb, die davon hörte, beschwerte sich, warum sie nicht mit dabei sein sollen. Da sagten wir ihnen, dass sie auch kommen könnten. Die Kollegen waren alle sehr aufgeschlossen und diskutierten heftig mit uns. Ich sagte ihnen: Ihr sagt, dass über die Gegenwart und über die Probleme von euch nichts geschrieben wird. Was lest ihr eigentlich? – Auf gut Deutsch gesagt: nichts! Sie lesen den Fortsetzungsroman in der Zeitung. Dann wurde mir völlig bewusst, wie wichtig es ist, dass der Fortsetzungsroman in der Zeitung gut ausgesucht und bewusst eingesetzt werden muss. Dann lesen sie noch die Hefte mit den kleinen Krimis. Die Hefte, die uns der Mitteldeutsche Verlag mitgegeben hatte, rissen sie uns aus den Händen, weil sie interessant sind.« Im nächsten Monat, so Christa Wolf, würde man erneut nach Wolfen fahren, um dort neue Leser zu werben: »Wir wollen sie moralisch zwingen, als Brigade die NDL zu abonnieren. Dann muss aber auch die NDL dementsprechend gestaltet sein.«[35]

Wolfs Elan, die Brigademitglieder der Farbenfabrik auf die literarische Höhe der Gegenwart zu bringen, stehen eher skeptische Bemerkungen zum Bewusstseinsstand der Intellektuellen und zur Lage im DSV gegenüber. Das Generationsproblem sei hier »sehr krass und fühlbar«, die älteren Autoren wüssten nichts von den jüngeren und brächten auch kein Interesse auf. Die jüngeren ihrerseits seien gehemmt und träten viel zu wenig öffentlich in Erscheinung. »Darum haben die Vorstandssitzungen, an denen ich teilgenommen habe – in der letzten Zeit waren es nur wenige –, auf mich gewirkt wie eine Versammlung von – – –, ich will nicht beleidigend werden. Jedenfalls ist man in diesen Vorstandssitzungen einfach nicht am Leben.« Man ahnt, dass Christa Wolf ihre Zukunft längst nicht mehr als Verbandsmitarbeiterin sah und sich von dem Ort, wo man »einfach nicht am Leben ist«, innerlich bereits verabschiedet hat.

Beim Gang in die Produktion war sie nicht ganz so naiv, wie der Bericht aus Wolfen wirkt. Sie forderte, dass zur Begeisterung für die Praxis auch theoretische Kenntnisse kommen müssten, um verstehen zu können, was man dort erlebt. Neben das Schlagwort »an die Basis« müsse deshalb »gleichberechtigt« das Schlagwort »an die Theorie« gestellt werden. Wer die Lehren des Marxismus-Leninismus in seiner »richtigen, vertieften, reinen Form« nicht kenne, dem bleibe es auch verwehrt, »das Typische zu sehen«. Und mit Bezug auf Walter Ulbricht, der in Bitterfeld von der Notwendigkeit neuer Arbeitsmethoden für Schriftsteller gesprochen hatte, verwies sie zustimmend auf Schriftsteller, die »eine Art Kollektiv mit anderen Genossen gebildet haben«.[36]

Ihre theoretische Begründung für die Hinwendung zum Sektor der Arbeit und zu den Produktionsstätten leistete Christa Wolf in dem Aufsatz »Literatur und Zeitgenossenschaft«. Der Start des »Sonnensputniks« war ihr willkommener Anlass, den Anbruch eines neuen Zeitalters, die Ankunft des neuen Menschen (»gut, klug, glücklich«) und die wissenschaftlich-technische Überlegenheit der Sowjetunion zu verkünden. Die sowjetische Weltraumrakete war demnach »der Aufklang des Kommunismus, ein Vorgeschmack von dem, was die Menschheit vollbringen wird, wenn sie hier auf der Erde ihre Angelegenheiten menschenwürdig geordnet hat«. Vor allem ging es ihr darum, das Augenmerk verstärkt auf die Produktionsbedingungen zu richten, die so Großartiges möglich gemacht hätten. »Nur das gesellschaftliche Eigentum an Produktionsmitteln erlaubt exakte Planung und strenge Kontrolle der kollektiven Arbeit«, schrieb sie, wie es auch in den Lehrbüchern stand. Für Schriftsteller aber bedeute das, »dass das Wichtigste sich dort zutragen wird, wo man die Befriedigung der Bedürfnisse organisiert und realisiert; dort ist das Zentrum der Ereignisse. (...) Wie entstehen jene Arbeitskollektive, die eine neue Stufe menschlicher Zusammenarbeit darstellen und deren eines – ein hochqualifiziertes – den Sonnensputnik erdacht, konstruiert und auf seine Bahn geschickt hat? Welche Voraussetzungen materieller und ideologischer Art wirken zusammen, wenn sie ›Brigaden der sozialistischen Arbeit‹ bilden? Unter welchen Verhältnissen wird die Arbeit heute schon zum ersten Lebensbedürfnis des Menschen? Über welche einzelnen Entwicklungsstadien verschwindet langsam der Unterschied zwischen Stadt und Land, zwischen körperlicher und geistiger Arbeit?«[37]

Die dreißigjährige Christa Wolf war eine getreue Propagandistin, aber sie predigte nicht nur, sie glaubte auch, was sie verkündete. Aufrichtigkeit war ihre erste Tugend. So folgte sie aus Überzeugung den Proklamationen von Bitterfeld. Im Herbst 1959 zog die Familie Wolf ins Industriegebiet nach Halle an der Saale um. Gerhard Wolf hatte dort bereits eine Stelle als Außenlektor im Mitteldeutschen Verlag, und Christa Wolf konnte ebenfalls im Lektorat mitarbeiten, ohne im Verlag präsent sein zu müssen. 1959 gab sie im Leipziger Reclam-Verlag die Anthologie »Proben junger Erzähler« heraus und schrieb im Vorwort als Apologie des Bitterfelder Weges: »Prüfstein für die Literatur aber wird immer mehr die neue Gesellschaft selbst, die sich bei ihrer kulturellen Revolution der sozialistischen Literatur bedient.« Besondere Hoffnung setzte sie in die »jüngeren Autoren, die den Aufbau des Sozialismus in seinen Zentren als Arbeiter miterlebt haben«. Folglich wurde sie 1960 selbst Mitglied einer Brigade im VEB Waggonbau Ammendorf und leitete dort zusammen mit ihrem Mann einen Zirkel schreibender Arbeiter.

Dialektik der Aufklärung

Perspektivlos und ineffizient: Margaretes Gespräche mit der Stasi

Im März 1959, noch vor dem Umzug nach Halle, machte Christa Wolf Bekanntschaft mit der Stasi. Die Herren vom Ministerium für Staatssicherheit (MfS) bereiteten nach einer fast fünf Jahre dauernden Beobachtungsphase die direkte Anwerbung vor. Leutnant Benno Paroch legte zu diesem Zweck eine Zwölf-Punkte-Liste an, die er »Plan zur Aufklärung des Kandidaten Wolf, Christa, zur Werbung als GI« nannte: Dialektik der Aufklärung im Sprachgebrauch der Staatssicherheit. Fein säuberlich hakte Paroch die einzelnen Punkte ab und schrieb als ordentlicher Bürokrat »erl.« dahinter: »Nochmalige Einschätzung des Kandidaten besonders der charakterlichen Seiten durch den GI[1] ›LOTTI‹ beim nächsten Treff vornehmen. (erl.)« Oder: »Aktenvermerk schreiben, welche Funktion der Kandidat im DSV ausführt.«[2]

Die Personalakte enthält aus dieser Zeit Berichte der IM »Hanna« und des bereits erwähnten »Hannes«, der ein ziemlich hinterhältiges Charakterprofil der DSV-Kollegin Wolf ablieferte. Sie sei klug, aber auch vorsichtig und berechnend: »M. E. ist sie sehr auf Karriere bedacht – nicht einmal im schlechten Sinne – und will unter keinen Umständen etwas tun, wo Neuland zu betreten ist oder wo sie gegen die Meinung bekannter Leute ankämpfen müsste. Wenn schon, dann nur im Kollektiv, das sie deckt. (…) Ihr Ziel ist wahrscheinlich, eine einflussreiche Funktion und Rolle in der Literaturkritik zu spielen. Beziehungen entscheiden bei ihr alles. Sie ist sicher eine gute und zuverlässige Genossin, hat aber bei allen Entscheidungen auch stets im Hintergrund ihr persönliches Ziel im Auge.«[3] Freundlicher äußerte sich »Lotti«, die zwar einen »kleinen Ansatz zur Überheblichkeit bei der Genn. Wolf« feststellte, dafür jedoch ihre geordneten Familienverhältnisse und ihren geselligen Charakter lobte. »Ihre Mitarbeit im gesellschaftlichen Leben der GO [Grundorganisation] ist positiv, und sie spricht auch sachlich und parteilich in den Mitgliederversammlungen. Parteiaufträge – auch Kleinarbeit – führt sie ordentlich aus und drückt sich nicht. So hat sie z. B. zur Volkswahl in Hausversammlungen gesprochen, und auch zur Westberliner Senatswahl verteilte sie in Westberlin Flugblätter.«[4]

In den Akten wird nicht erwähnt, dass Christa Wolf im Herbst 1958 als Wahlhelferin der SED von der Westberliner Polizei verhaftet wurde und für einige Tage in Untersuchungshaft in der Justizvollzugsanstalt Moabit geriet. Die Partei hatte ihr nicht gesagt, dass sie für die Verteilung von Agitationsschriften eine Genehmigung der Westberliner Behörden benötigt hätte. Beim Verhör gab sie sich trotzig und prinzipienfest. Hinter dem Vernehmer an der Wand war eine große Karte der Sowjetunion angebracht, in der rote Fähnchen die stalinistischen Lager markierten. Das machte Christa Wolf nur noch wütender: Genau so hatte sie sich die Kalten Krieger im Westen vorgestellt. Erlebnisse wie dieses erhärteten stärker als alle ideologischen Bemühungen die Lehre vom unversöhnlichen Systemgegensatz und bestätigten die Parteinahme für den sozialistischen Staat. Die direkte Erfahrung antikommunistischer Politik im Westen trug ihren Teil zur Disziplinierung der Genossin bei, schienen sich die propagandistischen Behauptungen der SED dadurch doch zu bewahrheiten.

Der Personalakte beigefügt ist ein Auszug des Protokolls einer DSV-Konferenz vom Juni 1958, auf der sich Christa Wolf erneut mit der Frage »Kann man bei uns über alles schreiben?« beschäftigte.[5]

Unter der Prämisse »Ein sozialistischer Schriftsteller ist einer, der denken und fühlen kann, was zu denken und fühlen richtig ist, und der das auszudrücken versteht«, kam sie zu dem Schluss, dass es richtig ist, bestimmte Bücher nicht zu veröffentlichen. Konkret ging es dabei um einen Roman von Boris Djacenko, der von der Zensur unterdrückt wurde. Christa Wolf stimmte ausdrücklich zu. Djacenko sei davon ausgegangen, dass »in unserer Zeit, da der Sozialismus mit dem Kapitalismus auf Leben und Tod zu kämpfen hat, auch die Menschen, die den Sozialismus aufbauen, eigentlich unmenschlich werden müssen und dass auch für Sozialisten eigentlich keine Möglichkeit bleibt, sich als Menschen zu bewahren und zu bewähren«. Im zweiten Teil des Romans »Herz und Asche« von Boris Djacenko wurden erstmals Vergewaltigungen durch die Rote Armee nach dem Einmarsch in Deutschland beschrieben. Christa Wolf buchte das unter der seit Hemingway inkriminierten »harten Schreibweise« ab und lobte dagegen Bruno Apitz' Buchenwald-Roman »Nackt unter Wölfen«, der zeige, wie »gerade der Sozialist sich unter den härtesten vorstellbaren Bedingungen als Mensch bewähren« könne. Damit wollte sie nicht einem »Scheinoptimismus« das Wort reden. Apitz beweise vielmehr, dass man »nicht Tragik umgehen muss, wenn man optimistisch schreiben will«. Entscheidend aber sei es, dass der Schriftsteller nicht irgendwelche zufälligen, am Rande liegenden Konflikte gestalte. »Er muss heute schon etwas dazu tun, sich selbst für sein eigenes Leben die richtigen Konflikte zu schaffen.«
So viel Einsicht in die Notwendigkeit muss der Staatssicherheit imponiert haben. Leutnant Paroch kam jedenfalls zu der abschließenden Einschätzung, dass »der Kandidat [sic!] für operative Zwecke von großem Nutzen« sein könne, da »sie in der Lage ist, uns Informationen über einzelne Schriftsteller zu geben, die in ihren Werken nicht die Kulturpolitik unserer Partei und Regierung unterstützen und bürgerlichen Tentenzen [sic!] unterworfen sind.

Hinsichtlich des Kampfes gegen die ideologische Diversion auf dem Gebiet der Literatur ist sie abwehrmäßig wertvoll.«[6] Also wurde beschlossen, die Kandidatin auf dem Weg zur Arbeit anzusprechen, um mit ihr einen Termin für ein Gespräch zu vereinbaren. Das erschien dem MfS günstiger, als sie in der Redaktion aufzusuchen. Als Ort der Werbung war ein »inoffizielles Zimmer« in der Französischen Straße vorgesehen. Und so geschah es auch. Allerdings klappte es nicht, die Genossin wie geplant auf der Straße zu kontaktieren, da sie »nicht wie vorher ermittelt wurde, zur selben Zeit das Haus verließ«. Deshalb stattete dann doch ein Mitarbeiter des MfS ihr einen Besuch in der Redaktion ab und bestellte sie »unter Ausweisung als MfS« für den nächsten Tag, den 24. März 1959, in die konspirative Wohnung.[7]
Christa Wolf erschien pünktlich. Sie wurde von Leutnant Paroch und Oberleutnant Seidel empfangen, die sich unter den Namen Wegner und Siebert als Mitarbeiter des MfS vorstellten. Sie kamen sofort auf Wolfs Beziehungen zu dem in München lebenden Autor Gert Ledig zu sprechen. Ledig hatte sich kurz zuvor mit heftigen Worten gegen die DDR geäußert. Christa Wolf kannte ihn von einem gemeinsamen Aufenthalt im Schriftstellerheim in Petzow und fürchtete nun, dass ihr daraus ein Strick gedreht werden könnte. »Dadurch eingeschüchtert, erklärte ich mich bereit, mich wieder mit ihnen zu treffen«, schrieb sie am 21. Januar 1993 in ihrer »Auskunft« in der »Berliner Zeitung«, mit der sie vierunddreißig Jahre später ihre IM-Tätigkeit offenbarte. Die Einschüchterung funktionierte jedenfalls so gut, dass sie sich im weiteren Gesprächsverlauf bemühte, sich von Ledig zu distanzieren. Sie kritisierte seine ideologische Haltung und bezeichnete ihn als politischen »Wirrkopf«. Ansonsten sprach sie bei diesem ersten Treffen über allgemeine Fragen der Literatur, erneut über die »harte Schreibweise« und ihre Vertreter und die große Gefahr dieser »Tentenzen«, wie Paroch in womöglich sächsischer Rechtschreibung notierte.[8]

In diesem Zusammenhang nannte Christa Wolf laut Stasiprotokoll auch einige Namen von Autoren, die nicht auf dem »Boden der Kulturpolitik von Partei und Regierung« stünden. Die Stasibediensteten unterrichteten sie darüber, »welche großen Aufgaben die Sicherheitsorgane der DDR haben«. Die Kandidatin habe interessiert zugehört, auch da, »wo ihr geschildert wurde, wie republikflüchtige Schriftsteller vom Gegner zum Renegaten gemacht wurden«. Am Ende des Gesprächs, als es um das Prinzip der Konspiration ging, habe sie selbst den Decknamen »Margarete« gewählt. Indem sie sich für ihren zweiten Vornamen entschied, ging sie formal auf das Konspirationsbedürfnis der Stasi ein und unterlief es zugleich. Kann denn der eigene Vorname ein Deckname sein?

Die Einschätzung der Kandidatin durch das MfS fällt zwiespältig aus. Einerseits loben die Werber, dass sie klare und umfassende Auskünfte gegeben habe, die mit den eigenen Ermittlungen übereinstimmten. Zugleich aber heißt es: »Von einer schriftlichen Verpflichtung wurde wegen ihrer Mentalität Abstand genommen.«[9]

Christa Wolf erinnerte sich 1993 im Gespräch mit Günter Gaus an drei Treffen, die in Berlin zustande kamen und die in ihr ein »tiefes Unbehagen«[10] ausgelöst hätten. Sie habe sich »in der Klemme« gefühlt und nicht gewusst, wie sie da herauskommen sollte, gleichzeitig aber versucht, die Kontakte auf ein Minimum zu reduzieren. Sie schützte Dienstreisen vor oder eine zu dünn besetzte Redaktion, die sie unabkömmlich mache. Und schon beim Anwerbungstreffen teilte sie mit, dass sie ihren Ehemann einweihen müsse, weil es in ihrer Ehe noch nie Geheimnisse gegeben habe. Das gefiel den Herren von der Stasi nicht. Man einigte sich auf einen Kompromiss: Sie könne ihm mitteilen, dass es ein kurzes Gespräch mit Vertretern des MfS gegeben habe, keinesfalls aber dürfe die Rede von einer »Zusammenarbeit« sein.

Das zweite Treffen fand knapp einen Monat später, am 22. April, wieder in der Französischen Straße, in der konspirativen Wohnung »Höhe« statt. »Dabei wurde der GI gefragt, ob sie mit ihrem Mann über das mit uns stattgefundene Gespräch gesprochen hat, was sie verneinte, da sie es nicht für zweckmäßig halten würde.«[11] Das war vermutlich gelogen, denn warum hätte es für sie nicht zweckmäßig sein sollen, ihren Mann einzuweihen? Ansonsten zeigte sich Christa Wolf bei diesem etwa dreistündigen Gespräch, das auch gewisse sozialtherapeutische Qualitäten besaß, durchaus aufgeschlossen. Der »Treffbericht«, den Leutnant Paroch anfertigte, umfasst immerhin fünf Manuskriptseiten. Zunächst sprach »Margarete« über ihre »persönliche Perspektive« und den geplanten Umzug nach Halle, um dort »in einem Schwerpunktbetrieb des Chemieprogramms als Kulturfunktionär zu arbeiten«. Es ging um die Probleme in der Redaktion der NDL, wo es wegen Krankheiten zu personellen Engpässen kam und Christa Wolf als »amtierender Chefredakteur« einspringen musste.

Als sie nach ihrer Einschätzung des Schriftstellerkollegen Manfred Bieler, eines ehemaligen Mitarbeiters des DSV, gefragt wurde, gab sie bereitwillig und ausführlich Auskunft. Auch über den 1955 aus dem australischen Exil in die DDR gekommenen Walter Kaufmann äußerte sie sich wenig schmeichelhaft. Ein großes Talent sei er, aber auch ein labiler Mensch, der Schwierigkeiten habe, mit den Lebensbedingungen in der DDR zurechtzukommen.

Höchste Anerkennung zollte Christa Wolf dagegen dem Schriftsteller Walter Gorrish, einem ehemaligen Spanien-Kämpfer und überzeugten Kommunisten, der das nationalsozialistische Zuchthaus überlebt hatte und von der Strafdivision 999 zur Roten Armee übergelaufen war. Laut Stasi-Protokoll bezeichnete Christa Wolf ihn als einen »der besten und bewusstesten Genossen«. Sie belegte das damit, dass Gorrish »in den Tagen der ungarischen Konterrevolution 1956, wo zahlreiche Schwankungen unter den Schriftstellern festzustellen waren«, in einer Mitgliederversammlung des Verbandes aufgetreten sei und dort »in einem kämpferisch-revolutionären Diskussionsbeitrag gegen die Faschisten in Ungarn Stellung genommen und gefordert (hat), man solle internationale Brigaden aufstellen, diese bewaffnen und zum Kampf für die ungarische Arbeiter- und Bauernmacht einsetzen«. Dies sind wohlgemerkt nicht unbedingt Christa Wolfs Worte, sondern es ist die Zusammenfassung Leutnant Parochs. Es ist schwer vorstellbar, dass Christa Wolf die ungarische Reformregierung, an der der verehrte Georg Lukács teilgenommen hatte, als »Konterrevolution« bezeichnet hätte. Dennoch wirft die Laudatio auf den Genossen Gorrish und seine Haltung 1956 ein bezeichnendes Licht auf das Ausmaß der ideologischen Fremdbestimmung der dreißigjährigen Christa Wolf, die erschütternder ist als ihre brave, ängstliche Bereitschaft zur Zusammenarbeit mit dem MfS.

Im Rückblick 1993 sprach sie von der Scham, die die Auseinandersetzung mit dieser Phase ihrer Vergangenheit hervorrufe. »Die Schamschwelle ist sehr hoch, man möchte sich den Schritt über diese Schwelle ersparen. Ich musste, um mir mein Verhalten erklären zu können, mich noch einmal jener Person aussetzen, die ich damals war: ideologiegläubig, eine brave Genossin, von der eigenen Vergangenheit mit einem tiefen Minderwertigkeitsgefühl behaftet gegenüber denen, die durch *ihre* Vergangenheit legitimiert, im historischen Recht zu sein schienen. Diese Besinnung war anstrengend, da ich zu der jungen Frau von damals kaum noch eine Brücke in mir fand, aber ihre in dieser Akte auf mich gekommene Hinterlassenschaft annehmen musste. (...) Ich habe eine Zeit gebraucht, um mich aus dem Bannkreis dieser Episode in meinem Leben wieder herauszufinden und mir darüber klar zu werden, welchen geringen Stellenwert sie in Wirklichkeit, gemessen an den dreißig folgenden Jahren, hat.«[12] Und gegenüber Günter Gaus sagte sie, nachdem sie gerade ihre IM-Akte gesehen und gelesen hatte: »Ein fremder Mensch tritt mir da gegenüber. Das bin nicht ich. Und das muss man erst mal verarbeiten. (...) Ich habe keine

Schuldgefühle. Die Schuldgefühle sind weggeschmolzen. Schuldgefühle sind oft etwas, was man vor die tieferen Einsichten schiebt, und ich bemühe mich jetzt um die tieferen Einsichten. Wer war ich damals eigentlich? Es ist ein schreckliches Entfremdungsgefühl, das mich überkommt, wenn ich das lese.«[13]

Interessant für das Verständnis dieser hochgradig paranoiden Geschichtsepoche, die im Mauerbau gipfelte, ist eine mysteriöse Begegnung, über die Christa Wolf ihre Kontaktpersonen beim MfS in Kenntnis setzte.[14] Zwei Männer, deren Ausweis sie nicht genau angesehen habe, die aber vermutlich MfS-Mitarbeiter gewesen seien, hätten von ihr die Namen westdeutscher Schriftsteller gefordert, die man für Aufklärungszwecke ansprechen könne. Christa Wolf in ihrer Verblüffung nannte »einige Namen«. Wenig später kam einer der beiden erneut zu ihr und forderte, dass sie die genannten Autoren für die NDL nach Berlin einladen solle, damit man zu ihnen einen Kontakt aufbauen könne. Sie lehnte das empört ab, weil sie NDL und DSV nicht als Institutionen der Anwerbung missbraucht sehen wollte. Der Unbekannte, der sich als »Heini« vorgestellt habe, drohte daraufhin, sich an den 1. Sekretär des Verbandes zu wenden, was Christa Wolf noch mehr empörte. Nun suchte sie Aufklärung und Hilfe ausgerechnet bei der Stasi und überreichte eine Telefonnummer, unter der »Heini« zu erreichen sei. Leutnant Paroch gab seiner Mitarbeiterin den Rat, »jegliche Beziehungen zu diesen Personen abzubrechen«, und ging der Sache nach. Eine Aktennotiz vom 23. April 1959 belegt, dass es sich bei der fraglichen Telefonnummer um einen nicht eingetragenen Anschluss der Nationalen Volksarmee handelte. Offenbar gab es dort eigene Spionage-Bemühungen, von denen das MfS nichts wusste.

Zu einem letzten, kurzen Treffen in Berlin kam es schließlich am 1. Juli auf offener Straße, in der Nähe des Thälmannplatzes. Christa Wolf übergab einige »Materialien«, die von ihr erbeten worden waren: eine Aufstellung über das gegenwärtige Schaffen einiger Berliner Schriftsteller, die sie angefertigt hatte, einen Brief des Schriftstellers Karl Heinz Berger, der in der NDL rezensiert worden war und sich deshalb an Christa Wolf gewandt hatte, und eine schriftliche Bewertung Walter Kaufmanns, die sie mit »Margarete« und dem Datum 1. Juli 1959 unterschrieb. Dies ist das einzige schriftliche Zeugnis der IM-Tätigkeit Christa Wolfs. Es fasst noch einmal zusammen, was sie schon beim vorherigen Treffen über Kaufmann gesagt hatte. Den persönlichen Brief übergab sie zur Kopie und wollte ihn beim nächsten Treffen zurück.

In einer abschließenden Einschätzung, die den Kollegen in Halle als Grundlage für die weitere Zusammenarbeit mit »Margarete« dienen sollte, zog Leutnant Paroch ein enttäuschendes Resümee. Nur wenige Treffen hätten bis zum Umzug im September stattgefunden. Zu den vereinbarten Terminen sei sie zwar pünktlich erschienen, habe jedoch eine »größere Zurückhaltung und überbetonte Vorsicht« an den Tag gelegt, die Paroch mit einer »gewissen intellektuellen Ängstlichkeit« zu erklären suchte. Der Inhalt ihrer Berichte habe »nur informatorischen Charakter« gehabt, konnte aber zur Einschätzung von Personen genutzt werden. Paroch bescheinigte der GI eine »sehr progressive Einstellung«, bemängelte jedoch, dass ihr »Verhältnis zur Partei weniger klassenmäßig fundiert als mehr intellektuell verstandesmäßig« sei.[15] Was also sollte man mit so einer Mitarbeiterin in Zukunft anfangen?

Der Charakter der Zusammenkünfte änderte sich in Halle so grundlegend, dass Christa Wolf sie gar nicht in Zusammenhang mit den Berliner Treffen gesehen haben will. Zwischen dem letzten Treffen in Berlin und dem ersten aktenrelevanten Vorgang in Halle verging mehr als ein Jahr. Hatte sie dort ihre Kontaktpersonen im MfS nur unter Decknamen kennen gelernt, so bekam sie es nun mit dem im Mitteldeutschen Verlag ganz offiziell auftretenden Leutnant Alfred Richter zu tun. Weil sie gebeten hatte, »nicht so übertrieben konspirativ« vorzugehen, fanden die Gespräche in der Wohnung der Wolfs statt, und Gerhard Wolf war fast immer dabei. Leutnant Richter verschweigt dies in seinen schriftlichen Berichten, die mit dem Datum 28. Juli 1960 einsetzen. Er möchte vor seinen Vorgesetzten den Anschein der Konspiration gerne wahren, um damit die Bedeutung der eigenen Arbeit zu erhöhen. Auch habe er nur das berichtet, was ihm in den Kram passte, und alle kritischen Bemerkungen der Wolfs, etwa über die Zensur, weggelassen, meinte Christa Wolf gegenüber Günter Gaus. Leutnant Richter habe mit ihnen ebenso wie mit seiner Behörde ein »doppeltes Spiel« getrieben.[16]

Die Gespräche drehten sich nach Christa Wolfs »Auskunft«[17] von 1993 um »Verlagsangelegenheiten und kulturpolitische Fragen« und wurden von ihr in der Annahme geführt, »über diesen Weg Kritik wirksamer befördern zu können«. Dieses Argument wurde von vielen benutzt, die nach der Wende unter IM-Verdacht gerieten – so auch von Heiner Müller. Es hat einige Plausibilität für sich. Wer in einem Land, in dem es keine unreglementierte Öffentlichkeit gab und offene Kritik nicht vorgesehen war, mitreden wollte, musste inoffizielle Kanäle benutzen. Allerdings wäre Christa Wolf schon kurze Zeit später nicht mehr auf die Idee gekommen, dafür die Staatssicherheit in Anspruch zu nehmen.

Für die Schriftstellerin sind die Jahre in Halle, in denen sie zunächst an der »Moskauer Novelle«, dann an dem Roman »Der geteilte Himmel« arbeitete, eine Phase der Loslösung. Retrospektiv siedelt sie in dieser Zeit die »zunehmende Auflösung der Identifizierung mit Leitbildern« an, »wachsende Kritikfähigkeit und Wahrnehmung der Widersprüche in meiner Umgebung. Es kam zu ersten Auseinandersetzungen mit mir in Parteigremien, zu erstem öffentlichem Tadel an meiner Haltung, zum Beispiel zum XXII. Parteitag der KPdSU. (...) Diese Bewegung zum Schreiben hin, das das Zentrum meines Lebens wurde – in anderer Weise als die mir nächsten Menschen –, hat den Loslösungsprozess von Ideologiedogmen und der mit ihnen verknüpften Praxis unumkehrbar gemacht.«[18]

Die spärlichen Aktennotizen von Leutnant Richter bestätigen diese Erinnerungen. »Beim Treff ging es im Wesentlichen mit darum, das Vertrauen der GI zu den Organen des MfS zu stärken und zu festigen«[19], heißt es über ein nachmittägliches Gespräch am 29. September 1960 in freundlicher Umschreibung der Tatsache, dass aus »Margarete« nicht viel herauszuholen war. Einen Monat später notierte Richter: »GI ›Margarete‹ berichtet aufgeschlossen, umfassend, doch noch nicht mit der erforderlichen Sicht für unsere Aufgaben. Sie diskutiert sehr gern über ideologische Fragen unserer Literatur.«[20] Über die Situation im Schriftstellerverband und im Mitteldeutschen Verlag wurde ebenso gesprochen wie über einzelne Personen, ohne dass sich das aber in den stichwortartigen Protokollen Richters niederschlägt. Vermutlich teilte Christa Wolf keine verwertbaren Fakten mit. Aktenkundig wurde lediglich ihre ausführliche und recht positive Einschätzung des damaligen stellvertretenden Cheflektors im Mitteldeutschen Verlag, Heinz Sachs, der – Ironie der Geschichte – später zum Verlagsleiter aufsteigen sollte und in dieser Funktion eine unrühmliche Rolle während der Auseinandersetzungen um Christa Wolfs zweiten Roman »Nachdenken über Christa T.« spielte.

In der letzten »Treffauswertung« Richters vom 18. Januar 1962 ist dann auch explizit von der Kritik die Rede, die GI »Margarete« an den Ausführungen eines Genossen von der Bezirksleitung der Partei übte. Sie forderte, dass die Beschlüsse des XXII. Parteitags der KPdSU eine »konkrete Auswertung speziell für den Bezirk Halle« hätten erfahren müssen. Auf dem XXII. Parteitag ging es um die Fortsetzung der mit Chruschtschows Geheimrede auf dem XX. Parteitag begonnenen Politik der Entstalinisierung und um die Auseinandersetzung mit dem »Personenkult«. Der Parteitag beschloss, Stalins Leichnam aus dem Mausoleum auf dem Roten Platz zu entfernen. Außerdem verzichtete Chruschtschow aus Rücksicht auf die Westalliierten auf einen separaten Friedensvertrag mit der DDR. Dieser Kurs überraschte die SED-Führung, die eher auf eine Restalinisierung zielte und an kritischer Aufarbeitung der Vergangenheit nicht interessiert war. Christa Wolf stellte sich mit ihrer Forderung gegen die offizielle Politik, und sie tat das nicht nur im Gespräch mit Leutnant Richter, sondern auch öffentlich, im Schriftstellerverband. Dafür war sie in der Parteizeitung »Freiheit« kritisiert worden – eine neue Erfahrung für die bisher so vorbildliche Genossin.

Gegenüber Richter beklagte sie nun »Stagnation« und »politische Gleichgültigkeit« im DSV. Solche Debatten waren nicht unbedingt das, was von einem informellen Mitarbeiter erwartet wurde. Eine letzte Notiz Richters vom 20. Februar 1962 zur Vorbereitung eines Treffens, das nicht mehr stattfand, weil Christa Wolf absagte, beschließt die Akte. Als die Wolfs wenig später nach Kleinmachnow bei Berlin umzogen, zeigte die dortige Abteilung der Stasi kein Interesse daran, IM »Margarete« zu übernehmen. Richters abschließender »Auskunftsbericht« enthält auch nichts, was ihre Weiterbeschäftigung gerechtfertigt hätte. Er schrieb am 5. April 1962: »Die Anwerbung erfolgte durch die HA V/1 des MfS Berlin auf ideologischer Basis mit dem Ziel der operativen Absicherung des Deutschen Schriftstellerverbandes. Eine schriftliche Verpflichtungserklärung wurde von ihr nicht abverlangt. Finanzielle Forderungen stellte die IM nicht. Sonstige Zuwendungen wurden ihr nicht übergeben. An Vorgängen oder sonstigen operativen Materialien hat die GI nicht gearbeitet. Ihre Informationen bezogen sich auf die Situation im Schriftstellerverband und im Verlagswesen. Die IM ist ehrlich und gibt auf alle interessierenden Fragen bereitwillig Auskunft. Sie lehnte jedoch Treffs in KW [Konspirative Wohnung] ab.«[21] Mit einigem Recht konnte Christa Wolf 1993 sagen: »Ich kann und will nicht die Motive der Stasi ergründen. Aber was, frage ich mich, als die Einsicht, dass ich für sie nicht mehr brauchbar sein würde, sollte sie dazu veranlasst haben, meine Akte zu schließen?«[22]

In Joachim Walthers großer Studie über die Schriftsteller und die Staatssicherheit taucht Christa Wolf unter der Rubrik »Perspektivlosigkeit, Ineffizienz«[23] auf. Walther bezeichnet ihre Beziehung zum MfS als typisch für die Frühphase der DDR und die Frühphase der eigenen Biographie und nennt als ähnliche Beispiele unter anderem Franz Fühmann, Brigitte Reimann, Heinz Kahlau, Ulrich Plenzdorf und Robert Havemann. Typischerweise begannen diese Beziehungen mit Skrupeln und Bedenken gegen ordinäre Spitzeltätigkeit und wurden relativ bald abgebrochen. Typisch auch, dass sich später daraus ein »Operativer Vorgang« entwickelte, dass sich der Generalverdacht des Staates dann gegen die ehemaligen Informanten richtete. Bei Christa Wolf stehen der IM-Akte mit 130 Seiten 42 Aktenordner mit Beobachtungsmaterial gegenüber – und das allein aus den siebziger Jahren, während die Akten aus den Achtzigern vermutlich vernichtet wurden. Walthers Resümee: »Vollständig erhaltene IM-Akten können auch entlastend sein: wie im Falle Christa Wolfs, deren Zeit als IM ›Margarete‹ dank der komplett überlieferten AIM-Akte nachweislich dreißig Jahre zurückliegt, relativ kurz war und für das MfS wenig Ertrag brachte. Vergleicht man ihre dünne IM-Akte mit dem umfänglichen Operativen Vorgang (OV) ›Doppelzüngler‹, der gegen sie und Gerhard Wolf über drei Jahrzehnte geführt wurde, wird allein aus den Proportionen eine differenzierte Bewertung möglich.«[24]

Stadt auf sieben Hügeln

Einmal Moskau und zurück: Das wiedergefundene Lachen

In Halle, mitten im größten industriellen Ballungsgebiet der DDR, bezogen die Wolfs im September 1959 eine Wohnung in einer »stillen Seitenstraße namens Amselweg, durch die der Chemiegestank von Leuna und Buna zog«. Hier, an einem hellen Schreibtisch vor dem Fenster, mit Blick auf den Balkon und in den verwilderten Garten, in dem die beiden Töchter, drei und sieben Jahre alt, mit den Nachbarskindern spielten,[1] schrieb Christa Wolf die »Moskauer Novelle« und die Erzählung »Der geteilte Himmel«. Die »Moskauer Novelle«, noch ganz im Sinne der Paradigmen des sozialistischen Realismus verfasst, ist der erste literarische Text Christa Wolfs, der – wie sie es formulierte – die »Selbstzensur«[2] überstand und im Sommer 1961 als literarisches Debüt veröffentlicht wurde.

»Selbstzensur« ist dabei allerdings metaphorisch und nicht politisch zu verstehen und meint an dieser Stelle lediglich die für einen Schriftsteller selbstverständliche kritische Fähigkeit, Texte, die den eigenen Ansprüchen nicht genügen, zurückzuhalten. Den Begriff »Erstlingswerk« lehnt Christa Wolf generell ab. »Eigentlich« habe sie ja schon immer geschrieben.[3]

Die Arbeit an der »Moskauer Novelle« hatte schon in Berlin begonnen. Eine erste Fassung war bereits im Sommer 1959 entstanden, Vorarbeiten reichen gar bis in die Jahre 1955/56 zurück, jene Zeit also, in der Christa Wolf dem väterlichen Freund Louis Fürnberg ihre Sehnsucht zu schreiben gebeichtet hatte. Damals entstand die eigenen Erlebnissen und Empfindungen abgelauschte, etwa 150 Typoskriptseiten umfassende Geschichte der jungen Hanna Eichler, die auf der Flucht vor der Roten Armee in ein mecklenburgisches Dorf verschlagen wird. »Kern der Handlung ist der Weg der zu Beginn sechzehnjährigen Hanna durch das völlige innere Chaos, über die verschiedensten Irrwege, bis an die Schwelle eines neuen Lebens«, notierte sie dazu.[4] Dieser Entwurf lässt schon etwas vom Tonfall der Erzählerin Christa Wolf erahnen. Es ist dasselbe biographische Material, aus dem sie später die Erzählung »Blickwechsel« formt und das auch in »Kindheitsmuster« Eingang finden wird. Die Großeltern, der Bruder, der Bürgermeister, der russische Kommandant: alle sind hier bereits vertreten. Hanna Eichler erinnert das Geschehen, weil sie den entscheidenden Moment aufspüren will, in dem sie bewusst zu leben begann. Wann und wo war das, als »der Blitz der wahren Erkenntnis zum ersten Mal ihr Inneres erhellte und ein warmes, echtes, dauerndes Gefühl für Recht und Unrecht, für Leben und Tod in ihr entzündete?«

Das wirkliche Leben, die Suche nach dem eigenen Ich: Auch da ist Christa Wolf schon zu erkennen. Offenbar war sie aber mit der linear erzählten Geschichte unzufrieden und legte sie wieder beiseite, ebenso wie den Entwurf für eine weitere Erzählung, die von einer verheirateten Frau handelte, zunächst als Kinderärztin, dann als Kunststudentin konzipiert, die sich 1954 in Budapest in den ebenfalls verheirateten Nikolai verliebt. Christa Wolf war unklar, wie sie diesen Konflikt lösen könnte. Ein Ende in Harmonie und im Rahmen gesellschaftlicher Konvention sollte es sein. Sie notierte: »Problem kann sich lösen, wenn Anna Nikolais Frau kennen und schätzen lernt und gleichzeitig nun zu Hause starke Bindungen einsetzen. Einer Leidenschaft muss man nicht nachgehen.«[5]

Über diese Entwürfe war die Schriftstellerin hinaus, als sie in Halle die Endfassung der »Moskauer Novelle« erarbeitete, die die Themen der vorhergehenden Versuche zusammenfasste. Nun reist die Kinderärztin Vera Brauer im Jahr 1959 mit einer Delegation nach Moskau. Dort trifft sie den Dolmetscher Pawel Koschkin wieder, den sie 1945 im mecklenburgischen Dorf Fanselow kennen gelernt hatte. Damals war er Leutnant der Roten Armee, sie Schreibkraft des Bürgermeisters und voller Misstrauen gegen die Sowjets. Als Wehrwölfe eine Scheune in Brand steckten, verletzte sich Pawel bei den Löscharbeiten. Vera hätte es verhindern können, doch sie hatte ihn nicht gewarnt, obwohl sie von dem Sabotage-Plan wusste. Die zarten, uneingestandenen Gefühle der beiden zueinander scheinen in Moskau endlich Erfüllung finden zu können, da nun auch Vera auf der Seite des Sozialismus steht. Als sie aber erfährt, dass sie mitschuldig ist an der Augenverletzung Pawels und dass er deshalb nicht Arzt werden konnte, wie er es sich gewünscht hatte, verzichtet sie voller Schuldgefühle auf die mögliche Erfüllung ihrer Liebe. Sie rät Pawel, eine Stelle im fernen Osten der UdSSR anzunehmen, und kehrt nach Berlin zu ihrem Ehemann zurück.

Hans Mayer hätte dieses schlichte Märchen vermutlich in die Rubrik »rot angestrichene Gartenlauben« eingeordnet. Die »Moskauer Novelle« feiert die deutsch-sowjetische Völkerfreundschaft und die Ankunft im sozialistischen Alltag, indem sie Moskau als Realität gewordene Utopie verklärt. Pflichtgemäß behandelt sie die faschistische Vergangenheit, wie es auf der DSV-Konferenz im Sommer 1957 von den Autoren gefordert worden war. Das Modell, das Christa Wolf in Übereinstimmung mit der offiziellen Ideologie dazu anbietet, lautet: Vernunftorientiertes Handeln in der Gegenwart ist in der Lage, vergangene Schuld zu kompensieren. Wiedergutmachung ist durch vorbildliches, sozialistisches Verhalten möglich. Zumindest gilt das für ihre Generation, die in den Faschismus hineingeboren wurde und deren Schuld nur eine vermittelte ist.

Doch in die Erfüllung der ideologischen Vorgaben des sozialistischen Realismus – mit seiner Bevorzugung des »Typischen« und des symbolisch Bedeutsamen – sind bereits die für Christa Wolf charakteristischen Motive eingraviert. Da ist die protestantische Moral, die den Verzicht feiert, die Unterordnung des individuellen Glücks unter die gesellschaftlichen Erfordernisse propagiert und bedingungslose Aufrichtigkeit anstrebt. Ein gesellschaftlicher Konflikt wird nach innen verlagert und als ethisches Problem, als Frage der Persönlichkeit abgehandelt. Und da ist – was ihre späteren Arbeiten auszeichnet – das Erzählen in Rückblenden und damit ansatzweise der Versuch, die Erinnerung selbst und ihre Funktionsweise in den Blick zu bekommen. Indem Vera ihre Gefühle gegenüber Pawel abzuwehren versucht, verdrängt sie auch ihre als Schuld empfundene Vergangenheit. Umgekehrt kann die emotionale Annäherung nur gelingen, wenn sie ihre Geschichte akzeptiert und sich ihr stellt. Spürbar ist bereits die in »Christa T.« und in »Kindheitsmuster« zum Leitmotiv avancierende Frage: Wie sind wir so geworden, wie wir sind? Die Vision des neuen Menschen, die Pawel formuliert, könnte so ähnlich auch vor Kleist und Günderode in »Kein Ort. Nirgends« Bestand haben: »Mit offenem Visier leben können. Dem anderen nicht misstrauen müssen. Ihm den Erfolg nicht neiden, den Misserfolg tragen helfen. Seine Schwächen nicht verstecken müssen. Die Wahrheit sagen können. Arglosigkeit, Naivität, Weichheit sind keine Schimpfwörter mehr. Lebenstüchtigkeit heißt nicht mehr: heucheln können.«[6] Doch die »Moskauer Novelle« zeigt eben auch, dass Aufrichtigkeit und die gewissenhafte Aufarbeitung der Vergangenheit nicht möglich ist, wenn zugleich die Gegenwart verklärt wird – was ja eine gehörige Verdrängungsleistung voraussetzt.

Christa Wolf selbst wurde zur schärfsten Kritikerin ihres literarischen Debüts. Als sie 1973 gebeten wurde, sich für eine Anthologie »Schriftsteller über ihr Erstlingswerk« noch einmal mit der »Moskauer Novelle« zu befassen, nahm sie die Lektüre der vierzehn Jahre zurückliegenden Arbeit nur widerwillig auf. Weniger die handwerklichen Mängel, die »hölzernen Dialoge« oder »verunglückten Bilder«, bestürzten sie als vielmehr der Hang zur formalen Geschlossenheit, der dazu führt, dass die Ereignisse wie ein »aufgezogenes Uhrwerk« abschnurren.[7] Geradezu entsetzt fragte sie sich, wie man »mit fast dreißig Jahren, neun Jahre nach der Mitte dieses Jahrhunderts und alles andere als unberührt und ungerührt von dessen bewegten und bewegenden Ereignissen, etwas derart Traktathaftes schreiben« kann. Besonders störend empfand sie nun die Zeichnung Moskaus als Idylle, die Vorliebe für eine handliche Moral und das Ausblenden aller historischen Widersprüche. Der Schriftsteller dürfe seiner Gesellschaft nicht vorenthalten, was er von ihr weiß. Und das, was 1959 hätte gewusst werden können, war eine ganze Menge.[8]

Dennoch – oder vielmehr: deshalb – wurde die »Moskauer Novelle« in der DDR zu einem Erfolg und in der Bundesrepublik überhaupt nicht wahrgenommen. Alfred Kurella, ein einflussreicher Kulturpolitiker, Gründer des Johannes-R.-Becher-Literaturinstituts in Leipzig, ZK-Mitglied und Sekretär der Kulturabteilung des Politbüros und als solcher von manchen Autoren als »Kuratella« bezeichnet, lobte die Erzählung als »kleines Meisterwerk der Novellistik« und verlieh ihr damit die offizielle Weihe. Andere Rezensenten standen in ihrem Lob nicht nach. Im Radio wurde im Herbst 1960 ein Ausschnitt gesendet, sechs Tageszeitungen und die Zeitschrift »Frau von heute« brachten die beispielhafte Geschichte von Vera und Pawel als Fortsetzungsroman.

Schon im Herbst 1960 entstand ein erstes Filmexposé, das Christa und Gerhard Wolf auf Anregung und zusammen mit Konrad Wolf erarbeiteten. Doch trotz der Aufmerksamkeit, die sie mit der »Moskauer Novelle« errang, wurde der Film, für den Konrad Wolf als Regisseur vorgesehen war, nie verwirklicht. Offiziell fehlten die Devisen für Dreharbeiten in der Sowjetunion. Tatsächlich aber war den Vertretern der Sowjetunion das Thema suspekt; Hans Rodenberg, hoher SED-Funktionär, überbrachte Konrad Wolf eine entsprechende Botschaft mit dem Hinweis, dass es sinnlos sei, weiter daran zu arbeiten. An der Liebesgeschichte einer Deutschen zu einem als eher schwach gezeichneten Russen gab es keinen Bedarf. Die führende Rolle der Sowjetunion hätte sich auch im Personal der Geschichte wiederfinden müssen, damit der Film eine Chance gehabt hätte.

Christa Wolf schmerzte die Ablehnung auch deshalb, weil sie fürchtete, dass der Kontakt mit Konrad Wolf nun wieder abbrechen würde.[9] Selbst mit ihrem linientreuesten Stück Prosa eckte sie also an. So herrlich der Sozialismus Moskauer Prägung darin auch erstrahlte, er leuchtete nicht hell genug, weil der Held ein Zweifler und kein heroischer Kämpfer war – und weil es mit der Aussöhnung zwischen Deutschen und Russen eben doch nicht so gut bestellt war, wie die Novelle es den Lesern weismachen wollte. So findet sich also auch in dieser weltanschaulichen Programmschrift ein Körnchen Dissidenz. Man ahnt, dass Wahrheitsliebe und Realismuszwang miteinander im Konflikt liegen, der nur notdürftig gelöst werden konnte und von Buch zu Buch offensichtlicher werden würde.

Die autobiographische Grundierung der »Moskauer Novelle« liegt auf der Hand. Das mecklenburgische Dorf Fanselow ist Gammelin, wo einst das Flüchtlingsmädchen Christa Ihlenfeld als Schreibhilfe des Bürgermeisters arbeitete. Ungewiss ist, ob und inwieweit die Beziehung mit einem russischen Soldaten einen realen Erlebnishintergrund besitzt. Versuche, ihr einen »autobiographischen Kern« des Erzählten zu entlocken, wies die Autorin stets entschieden zurück: Die Mühe des »Verarbeitens« lohne sich nicht, wenn sie hinterher durch leichtfertiges Ausplaudern zunichte gemacht werde.[10] Auch die Frage nach realen Vorbildern für einzelne Figuren der Erzählung wollte sie deshalb nicht beantworten. In einem Interview, das 1962 in der Zeitschrift »Frau von heute« erschien, erwähnte sie jedoch einen sowjetischen Frontsoldaten, dessen Schicksal den Ausschlag gegeben habe, eigene Erfahrungen schriftstellerisch zu verarbeiten.[11] Mit solchen Hinweisen operierte Christa Wolf immer sehr sparsam. Ihre Form, über die eigene Person Auskunft zu geben, war die Literatur, und je stärker sie dort die eigene Subjektivität als Bedingung realistischen Schreibens einbrachte, umso zurückhaltender wurde sie darin, über Details ihrer Biographie zu sprechen. Die eigene Person gehört zu einem geschützten Raum des Privaten, der von der Öffentlichkeit und vom öffentlichen Wirken getrennt ist. Nur im literarischen Text finden beide Elemente zueinander.

Immerhin verriet sie, dass sie die »Moskauer Novelle« im Anschluss an ihre zweite Moskaureise 1959 geschrieben habe, als sie vom III. Schriftstellerkongress berichtete. Da zeigte ihr der Delegierte Willi Bredel die Lubljanka und das Hotel Lux, in dem einst die Emigranten gewohnt hatten, ständig in Gefahr, in der Atmosphäre allgegenwärtiger Denunziation verhaftet zu werden. Er erzählte davon, dass man bei Freunden angerufen habe, ohne etwas zu sagen, nur um zu überprüfen, ob sie den Hörer abnähmen und also noch nicht abgeholt worden waren.

Dieses Moskau stalinistischen Terrors hinterließ in der »Moskauer Novelle« keine Spuren. Da schwingt sich die Hauptstadt des Sozialismus – »in Jahrhunderten gewachsen« – zu historischer Größe auf wie das alte Rom: »eine auf sieben Hügeln gebaute, weitläufige Stadt, die sich übergangslos aus dem unendlich hingebreiteten Land erhebt«, ein wahrhaft paradiesischer Ort, »summend vor Lebensfreude und Schaffensdrang, von spitztürmigen Kirchen, Zwiebelkuppeln, bunten Klöstern und den mächtigen weißen Hochhäusern überragt«[12], da summt und brummt es, da ist ein Schaffen und Wirken, wie es Schiller für die aufstrebende bürgerliche Gesellschaft nicht schöner hätte besingen können.

Moskau ist die Heimat glücklicher, unentwegt fröhlich lachender

Menschen. So hell der symbolische Himmel über der Stadt strahlt, so hell und klar klingt das Lachen der »neuen Menschen« auf den Straßen. Wenn Christa Wolf einst auf der Flucht vor der Roten Armee Richtung Westen von ihrem »verlorenen Lachen« sprach, so hat sie es spätestens mit der Ankunft im Heimatland der sozialistischen Revolution wiedergefunden und stellt dieses Glück nach Kräften aus. Ganz ähnlich wie in der »Moskauer Novelle« beschrieb sie die Stadt auch in Tagebuchblättern aus Moskau, als sie im Juni 1957 zum ersten Mal in die sowjetische Hauptstadt kam. Ihr Blick schweifte genauso vom Hotelhochhaus über die Stadt wie der ihrer Heldin Vera Brauer. Auch deren nächtlicher Spaziergang fand 1957 bereits ganz real statt. Stoische Milizmänner beeindruckten Christa Wolf, die mitten im pulsierenden Verkehr nie die Ruhe verloren und Verkehrssünder nachdrücklich, aber in »würdevoller Form« ermahnten. Fußgänger, die einfach bei Rot über die Straße gingen, hatte sie in der DDR noch nie erlebt und bestaunte das Phänomen nun entsprechend.[13]

Ihre Euphorie lässt sich auch an ihrem Zeitungsbericht vom III. Sowjetischen Schriftstellerkongress ablesen, den sie für das »Neue Deutschland« schrieb.[14] Ähnlich wie in dem kurz zuvor erschienenen Jubeltext über die erste sowjetische Weltraumrakete entdeckte sie aus diesem Anlass erneut die welthistorische Überlegenheit des Sozialismus und verkündete das Herannahen des kommunistischen Endzustandes. Schon 1965 würden die Sowjetbürger voraussichtlich keine Steuern mehr bezahlen müssen, weil die Wirtschaft so hervorragend organisiert sei.[15] Die Literatur habe in diesem Prozess eine Art Schrittmacherfunktion als Instrument der Volksbelehrung zu übernehmen. Und als wolle sie bereits die ideologische Notwendigkeit der »Moskauer Novelle« untermauern, schrieb sie: »Wir sind dabei, die Mauer zwischen Kunst und Volk, welche die kapitalistische Gesellschaft aufgerichtet hat, einzureißen. Die sozialistische Massenkultur, die wir systematisch entwickeln und die jedem etwas gibt, weil jeder zu ihr beiträgt, wird uns helfen, den Kapitalismus da zu überwinden, wo er am tiefsten sitzt und sich am zähesten hält. In den persönlichen Beziehungen der Menschen zueinander, in ihren Lebensgewohnheiten und in ihrer Lebensweise.«

Der Enthusiasmus, der Christa Wolf die Feder führte, lässt sich auch dem Kongressbericht von Erwin Strittmatter in der NDL ablesen. Die Schriftsteller wurden rund um die Uhr umsorgt und hofiert und erfuhren allein dadurch, dass sie wie eine richtige Regierung im Kreml tagten, eine schmeichelhafte Bedeutungssteigerung. Sie versammelten sich im Saal des Obersten Sowjets, an dessen Stirnseite, hinter den Präsidiumsbänken eine Lenin-Skulptur in den Saal hineinzuschreiten schien. »Genosse Chruschtschow« gab mit seiner »poesievollen Rede manchem Schriftsteller ein Beispiel. (...) Keiner der Delegierten (...) konnte sich der warmherzigen Rede dieses großen Kommunisten entziehen«, schrieb Strittmatter und beendete seinen Bericht mit Chruschtschows Aufruf: »Genossen, schildern Sie in Ihren Werken die großen Taten, die vom Volk, von den einfachen Menschen vollbracht werden.«[16] Der Jubel über so viel milde Lebensweisheit muss grenzenlos gewesen sein.

Darüber, dass die deutsch-sowjetischen Beziehungen im persönlichen Umgang miteinander sehr viel schwieriger waren und auch Christa Wolf solche Begegnungen anders empfand, als sie es in der »Moskauer Novelle« beschrieb, gibt eine kleine Anekdote Auskunft. Sie fand 1994 Eingang in einen Erinnerungstext, der während ihres Stipendienaufenthaltes in Los Angeles entstand. Aus der gewachsenen historischen, geographischen und biographischen Distanz erscheint ihr die Versöhnungsmission gegenüber den östlichen Völkern, die die Bürger der DDR auch stellvertretend für die Westdeutschen zu übernehmen hatten, weniger als freudiger Auftrag denn als Bürde – waren es doch die Völker Osteuropas, die am stärksten unter den Deutschen gelitten haben. Nie habe sie vergessen, schreibt Christa Wolf in diesem Text, »wie bei einem der großen Gelage, das uns zu Ehren in einem sowjetischen Kolchos gegeben wurde, wo an der Tafel immer mal wieder die Rede war von dem Sohn, der als Partisan von den Deutschen erschossen, dem Bruder, der gefallen, der Familie, die ausgerottet worden war – wie da der Leiter unserer Delegation, ein alter Kommunist, der zwölf Jahre im Zuchthaus gesessen hatte, jetzt hoher Funktionär und Schriftsteller, als er auf die Trinksprüche der Russen erwidern wollte, einen Weinkrampf bekam.«[17]

Dieses Erlebnis, so die Autorin weiter, stand ihr später immer vor Augen, als dieser Funktionär – es handelt sich um Otto Gotsche, doch sie nennt seinen Namen nicht – ihr mit unerbittlicher Feindschaft gegenüberstand und ihren kleinbürgerlichen Standpunkt anprangerte. Gotsche war ein einflussreicher Gegner, dem sie sich aufgrund ihrer Vergangenheit in der Hitlerjugend und seiner Vergangenheit im faschistischen Zuchthaus unterlegen fühlte. Wie sehr es sich dabei um ein verinnerlichtes Schuldgefühl handelt, lässt sich daran ablesen, dass Gotsche gar nicht zwölf Jahre im Zuchthaus, sondern ein Jahr, von 1933 bis 1934, im KZ Sonnenburg inhaftiert war und anschließend im kommunistischen Widerstand in Deutschland mitarbeitete. Die reale Diskrepanz zwischen beiden Lebensläufen wird durch die Bereitschaft, den Opferstatus des anderen zu vergrößern, nicht kleiner. Und doch ist daran die moralische Verkrampfung gegenüber den älteren Antifaschisten zu erkennen, die Christa Wolf und viele ihrer Generationsgefährten durch die Überidentifikation mit der DDR und dem Sozialismus zu kompensieren suchten – so sehr, dass die antifaschistischen Kämpfer von einst auch in Konfliktsituationen als die Überlegenen wahrgenommen wurden.

Mit genauerer Kenntnis eines Gegenstandes steigt auch die Scheu, darüber zu schreiben. Sie habe Moskau 1959 »zu wenig« gekannt, wie sich »an dem Text leicht feststellen« lasse, heißt es in der Selbstkritik von 1973.[18] Jetzt kenne sie die Stadt besser, ohne dass es ihr einfalle, darüber zu schreiben. Zahlreich waren in der Zwischenzeit Christa Wolfs Reisen nach Moskau und ab 1960 auch ins »westliche Ausland«, in die Bundesrepublik, nach Frankreich oder Finnland, was ihr ganz andere Vergleichsmöglichkeiten eröffnete. Während der Reise zur Moskauer »Woche des Deutschen Buches«, die sie zusammen in einer DSV-Delegation absolvierte, notierte die Schriftstellerin Brigitte Reimann am 8. Oktober 1963 in ihrem Tagebuch: »Der Reisepass, Passkontrolle, das Flugheft, der Transitraum – alles unerprobtes Gebiet und großes Abenteuer. Aber Christa Wolf ist eine gute Reisegefährtin, freundlich und gelassen und erfahren und sehr viel erwachsener als ich.«[19] In einem Brief teilte sie mit: »Übrigens fuhr ich (…) mit Christa Wolf, und natürlich habe ich mich in sie verliebt, sie ist so klug und mütterlich, eine Beschützerin vor allen Anfechtungen und der Typ Frau, der man nachts, im Dunkeln, alles erzählt. Ich glaube, sie fand mich wahnsinnig komisch, und jedenfalls war sie den ganzen Tag beschäftigt, mich zu retten: vor verrückten Taxis, unbedachten Einkäufen und schönen Männern.«[20] Und in ihrem Tagebucheintrag vom 11. Oktober 1963 heißt es: »Christa ist so ein Mensch, dem man alles sagen kann, und man weiß es bewahrt. Sie lacht über mich, aber ganz freundlich: ich sei schizophren und überhaupt eine schreckliche Person. Ich glaube, wir verstehen uns jetzt gut (sie ist eine von den ›Guten‹ nach meiner Kindereinteilung), ich mag sie sehr leiden.«[21]

Die Freundschaft zwischen den beiden Schriftstellerinnen, die sich auf dieser Moskaureise anbahnte, war nicht unbedingt zu erwarten gewesen. Im Februar 1960 hatte Reimann sie noch als ihre »beste Feindin« bezeichnet. Nur weil Christa Wolf in der Jury des Wettbewerbs »Zur Förderung des literarischen Gegenwartsschaffens« saß, sei sie, Brigitte Reimann, leer ausgegangen. Kein Wunder, habe ihr »die Wolf« doch auch schon einen Vorabdruck in der NDL »auf schmutzige und intrigante Art vermasselt«.[22] Bei einer Begegnung im August 1963 deutete sich bereits an, dass die alte Rivalität in den Hintergrund geraten würde. Es scheint, als sei Christa Wolf, die von der Kollegin zuvor vor allem als Funktionärin und Offizielle wahrgenommen wurde, Brigitte Reimann nun näher gerückt, als habe ihr Übergang zum literarischen Schreiben einen anderen Menschen zum Vorschein gebracht. »In Halle mit Christa Wolf zusammengetroffen. Ich war froh überrascht, sie hat sich sehr verändert, ihr Gesicht ist fraulicher, gelöster, sogar zierlicher geworden, seit sie schreibt; der Zug von Härte ist verschwunden«, bemerkt Brigitte Reimann am 27. August, so dass der weiteren Annäherung in Moskau nichts mehr im Wege stand.

Christa Wolf erscheint in diesen Notizen stets als die Ältere, Besonnenere. Sie übernimmt den rationalen, elterlichen Part und überwacht die amourösen Abenteuer Brigitte Reimanns mit spöttischem, mahnendem Wohlwollen. Die Rollenverteilung, die auch den von 1969 bis zum Tod Reimanns 1973 intensiv geführten Briefwechsel prägt, stellte sich bereits in den ersten Tagen dieser Freundschaft ein. Es ist gerade ihre Gegensätzlichkeit, die die beiden Frauen verbindet. Während Christa Wolf von der chaotischen Lebenslust Reimanns, von deren unkontrollierter Leidenschaftlichkeit fasziniert ist, schätzt die himmelhoch jauchzende und immer wieder tief abstürzende Brigitte Reimann die ruhige Gelassenheit der Freundin, ihre demonstrative Unerschütterlichkeit. Brigitte Reimann widersteht mit Christa Wolfs Hilfe allen erotischen Anfechtungen, obwohl sie »prüde Weiber nicht ausstehen« kann. Wolf aber mahnt »halb amüsiert und halb besorgt«, sie solle »artig sein«. Den schönen Georgier, der der Freundin nachstellt, bezeichnet sie als deren »Eskapadse«. Am Ende der Reise schreibt Brigitte Reimann: »Ich umarmte sie, mir selbst unerwartet, beim Abschied. Ich glaube, ich habe sie lieb gewonnen.«[23]

In einem Brief vom Februar 1969, dem ersten längeren Brief an Brigitte Reimann, knüpft Christa Wolf an die gemeinsamen Moskauerlebnisse an und erinnert an einen Augenblick, der ihr »wie ein Symbol für Brigitte«[24] erschien: »Weißt Du noch, wie Du in Moskau entsetzt warst, als niemand sich bereit fand, in der nassen Bahnhofshalle einen Betrunkenen aus der Pfütze zu ziehen? Und Du das dann – mit Deinem Eskapadse – machtest? Und so enttäuscht warst von den neuen Menschen, die Du Dir anders vorgestellt hattest? Und ich mir überlegen vorkam, weil ich sie schon ein bisschen kannte?«[25]
Nicht nur die »neuen Menschen« stellen sich in Moskau anders dar, als das in den Idealbildern von der »umfassenden sozialistischen Persönlichkeit« vorgesehen ist. Auch die Stadt selbst ist nicht der strahlende Ort auf den sieben Hügeln wie in der »Moskauer Novelle«. Der neue Stadtteil Tscherjomuschki, von dem sich Brigitte Reimann nach Lektüre der Architekturzeitschriften ein »strahlendes Bild« gemacht hatte, sieht schlampig, monoton und trist aus, und gleich neben den neuen Häusern stehen zerfallene Hütten: »gedrückte Katen, eigentlich nur Bretterhaufen, überall geflickt, zu Boden geneigt, winzige schmutzige Fenster – Bilder wie aus den Slums amerikanischer Großstädte«. Statt sozialistischer Zukunft also ein Elend wie im Kapitalismus, statt goldenem Ideal die unschöne Wirklichkeit, und Christa Wolf bestätigt diesen Eindruck: »Christa sagt, die Katen in den meisten Dörfern seien nicht besser als diese elenden Buden, und angesichts dessen begreift man die bewunderungswürdige Leistung, die solch ein neuer Stadtteil darstellt. Unter diesen Umständen kann man sich noch keinen Ästhetizismus leisten.«[26]
So wird das hässliche Neue angesichts des zu überwindenden Elends doch noch zur historischen Leistung zurechterklärt. Die Konsequenz daraus ist der Verzicht auf ästhetischen Mehrwert. Das Argumentationsmuster ist für Schriftsteller fatal, greift es

doch an die Fundamente des eigenen Handwerks und missachtet das menschliche Grundbedürfnis, nicht nur zweckmäßig, sondern auch »schön« zu leben. Der Niedergang des Sozialismus wurde zumeist nur ökonomisch oder ideologisch analysiert. Der Anteil, den die konsequente Missachtung des Ästhetischen dabei spielte, ist noch nicht hinreichend beschrieben worden, ließe sich aber auf allen Ebenen der Gesellschaft auffinden. Die ganz und gar in den Dienst der Pädagogik gestellte Literatur der DDR brauchte lange Zeit, bis in die sechziger Jahre hinein, um sich zaghaft aus der ideologischen Umklammerung zu lösen und vom generellen Formalismusverdacht gegen alle ästhetisch ambitionierteren Textsorten zu emanzipieren. Christa Wolfs konfliktreicher Weg, der sie über den »Geteilten Himmel« zu »Nachdenken über Christa T.« führte, ist dafür beispielhaft.

Fünf Jahre nach der Reise mit Brigitte Reimann waren Christa und Gerhard Wolf mit einem Schiff voller Schriftsteller unterwegs von Moskau nach Gorki, der Stadt, in die einige Jahre später der Wissenschaftler Andrei Sacharow verbannt werden würde. Autoren aus aller Welt schipperten die Wolga hinunter, um sich über Maxim Gorki kundig zu machen. Unter ihnen war auch der Schweizer Max Frisch, der die seltsame Atmosphäre an Bord in seinem Tagebuch festhielt. Das Plenum fand auf Deck statt. In allen Weltsprachen wurde Rühmliches über Gorki vorgetragen, nichts jedoch über sein Exil nach der Revolution, nichts über sein Verhältnis zu Stalin, nichts über Schriftsteller und Staatsmacht. Frisch beobachtete mit feinem Gespür, wo den Gästen aus aller Welt bei dieser freundschaftlich-touristischen Unternehmung die Grenzen der freien Rede aufgezeigt wurden. Bei Christa Wolf glaubte er zunächst ein leises Misstrauen zu spüren. Dabei war sie nur irritiert darüber, dass er sich mit den Worten vorstellte: »Eigentlich sollte ja Ingeborg Bachmann auch hier sein, aber sie ist nicht gekommen.«[27] Doch schon bald wurde sie ihm zu einer Vertrauten an

Bord, ohne dass darüber viele Worte gemacht werden mussten. Bis vier Uhr in der Nacht saß Frisch mit Christa und Gerhard Wolf zusammen und empfand es als Labsal, auf diesem Schiff jemandem zu begegnen, der »Widerspruch gelten lassen kann«.

Man hätte glauben können, aus der Zeit herausgefallen zu sein, erinnerte sich Christa Wolf 1980 in einem Text zu Frischs 70. Geburtstag an diese Nacht.[28] Und doch blieb ihnen in jedem Augenblick bewusst, wer sie waren: Stellvertreter, die auch in Augenblicken vertrauter Nähe unterschiedliche Gesellschaftssysteme repräsentierten. Die drei, die durch die gemeinsame Sprache zwangsläufig eine Gemeinschaft bildeten, wurden von einem sowjetischen Genossen belauscht, der ihnen stumm Gesellschaft leistete. Ein paar Tage später, bei einem alkoholfreudigen Bankett in Gorki, beobachtete Frisch Christa Wolf durchs wodkafeuchte Getümmel aus der Ferne und notierte: »Manchmal versinkt sie, dann gibt sie sich wieder Mühe, wir heben das Glas auf Distanz, ohne es zu leeren.«[29] Dieses traumverhangene Bild erscheint wie eine Metapher auf das Leben im Sozialismus: auf die vorsichtigen Bande der Solidarität, die sich unter der Oberfläche offizieller Vergesellschaftung bildeten – und auf die zu immer größerer Perfektion gebrachte Kunst, anwesend zu sein und doch zugleich innerlich abzutauchen. Man hält das Glas in der Hand und hebt es zum Gruß, aber man trinkt nicht daraus.

Als Max Frischs Tagebuch mit dem Bericht von der Wolgareise 1972 erschien, schrieb Christa Wolf dem Schweizer Kollegen, wie sehr sein Buch sie beeindruckt habe. Frisch reagierte erleichtert. Er denke noch oft an die gemeinsame Fahrt und habe sie ganz anders in Erinnerung, als im Tagebuch geschildert. Das fand er »schrecklich, beschämend«. Das Misstrauen, das er damals gespürt zu haben glaubte, sei eine Unterstellung gewesen, ein »Reflex auf ein eigenes Vorurteil«. So begann eine Freundschaft, die Christa Wolf zu den wichtigsten in ihrem Leben zählt.[30]

Bewährung in der Produktion

Einmal Bitterfeld und zurück: Ankunft im sozialistischen Alltag

Die Arbeit am »Geteilten Himmel« begann 1960 mit den Studien im VEB Waggonbau Ammendorf. Die in Bitterfeld für die Intellektuellen ausgegebene Parole »In die Betriebe!« führte Christa Wolf in eine völlig andere Welt, die ganz und gar neue Erfahrungen erlaubte. Die zugrunde liegende Idee, Schriftsteller in Kontakt mit der Wirklichkeit der Arbeitswelt zu bringen und zugleich Arbeiter »die Höhen der Kultur erstürmen« zu lassen, wäre ja nicht schlecht gewesen, wenn sie weniger dogmatisch durchgeführt worden wäre und die Literatur, die daraus resultierte, nicht bloß die Vorgabe zu erfüllen gehabt hätte, vorhandene Schwierigkeiten im Stadium ihrer tapferen Überwindung zu schildern. Christa Wolf war zunächst vor allem verwirrt: »Ich verlor mich damals zuerst in dem scheinbaren Durcheinander, wurde in Fragen hineingezogen, die mir ganz neu waren, schloss mit vielen neuen Menschen Bekanntschaft, mit manchen Freundschaft. Durch sie entdeckte ich mein Interesse für die nüchterne Wissenschaft Ökonomie, die das Leben meiner neuen Bekannten so direkt bestimmte, die der Schlüssel wurde zu manchen menschlichen Dramen, zu vielen Konflikten, zu Klagen und Kämpfen, Erfolgen und Niederlagen. Wir saßen gemeinsam über Zahlen und Artikeln, über Aufrufen, Beschwerden und Rechenschaftsberichten. Manchmal verstand ich nicht, warum das Vernünftige, das jedem einleuchten musste, so schwer durchzusetzen war.«[1]

Wie der Alltag mit Kindern, Ehemann, Waggonwerkbrigade und Schreiben in dieser Zeit aussah, lässt sich der tagebuchartigen Erzählung »Dienstag, der 27. September« entnehmen. Der Text entstand im Auftrag der sowjetischen Zeitung »Iswestija«, die Autoren verschiedener Länder gebeten hatte, ihre Erlebnisse an einem ausgewählten Tag, dem 27. September 1960, festzuhalten, um damit möglichst vielfältige, subjektive Momentaufnahmen der Gegenwart zu erhalten. Das geplante Buch kam nicht zustande, Wolfs Text blieb liegen und erschien – in überarbeiteter Form – erst 1974 in der NDL. Es handelt sich also um eine ausgestellte Privatheit, um ein Tagebuch für die Öffentlichkeit, das kontrollierte Einblicke in das Leben einer Schriftstellerin bietet, so wie sie sich selbst gern gesehen haben möchte. Ein beliebiger Tag steht stellvertretend für viele andere, die in der Summe ein Leben ausmachen. Nur mit »fortdauernder, unbeirrbarer Anstrengung«, heißt es am Ende des Tagesberichts, ist der daraus entstehenden Häufung vergangener Zeit so etwas wie »Sinn« und Kontinuität abzutrotzen.[2] Und darum geht es: um die Produktion von Sinn aus dem Zentrum des Alltäglichen heraus, das aus Arbeit und Belanglosigkeiten besteht. Christa Wolf hat dieses Projekt über vierzig Jahre bis in die Gegenwart fortgesetzt und jedes Jahr am 27. September den Tag protokolliert – ganz egal, was sich jeweils ereignete. So entstand ein einzigartiger biographischer Längsschnitt, der in der Konzentration auf Alltag die unmerklichen Veränderungen, die das Leben bestimmen, fixiert. Eine Veröffentlichung all dieser Texte ist geplant, doch noch scheut Christa Wolf davor zurück.[3]

»Dienstag, der 27. September« fügte sich nahtlos in die Anfang der sechziger Jahre dominierende »Ankunftsliteratur« ein, für die Brigitte Reimanns Roman »Ankunft im Alltag« das Stichwort lieferte. Auf die Phase des Aufbaus der neuen Gesellschaft folgte nun – verstärkt nach dem Mauerbau – eine Phase der Konsolidierung, der selbstbewussten Auseinandersetzung mit der sozialistischen

Gegenwart und ihren (lösbaren) Schwierigkeiten. Gemäß des Bitterfelder Auftrags handelte die Ankunftsliteratur zumeist von der Arbeitswelt, und auch in Christa Wolfs Tagesprotokoll nimmt der Besuch des Betriebs mit der ausführlichen Schilderung einer Diskussion über Arbeitsproduktivität und der Streit rivalisierender Brigadeleiter den größten Raum ein. Noch in ihrer Selbstdarstellung von 1965 glaubte sie, hier die zentrale Schaltstelle der sozialistischen Gesellschaft entdeckt zu haben: »Jedem denkenden Menschen musste damals in jedem Betrieb auffallen, dass der Schlüssel zur Lösung vieler Probleme in der Steigerung der Arbeitsproduktivität lag. Gerade dadurch, dass ich Menschen in schweren, komplizierten Situationen erlebte, sah ich: Der Sozialismus ist in unserem Land, fünfzehn Jahre nach der Zerschlagung des deutschen Faschismus, für Millionen eine Realität geworden, Wirklichkeit des täglichen Lebens, Ziel ihrer Arbeit. Er wurde in einem Teil Deutschlands zur menschenbildenden Kraft.«[4]

Christa Wolf gab sich alle Mühe, die ihr fremde Welt zu entschlüsseln. Sie las gründlich die Betriebszeitung »Bahn frei. Organ der Parteileitung der SED im VEB Waggonbau Ammendorf«, studierte Brigadetagebücher und notierte sich besondere Ereignisse, technische Erläuterungen und eigene Ideen in einem Notizheft.[5] »Dienstag, der 27. September« unterscheidet sich von gewöhnlicher Werktätigenprosa jedoch durch die zugespitzte Subjektivität und durch die ersten Zweifel an der Berechtigung der schriftstellerischen Annäherung ans Proletariat. Eine Diskussion mit Gerhard Wolf, der gerade in den Briefen Lenins an Gorki liest, führt zur Frage, welche Rolle Erfahrung beim Schreiben spielt und welche Verantwortung man »für den *Inhalt* seiner Erfahrung hat: Ob es einem freisteht, beliebige, vielleicht vom sozialen Standpunkt wünschenswerte Erfahrungen zu machen, für die man durch Herkunft und Charakterstruktur ungeeignet ist? Kennen lernen kann man vieles, natürlich. Aber *erfahren*?«[6]

Christa Wolf ist deutlich geworden, dass sie in der Fabrik nicht mehr sein kann als ein interessierter Gast und dass ihre Erfahrungen dort nur die Erfahrungen einer Schriftstellerin sein können, die Stoff für ein Buch sucht. Als wolle sie die aufkommenden Zweifel an ihren Studien im Waggonwerk überspielen, protokolliert sie ihren Tagesablauf möglichst genau und versieht den Bericht mit dem Gütesiegel der Authentizität. Die Tochter Katrin, die in der Familie »Tinka« genannt wird, freut sich auf ihren morgigen vierten Geburtstag. Da sie sich am Fuß verletzt hat, muss die Mutter mit ihr zum Arzt und lauscht im Wartezimmer einem Gespräch dreier Frauen über Pullovermode und -preise in Ost und West. Außerdem muss der Geburtstagskuchen gebacken, das Kind getröstet und umsorgt werden: keine Zeit zum Schreiben. Während sie das Mittagessen kocht, liest Christa Wolf Kinderaufsätze zum beliebten Thema »Mein schönster Ferientag« aus der Bibliothek des Waggonwerks.
Die Arbeit an ihrer »neuen Erzählung« stagniert. Gerhard Wolf kritisiert den bisher »zu äußerlichen« Ansatz, der allenfalls für eine Reportage ausreiche. Sie ärgert sich, weiß aber, dass er Recht hat. Der erste längere Versuch, der im Herbst 1960 entstand, trägt den Titel »Drei in der Stadt« und handelt, wie Christa Wolf in ihrem Tagebuchauszug verrät, von einem Mädchen vom Lande, das ein Praktikum in einem Betrieb bei einer »schwierigen Brigade« macht: »Ihr Freund ist Chemiker, er bekommt sie am Ende nicht. Der Dritte ist ein junger Meister, der, weil er einen Fehler gemacht hat, in diese Brigade zur Bewährung geschickt wurde.«[7]
Und am Abend notiert sie: »Es ist merkwürdig, dass diese banalen Vorgänge, dem ›Leben abgelauscht‹, auf den Seiten eines Manuskripts ihre Banalität bis zur Unerträglichkeit steigern. Ich weiß, dass die wirkliche Arbeit erst beginnen wird, wenn die Überidee gefunden ist, die den Stoff erzählbar und erzählenswert macht.«[8]
So ausdauernd erörtert sie mit ihrem Mann literarische Fragen und

Lenin-Schriften, dass die beiden schließlich lachen müssen, weil sie so endlos »zu jeder Tages- und Nachtzeit reden, wie in schematischen Büchern, deren Helden wir als unglaubwürdig kritisieren«. Die Ironie des Alltags ist gut kalkuliert: Die schematische Literatur des »Typischen«, an deren Überwindung Christa Wolf zu arbeiten beginnt, findet im eigenen Leben ihre Bekräftigung. Wie zum Beweis dieser heimtückischen Dialektik scheint das Waggonwerk von lauter lauteren Arbeitern bevölkert zu sein, denen nichts wichtiger ist als Planübererfüllung, Steigerung der Arbeitsproduktivität und die Frage, wessen Bildnis am 1. Mai die »Straße der Besten« schmücken soll.

Schon ein paar Wochen ist Christa Wolf nicht mehr in der Fabrik gewesen. Beim Besuch am Nachmittag bemerkt sie halbfertige Waggons in der Produktionshalle und hofft deshalb, die Produktionsstockung der letzten Zeit könnte überwunden sein. Doch immer noch sitzen Arbeiter beschäftigungslos herum und spielen Karten, weil es an Arbeitsmaterial mangelt. Die Schwierigkeiten des Werks erscheinen Christa Wolf als Folge eines »westdeutschen Lieferstopps«. So jedenfalls steht es in einem frühen Entwurf für den »Geteilten Himmel«[9], und erst allmählich entdeckt sie die organisatorischen Mängel des Betriebs und die Vergeblichkeit, gegen planwirtschaftliche Makrostrukturen intern anzukämpfen. Als Zielvorgabe für ihre literarische Destillierkunst hält sie fest: »Wenn es gelänge, in dieses fast undurchschaubare Geflecht von Motiven und Gegenmotiven, Handlungen und Gegenhandlungen einzudringen … Das Leben von Menschen groß machen, die zu kleinen Schritten verurteilt scheinen …« Aber das ist ein schwieriger, mühsamer Prozess, dessen Ende nicht abzusehen ist, weil die gesuchte »Überidee« sich in den bisherigen Ansätzen noch nicht eingestellt hat. »Die Langwierigkeit des Vorgangs, den man Schreiben nennt, erbittert mich«, schreibt Christa Wolf am Abend des 27. September 1960.

Bis zum Sommer 1961 entstehen mehrere Entwürfe unter Titeln wie »Entdeckungen«, »Begegnung« und schließlich »Zur Zeit der Trennung«. Nachdem ihr klar geworden war, dass die erste Fassung zu »eng, vordergründig, provinziell« geraten war, ist nun die deutsche Teilung zum Hintergrund der Liebesgeschichte geworden. Doch erst mit dem Mauerbau vom 13. August ist jene »Überidee« gefunden, die dem Konflikt zwischen Liebe und Weltanschauung und der Entscheidung für oder gegen die DDR dramatische Unwiderruflichkeit verleiht. Erst damit sind die Handlungsmotive der Erzählung aus ihrer unerträglichen Banalität erlöst. Nun kann die Geschichte der Trennung zwischen dem Mädchen Rita und dem Chemiker Manfred als gleichnishafte Geschichte des geteilten Landes erzählt werden, in der sich die private Entscheidung der Liebenden mit der großen historischen Perspektive verbindet.

Christa Wolf nimmt den Konflikt ernst. Das ist die Stärke des Buches. Die Position Manfred Herrfurths, der an der DDR-Bürokratie verzweifelt, den Sozialismus nicht für eine Utopie, sondern für einen Machterhaltungsapparat hält und schließlich nach Westberlin flüchtet, stattet sie mit guten Argumenten aus. Manfred ist eine zwar fragwürdige, aber nicht unsympathische Figur. Und nicht nur das: Auch biographisch ist Manfred ihr näher als Rita, entstammt er doch jener Generation, die durch die Hitlerjugend »mit dieser tödlichen Gleichgültigkeit infiziert« wurde, »die man so schwer wieder los wird«.

Dennoch gilt ihre Sympathie eindeutig der Lehrerin und Betriebspraktikantin Rita Seidel. In einer Erläuterung zum Exposé für das Filmdrehbuch, das parallel zur Endfassung der Erzählung in Zusammenarbeit mit Gerhard Wolf entstand, erklärt sie die Absicht der Geschichte: »Das Hauptanliegen (...) liegt in der Gestaltung der Einheit der gesellschaftlichen und persönlichen Verantwortung des Einzelnen im Kampf und Ringen um den sozialistischen

Menschen. Wir wollen konsequent eine tragische Liebesgeschichte erzählen (Höhepunkt: Trennung der beiden Liebenden in Westberlin), die eine starke emotionelle, aufrüttelnde und über den Erkenntnisprozess ermutigende Wirkung haben soll. Der Zuschauer muss Ritas Schmerz mitempfinden und darüber die Handlungsweise Manfreds verurteilen. – Die Liebenden, Rita und Manfred, stehen vor der Konsequenz der ideologischen Entscheidung zwischen den beiden Gesellschaftssystemen des geteilten Deutschlands. Im Mittelpunkt der Auseinandersetzung steht jedoch nicht die Republikflucht Manfreds, sondern die philosophische Entscheidung der vielen ›Manfreds‹ und ›Ritas‹, die heute bei uns leben und nach dem Sinn des Lebens suchen, um es gestalten zu können.«[10]

Auffallend an dieser künstlerischen Absichtserklärung, in der – wohl mit Blick auf anstehende Genehmigungsverfahren für die Verfilmung – taktisch argumentiert wird, ist die Abwesenheit der Mauer. Es wird so getan, als sei im Jahr 1962 immer noch eine freie Entscheidung darüber möglich, ob man bleiben oder weggehen will, als werde da tatsächlich ein offener Konflikt verhandelt, der doch de facto durch den Mauerbau entschieden ist. Das Motiv der Republikflucht wird deshalb zurückgedrängt und stattdessen eine innere Sinnsuche apostrophiert.

»Der geteilte Himmel« beginnt an einem der letzten Augusttage des Jahres 1961. Rita Seidel erwacht nach ihrem Zusammenbruch auf einem Gleis des Waggonwerks im Krankenhaus und reflektiert rückblickend ihre Liebesgeschichte. Doch das Ergebnis, die Entscheidung für die DDR, steht von vornherein fest. Ritas Rücksichten sind retrospektives Krisenmanagement, ihre Genesung ist nach dem Abschied von Manfred das Willkommen im Sozialismus. Die freie Wahl, sollte es sie einmal gegeben haben, kann es für die Leser des Buches nicht mehr geben. Vor dem Hintergrund der gerade geschlossenen Grenzen erhält die Entscheidung, in der DDR

zu bleiben und aktiv am Aufbau mitzuwirken, eine exemplarische Vorbildhaftigkeit.
So betrachtet ist »Der geteilte Himmel« ein ideologischer Überbau für die Mauer und schreibt der autoritären Maßnahme des Staates einen persönlich erfahrenen Sinn zu. Dennoch bemängelten einige Kritiker in der DDR Christa Wolfs »unverbesserlichen kleinbürgerlichen Individualismus« und ihre »Halbherzigkeit«. Die Erzählung, so hieß es im ND, laufe »letzten Endes« darauf hinaus, »dass die Spaltung Deutschlands und nicht das Wiedererstehen des deutschen Imperialismus ein Unglück darstellt, und es wird offen gelassen, dass wirkliches persönliches Glück nur in der sozialistischen Menschengemeinschaft wachsen kann«.[11] Auch die »Freiheit« aus Halle kritisierte, dass die Autorin »von der Spaltung als der deutschen Tragik« ausgeht. Zu wenig sei dagegen »von der alles verändernden Kraft unserer Gesellschaft« zu spüren. Wiedervereinigung mit westdeutschen Militaristen könne doch kaum das Ziel sein. Da aber Manfred von niemandem überzeugt werde, »im Gegenteil seine Zweifel – und die anderer – im Raum stehen bleiben, erhebt sich die Frage nach dem Standpunkt der Autorin«.[12]
Im »Forum«, wo »Der geteilte Himmel« vorabgedruckt wurde, hieß es dagegen: »Die Erzählung hinterlässt doch beim Leser die Erkenntnis: Hätten die Sicherungsmaßnahmen an unserer Staatsgrenze früher getroffen werden können, wäre Manfred der scheinbar bequeme Ausweg der Republikflucht verschlossen gewesen; er hätte sich vielleicht geändert unter dem Einfluss unserer sozialistischen Ordnung, mit der Hilfe der ständig politisch und ideologisch reifer werdenden Menschen, in deren Gemeinschaft er gelebt hätte. Ist es nicht gut, wenn eine solche Erkenntnis durch ein künstlerisches Erlebnis hervorgerufen wird?«[13] Ganz ähnlich taucht dieser Gedanke in der Erzählung selbst auf. Nach der Flucht Manfreds nach Westberlin und nach dem Mauerbau schreibt des-

sen Freund an Rita: »Wenn er hier geblieben wäre, und sei es durch Zwang: Heute *müsste* er ja versuchen, mit allem fertig zu werden. Heute könnte er ja nicht mehr ausweichen.« So darf man also selbst den Mauerbau noch als pädagogische Maßnahme zum Wohle des Volkes verstehen, die jeden zu seinem Glück zwingt, auch wenn ihm das nicht in den Schädel will.

Christa Wolf hatte die »Maßnahmen zur Sicherung der Staatsgrenze« zwar nicht freudig begrüßt, darin aber eine Lösung der als kriegsbedrohlich erfahrenen Blockkonfrontation gesehen: Der »antifaschistische Schutzwall« war als Notwendigkeit zu akzeptieren. Die atomare Hochrüstung in Ost und West, die gescheiterte Schweinebuchtinvasion der USA auf Kuba, die die Welt an den Rand eines Kriegs brachte, Chruschtschows Berlin-Ultimatum, das den Abzug der Alliierten aus Westberlin forderte – die angsterfüllte Stimmung des Jahres 1961 ist im Prolog des »Geteilten Himmel« eingefangen, ohne konkret benannt zu werden. Geschichte erscheint hier als dunkel dräuendes Schicksal, als metaphysisches Ereignis, dem die Menschen hilflos ausgeliefert sind. Von »sehr nahen Gefahren, die alle tödlich sind in dieser Zeit«, ist da die dunkle Rede und davon, dass »ein Schatten über die Stadt gefallen« war. Jetzt aber, so heißt es aufatmend, »nehmen wir unsere Gespräche wieder auf« und »gewöhnen uns wieder, ruhig zu schlafen«.[14]

Das Thema Republikflucht und Blockkonfrontation bearbeitete Christa Wolf 1962 auch im Entwurf für einen Film mit dem Titel »Karin«. In einer Reportage des ND war sie auf die Geschichte der sechzehnjährigen Karin Neitzke gestoßen, die von ihren Eltern gegen ihren Willen mit in den Westen genommen wurde. Ende 1961, nach einem knappen halben Jahr, kehrte sie heimlich, mit zusammengespartem Geld, in die DDR zurück, obwohl sie dort keine Familie mehr hatte. Aber, schrieb Christa Wolf, hier war ihre »wirkliche Heimat«. Hier hatte sie »Sauberkeit, Ehrlichkeit gegen sich und andere, Gemeinschaft« kennen gelernt, Tugenden, die ihr durch »keine Scheinfreiheit, durch keinen materiellen Wohlstand zu ersetzen sind«. Der Fall der Karin Neitzke ging groß durch alle Zeitungen, denn er war nach dem Mauerbau propagandistisch höchst willkommen. Christa Wolf sammelte Informationen und Berichte und erhielt unter anderem die Briefe, die Karin aus der Bundesrepublik an ihre Freundin in der DDR geschrieben hatte. Über Recherchearbeiten kam sie jedoch nicht hinaus.[15]

Wie viele Intellektuelle der DDR, Heiner Müller zum Beispiel oder Stephan Hermlin, hoffte auch Christa Wolf in den ersten Jahren nach 1961 auf eine innenpolitische Wende im Schutz der Mauer. Jetzt, da die Abwanderung in den Westen gestoppt war, müsste der Staat seinen Bürgern gegenüber doch großzügig, selbstsicher und tolerant auftreten können. Jetzt, da die äußere Grenze des Sozialismus befestigt war, müsste es doch möglich sein, intern offen zu diskutieren. So jedenfalls äußerte sie sich auf einer Parteiaktivtagung der Arbeitsgruppe des DEFA-Spielfilmstudios im Dezember 1962: »Wir stehen augenblicklich auf einem Punkt, wo es die Entwicklung fordert, die Grenzen, die dem Humanismus in bestimmten Klassensituationen gesetzt sind, gesetzt sein müssen, zu erweitern – in weit höherem Maße, als wir es bisher glaubten, tun zu können. Der 13. August ermöglichte es uns, die Grenzen in unserem eigenen Land, in unserem Innern, in der Diskussion mit unseren Menschen, in der Arbeit mit ihnen, auszudehnen. Wir machen jedoch von dieser Möglichkeit in unserer Kulturpolitik zu wenig Gebrauch.«[16] Und noch 1965, in ihrer Rede beim 11. Plenum des ZK, bekannte sie sich zur Mauer als »antifaschistisch-demokratischem Schutzwall« und berichtete, dass sie auch bei einem Auftritt in der Universität Hamburg wenige Wochen zuvor diese Position vor einem feindselig zischenden westdeutschen Publikum vertreten habe.[17]

Dabei gab es schon unmittelbar nach dem Mauerbau berechtigte Gründe, die Hoffnungen auf eine kulturelle Liberalisierung anzuzweifeln. In der Akademie der Künste wurde die von Fritz Cremer organisierte Ausstellung »Junge Künstler« zum Skandal und verboten, nachdem Alfred Kurella am Eröffnungstag eigenhändig Bilder abgehängt hatte, die ihm nicht gefielen.[18] In Leipzig wurde ein Programm der Kabarettgruppe »Pfeffermühle« abgesetzt. Heiner Müller und der Regisseur BK Tragelehn gerieten mit der »Umsiedlerin« in die Mühlen der Repression. Nach einer Probeaufführung wurde das Stück über die Kollektivierung und Industrialisierung der Landwirtschaft abgesetzt und verboten, Tragelehn aus der Partei ausgeschlossen und zur Strafarbeit im Braunkohletagebau verurteilt, Müller aus dem Schriftstellerverband und aus der Akademie der Künste ausgeschlossen. Als Müller im Dezember 1961 seinen Mitgliedsausweis bei Otto Braun, dem Sekretär des DSV, abgab, soll der ihm geraten haben, sich als Traktorist durchzuschlagen, um die Wirklichkeit kennen zu lernen, in der sein missratenes Stück spiele. Zwei Jahre lang werde kein Hund ihm ein Stück Brot geben, und zwei Jahre lang werde kein Hund ein Stück Brot von ihm nehmen. So erzählt es Müller in seiner Autobiographie »Krieg ohne Schlacht«; so rau konnte der Umgangston unter Kollegen sein.

Christa Wolf war an der Entscheidung, Müller aus dem DSV auszuschließen, nicht ganz unbeteiligt. Keine Spur von Protest findet sich im Zusammenhang mit dieser Affäre, die für die sechziger Jahre kein günstiges Zeichen setzte. Heiner Müller meinte später, dass Christa Wolf sich auf der entscheidenden Sitzung nicht geäußert, aber »wohl auch für den Ausschluss gestimmt habe«.[19] In den Protokollen ist ihre Teilnahme allerdings nur für eine eher informelle Vorstandssitzung nachgewiesen, auf der die Affäre Müller erörtert wurde. Hier meldete sie sich in der Diskussion zu Wort, die, wie es heißt, »im Wesentlichen prinzipielle Zustimmung zu den in der Sektion Dramatik dargelegten Gedanken ergab«. In diesen schriftlich niedergelegten »Gedanken« werden zwar »geeignete Maßnahmen« gefordert, um den »Koll. Müller zu seinen Pflichten als Staatsbürger und als Schriftsteller zurückzuführen«. Von einem Ausschluss aus dem Verband ist jedoch nicht die Rede. Der wurde erst auf der Mitgliederversammlung des Berliner Bezirksverbandes Ende November zum Thema. Der Einzige, der sich da der Stimme enthielt, war Peter Hacks. Alle übrigen der 120 anwesenden Mitglieder stimmten für den Ausschluss Müllers.[20] Christa Wolfs Anwesenheit auf der entscheidenden Sitzung ist nicht nachweisbar und schon deshalb unwahrscheinlich, weil sie damals dem Bezirksverband Halle angehörte. Als Mitglied des zentralen Vorstands duldete sie jedoch wie alle anderen DSV-Mitglieder den von der Berliner Sektion vorgenommenen Ausschluss Heiner Müllers.

Ein Jahr später, als Christa Wolf vor den DEFA-Leuten die Grenzlockerung »im Inneren« konstatierte, organisierte Stephan Hermlin eine Lesung junger Lyriker mit Volker Braun, Wolf Biermann, Sarah und Rainer Kirsch in der Akademie der Künste. Es war Biermanns erster Auftritt vor einem größeren Publikum. Unter anderem trug er das Lied »An die alten Genossen« vor, das deutlich machte, dass es auch im Sozialismus einen Generationenkonflikt gab. In etwas milderer Form ließ sich das auch den Versen der anderen jungen Dichter entnehmen. Dafür, vor allem aber deshalb, weil er hinterher noch eine offene Aussprache zuließ, wurde Hermlin scharf kritisiert und verlor seine Stelle als Sekretär der Akademie.

Ins Jahr 1962 fällt zudem der erzwungene Rücktritt von Peter Huchel als Chefredakteur der Akademie-Zeitschrift »Sinn und Form« – ein weiteres Politikum, das nicht gerade auf zunehmende Liberalisierung hindeutete. Die Zeitschrift, vor dem Mauerbau als attraktives Schaufenster gegenüber dem Westen von der Partei geduldet, war in ihrer undogmatischen Kunstsinnigkeit nun ein Ärgernis für die Dogmatiker. Kurt Hager warf Peter Huchel vor, er habe »Sinn und Form« von seinem Haus in Wilhelmshorst wie ein »englischer Lord« geführt. Huchel soll geantwortet haben, als Redakteur hätte er das Wort »englisch« bestimmt gestrichen.[21]

All diese Vorgänge sind an Christa Wolf ohne vernehmbare Außenwirkung vorbeigegangen. Mag sein, dass sie zur »Ausdehnung der Grenzen im Inneren« beigetragen haben. Ihre Wahl zur Kandidatin des ZK, die auf dem VI. Parteitag der SED im Januar 1963 bestätigt wurde, haben sie nicht behindert. Christa Wolf erinnerte sich 1994, dass auf diesem Parteitag Willi Bredel als Akademiepräsident heftig für »liberalistische Tendenzen« von »Sinn und Form« kritisiert wurde.[22] Die Akademie als eine Institution, die ihr gesamtdeutsches Prestige immer wieder nutzte, um kulturpolitische Beschränktheiten zu unterlaufen, war der Partei spätestens seit dem Mauerbau ein unliebsamer Partner und wurde für Christa Wolf mehr und mehr zur kulturpolitischen Heimat – die freundschaftliche Verbundenheit mit Willi Bredel hatte daran ihren Anteil.

Brigitte Reimann, die neben Wolf, Seghers und anderen Autoren als Vertreter der Kulturschaffenden auf der Seitentribüne saß, gibt in ihrem Tagebuch ein anderes Bild: »Bredel heizte die Stimmung noch mehr an, indem er seine Geschichte von der Akademie erzählte, übrigens unkonkretes Geschwätz, und dann in einer Art, die nach Denunziation roch – offenbar aber die eigene Weste weiß waschen sollte –, den Fall Huchel breittrat, die Abweichungen der Zeitschrift ›Sinn und Form‹, die Kämpfe mit Huchel, den hochbezahlten Vertrag, aus dem man ihn angeblich nicht rausdrängen konnte. (...) Jahrelange Schädlingsarbeit, sagte Bredel – und B. muss es ja wissen (...).«[23]

Huchel also raus, Christa Wolf rauf aufs Podest: Der VI. Parteitag würdigte damit den sich abzeichnenden Erfolg des »Geteilten Himmel«, obwohl das Buch noch gar nicht erschienen war. Vorabdrucke hatten jedoch bereits eine enorme Leserresonanz hervorgerufen. Wenn der nach der Wende gegen Christa Wolf erhobene Vorwurf, »Staatsdichterin« zu sein, jemals eine Berechtigung hatte, dann im Jahr 1963, in dem die frisch ernannte ZK-Kandidatin im April mit dem Heinrich-Mann-Preis der Akademie der Künste ausgezeichnet wurde. Alfred Kurella lobte in der Preisrede »eine Lebensbejahung neuer Art«, die Christa Wolfs Werk spüren lasse. Nach der Lektüre fühle man sich »dieser Republik, ihren Menschen, ihren Bemühungen tiefer verbunden«. Und er zitierte den eben ins Politbüro gewählten Ideologen Kurt Hager als oberste Autorität: »Als Ursache für die menschlich äußerst schwierige Entscheidung des Mädchens Rita gegen den Geliebten und für unsere Republik wird der ganze Prozess der auf sie einwirkenden Einflüsse aus der Umgebung ihres Betriebes gut erfasst und gestaltet.«[24]

Als das Buch im Mai 1963 erschien, war es sofort vergriffen. Im ersten Jahr erreichte es in der DDR bereits eine Auflage von 160 000 Exemplaren. Das war auch für ein Land mit überschaubarem Buchmarkt, in dem sich die Produktion stets auf weniger Titel als in der Bundesrepublik konzentrierte, eine ungewöhnlich große Menge. Erstauflagen wurden normalerweise mit 10 000 bis 12 000 Exemplaren kalkuliert, Starautoren wie Anna Seghers oder Erik Neutsch bekamen 20 000 bis 30 000 Exemplare sowie ebenso hohe, regelmäßige Nachauflagen. Dadurch war es den Autoren der DDR möglich, ihre Existenz zu sichern – selbst dann, wenn sie nur wenig produzierten. Bei zehn bis 15 Prozent Honorar vom Ladenpreis konnten prominente Schriftsteller auf ein Jahresgehalt von über 100 000 Mark kommen. Zum Vergleich: Ein Bergarbeiter verdiente im Monat 750 bis 1200 Mark, ein Verlagslektor rund 1000 Mark. Sehr gut honoriert und entsprechend begehrt war auch die Arbeit an Drehbüchern der DEFA, für die bis zu 20 000 Mark gezahlt wurden. Veröffentlichungen in der Bundesrepublik waren dagegen weniger lukrativ, weil sie im Verhältnis 1:1 getauscht werden mussten und das »Büro für Urheberrechte« 50 Prozent als Steuern kassierte. Diese Institution erteilte auch die Genehmigung für Westveröffentlichungen – die politische Zensur funktionierte dabei als ökonomische Kontrolle. Christa Wolf rückte mit dem »Geteilten Himmel« also gleich in die erste Kategorie der DDR-Schriftsteller auf. Einnahmen aus der Bundesrepublik wurden für sie erst in den Jahren nach 1968 wichtig, als sie in der DDR de facto mit einem Veröffentlichungsverbot zu kämpfen hatte.[25]

Wir sind stolz auf Dich! *Geteilter Himmel, geteilte Kritik: Die Verteidigung der Herzländer*

»Der geteilte Himmel« war in der DDR mehr als nur ein Bestseller. An diesem Buch erhitzten sich die Gemüter, im Lob und in der Ablehnung. Mit ihrer Liebesgeschichte aus den Zeiten des Mauerbaus gelang es Christa Wolf, den Grundkonflikt der Epoche massenkompatibel darzustellen und der eingemauerten DDR-Bevölkerung das Gefühl zu geben, auf der richtigen Seite zu stehen. In einem Jahr erhielt sie fast 700 Einladungen zu Diskussionen und Gesprächen. Die Debatte über den »Geteilten Himmel« wurde zur Probe offener Kritik mit offenem Ausgang: ein in der Geschichte der DDR einzigartiger Vorgang. Das belegt auch die Existenz einer Buchdokumentation der Debatte.[1] Allerdings war dieses Pro und Kontra höchstinstanzlich abgesichert, hatte doch Kurt Hager selbst im ZK der SED die Diskussion der neuen Werke – zu denen er auch Erwin Strittmatters »Ole Bienkopp« zählte – für »gut und richtig« erklärt, weil sie, sofern »gehaltvoll«, das »geistige Leben in unserer Republik« anregen.[2]

Sosehr »Der geteilte Himmel« heutigen Lesern als biedere Erfüllung Bitterfelder Programme erscheinen mag, so sehr nahmen Zeitgenossen die Abweichungen wahr, entdeckten irritierend moderne, ungewohnte Erzählweisen – Rückblenden, subjektive Stimmungsbilder – und Figuren, die den üblichen, schematisch gezeichneten Heldengestalten nicht entsprachen. Was viele Leser begeisterte, entsetzte linientreue Kritiker. Die massivsten Vorwürfe erschienen in der Hallenser »Freiheit«. Unter der Überschrift »Die große Liebe« wurden da noch einmal die Standpunkte stalinistischer Literaturdoktrin festgeklopft. Individualismus, kleinbürgerliche Abweichungen, mangelndes Klassenbewusstsein et cetera: auf makabre, endmoränenhafte Weise schlugen die Anschauungen, die Christa Wolf zehn Jahre früher selbst so ähnlich hätte formulieren können, nun auf sie zurück. Sie verzerre die Wirklichkeit, hieß es, und vertrete darüber hinaus eine »typische, verquere, dekadente Lebensauffassung«.[3]

Zu den Kritikern gehörte auch einer der verantwortlichen Herausgeber beim Mitteldeutschen Verlag, Heinz Sachs. Er nahm seine Autorin zwar gegen überzogene Angriffe in Schutz und bezeichnete den »Geteilten Himmel« als einen »bedeutenden Schritt auf dem Wege zu einer sozialistischen deutschen Nationalliteratur«. Einiger grundsätzlicher, opportunistischer Mäkeleien konnte er sich aber nicht enthalten: Die seltsam inaktive Haltung Ritas nehme ihrer Entscheidung für die DDR »einiges an Wahrhaftigkeit« und verringere »die Deutlichkeit in der nationalen Frage«. Dazu streute Sachs eine kleine Prise bußfertiger Selbstkritik aus, wie es den kommunistischen Etiketten entsprach. Der Verlag habe es versäumt, seiner Autorin vor Drucklegung entsprechende Hinweise zu geben. »Die ganze Kompliziertheit dieser Probleme habe ich selbst erst im Verlauf der Diskussion erkannt.«[4] Sachs übte schon ein wenig für die unrühmliche Rolle, die er in der Debatte um »Nachdenken über Christa T.« spielen würde.

Mehr Verlass war auf die Freunde im Waggonwerk. Der Zirkel schreibender Arbeiter unterstützte Christa Wolf mit einem offenen Brief in der »Freiheit«: »Es ist erstaunlich, wie Du die einzelnen Situationen erfasst, die Charaktere der Menschen gezeichnet hast. Wir finden das Leben in unserem Betrieb ungeschminkt wieder.« Einwände hatten die Arbeiter gegen künstlerische Freiheiten an den Stellen, wo die Erzählung von der Wirklichkeit abwich: »Aber der Kampf um das Neue bringt eine große Anzahl Menschen hervor, die bewusst für unsere Sache kämpfen. Solche Menschen gab es auch in Deiner Brigade. Wir fragen uns deshalb, weshalb Du nicht stärker bei der Wirklichkeit geblieben bist. Der ›wirkliche‹ Meternagel hat den Sozialismus nicht erst während der Kriegsgefangenschaft kennen gelernt, er war schon im Kommunistischen Jugendverband. Das macht doch seine Haltung ganz anders verständlich.« Insgesamt aber höchstes Lob von der Basis: »Dein Buch regt zum Nachdenken an. Wir sind stolz auf Dich.«[5]

In der Bundesrepublik wurde das Erfolgsbuch der jungen Autorin aus der »Zone« insgesamt relativ wohlwollend als »die neue Stimme von drüben« aufgenommen. Positiv wurde ihr angerechnet, dass sie auf die übliche Schwarz-Weiß-Zeichnung der Figuren verzichte und eine realistische Darstellung des Alltags mit all seinen Schwierigkeiten gebe. Allerdings, so hieß es politisch einschränkend, verstehe Christa Wolf vorhandene Mängel nicht als grundlegende Fehler des Systems, sondern als punktuelle, menschliche Probleme, die überwindbar sind. Letztlich sei »Der geteilte Himmel« trotz unbestreitbarer literarischer Qualitäten »zweckgebundene Mauer-Literatur«.[6] Die Erzählung lasse aber erkennen, »dass sich auch in der ihnen aufgezwungenen und von ihnen akzeptierten Beschränkung des Ulbricht-Staates junge Talente entfalten können, die in der Lage sind, die deutsche Literatur der Gegenwart um bedeutende Beiträge zu bereichern. Mehr noch: ›Der geteilte Himmel‹ steht, beinahe programmatisch, am Beginn einer sowjetzonalen ›Nationalliteratur‹.«[7] Das hörte man in der DDR natürlich gern – inklusive der zähneknirschenden Verbitterung, die diese Erkenntnis beim westdeutschen Kritiker hervorrief. »Der geteilte Himmel« kam in der Bundesrepublik zunächst nur in kleiner Auflage in einem kleinen Berliner Verlag heraus (Gebrüder Weiss). Erst 1968, als Christa Wolf in der DDR mit »Nachdenken über Christa T.« zum Problemfall wurde, erschien eine Taschenbuchausgabe bei Rowohlt, mit der die breite Rezeption im Westen begann.

In der DDR erfasste der Brecht-Forscher, Kritiker und Regisseur Hans Bunge schon 1964 die Bedeutung des Buches sehr genau. Seine Einschätzung ist heute noch zutreffend, wenn auch die darin formulierte Hoffnung nicht lange vorhielt: »Die Tatsache, dass ein solches Buch in der DDR wegen seiner Tendenz *schon* ausgezeichnet (...) und gleichzeitig *noch* angegriffen wird, ist nicht nur für die Literatur oder die Kritik bedeutsam: sie markiert vor allem einen politischen Drehpunkt. Unter diesem Gesichtspunkt kann Christa Wolf ein noch so feinsinniges ästhetisches Urteil – dass ihre Erzählung nicht in die große Literatur eingehen wird – gefasst beiseite legen: das Buch hat eine große politische Bedeutung. Es wird mittelbar vielleicht auch ein besseres Klima für die Literatur in der DDR schaffen.«[8]

Gefasst allerdings legte Christa Wolf die Kritik nicht beiseite. Die teilweise heftigen Angriffe verunsicherten und irritierten sie trotz des Zuspruchs von der Basis und des demonstrativen Wohlwollens der Parteioberen. Auf den Heinrich-Mann-Preis folgte 1964 als Höhepunkt staatlicher Umarmung der Nationalpreis III. Klasse für die Autorin des musterhaften Bekenntnisses zu »unserer Republik«. Damit wurde gewissermaßen der offizielle Schlusspunkt unter die Debatte gesetzt.

Dieser Preis habe sie »mehr belastet als gefreut«, schrieb Christa Wolf an Brigitte Reimann. »Ich fand ihn einfach übertrieben, wie ich überhaupt finde, das Weiterschreiben wird uns ein bisschen schwer gemacht.«[9] Das mag Koketterie gewesen sein, deutete aber auch ein erstes Ringen um Unabhängigkeit und den zum Schreiben notwendigen Freiraum an. Christa Wolf musste sich zwischen politischer Repräsentanz und künstlerischer Produktivität entscheiden. Sie musste sich darüber klar werden, dass beides nicht zusammenging. Und doch versuchte sie den Spagat. Politische

Loyalität und ästhetische Eigenständigkeit – mit dieser Formel lässt sich ihr Balanceakt beschreiben. Dialektik der Geschichte: Indem die Partei die dreiunddreißigjährige Autorin auszeichnete, schürte sie deren Zweifel. Der Erfolg gab Christa Wolf das nötige Selbstvertrauen, ihre Positionen deutlicher zu formulieren und darauf zu beharren. Und die Kritik zwang sie dazu, sich über ihre Absichten und Ziele klar zu werden. Im Rückblick sagte sie: »Ich begriff: Wenn ich es nicht täte, würde ich das Zentrum dessen aufgeben, woraus und wofür ich schreibe – was die Bachmann ›Herzländer‹ genannt hat. Es ist mir im Schreiben klar geworden, dass es darum geht, die subjektive Authentizität des Autors zu schützen: sie zu postulieren, sie ins Spiel zu bringen und sie dann auch zu verteidigen.«[10]

So abgeklärt sah Christa Wolf die Dinge 1964 allerdings noch nicht. Auch der zentrale Begriff der »subjektiven Authentizität« war noch nicht in ihrem theoretischen Repertoire. Die Pluralität der Meinungen und die Erfahrung, mit der eigenen, empfundenen Wahrheit in Widerspruch zur vorgegebenen Wahrheit zu geraten, hatte neben den befreienden auch beängstigende Elemente. Die Premiere des Films »Der geteilte Himmel« in der Akademie der Künste nahm sie zum Anlass, ihre Erfahrungen mit der Kritik zu schildern: »Ich habe zunächst unwillkürlich und ohne viel darüber nachzudenken so reagiert: Ihr irrt euch. Alles das, was ihr wollt, ist doch da. – Das war falsch, denn mir ist klar geworden, dass das, was die anderen in diesem Fall wollten, ja gar nicht da sein *konnte,* weil *ich* es nämlich nicht will. Man muss sich also zwingen, die Angst zu überwinden und zu Ende zu denken. Man muss sich zwingen, sich damit zu konfrontieren, dass es eben verschiedene Auffassungen darüber gibt, was Kunst ist, was Kunst heute bedeutet und welche Funktion sie in unserer Gesellschaft hat. Das muss man dann auch in der Diskussion sagen und man darf keinen Schritt zurückweichen, so sehr man selbst (...) im

Laufe der Zeit sieht, was alles wirklich zu kritisieren wäre. (...) Man muss im Gegenteil sagen: nein, es ist etwas anderes da, als ihr wollt, weil wir über Parteilichkeit und das Positive und über das Glück und andere Dinge verschiedener Meinung sind.«[11]

Das waren in der Tat neue, eigensinnige Töne, die mit den Wahrheitspostulaten der fünfziger Jahre nichts mehr zu tun haben. Wollte Christa Wolf fünf Jahre früher anderen Autoren noch erklären, was für sie das Richtige sei, so wies sie vergleichbare Zumutungen nun in eigener Sache entschlossen zurück. Parteilichkeit zu einer Sache zu erklären, über die man verschiedener Meinung sein kann, ist fast schon eine Revolution. Das persönliche Glück der Verfügungsgewalt der Partei zu entreißen, ist nicht sehr fromm gedacht. Sichtbar wird eine Autorin, die den aufrechten Gang einübt und die es sich im Gefühl des Erfolges erlauben kann, selbstbewusst zu sprechen.

Doch noch vollzieht sich die Entdeckung der eigenen Subjektivität nicht im Bruch mit der Partei. Noch ist Christa Wolf Kandidatin des ZK. Noch sucht sie individuelle Erfüllung in gesellschaftlicher Übereinstimmung. Die Arbeit an der Verfilmung des »Geteilten Himmel« mit der DEFA unter der Regie von Konrad Wolf erlebte sie als glückliches Beispiel dafür, wie eigenes und kollektives Wollen in Gleichklang zu bringen sind, ja, wie das Produktionskollektiv die eigenen Intentionen erst richtig schärft.[12] Die Zusammenarbeit mit Konrad Wolf verlief intensiv und freundschaftlich, wenn auch nicht unkompliziert. Seinem Werk fühlte Christa Wolf sich immer verbunden, selbst als es in ihrer Freundschaft im Lauf der Jahre Phasen der Distanz bis hin zur Entfremdung zu überstehen galt.

Nach dem Scheitern der »Moskauer Novelle« hatte Konrad Wolf sein Interesse an einer Verfilmung des »Geteilten Himmel« bekundet und Christa und Gerhard Wolf, die keine Erfahrungen mit dem Film hatten, bei der Arbeit am Skript unterstützt. Wochenlang saßen sie zu dritt zusammen. Christa Wolf vermittelte den Kontakt zum Waggonbau Ammendorf, wo dann auch gedreht wurde, und war zeitweise bei den Dreharbeiten dabei. Es ging ihr und dem Filmteam darum, ein bestimmtes künstlerisch-politisches Konzept durchzusetzen, das sie eine »realistische Sicht auf unsere Verhältnisse« nannte.[13] Der Realismus, der als ideologische Keule nur das politisch Genehme zuließ, sollte gewissermaßen zu sich selbst gebracht werden. Der Bitterfelder Weg wurde von ihr im Buch und im Film so verstanden, dass vorhandene Probleme zu zeigen und nicht zu verschweigen sind. Dem Film gelang das, ohne anzuecken. Willi Bredel sprach nach der Vorführung in der Akademie der Künste gar von einer »Glücksstunde«.[14]

Doch die Einübung in realistische Sehweisen führte bald zu Schwierigkeiten mit der Zensur. So wirklichkeitsnah hatten die Hüter der Weltanschauung sich den Realismus nicht vorgestellt. Die schon 1962 entwickelten Pläne für den Film »Ein Mann kehrt heim« konnten die Wolfs nicht mehr verwirklichen. Es sollte darin um einen Emigrantensohn gehen, der erst spät in die DDR zurückkehrt, um in einem Betrieb als Ingenieur zu arbeiten. Durch diese Figur sollte der Entwicklungsstand der eigenen Gesellschaft mit fremden Augen betrachtet werden. »Wir wollten«, sagt Christa Wolf, »einen Verfremdungseffekt benutzen, um einen kritischen, aber nicht *nur* kritischen Blick auf bestimmte Erscheinungen bei uns zu werfen. Das Szenarium war schon geschrieben, es wurde uns dann bedeutet, dass es keinen Sinn hätte, weiter daran zu arbeiten.«[15] Das war im Herbst 1964, als die DDR nach der Absetzung Chruschtschows mehr Spielraum für eine eigenständige Politik gewann.

Keine Realisierungschance hatte auch der Plan, die Geschichte des Atomphysikers Klaus Fuchs zu verfilmen. Fuchs, Sohn eines evangelischen Pfarrers, war 1932 in die KPD eingetreten und 1933 ins Exil nach England geflohen. Er arbeitete ab 1940 zunächst für die Engländer, später für die Amerikaner an der Entwicklung

des Atomprogramms. Als Kommunist mit protestantischer Moral konnte er es jedoch nicht mit seinem Gewissen vereinbaren, gegen den Sozialismus zu arbeiten. Er verriet sein Wissen an die Sowjetunion. Die Wolfs wussten, dass Fuchs im englischen Exil seine Zweifel Jürgen Kuczynski offenbart hatte, der ihn mit der Spionin Ruth Werner zusammenbrachte. Während die beiden als Liebespaar getarnt über die Felder gingen, übergab er ihr Kopien und Notizen, die sie als ausgebildete Funkerin nach Moskau übermittelte. 1949, nachdem die US-Spionageabwehr die sowjetischen Geheimcodes geknackt hatte, flog er auf und wurde zu 14 Jahren Gefängnis verurteilt, von denen er sieben Jahre absitzen musste. Über einen Agentenaustausch auf der Glienicker Brücke kam er in die DDR, doch es war ihm verboten, über seine Geschichte öffentlich zu sprechen. Obwohl er 1950 vor einem britischen Gericht alles gestanden hatte, bestritt der Kreml die Vorwürfe. Sie seien eine plumpe Fälschung, der Mann Klaus Fuchs sei der Sowjetunion unbekannt. Obwohl er sich um die Entwicklung der sowjetischen Atombombe verdient gemacht hatte, blieb Fuchs ohne Auszeichnungen. Als er 1988 starb, ignorierte die Sowjetunion dieses Ereignis. Sie wollte verhindern, dass ihre wissenschaftlichen Leistungen als Ergebnisse einer Spionageaktion erscheinen könnten.
Kein Wunder also, dass die Fuchs-Geschichte der Wolfs 1964 auf wenig Gegenliebe stieß. Dabei wollten sie weniger eine Spionagestory als eine Familiengeschichte erzählen. Sie interessierten sich dafür, wie eine christliche, bürgerliche Familie nach links driftete und in ein Emigrantenschicksal gezwungen wurde. Konrad Wolf sah die Parallelen zu seiner eigenen Vergangenheit im Exil. Doch Klaus Fuchs, den Christa und Gerhard Wolf aufsuchten, blieb schweigsam. Ein linientreuer, sehr korrekter Mensch sei er gewesen, der nichts erzählen wollte, solange er nicht von seiner Geheimhaltungspflicht entbunden sei. Und Konrad Wolf, der bei Erich Honecker vorsprach, erhielt über ihn das »Njet« der Sow-

jetunion.[16] Es war nicht möglich, mitten im Kalten Krieg Spionagefälle zu thematisieren, die es nach offizieller Lesart gar nicht gegeben hatte – auch wenn die Welt es längst besser wusste.
Auf der 2. Bitterfelder Konferenz im April 1964, ja vielleicht schon auf dem VI. Parteitag der SED 1963, deutete sich die kulturpolitische Verschärfung an. Dort musste die SED das frühzeitige Scheitern der illusorischen Produktionsvorgaben des Siebenjahrplans eingestehen. Das »Neue ökonomische System der Planung und Leitung«, kurz »NÖSPL« genannt, sollte die Volkswirtschaft in Schwung bringen. Den Schriftstellern wurde die Aufgabe zugewiesen, die »konfliktreiche Darstellung des sozialistischen Menschen, der zum ›allseitig gebildeten, geistig und moralisch hochstehenden Beherrscher von Natur und Gesellschaft, von Wissenschaft, Technik und Produktion‹ wird«, in ihrer literarischen Arbeit zu leisten. Schon diese Zielvorgabe war eine erkennbare Absage an romantische Basistümelei: Realismus bedeutet nicht, Wirklichkeit einzufangen, sondern sich an die Parteilinie zu halten.
Die 2. Bitterfelder Konferenz ging darüber noch hinaus. Brigitte Reimann hielt in ihrem Tagebuch fest: »Scheußliches Wetter, eine scheußliche Gegend, die Luft stank wie Kloake. Auf der Konferenz war alles vertreten, was gut und teuer ist. Hauptreferate von Bentzien und Ulbricht. Ein paar kluge und witzige Reden: Neutsch, Sakowski, Strittmatter, Wolf – die Schriftsteller waren wieder groß im Rennen. (...) ›Kuba‹ war ärgerlich wie immer, der ewige Linksradikale, der – immer mal wieder – vorm Sumpf des Revisionismus warnte. Ein paar Leute wurden runtergeklatscht. Alles in allem – eine gute Sitzung, und was da von der Bühne kam, war diesmal so interessant wie die Wandelganggespräche, und das will schon was heißen.«[17] Reimann scheint die Abkehr vom Dogma des Arbeiter-Realismus als befreiende Liberalisierung aufgefasst zu haben, ohne zu bemerken, dass dies weniger aus ästhetischer Ermüdung denn aus politischem Misstrauen geschah.

Christa Wolf erinnert sich 1991 an den damaligen Umschwung: »Die Bitterfelder Konferenz von 1964 wird heute eigentlich nur lächerlich gemacht. Sie war auch zum größten Teil komisch und lächerlich. (…) Und als klar wurde, dass die Verbindung der Künstler mit den Betrieben dazu führte, dass sie realistisch sahen, was dort los war, dass sie Freundschaften mit Arbeitern, mit Betriebsleitern und mit Leuten anderer Berufe knüpften und dass sie Bescheid zu wissen begannen auch über die ökonomische Realität in diesem Land: Da, genau an diesem Punkt, wurde die Bitterfelder Konferenz, wurden die Möglichkeiten, die sie uns eröffnet hatte, ganz rigoros beschnitten. (…) Damit wurde also die Möglichkeit zur Einmischung durch Kunst, die wir vehement ergriffen hatten und die wir gar nicht so schlecht fanden, gekippt. (…) Die Verbindung zwischen Künstlern und Kollegen aus Betrieben wurde so weit wie möglich unterbrochen. Verbal wurden Künstler immer wieder kritisiert, dass sie sich vom Volk, von der Arbeiterklasse ›gelöst‹ hätten. Praktisch wurden die Kontakte zwischen den verschiedenen Schichten der Gesellschaft möglichst erschwert: Dies ist ein altes Herrschaftsmittel.«[18]

Man kann mit einigem Recht behaupten, dass der Bitterfelder Weg abgesetzt wurde, weil er erfolgreich war. Der Realismus wurde eingeschränkt, weil er allzu viel Wirklichkeit zu Tage förderte und also gefährlich wurde – man denke zum Beispiel an Erik Neutschs Brigadegeschichte »Spur der Steine« und die Verfilmung von Frank Beyer. Die »Ankunftsliteratur« der frühen sechziger Jahre setzte einen dynamischen Prozess in Gang, der aus dem Ideologem »Realität«, das Verklärung und Milderung der Widersprüche meinte, eine unabhängige Größe machte. »Realität« ließ sich gegen die Absichten der Herrschenden wenden, wenn sie nicht von vornherein katalogisierbar feststand.

Ganz in diesem Sinn äußerte sich Christa Wolf in ihrer Bitterfelder Rede von 1964. Mit großem Selbstvertrauen trat sie hier auf, als Nationalpreisträgerin und Kandidatin des ZK. Ihre Rede wurde, wie das Protokoll vermerkt, immer wieder von Heiterkeit unterbrochen. Dabei müssen den Zuhörern Walter Ulbricht, Kurt Hager oder Kulturminister Hans Bentzien die Ohren geklungen haben. Doch Christa Wolf mischte geschickt kritische Bemerkungen und Loyalitätserklärungen. Ihr Plädoyer, nicht nur das »Typische«, sondern auch das »Abweichende« zu beschreiben, verabschiedete leicht und humorig den eindimensionalen Wahrheitsbegriff – auch wenn »Wahrheit« in der geteilten Welt nur im Sozialismus in Einklang zu bringen sei mit der gesellschaftlichen Entwicklung und den »objektiven Interessen der Menschen«. Die Wahrheit über die sozialistische Gesellschaft zu verbreiten, so Christa Wolf, »schadet ihr nicht, sondern nützt ihr. Zum ersten Mal in der menschlichen Geschichte stellt sie keinen unüberbrückbaren Widerspruch mehr dar zum humanistischen Wesen der Kunst. So weit, glaube ich, sind wir uns alle einig.«[19]

Der eigene Standpunkt muss stimmen – vor allen unterschiedlichen Auffassungen im Detail. Weil Kritik in Ulbrichts DDR grundsätzlich nicht vorgesehen war und, wo sie auftrat, als feindlich empfunden wurde, war die Einordnung in das DDR-»Wir« deren unverzichtbare Bedingung. Ja, mehr noch, Kritik musste paradox als Zustimmung formuliert werden. Christa Wolfs Plädoyer für die ungeschminkte Darstellung der Wirklichkeit war deshalb zugleich ein Bekenntnis: Kritik wider besseres Wissen zu unterlassen, würde dem Sozialismus nicht nur schaden, sondern wäre ihm geradezu wesensfremd.

So entschieden Christa Wolf sich der »Wahrheit« verbunden fühlte, so entschieden operierte sie damit gegen die vorherrschende Ängstlichkeit. Dass »Wahrheit« das Wesen des Sozialismus ausmacht, war ein ernsthaftes, geradezu religiöses Bekenntnis. Aber die Wahrheit war vielschichtiger geworden und nicht mehr so einfach mit Parteidisziplin in Übereinstimmung zu bringen. Was ist »Wahrheit«?, fragte Christa Wolf nun grundsätzlich und stellte bereits die Bachmann-Frage: »Was kann man den Lesern an Problematik und Konflikten zumuten?« Die Antwort wird nicht ausgeführt, aber sie ist klar: Die Wahrheit ist den Menschen zumutbar.

Statt Antworten vorzugeben, erzählte Christa Wolf Geschichten. In witzigen Fallbeispielen berichtete sie von Arbeitern, die zu sozialistischen Vorbildern bestimmt nicht taugten, und von einem Schriftsteller, der mit dem Auftrag, über die Arbeitswelt zu schreiben, losgezogen war, nun aber, weil die von ihm vorgefundene Wirklichkeit nicht »typisch« sei, in Schwierigkeiten geriet. Sie berichtete von ihrem Besuch in einer Schule des Landes. Ein vierzehnjähriger Junge der achten Klasse habe sie gefragt: »›Frau Wolf, ich habe in letzter Zeit vier Jugendbücher gelesen. In allen vieren gab es einen durch und durch überzeugten FDJler, der alle positiven Eigenschaften hatte, die es auf der Welt gibt, und seine viel schlechteren, ihn umgebenden Kameraden überzeugte. Finden Sie das richtig?‹ Ich war diplomatisch und fragte ihn: ›Wie ist es denn in Wirklichkeit?‹ Da antwortete er ganz lakonisch: ›Abweichend.‹ Nun habe ich tatsächlich nicht den Mut aufgebracht, diesem Jungen die Gesetze des Typischen in der Literatur zu erklären, sondern ich habe gesagt: ›Es sollte ruhig mal einer über das Abweichende schreiben.‹«[20]

Dass die Illusionen des allzu schlichten, dichotomischen Weltbildes endgültig verflogen waren, hatte auch mit einer Reise in die Bundesrepublik im März 1964 zu tun, von der sie in Bitterfeld ebenfalls erzählte. Der Club Voltaire hatte Christa Wolf für eine Lesung nach Frankfurt am Main eingeladen; sie nutzte den Aufenthalt zu einem Besuch des Auschwitz-Prozesses, sah im Theater Hochhuths »Der Stellvertreter« und im Kino »Das Schweigen« von Ingmar Bergman. Sie nahm am Ostermarsch teil und war beeindruckt von einer westdeutschen Jugend, die freche Lieder sang,

wie sie »jedem FDJ-Abend zur Förderung junger Talente Ehre machen würden«. Die neugierige, offene und angstfreie Jugend muss sie sehr beeindruckt haben. Sie entsprach jedenfalls nicht dem Klischee vom Wohlstandsvolk, das außer Karriere und wirtschaftlichem Erfolg keine Ziele und Interessen hat.
Im Auschwitz-Prozess erlebte sie schon eher die Bundesrepublik, die ins östliche Propagandabild passte. Da wurde am Tag ihres Besuchs Jürgen Kuczynski der Befangenheit bezichtigt, anstatt »die Wahrheit seines Beweises über die Verflechtung großer Chemiekonzerne mit dem faschistischen Staat zu überprüfen«. Auf merkwürdige Weise schien es Christa Wolf, als ob die sterile, bürokratische Atmosphäre des Prozesses etwas zu tun hätte mit der drückenden Leere und Angst, die der Bergman-Film zeigte. Das waren ihr gleichermaßen Symptome einer Welt, die den Menschen ohne jede Deutung allein lässt: »Eine solche Kunst liefert den Menschen aus, sie suggeriert ihm die Relativität aller moralischen Werte, sie trägt dazu bei, ihn letzten Endes auch wehrlos zu machen gegen Auschwitz.«[21] Da war sie wieder, die Moralistin, der es in ihrer Kunst darum ging, Sinn und Orientierung in der Welt zu schaffen; die Sozialistin, die den Vorzug ihrer Gesellschaft darin erlebte, »im Auschwitz-Prozess mit anderen Gefühlen sitzen« zu können als ihre westdeutschen Begleiter. Die wunderten sich ihrerseits darüber, dass Christa Wolf von der DDR immer in Wir-Form sprach. »Wir«, »bei uns« in der DDR.
Die Reise in die Bundesrepublik konnte dieses Wir-Gefühl nicht erschüttern, trug aber doch dazu bei, die demonstrative Selbstsicherheit Christa Wolfs, die von der moralischen Überlegenheit des Sozialismus überzeugt war, ein wenig anzukratzen. Noch in »Kindheitsmuster«, das zehn Jahre später entstand, beschäftigte sie sich mit dieser Reise. Da findet sich eine Szene, in der die Erzählerin vor den Fragen westdeutscher Jugendlicher selbst zur Mittäterin mutiert: »Und abends die Fragen der jungen Leute, Studen-

ten in Frankfurt, die sich in ihren spärlich möblierten Wohnungen über den Prozessverlauf ereiferten: Sie schienen am Grund eurer Seele oder eures Gewissens ein schauerliches Geheimnis zu vermuten. Ihre Forderung nach der Auslieferung deines Geheimnisses traf dich unvorbereitet. Du warst daran gewöhnt, schauerliche Geheimnisse und das Unvermögen oder die Weigerung, sie mitzuteilen, bei den Älteren vorauszusetzen. Als ob die Pflicht, an die eigene Kindheit Hand anzulegen, dir erlassen werden könnte.«[22]

So zweifelsbereit war sie 1964 allerdings noch nicht. Die Schwierigkeiten, die auf sie zukommen würden, lassen sich noch kaum erahnen. Und doch sind die zukünftigen Konflikte mitten in der Lobpreisung des eigenen Staates verkapselt vorhanden. Zum 15. Geburtstag der DDR sprach Christa Wolf auf einer Festveranstaltung in Potsdam einen Satz, der in seiner Ahnungslosigkeit auf geradezu prophetische Weise falsch ist. Das Lob auf die historische Überlegenheit und die schöpferischen Möglichkeiten des Sozialismus gipfelte in der Behauptung: »Zum ersten Mal treibt die Wirklichkeit uns Lebensstoff zu, der uns nicht zwingt, unsere Figuren psychisch und physisch zugrunde gehen zu lassen. Die Konflikte werden dabei nicht schwächer, sondern eher schärfer, moralischer, das heißt: menschlicher.«[23] Zur selben Zeit begann sie mit der Arbeit an ihrem nächsten Buch, »Nachdenken über Christa T.«, das von einer Frau handelt, die vergeblich ihren Platz in der sozialistischen Gesellschaft sucht und an Leukämie stirbt.

Zum DDR-Jubiläum aber schrieb sie noch einmal ein rückhaltloses Bekenntnis zum eigenen Staat – oder vielmehr ein bekräftigendes Glaubensbekenntnis. Es wirkt so, als müssten aufkommende Zweifel übertönt werden, als gelte es, noch einmal festzuzurren, was sich bereits zu lockern begann, als könne man das Ideal für die Wirklichkeit nehmen: »In diesem Teil Deutschlands, der vor zwanzig Jahren noch von Faschisten beherrscht und von verbitterten, verwirrten, hasserfüllten Leuten bewohnt wurde, ist der

Grund gelegt zu einem vernünftigen Zusammenleben der Menschen. Die Vernunft – wir nennen es Sozialismus – ist in den Alltag eingedrungen. Sie ist das Maß, nach dem hier gemessen, das Ideal, in dessen Namen hier gelobt oder getadelt wird. Ich glaube nicht, dass wir uns später korrigieren müssen, wenn wir das heute schon als Tatsache und als *den* entscheidenden Fortschritt in unsere Geschichtsbücher schreiben.«[24]

Wir brauchen Weltoffenheit! *Die mauergeschützte Idylle: Kleinmachnower Freundschaften*

Schon im Jahr 1962 waren die Wolfs von Halle nach Kleinmachnow umgezogen, einem kleinen Ort zwischen Potsdam und Berlin, der durch den Mauerbau von der unmittelbaren Nachbarschaft zur Großstadt in die äußerste Peripherie des Landes geschleudert wurde. Christa Wolf hatte sich entschieden, als freie Autorin ihr Auskommen zu finden und auf die Verlagsarbeit zu verzichten. Der Standortwechsel in die mauergeschützte Provinz lässt sich als Abschied vom Bitterfelder Weg und beginnender Rückzug interpretieren, aber auch als Wiederannäherung ans Berliner Machtzentrum bei gleichzeitiger Distanz aus Selbstschutz. Um den Freiraum fürs Schreiben zu gewinnen, musste sie von den Institutionen der Kulturpolitik Abstand halten, die in den fünfziger Jahren ihr Berliner Leben geprägt hatten.

»Die Lage ihres Wohnorts lässt vermuten, dass sie auf Besucher wenig Wert legt«, schrieb Günter de Bruyn in einem Porträt der Kollegin. Vier verschiedene Verkehrsmittel – Straßenbahn, S-Bahn, Dampfbahn und Bus – musste er benutzen, um in ihre »märchenhaft intakte« Familienwelt in der Förster-Funke-Allee 26 vorzudringen. Er bewunderte, wie in diesem Haus jeder »mit Selbstverständlichkeit er selbst« sein durfte.[1] Stellt man sich dazu die Gartenidylle vor, die Christa Wolf 1965 in ihrer Erzählung »Juninachmittag« als wildes, wucherndes »Urbild eines Gartens« beschrieb, bekommt man den Eindruck einer geradezu utopischen

Friedlichkeit: Kein Ort. Nirgends. Doch Haus und Garten lagen so nahe an der Grenze zu Westberlin, dass man die roten und gelben Leuchtkugeln sehen konnte, die dort abgeschossen wurden, das Licht der Scheinwerfer auf dem Todesstreifen und die Gesichter der Patrouille fliegenden Hubschrauberpiloten.[2] Daran änderte auch der Umzug Anfang 1968 in einen von Kiefern umgebenen frühen Henselmann-Bau in der benachbarten Fontanestraße nichts. Die Miete ging auf ein Sperrkonto, da das Haus in West-Besitz war. Im großen Wohnzimmer mit dem stummen Kamin und Bücherwänden hingen Bilder von Röhricht, Ebert und Sitte und eine Druckgrafik von Kandinsky. Oben, im kleinen Arbeitszimmer Christa Wolfs mit dem Schreibplatz am Fenster, hingen ein naives Landschaftsbild mit Haus und Leuten von Schultz-Liebisch und Neujahrskarten von Günter Kunert.[3]
Die Wahl des Wohnsitzes macht auf verblüffende Weise den politischen Standort Christa Wolfs deutlich: das zunehmende Auseinanderklaffen von privatem Freiraum und öffentlichem Wirkungsfeld im Glauben an die Mauer als stabilisierendes Element. Die Abgeschiedenheit Kleinmachnows und der Schutzort der Familie sind dabei als Bedingungen für ihre zukünftigen, zunehmend kontroversen Einmischungen zu verstehen.
Besonders wichtig waren für Christa Wolf auch in Kleinmachnow Freundschaften mit älteren Antifaschisten, die sie bewunderte und verehrte. Kurt Stern und seine französische Frau Jeanne, die im Spanischen Bürgerkrieg für die Republik engagiert gewesen waren, das Exil als Publizisten in Frankreich und Mexiko überstanden und in der DDR hauptsächlich als Filmautoren für die DEFA arbeiteten, sind da zu nennen, undogmatische Kommunisten alle beide und wichtige geistige Anreger für die Wolfs. Oder Fred und Maxie Wander, ein Überlebender der Konzentrationslager Auschwitz und Buchenwald und seine junge Frau, die Mitte der fünfziger Jahre aus Österreich in die DDR übergesiedelt waren

und am anderen Ende von Kleinmachnow wohnten. Man kannte sich von Begegnungen im nahe gelegenen Schriftstellerheim Petzow, wo Fred Wander häufig zum Arbeiten hinfuhr. Nun entstand eine solidarische Freundschaft zwischen Christa Wolf und Maxie Wander, eine Freundschaft, in der die vier Jahre ältere Christa Wolf stets die Rolle derjenigen hatte, die der suchenden, unsicheren Freundin mit Rat, mit Geld und mit Zuspruch zur Seite stand. Als Maxie Wander ihr einmal eine kleine Erzählung zu lesen gab, lobte sie deren Talent und ermunterte sie, längere Geschichten zu schreiben. Maxie Wander aber durchschaute die schonende Milde und schrieb in ihr Tagebuch: »Das sagt sie, weil sie mir helfen will und weil sie weiß, wie sehr es mich treffen würde, wenn sie die Wahrheit sagte. Natürlich glaube ich ihr nicht.«[4]

Als die Wanders nach dem Unfalltod ihrer geliebten Tochter Kitty in Trauer und Depression erstarrten und nicht mehr arbeitsfähig waren, legte Christa Wolf bei ihren Besuchen stets ein paar Geldscheine auf die Kommode. Sie forderte später nie etwas davon zurück. Konkrete, selbstlose Hilfe unter Kollegen gehörte für die Wolfs und für viele andere in der DDR-Literaturszene zu den Selbstverständlichkeiten solidarischen Handelns. Das bestimmende Gefühl der Zusammengehörigkeit konnte im alltäglichen Miteinander mitunter sogar politische Gegnerschaften überbrücken.

Von großer Bedeutung war auch die Freundschaft der Wolfs mit Friedrich und Anna Schlotterbeck, die im benachbarten Groß Glienicke bei Potsdam lebten. Friedrich Schlotterbeck war als Sohn einer schwäbischen Kommunistenfamilie in der NS-Zeit zehn Jahre im Zuchthaus und in Konzentrationslagern inhaftiert gewesen, ehe ihm 1944 die Flucht in die Schweiz gelang. Er war der einzige Überlebende seiner Familie. Vater und Mutter wurden ermordet, der jüngere Bruder, im Widerstand wie er, wurde stellvertretend hingerichtet, weil der Ältere entkommen war. 1948 übersiedelten er und seine Frau in die sowjetische Besatzungszone, doch in der

DDR gerieten sie erneut in Haft, als die Stalinisten nach Feinden in den eigenen Reihen verlangten. Dennoch blieben die Schlotterbecks überzeugte Marxisten. Die Verknöcherungen ihres Staates pflegten sie mit Marx- und Lenin-Zitaten sarkastisch zu kommentieren.

Christa Wolf spricht in ihren Erinnerungen an Friedrich Schlotterbeck von einer »Oase der Freundlichkeit, Zuneigung, Erfahrung, von Unerschrockenheit, Heiterkeit und Witz«, die sie bei Besuchen in Groß Glienicke geschätzt habe. Keine Bitterkeit, keine Spur von Dogmatismus konnte sie an diesem sinnenfrohen Menschen entdecken, dessen Lebenslust ansteckend gewesen sein muss. So manche Vorliebe – wie zum Beispiel die Gartenarbeit – teilte sie mit ihm, vor allem aber die Grundannahme, auf der sein Denken und Hoffen beruhte: »Er glaubte an die Überzeugungskraft vernünftiger Argumente.« Manchmal kam er überraschend vorbei, nur um ein paar selbst gezogene Salatblätter in die Küche zu reichen. Im Sommer versammelte man sich auf der Terrasse der Schlotterbecks. Er kochte und schenkte Sekt aus – man wollte es sich *jetzt* gut gehen lassen und nicht erst im zukünftigen Menschheitsparadies. Hunderte von Stunden verbrachte Christa Wolf dort mit Diskussionen über Gründe, Erscheinungsformen und Folgen sektiererischen Denkens.

Friedrich Schlotterbeck beeindruckte sie als unorthodoxer Kommunist. Er war ihr ein Vorbild als Antifaschist, aber vielleicht mehr noch darin, Sozialist zu bleiben, entgegen der bedrückenden realsozialistischen Wirklichkeit, wie er sie am eigenen Leib erfahren hatte. »Einmal«, schreibt Christa Wolf, »hat er uns mitgenommen in die mecklenburgische Kleinstadt Bützow und ist mit uns am Zaun des Gefängnisses langgegangen, in dem er noch einmal, in den fünfziger Jahren, einige Jahre verbringen musste – ›unter falschen Anschuldigungen‹, wie es später hieß. An jenem Tag hat er wenig gesprochen, nur sachliche Anmerkungen gemacht: Das dort oben war das Fenster, da und da habe er gearbeitet. Als Tischler. Später auch in der Bibliothek. – Dieser böse Prozess, diese Anschuldigungen – sie waren nicht nur falsch, sie waren absurd –, diese Haft habe ihn bis an sein Lebensende nicht losgelassen. Er und Anna Schlotterbeck, die ihm aus der Schweizer Emigration gefolgt war und der es erging wie ihm, haben zu würgen und zu schlucken gehabt an diesem Unrecht, das ihnen Leute antaten, die sie für die eigenen hielten.«[5]

Diese tragische Geschichte spielte auch in den Gesprächen auf der Terrasse eine Rolle. Anfang der sechziger Jahre, als die Freundschaft begann, seien die Schlotterbecks bereits in der Lage gewesen, über ihre Erfahrungen zu sprechen. Der Einfluss, den sie damit auf Christa Wolfs Entwicklung nahmen, ist gar nicht hoch genug anzusetzen. Es ist kein Widerspruch zur Intensität dieser Freundschaft, dass Schlotterbeck auf dem VI. Schriftstellerkongress schwieg, als es dort um »Nachdenken über Christa T.« ging. Er habe »aus Disziplin geschwiegen«, gab er wenig später auf einer Bezirksversammlung in Potsdam zu Protokoll, als die Delegierten des Kongresses ihrem Unmut doch noch Luft machten.[6]

In ihrer Rede zur Verleihung des Schillerpreises im November 1983 in Stuttgart kam Christa Wolf auf ihren schwäbischen Freund Schlotterbeck zu sprechen. Sie verschwieg nicht, dass der Widerstandskämpfer gegen die Nazis im sozialistischen Zuchthaus landete. Auch die kommunistische Bewegung, sagte Christa Wolf erklärend, entschuldigend, habe sich ihre »Götzen geschaffen« und sei »gezeichnet durch die Geschichte der Deutschen, deren Produkt sie ja ist«. Deshalb sei sie »anfällig zu Zeiten für irrationale Handlungen«.[7] Die Argumentation ist aufschlussreich. Die stalinistischen Deformationen des Sozialismus erschienen als historische Konsequenz des Überlebenskampfes gegen das faschistische Deutschland, waren also eigentlich dem Faschismus anzulasten. So konnten selbst die so genannten »Auswüchse« in den eigenen Reihen noch als Bestätigung des Antifaschismus interpretiert werden und gleichzeitig die Hoffnung auf einen humanen, demokratischen Sozialismus bestehen bleiben.

Mit ähnlichen Erfahrungen wurde Christa Wolf bei Walter Janka konfrontiert. Janka war wie Kurt Stern ehemaliger Spanienkämpfer und Mexiko-Exilant und wie Friedrich Schlotterbeck in der DDR im Zuchthaus gelandet. 1957 wurde er zu fünf Jahren verurteilt, weil er als Leiter des Aufbau-Verlages angeblich mit Georg Lukács konspirierte und das »Oberhaupt der ungarischen Konterrevolution« in die DDR schleusen wollte. Nach seiner Haftentlassung wohnte Janka in Kleinmachnow in der Nachbarschaft der Wolfs und arbeitete als Dramaturg bei der DEFA in Babelsberg. Janka sprach offen über seine Geschichte, über Prozess und Haft. Er berichtete über die Fortschritte, die er in einem langwierigen und zähen Kampf um seine Parteimitgliedschaft erreichte. Er wollte nicht nur wieder in die Partei aufgenommen, sondern rehabilitiert werden und seine alte, niedere Mitgliedsnummer der frühen Jahre wiederhaben: ein symbolischer Kampf von höchster Bedeutung, den auch die Schlotterbecks führten.

Janka war für Christa Wolf der Prototyp eines »gehärteten, geglühten Menschen«, einer, der nicht zu brechen war. Dass er Auslandsreisen unternehmen durfte, hatte damit zu tun, dass die Partei hoffte, ihn auf diese Weise loszuwerden: Vielleicht bliebe er ja im Westen. Er war einer der ersten ehemaligen Spanienkämpfer, der zu Francos Zeiten die Genehmigung erhielt, nach Spanien einzureisen – vielleicht deshalb, weil er nicht zu den Interbrigaden der KP gehört hatte, sondern zu einem spanischen Bataillon der Republikaner. Das begründete zugleich aber auch das permanente Misstrauen der moskautreuen Ulbricht-Mannschaft gegen ihn. Von seiner Reise erzählte er den Wolfs begeisternd, schilderte die alten Plätze, die er wieder aufgesucht habe, und erwähnte einen erstaunlichen Archivfund: Er hatte entdeckt, dass die Legende vom heroischen Tod Hans Beimlers nicht stimmte. Davon habe er auch Erich Honecker Mitteilung gemacht, der ihn aufgefordert habe, das aufzuschreiben. Das habe er auch getan, doch veröffentlicht wurde dieser Bericht nie.[8]

Auch Anna Seghers hätte Christa Wolf einiges erzählen können, war sie doch 1957 als Zuschauerin im Gerichtssaal dabei, als Janka verurteilt wurde. Über ihr öffentliches Schweigen in dieser Sache ist nach der Wende viel geschrieben worden,[9] weniger darüber, dass sie hinter den Kulissen in Gesprächen mit Walter Ulbricht (vergeblich) versuchte, ihren Einfluss geltend zu machen. Für sie galt stets das Prinzip, Kritik so vorzubringen, dass sie der Sache des Kommunismus nütze und nicht vom politischen Gegner vereinnahmt werden könne. Christa Wolf handelte ähnlich, wenn auch eher aus taktischen Gründen.

»Was denkst du denn«, sagte Anna Seghers einmal zu ihr, »jeden Abend um zehn sprechen wir über Stalin.« Seghers war seit den fünfziger Jahren ihr großes Vorbild: politisch, ästhetisch und menschlich. Sie war »keine Übermutter«, aber doch »sehr verehrt«, Anregerin und Widerpart, an dem Christa Wolf ihre eigenen Positionen bestimmte. Dass sie sich aus ihrem engen theoretischen Korsett allmählich befreite, hat sie auch der Begegnung mit der weltoffenen, allem Dogmatismus misstrauenden Anna Seghers zu verdanken. In der kontinuierlichen, in zahlreichen Aufsätzen dokumentierten Auseinandersetzung mit ihr, die sie früh als ihre »Lehrerin« bezeichnete, lassen sich die Wandlungen in Christa Wolfs Denken nachvollziehen. Über diese enge Freundschaft, die »nicht einem leicht zu beschädigenden Vorbild, sondern einem Menschen« mit all seinen Widersprüchen galt, schrieb sie: »Es ist der seltene Glücksfall, dass ein anhaltendes, eindringliches Interesse an einem von Grund auf anderen Lebensmuster mir erlaubt hat, Genaueres über mich selbst zu erfahren.«[10]

Natürlich kannte sie Anna Seghers und ihre Bücher längst und war ihr mehrfach auf Kongressen und Verbandstreffen begegnet, als sie ihr 1959 zum ersten Mal im Gespräch gegenübersaß. Die Redakteurin der NDL hatte den Auftrag erhalten, »zur Anna« nach Berlin-Adlershof zu fahren und ein Interview über deren damals erschienenen DDR-Roman »Die Entscheidung« zu führen. Die ältere Schriftstellerin muss sich mit der jungen Redakteurin, die sich nicht nur die Fragen, sondern auch die richtigen Antworten schon vorher im Kopf zurechtgelegt hatte, redliche Mühe gegeben haben. Christa Wolf wunderte sich über die zögerlichen, wie zur Probe gesprochenen Formulierungen der Seghers. Hatte sie das denn nötig? Fünfzehn Jahre später, in einem Text zu Anna Seghers' 75. Geburtstag, erinnerte sich Christa Wolf mit lächelndem Staunen an diesen fernen Besuch, an den überbackenen Blumenkohl und den Weißwein, das gedämpfte Sommerlicht und die heruntergelassenen Markisen. Die Fragen der jungen Redakteurin, die ihr inzwischen fremd geworden war, zielten auf die üblichen Probleme des sozialistischen Realismus: wie sich der historische Prozess »richtig« darstellen lasse; wie etwas »in Wirklichkeit« gewesen sei. Sie fragte nach »Grundidee« und »Prototypen« und sprach ihr Bedauern über die Toten auf »unserer« Seite aus. Mussten denn unbedingt auch die Guten sterben? Das ist – hat man die späteren Auseinandersetzungen um den literarischen Tod der »Christa T.« vor Augen – ein bemerkenswert naives Ansinnen. Zurück in der Redaktion, so schreibt Christa Wolf 1974, »als wir ihre Antworten durchlasen, sagten wir tadelnd und gelinde bekümmert: Die Anna hat wieder mal ihren Kopf für sich. Wir nämlich waren mächtig sattelfest in dem, was wir für marxistische Literaturtheorie hielten.«[11]

Dass auch Anna Seghers sich für sie als eine Vertreterin der jüngeren Generation interessierte, es also eine Art »Gegenseitigkeit im Geben und Nehmen« gegeben haben könnte, wollte Christa Wolf später nur bescheiden andeuten.[12] Die Wirkung, die Anna Seghers auf sie hatte, war enorm. Ausdauernd studierte die Jüngere Seghers' Art zu schreiben und fragte sie bei zahlreichen Besuchen über ihr Leben aus. 1963, nach dem Abschluss der Arbeit am »Geteilten Himmel«, plante sie, eine Biographie über Anna Seghers zu schreiben, und legte dafür eine Mappe »A. S. Leben und Werk« an. Brigitte Reimann bemerkte in ihrem Tagebuch am 27. August 1963 süffisant – und eigene Arbeitsschwierigkeiten mildernd –, dass auch Christa Wolf sich nicht an das neue Buch heranwage und sich deshalb, »glückliche Lösung, in eine Biographie über Anna Seghers« rette.[13]

Tatsächlich steckte Christa Wolf viel Energie in dieses Vorhaben. Sie wertete Briefe und Aufzeichnungen aus, recherchierte die Entstehungsgeschichten der Romane aus der Zeit der Weimarer Republik und im Exil, sammelte Photos und anderes Material, führte Gespräche mit Zeitzeugen wie Jeanne Stern und vor allem mit Anna Seghers selbst, die jedoch darum bat, die persönlichen Informationen möglichst zurückhaltend zu behandeln. Es ging dabei etwa um die kritische Einschätzung des Lebens im Exil, das »zu abgeschlossen im Kreis österreichischer und deutscher Emigranten« organisiert gewesen sei. Andere vertrauliche Erinnerungen von Anna Seghers betrafen ihre Kindheit und jüdische Familientraditionen, über die in der DDR in stillschweigender Übereinkunft nicht gesprochen wurde.[14] Den Verlauf dieser Gespräche protokollierte Christa Wolf anschließend aus dem Gedächtnis, teilweise in wörtlicher Rede. Sie bereitete sich so gründlich auf jedes Treffen vor, dass sich Anna Seghers in einem Brief vom 20. November 1964 leise darüber beklagte, dass sie »immer mit ganz bestimmten Fragen« käme. Dadurch könne es geschehen, »dass man sehr wichtige Sachen gar nicht berührt, weil, um es banal zu sagen, ›diese Sachen gar nicht gefragt sind‹«.[15]

Christa Wolf hielt sich an Seghers' Bitte, die Einblicke in die Privatsphäre für sich zu behalten. Vielleicht wurde deshalb die

Biographie nie verwirklicht. Doch die Studien gingen in das 1963 geschriebene Nachwort zu »Das siebte Kreuz« ein und in ein Fernsehporträt zu Anna Seghers' 65. Geburtstag im November 1965, an dem Christa Wolf gemeinsam mit ihrem Mann arbeitete. Nur eines der vielen Gespräche zwischen den beiden Schriftstellerinnen wurde noch veröffentlicht; es entstand 1965 für den DDR-Rundfunk und wurde in der NDL abgedruckt.[16] Da fällt Christa Wolfs Interesse für biographische Hintergründe auf und Anna Seghers' Weigerung, darüber zu sprechen. Sie verweist auf das Werk, in dem ein Schriftsteller sich am »allerklarsten« ausdrücke. Auch in dieser Haltung ist sie vorbildhaft für Christa Wolf, die ihre Frage daraufhin konkretisiert: »Mich interessiert das Biographische. Aber nicht für sich allein, sondern insofern es umgesetzt wird in der künstlerischen Arbeit, dieser sehr verwickelte Prozess, wie sich biographisches, eigenes Erlebnis niederschlägt in Büchern (…).«[17] Diese Verwandlung von Faktischem in Fiktion ist der Vorgang, der Christa Wolf auch in ihren eigenen Büchern beschäftigt, die stets von eigener Erfahrung, eigenem Erleben ausgehen, ohne einfach nur autobiographisch zu sein.

Neue Gemeinschaften bildeten sich auch unter den jüngeren Autoren. Christa Wolf spricht im Rückblick vom »Gefühl eines Rückenwindes«, auch wenn der manchmal sehr schwach gewesen sei: »Eine Zeit lang hatten wir geglaubt, uns einen Freiraum erarbeitet zu haben; wir, das waren Autoren unserer Generation, aber vor allem auch schon jüngere – acht, neun, zehn Jahre jüngere, sehr begabte darunter, Volker Braun, Sarah und Rainer Kirsch, Karl Mickel und andere, die das Gefühl hatten, auf dasselbe hinzuarbeiten, und zwar, salopp gesprochen, nach innen und nach außen. Wir mussten den Mut zu uns selber finden, der Literatur geben, was der Literatur ist, was hieß, uns als Subjekte ausbilden, was damals sehr schwer war (wie schwer, das kann man sich heute gar nicht mehr vorstellen), und den Raum, der ihr gebührt, der Literatur in der Gesellschaft erkämpfen.« Es gab deshalb kein Konkurrenzverhältnis zwischen den Kollegen, sondern gemeinsame Verantwortung und Freude darüber, ein Buch, einen Gedichtband, einen Film »durch« zu haben. Die Gemeinsamkeit bestand in der Hoffnung, »die Realität bewege sich auf die Dauer in die gleiche Richtung wie wir, und wir könnten, zusammen mit den Leuten aus der Wirtschaft, aus der Wissenschaft dieser progressiven Richtung zum Durchbruch verhelfen. (…) Es gab für uns keine Alternative. Sollten wir das Westdeutschland Adenauers und Globkes oder Erhards als möglichen Lebensort in Betracht ziehen? Dieses Land hier war – großmäulig gesprochen – unser Kampffeld, hier wollten wir es wissen, hier sollte es passieren, und zwar noch zu unseren Lebzeiten.«[18]

Von der Arbeit in den Gremien und Verbänden jedoch, in denen Politik gemacht wurde und »es« hätte »passieren« müssen, erwarteten die etwas klügeren Autoren sich nicht mehr viel, auch wenn sie immer noch lustlos dorthin gingen. Weniger talentierte, wie die Arbeiter-Schriftstellerin Edith Bergner, beklagten sich darüber, dass Erik Neutsch und Christa Wolf die Auffassung verträten, man brauche eher lose Gruppierungen wie die »Gruppe 47« in der Bundesrepublik als einen Schriftstellerverband. Neutsch, Bezirksvorsitzender in Halle, wisse selbst nicht, was er in dieser Funktion eigentlich zu tun habe. Bergners Äußerung wurde aktenkundig und zu einer Tischvorlage im Politbüro. Der Berichterstatter – zeitlich etwas hinterher, denn er bezog sich im Jahr 1964 noch auf die Situation in Halle, wo Christa Wolf schon längst nicht mehr wohnte – sprach alarmierend von »Auflösungserscheinungen« im Verband und bemerkte, dass »ein solcher literarischer Kreis sich z. B. zusammensetzt aus Christa Wolf, Erik Neutsch, Bernhard Seeger, Max Walter Schulz u. a.«. Was für eine seltsame Koalition. Ein paar Jahre später war jede Gemeinsamkeit zwischen Christa Wolf und diesen zunehmend parteitreuen Autoren undenkbar. Ein anderer Kreis, zu dem auch Wolf Biermann gehöre, hatte sich demnach um Sarah und Rainer Kirsch versammelt.[19]

Brigitte Reimann schrieb im April 1964 über eine Vorstandssitzung des Schriftstellerverbands in ihr Tagebuch: »Das Beste an der ganzen Sitzung waren – wie immer – ein paar Gespräche in den Pausen: mit den Strittmatters, mit Noll, mit Christa Wolf. Oh, nichts Bedeutsames, man redet eben so ein bisschen, klatscht, man macht sich über irgendjemanden lustig.«[20] Im Versammlungsraum herrschte dagegen beharrliches Schweigen. Wer etwas sagen wollte, musste aufstehen, an ein rot überzogenes Katheder treten und in ein Mikrophon sprechen, damit alles fein säuberlich auf Tonband festgehalten und protokolliert würde: keine günstige Atmosphäre für eine so genannte offene Aussprache. Das Misstrauen gegenüber unkontrollierten Wortmeldungen und allen Autoren, die sich vom Führungsanspruch der Partei emanzipieren wollten, nahm in dem Maße zu, in dem die Dogmatiker fürchteten, ins Hintertreffen zu geraten. Ein Mann wie Otto Gotsche stand mittlerweile mit seiner Antwort auf eine Umfrage nach ästhetischen Vorbildern allein da, wenn er schrieb: »Richtschnur für mein persönliches Verhalten und meine Arbeit ist seit Jahrzehnten die Linie, die von meiner Partei festgelegt wurde. In der Durchführung der Parteibeschlüsse sehe ich den Sinn meiner politischen und künstlerischen Arbeit. Das macht Vorbilder im Sinne ihrer Fragestellung überflüssig.« Christa Wolf schrieb in ihrer Antwort auf dieselbe Umfrage: »Wir brauchen Weltoffenheit, obwohl das im engeren Sinn keine ›ästhetische Kategorie‹ ist, Überwindung der provinziellen Enge, aus der absolute Maßstäbe abgeleitet werden. Überwindung von starren Forderungen und Maßstäben.«[21]

Wie überlebensnotwendig Weltoffenheit für die DDR gewesen wäre, belegen die Äußerungen Kurt Hagers auf dem 7. Plenum des ZK Ende 1964. Wie ein Feldwebel pries der oberste Kulturwart der Partei den »beharrlichen Kampf gegen die Einflüsse der spätbürgerlichen Dekadenz« und des »Abstraktionismus« – ein Sammelbegriff, der die gesamte Moderne von Joyce bis Kafka umfasste. Kein anderes sozialistisches Land Osteuropas war in seiner Kunstauffassung so restriktiv wie die DDR, in der jede ästhetische Debatte sofort zu einer politischen Grundsatzfrage in der direkten Auseinandersetzung mit der Bundesrepublik missriet. Kurt Hager formulierte das so: »Unsere Partei hat alle Angriffe des Gegners und auch der Revisionisten zurückgewiesen, die uns unter der Flagge des Kampfes gegen die Auswirkungen des Personenkults zu einer Preisgabe der marxistisch-leninistischen Kulturpolitik und des sozialistischen Realismus veranlassen wollten.«[22] Christa Wolf, die in diesen Jahren ihrer ZK-Kandidatenschaft die Ehre hatte, an solchen Sitzungen teilzunehmen, erinnerte sich später daran, wie sie einmal die Frage stellte, ob in diesem Raum jemals jemand Nein gesagt habe. Otto Gotsche, der neben ihr saß, habe darauf geantwortet: »Liebes Kind, du musst noch viel lernen.«[23] Ihren Kleinmachnower Freunden berichtete sie von diesen deprimierenden Partei-Erlebnissen, obwohl sie darüber nicht hätte sprechen dürfen. Für den Prozess ihrer Emanzipation war die Nähe zur Macht jedoch von großer Bedeutung. So konnte sie Kenntnisse über die Funktionsweise des Apparats sammeln und sich allmählich klarer darüber werden, dass sie mit dieser Welt nichts zu tun haben wollte.

Auch bei den sozialistischen Nachbarländern stieß die unflexible, restriktive Politik der DDR-Kulturbürokratie auf Unverständnis. Ein internationales Schriftstellerkolloquium Anfang Dezember in Berlin, das zum Thema »Literatur in beiden deutschen Staaten« einberufen wurde, machte die Unterschiede deutlich. Polnische, tschechische und russische Teilnehmer tadelten die »provinzielle Enge und mangelnde Modernität« der DDR-Literatur, die herrschende Kulturpolitik und die gängige Editionspraxis, so dass Wolfgang Joho, Chefredakteur der NDL, in seinem Bericht resümierte: »Es konnte mitunter bei den Schriftstellern und Literaturwissenschaftlern der DDR das Gefühl aufkommen, wir säßen auf der Anklagebank.«[24] Das solidarische DDR-»Wir« wurde auf der Konferenz von Stefan Heym durchbrochen, der sich deutlich gegen die Zensur aussprach. Christa Wolf trat moderater auf, so dass ihr Text – im Unterschied zu dem von Stefan Heym, der in der Hamburger »Zeit« erschien – in der »NDL« veröffentlicht werden konnte. Doch auch sie fand in der ungewöhnlich offenen Atmosphäre der internationalen Konferenz deutlichere Worte als jemals zuvor.

Bemerkenswert an ihrer Rede ist weniger die Kritik an Engstirnigkeit, Gängelei, Banausentum, falschen Anforderungen an die Literatur und »mangelnder Veröffentlichung von Büchern«, als der grundlegende Widerspruch zwischen Parteidisziplin und künstlerischer Freiheit, den sie erstmals thematisierte. Rolf Hochhuth, den sie als Autor des Theaterstücks »Der Stellvertreter« schätzte, hatte in einem offenen Brief an den tschechischen Autor Ladislav Mňačko, der nach der Niederschlagung des Prager Frühlings die ČSSR verlassen musste, eine Frage gestellt, die Christa Wolf direkt auf sich bezog: »Wie können Sie gleichzeitig Schriftsteller und Parteimitglied sein?« Allein die Berechtigung der Frage anzuerkennen, war eine Blasphemie, eine Attacke auf das Interpretationsmonopol der Partei, die Christa Wolf aber gleich wieder dämpfen wollte: »Ich gebe zu, dass aus der tiefen Überlegung dieser Frage die meisten Konflikte entstehen und entstanden sind, die wir in den letzten Jahren hatten und die sehr hart waren, für jeden Einzelnen. Es war deutlich, dass auch Hochhuth den Spalt fürchtet, der sich zwischen Wahrheit und blindem Parteigängertum auftun kann. Und es ist ebenso klar, dass die schärfsten Konflikte für einen Schriftsteller, und noch dazu heute, immer in dem Bereich der Wahrheitsfindung und in dem Versuch liegen werden, diese Wahrheit literarisch auszudrücken.«[25]

Christa Wolf suchte nach einer Lösung des Konflikts, indem sie Wahrheit als privilegierte Eigenschaft des Sozialismus darstellte. Im Unterschied zur westlichen Kunst mit ihrer alles verschlingenden weltanschaulichen Leere sei »Literatur von ihrem Wesen her direkt an die sozialistische Gesellschaft gebunden, insofern (...) sich diese Gesellschaft einer größeren Vervollkommnung des Menschlichen, der Möglichkeiten des Menschen nähert«.[26] In der gemeinsamen Arbeit an diesem Ziel wäre dann der Gegensatz zwischen Schreiben und Partei, zwischen subjektiver Wahrhaftigkeit und Ideologie, zwischen eigenem Empfinden und dogmatischer Notwendigkeit aufgehoben – wenn nur die Partei ebenso wollen würde wie das aufrichtige Subjekt. Welch schöne Utopie, welch frommer Wunsch. Was wäre utopischer gewesen, als sich in der DDR auf die »Wirklichkeit« zu berufen oder, wie Christa Wolf es tat, den Sozialismus mit der »Vernunft« in eins zu setzen? So suchte sie Rettung in der Metaphysik und führte neben der übergeordneten historischen Vernunft das »Wesen« der Literatur ins Feld. Damit, rückgebunden an eine höhere Wahrheit, erlaubte sie sich den kritischen Blick auf die Gegenwart: »In Westdeutschland wird uns oft entgegengehalten: Ihr seid Utopisten. Sozialismus ist eine Utopie. Spreche ich also für eine utopische Literatur? Eben nicht. Vielmehr glaube ich, dass aus der Genauigkeit der Beschreibung dessen, was heute ist, die Veränderungen bewirkt werden müssen, die uns unserem Ziel näher bringen.«[27]
Der optimistische Tonfall war noch ungebrochen. Auch das Jahr 1965 ließ sich zunächst hoffnungsvoll an. Im Mai, beim internationalen Schriftstellertreffen in Weimar, war Christa Wolf gegenüber den Gästen aus dem sozialistischen Ausland voller Stolz auf das Erreichte und auf die Schönheit ihrer Heimat. 1965 wurde sie Mitglied des PEN und nahm für die DDR am PEN-Kongress in Jugoslawien teil. »Widersprüche produktiv machen«: So lautete ihre dialektische Überlebensformel zum Konfliktmanagement im

Sozialismus. »Loyalität« war der Leitbegriff, mit dem der Spalt zwischen dem eigenen Zweifel und der von der Partei verkörperten historischen Notwendigkeit überdeckt wurde. Es ist aber gleichzeitig genau dieser andauernde Widerspruch, der Christa Wolfs Kreativität befeuerte. Aus Teilhabe und Entsetzen erwuchs das »Engagement«, ein anteilnehmender Veränderungswille, für den bei ihr das Gefühl der »Sorge« paradigmatisch wurde.

Ihre künstlerisch fruchtbare Lösung des Konfliktes bestand in der Einführung des Subjekts in die enge Wirklichkeit des Realismus. Mit der »subjektiven Authentizität« transformierte sie die nur ideologisch zu bestimmende »Wahrheit« in eine persönliche »Wahrhaftigkeit«, mit der, wie sie hoffte, beide Seiten würden leben können: das Subjekt und die Partei. Erst nach dem 11. Plenum im Dezember 1965 wurde ihr klar, dass sie »mit dem Apparat nichts zu tun« habe[28]. Erst danach wurde die Utopie der sozialistischen Gesellschaft – was auch immer darunter zu verstehen ist – zu einer Glaubensfrage, die gegen die Partei verteidigt werden musste.

Im Juli 1965 waren Christa und Gerhard Wolf zum Abendessen bei Anna Seghers eingeladen. Mit ihnen war auch Lew Kopelew zu Gast, der russische Schriftsteller, Übersetzer und Germanist, der damals noch in seiner Moskauer Heimat lebte. Christa Wolf wusste bis dahin nicht, dass Kopelew wegen seiner Kritik an den Gewalttaten der Roten Armee an der deutschen Zivilbevölkerung zu langjähriger Lagerhaft verurteilt worden war. Jetzt tauchte ein stattlicher, bärtiger Mann vor ihr auf, der ihr merkwürdig jung erschien. Das Gespräch mit Seghers hatte bereits vor der Ankunft Kopelews heikle Themen berührt; es ging um den Janka-Prozess und um Wolfgang Harich. Anna Seghers wollte nichts davon wissen, dass Harich bei seinem Prozess viele andere belastet habe, wie die Wolfs glaubten. Überhaupt äußerte sie sich »diffus und zurückhaltend über diesen Gegenstand, so dass Gerd schon anfing, ungeduldig zu werden«.

Auch über Stefan Heyms 17.-Juni-Roman »Der Tag X«[29], der in der DDR nicht erscheinen konnte, wurde gesprochen. Am Tag zuvor war er Gegenstand einer ZK-Sitzung gewesen. Da war Christa Wolf deutlich geworden, »dass man eben nicht über alles schreiben kann, sondern abhängig ist von taktischen Erwägungen, politischen Rücksichten usw«. Die Wolfs erzählten von ihrem Plan, ein Drehbuch über den Atom-Spion Klaus Fuchs zu schreiben, und Anna Seghers fand es völlig klar, dass so etwas nicht veröffentlicht werden könne. Nach Kopelews Ankunft ging es um Ilja Ehrenburgs Memoiren. Kopelew sah in diesem Buch eine »gewisse Aufwertung von Stalin« und lehnte es deshalb ab. Er hasste den »Personenkult« so sehr, dass er dieses Wort nicht ertragen konnte, weil es den wahren Sachverhalt verschleiere. Als er meinte, Ehrenburg habe so ziemlich alle Grundsätze verraten, hätte ihn Anna Seghers, sehr zornig geworden, fast hinausgeworfen. Sie verdanke Ehrenburg ihr Leben, sagte sie mit Bezug auf eine Intervention der sowjetischen Botschaft zu ihren Gunsten, als sie im Pariser Exil nach der Besetzung durch die Nazitruppen festsaß. Selbst Stalin wollte sie nicht in Bausch und Bogen verurteilt wissen. Es gäbe doch unter seinen Reden auch ein paar sehr gute. Zum Abschied umarmten sich Seghers und Kopelew in Freundschaft. Christa Wolf schrieb nach diesem Abend über Anna Seghers: »In ihrem Alter *kann* man nicht mehr die Grundpfeiler einreißen, auf denen alles ruht. Sie will Klarheit, Entschiedenheit, scharfe Fronten, Recht und Unrecht, glaube ich, und kann und will nicht zugeben, dass so vieles ins Schwimmen und Rutschen geraten ist. (…) Sie machte sehr den Eindruck eines Menschen, der retten will, was zu retten ist für sich und für andere: einen festen Halt, einen Glauben, ohne den man nicht leben kann.«[30]

Als sie dann gemeinsam im Auto durch Ostberlin fuhren, erzählte Christa Wolf Kopelew von ihren Zweifeln und Konflikten. »Er hatte also von Anfang an mein Vertrauen gewonnen«, sagte sie

1997 auf der Trauerfeier für den russischen Freund.[31] Als sie an der Mauer vorbeifuhren, stritten sie über Sinn und Nutzen dieses Bauwerks. Kopelew bezeichnete die Spaltung eines Volkes als »tragischen Unsinn«, Christa Wolf war froh, als sie ihm schließlich entlockte, dass es dabei auch gewisse »tagespolitische Nützlichkeiten« geben könne. Ihr Bericht über diesen Abend endet mit dieser Szene: »Wir fuhren um Mitternacht nach Hause, an der Grenze entlang, die von auf- und abschwenkenden Scheinwerferbündeln hell erleuchtet war, und dachten und sagten, dass es eine recht merkwürdige Welt ist, in der wir leben. Und dass wir sehr weit davon entfernt sind, etwas Echtes darüber zu Papier zu bringen.«[32]

Die weggeschlagenen Hände

Verlierergefühle: Das 11. ZK-Plenum im Dezember 1965

Das 11. Plenum des ZK der SED ging als kultureller Kahlschlag in die Geschichtsbücher ein. Es hatte nicht nur das Verbot einiger missliebiger Filme und Bücher zur Folge, sondern die grundsätzliche Entmachtung der Künstler. Mit dem Plenum schwenkte die Partei vom Primat der Ideologie auf das der Ökonomie um. Vor dem Hintergrund der ungelösten Wirtschaftsprobleme wurde nun auch die Kunst einer profanen Kosten-Nutzen-Rechnung unterworfen und klar gemacht, dass die weitere Demokratisierung der Gesellschaft nicht wünschenswert wäre. Man verlangte von den Künstlern, die Mühen der Arbeit produktivitätssteigernd zu besingen. Walter Ulbricht hatte schon auf dem 9. ZK-Plenum im April in feudalabsolutistischer Manier die Künstler ermahnt, dass sie vom Staat nicht dafür bezahlt würden, moralzersetzenden »Skeptizismus« zu verbreiten.

Erich Honecker machte diese Position dann auf dem 11. Plenum bedrohlich deutlich: »Wie soll denn eine Ideologie des ›spießbürgerlichen Skeptizismus ohne Ufer‹ den Werktätigen helfen? Den Anhängern dieser Ideologie, die halbanarchistische Lebensgewohnheiten vertreten und sich darin gefallen, viel von ›absoluter Freiheit‹ zu reden, möchten wir ganz offen erklären: Sie irren sich, wenn sie die Arbeitsteilung in unserer Republik so verstehen, dass die Werktätigen die sozialistische Gesellschaftsordnung aufopferungsvoll aufbauen und andere daran nicht teilzunehmen brauchen, dass der Staat zahlt und andere das Recht haben, den lebensverneinenden, spießbürgerlichen Skeptizismus als allein selig machende Religion zu verkünden. Es gibt eine einfache Rechnung: Wollen wir die Arbeitsproduktivität und damit den Lebensstandard weiter erhöhen, woran doch alle Bürger der DDR interessiert sind, dann kann man nicht nihilistische, ausweglose und moralzersetzende Philosophien in Literatur, Film, Theater, Fernsehen und in Zeitschriften verbreiten. Skeptizismus und steigender Lebensstandard beim umfassenden Aufbau des Sozialismus schließen einander aus.«[1]

Vorgetragen wurde die ökonomische Gängelung der Literatur als moralischer Angriff. Der Literatur wurde vorgeworfen, falsche Vorbilder propagiert und damit den unter der Jugend beobachteten »Wertezerfall« verursacht zu haben.[2] Schreckliches hatte sich zugetragen: Studenten der Medizinischen Fakultät der Humboldt-Universität hatten beim Ernteeinsatz in Seedorf, Kreis Demmin, das Deutschlandlied und »Heil dir im Siegerkranz« intoniert. Mathematikstudenten sangen auf dem Acker und in der öffentlichen Gaststätte das Lied »Nieder mit der Mauer, nieder mit der Mauer, nieder mit der Kirchhofsmauer«. Ganz zu schweigen von fünfzehn Theologiestudenten im Kreis Neubrandenburg, die die Teilnahme an der Wahl abgelehnt hatten.[3] Schlimmer noch: Die Jugend trug lange Haare und hörte Beat-Musik, Inbegriff westlicher Dekadenz und gefährlich antiautoritärer Habitus. Absurderweise mussten für die Anklagen gegen die Literatur Bücher herhalten wie Wolf Biermanns Gedichtband »Drahtharfe«, der nur im Westberliner Wagenbach Verlag erschienen war, Stefan Heyms ungedruckte Erzählung »Der Tag X« und vor allem Werner Bräunigs Wismut-Roman »Rummelplatz«, von dem lediglich ein Kapitel als Vorabdruck in der NDL vorlag. Die Literatenzeitschrift NDL stand nun aber nicht gerade im Verdacht, ein Zentralorgan der Jugend zu sein und zur Revolte anzustacheln.

Was Ulbricht sich von der Literatur erhoffte, machte er bei einer »Aussprache« im Staatsratsgebäude klar, zu der er am 25. Januar 1965 etwa dreißig Autoren einlud. Während Christa Wolf dort die Werteverunsicherung der Jugend thematisieren wollte, ging es Ulbricht um den künstlerischen Auftrag, »das Faust- und Egmont-Problem unserer Tage« zu gestalten. Wie ein Fabrikbesitzer, der neue Modelle propagiert, wollte er die Autoren darauf verpflichten, »größere Anstrengungen« zu unternehmen, eine »sozialistische Klassik« zu schaffen: einen sozialistischen Egmont, den sozialistischen Faust. Er dachte dabei an eine geschlossene, formstrenge Ästhetik und Moral. Anna Seghers, so erinnerte sich Christa Wolf in ihrer Rede zum 100. Geburtstag der Freundin, erwiderte darauf: »Ja, Genosse Ulbricht, das mit dem Egmont mag ja noch angehen. Aber was machen wir mit dem Mephisto?« Worauf Ulbricht sagte: »Nun, das mit dem Mephisto werden wir auch noch lösen.« Das anschließende lang anhaltende Gelächter im Staatsrat habe Ulbricht als Kompliment aufgefasst. Tatsächlich aber wurde die Mephisto-Frage nie gelöst und offiziell auch nie gestellt: Der sozialistische Faust war ohne den ihn vervollständigenden kritischen, skeptischen Widerpart vorgesehen und musste deshalb ebenfalls ausfallen.[4]

Eine zweite Einladung Ulbrichts an ausgewählte Autoren erging kurz vor dem 11. Plenum, am 25. November 1965. Es war ein Probelauf für Politbüro- und ZK-Mitglieder und eine Warnung an die Adresse der Autoren. Es gab die Möglichkeit, abzusagen und sich zu entziehen. Brigitte Reimann machte es so. Sie hatte »keine Lust, mit der Macht zu flirten und anspruchsvolle Plattheiten zu hören«.[5] Christa Wolf ging hin, ohne zu ahnen, was sie und ihre Berufskollegen erwarten würde. In ihrem Erinnerungsbericht aus dem Jahr 1991 beschreibt sie die drückende Atmosphäre: »Schon auf der Treppe empfing mich der damalige 1. Sekretär des Schriftstellerverbandes, Hans Koch, sehr bleich und sagte: Heute sollen wir hier geschlachtet werden! Ich war irritiert, denn ich wusste nicht, wer und was geschlachtet werden sollte. Nach einem Referat von Max Walter Schulz, der selbst gar nicht da war, das also verlesen wurde, meldete sich niemand zu Wort, was schon peinlich war. Dann liefen in der Pause eine Menge Leute herum und suchten Diskussionsbeiträge zusammen, flüsterten auch, worum es wirklich gehen sollte, nämlich vor allem um ein Manuskript von Werner Bräunig und einen Teilabdruck daraus in der ›Neuen Deutschen Literatur‹. Das wurde zum Ausgangspunkt der Kampagne.«[6]

Nachdem am Vormittag noch einigermaßen moderat über ästhetische Probleme gesprochen wurde, verschärfte Ulbricht nach der Pause den Tonfall. Er attackierte Werner Bräunig und forderte »bestimmte moralische Maßstäbe« von den Schriftstellern. In Anspielung auf angebliche Sexpropaganda im Fernsehen fragte er, »ob das die Schriftsteller weiter so mitmachen wollen«, und warnte die Autoren vor der Selbstüberschätzung, »dass sie die Fehler besser sehen als wir«. Abschließend machte er klar, dass ihn weniger ästhetische Fragen als eindeutige Botschaften interessierten: »Mit der künstlerischen Gestaltung Ihrer Werke halten Sie es, bitte, wie Sie wollen, mir geht es um den Inhalt und um das Ziel.«[7]

Von den anwesenden Schriftstellern meldeten sich nur fünf zu Wort: Wolfgang Joho, Anna Seghers, »Kuba«, Helmut Baierl und Christa Wolf. Sie hatte ein vorbereitetes Manuskript dabei und hatte sich vorgenommen, besonders auf die Entstehung einer demokratischen Kunst in der Bundesrepublik zu verweisen, auf Autoren wie Peter Weiss und Heinrich Böll, mit denen man unbedingt in Kontakt kommen müsse. Es gehe nicht an, wollte sie sagen, Kunst abzutöten, indem man sie banalisiert. Ulbrichts Attacke machte jedoch eine andere Stoßrichtung erforderlich. So vermengte sie in ihrem Redebeitrag einiges vom ursprünglichen Konzept mit Bemerkungen, die der aktuelle Anlass erforderte: »Ich habe mich (...) schon dort ausdrücklich gewehrt gegen Angriffe auf

Bräunig (...), weil ich sah, dass diese Angriffe paradigmatisch waren«, heißt es im Erinnerungsbericht.[8]

Der protokollierte Text ihres Redebeitrags[9] belegt, wie entschieden sie das tat. Anders als Ulbricht, der die Unmoral der Jugend als Produkt schlechter DDR-Literatur bezeichnet hatte, konstatierte sie »eine Leere, in die unsere mangelnde geistige offensive Anziehungskraft Teile der Jugend geführt hat, durch die Hohlräume entstanden sind, in die jetzt selbstverständlich fremde, feindliche Ideologien eindringen«. Dass Jugendliche sich teilweise »faschistischer Ausdrucksformen« bedienten, sei ein Problem, das die Literatur nicht allein lösen könne. Sie bemängelte die Eindimensionalität der Presse und des Staatsbürgerkundeunterrichts. Mehr Freiheit, mehr Dialog im Inneren würden die geistige Anziehungskraft der sozialistischen Bewegung erhöhen. Sie kritisierte den vorherrschenden Ökonomismus, weil er keine anderen Ziele als Wohlstand propagiere. Man habe sich »in den letzten Jahren zu sehr auf ökonomische Probleme konzentriert und andere gesellschaftswissenschaftliche, theoretische Arbeit vernachlässigt«.

Auch im Umgang mit Westdeutschen – Freunden und Gegnern – plädierte sie für offenen Dialog statt bornierter Abgeschlossenheit. Sie sagte: »Ich kann diesen Standpunkt [alles besser zu wissen], wenn ich drüben bin, nicht einnehmen. Wenn ich nicht in der DDR gelebt hätte, sondern in Westdeutschland, dann weiß ich nicht, ob ich heute Sozialist wäre. Ich kann mich in die Vorstellungswelt von Leuten hineindenken, die nicht Kommunisten sind, die das wissen und es mir sagen. Ich muss versuchen, eine Sprache zu finden, in der ich mit ihnen in einen Dialog komme.«

Das waren, zu Ulbricht gesprochen, mutige Worte. Sich in Leute hineindenken zu können, die keine Kommunisten sind, war für ihn fast schon das Eingeständnis, selbst zu den Gegnern zu gehören. Für Dialog und offen ausgetragene Meinungsverschiedenheiten einzutreten, war eine Aufforderung zum Verrat.

Im Alter von 14 Jahren, 1943/44 Foto: Christa Wolf

links: Die achtzehnjährige Christa Ihlenfeld, 1947 Foto: Christa Wolf
oben: Gerhard Wolf und Christa Ihlenfeld kurz vor ihrer Hochzeit, 1950
Foto: Christa Wolf

ECENTA
FEINSEIF

links: Als Studentin in Leipzig, Herbst 1951 Foto: Christa Wolf

oben: Christa Wolf, wissenschaftliche Mitarbeiterin des Deutschen Schriftstellerverbandes während eines Aufenthaltes in Petzow am Schwielowsee, 14. Oktober 1955 Foto: Bundesarchiv 183/33560/8N

links: Nach der Veröffentlichung ihres Debüts »Moskauer Novelle«, 1961
Foto: Christa Wolf

oben: Mit Konrad Wolf und ihrem Mann Gerhard während der Dreharbeiten zur Verfilmung »Der geteilte Himmel«, 1963 Foto: Karin Blasig

Mitte: Das Ehepaar Wolf. Aufnahme zum »Tag des Buches«, 9. Mai 1963
Foto: Bundesarchiv 183/B 0509/10/3

links oben: Die Schriftstellerin bei ihrem Diskussionsbeitrag auf der 2. Bitterfelder Konferenz, 25. April 1964 Foto: Bundesarchiv 183/C 0425/09/2

links unten: 15. Jahrestag der Gründung der DDR: Christa Wolf bekommt durch den Vorsitzenden des Staatsrats Walter Ulbricht den Nationalpreis III. Klasse für Kunst und Literatur verliehen, 5. Oktober 1964 Foto: Bundesarchiv 183/C 1005/05/96N

unten: Diskussion zum DEFA-Film »Der geteilte Himmel«, 4. November 1964 Foto: Bundesarchiv 183/C 1104/52/2N

oben: Die Autorin im Gespräch mit Konrad Wolf (l.) und Hermann Kant (r.), 25. November 1965 Foto: Ullstein-Bilderdienst

Mitte: Mit Paul Wiens, Stephan Hermlin und Heinz Kamnitzer auf dem Rezitationsabend des PEN-Zentrums zum 50. Geburtstag von Franz Fühmann, Januar 1972 Foto: Erich Seidensticker

rechts: VII. Schriftstellerkongress im November 1973, auf dem der »Bitterfelder Weg« offiziell beerdigt wurde Foto: Klaus Morgenstern

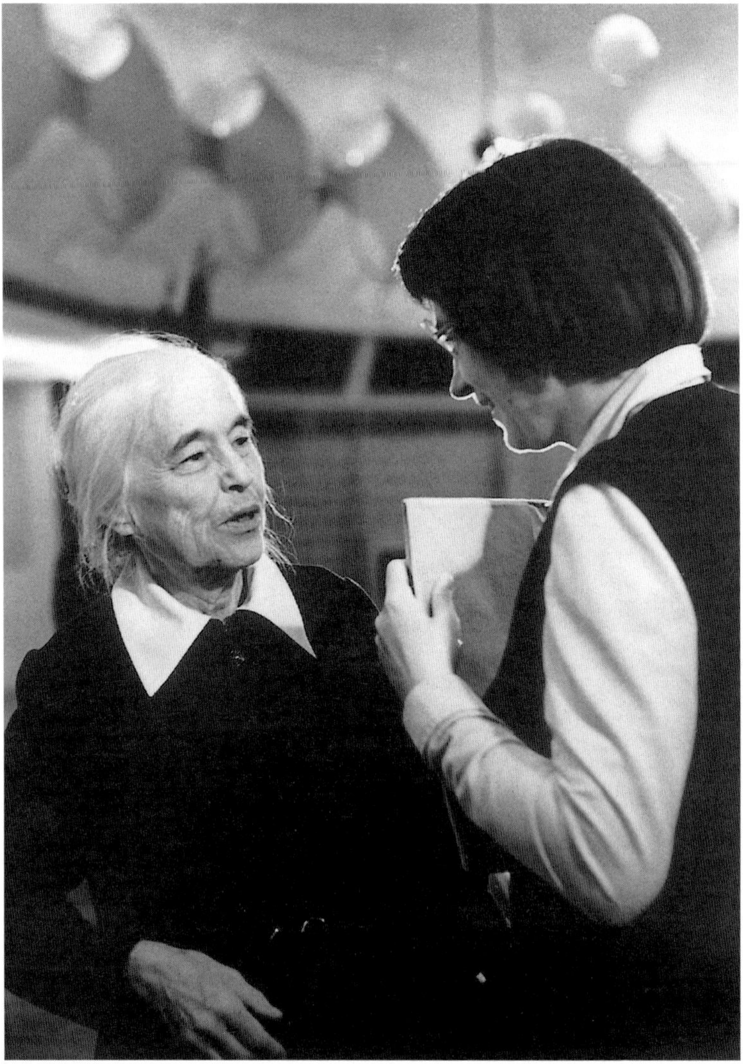

oben: Mit Anna Seghers auf dem Schriftstellerkongress, November 1973
Foto: Dieter Andree
rechts: Christa Wolf, 1976 Foto: Christian Borchert

Mitte: Christa und Gerhard Wolf in Neu Meteln, 1976 Foto: Helga Paris
unten: Mit Carola Nicolaou, Helga Schubert und Sarah Kirsch, 1976 Foto: Helga Paris
rechts: Im Familienkreis mit Gerhard, ihren Töchtern Annette und Katrin, deren Partnern und der ersten Enkeltochter, 1976 Foto: Helga Paris

Mit Günter Kunert und HAP Grieshaber, September 1978 Foto: Helfried Strauß

In ihrer Auseinandersetzung mit dem Begriff »Totalitarismus«, der »uns in Westdeutschland entgegengeschleudert« werde, zeigte Christa Wolf jedoch, wie sehr sie zu diesem Zeitpunkt trotzdem noch Parteigängerin der SED war: »Wir müssen uns die Mühe machen, über den Totalitarismus und den Kommunismus als Utopie zu sprechen, denn das ist eine ganz notwendige Sache. Wir müssen versuchen, solche Dinge wie die Notwendigkeit der Anwendung von Gewalt in revolutionären Gesellschaften – in der Diktatur des Proletariats – ganz sachlich und ohne jedes emotionelle Engagement zu erklären; denn man wird drüben kaum eine Diskussion führen, in der nicht eine der ersten Fragen heißt: Wie stehen Sie zur Mauer? Und das ist die Frage nach der Anwendung von Gewalt in einer Gesellschaft, in einer Diktatur des Proletariats. Das muss man erzählen (...).«

In ihrem Erinnerungsbericht erwähnt Christa Wolf ein bezeichnendes Detail: »Nachdem ich gesprochen hatte (...), hat man Walter Ulbricht die NDL erst vorgelegt, mit dem Bräunig-Text und den markierenden Strichen am Rand: Einwände, die er ja aber schon vorher in seinem Beitrag mit Vehemenz vorgetragen hatte. Also hat er den Text, auf den er sich bezog, da erst bekommen und überlesen. Das weiß ich, weil ich ganz in der Nähe saß und ihn beobachten konnte.«[10] Auch Anna Seghers sprach in der Folge für Bräunig oder wiegelte wenigstens ab. Sie sei dagegen, eine Sache wegzudrängen, »die uns in ihrer Widerspiegelung nicht gefällt«. Selbst Joho und Hans Koch stimmten in diesem Punkt zu. So endete die Gesprächsrunde mit einem Patt, in einer Art Schwebezustand. Christa Wolf meint im Rückblick, dass die Aggressivität im Schlusswort abgemildert worden sei, und sieht das als kleinen Sieg: »Die persönliche Referentin von Hager sagte mir nach der Tagung: Ihr wisst gar nicht, was ihr heute hier abgewehrt habt! Da wurde mir klar, dass man diese Niederlage wohl nicht einstecken würde.«[11]

Im entscheidenden Punkt aber, dem Kurzschluss zwischen Kunst und Ökonomie, bekräftigte Ulbricht am Ende noch einmal seinen Standpunkt in geradezu grotesker Formelhaftigkeit: »Ich kann nicht zulassen, dass Skeptizismus propagiert wird, und dann in den Plan hineinschreiben, dass die Arbeitsproduktivität um 6% erhöht wird. Wenn wir die Propaganda des Skeptizismus zulassen, senken wir die Erhöhung der Arbeitsproduktivität um 1%. Skeptizismus, das heißt Senkung des Lebensstandards, ganz real, so wird bei uns gerechnet.«[12]

In den folgenden drei Wochen bis zum 11. Plenum wurde die Verschärfung der Kulturpolitik bereits spürbar. Hermann Axen polemisierte im ND gegen Stefan Heym, der DEFA-Film »Denk bloß nicht, ich heule« wurde im selben Blatt verrissen, Klaus Höpcke beschimpfte Wolf Biermann, und Werner Bräunig wurde in vorgeblichen Leserbriefen von Wismutkumpeln angegriffen. Brigitte Reimann notierte all das mit feinem Gespür für drohendes Unheil in ihrem Tagebuch, sprach von einem »Stürmer«-Ton in der »Jungen Welt«, von »rüden Rempeleien« und »wüsten Denunziationen«: »Die Redakteure sind zu Dreckschleudern geworden, die Biermann alle möglichen Vergehen unterjubeln, von Pornographie bis zur Staatshetze.«[13] Ihrer Aufmerksamkeit entging auch nicht ein Bericht über den Prozess gegen eine Gruppe »junger Rowdys«, die für Notzucht, Diebstahl und einige andere Delikte mit Zuchthaus bis zu fünf Jahren bestraft wurden.[14] Dafür hätte es einige Zeit zuvor noch ein paar Monate auf Bewährung gegeben. All das sei hier erwähnt, um das Einschüchterungspotential dieser Moraloffensive deutlich zu machen. Denn nur vor diesem Hintergrund lässt sich Christa Wolfs Auftritt auf dem 11. Plenum würdigen. Es gehörte einiges an Mut dazu, in dieser Situation öffentlich Widerspruch anzumelden.

Die Schriftstellerin tat das nicht nur hinter verschlossenen Konferenztüren. Sie machte aus ihrer Haltung auch in der etwas größeren Öffentlichkeit kein Geheimnis. Am 8. Dezember berichtete sie zusammen mit Eduard Claudius und Bernhard Seeger in der Parteiversammlung Potsdamer Schriftsteller von dem Gespräch im Staatsratsgebäude (Kleinmachnow gehörte zum Bezirk Potsdam). Das Protokoll der SED-Bezirksleitung vermerkt dazu im gewundenen Konjunktivstil: »Sie habe selbst erlebt, wie eine solche Kritik, die jetzt an Bräunig geübt werde, gemacht wird. Der Mechanismus dieses Vorgangs sei eine Enthüllung wert. Sie ist nicht damit einverstanden, dass die Schriftsteller für bestimmte Erscheinungen unter der Jugend verantwortlich gemacht werden. Sie und andere Schriftsteller hätten schon vor einem Jahr gesagt, dass eine Entpolitisierung und Entidealisierung der Jugend vorliegt.«[15] So weit handelte es sich noch um eine Selbstrechtfertigung nach dem Muster, man habe es ja schon immer gesagt. In der grundsätzlichen Diagnose, dass mit der Jugend etwas nicht in Ordnung sei, stimmte Christa Wolf mit der Parteilinie ja durchaus überein. Das pädagogische Selbstverständnis aus den fünfziger Jahren, das Intellektuelle als Wertevermittler begreift, ist Grundlage ihres Denkens wie der Politik der Partei.

Im Gegensatz zur SED beklagte sie jedoch die Aushöhlung der einst so heftig gewählten und heiß empfundenen Ideale durch rituelle Lippenbekenntnisse und die vorherrschende Liebedienerei. Der mangelnde Charme des Sozialismus in der DDR sei die Ursache der Attraktivität der westlichen Kultur für die Jugend des Ostens. Der Parteibericht vermerkt: »Christa Wolf sagte, dass es in den letzten Jahren im Fernsehen einen ungeheuren Opportunismus gegeben hätte. (...) In ihrer Diskussion stellte Christa Wolf die Frage, worüber ein Schriftsteller heute schreiben kann. Nach den Veröffentlichungen über Bräunig komme sie zu dem Eindruck, dass man erstens nicht über alles schreiben dürfe und zweitens nicht so wie Bräunig.«[16] Auch die Stasi hatte ihre Beobachter zum Treffen nach Potsdam geschickt. Sie fanden einen anderen Satz der Autorin erwähnenswert: »Wenn die Kulturpolitik so weitergeht, wie sie sich gegenwärtig abzeichnet, kann ich meine ganzen Manuskripte ebenfalls verbrennen.« An der Einschätzung der »Genn. Wolf« als einer »guten Genossin« änderte das nichts; allerdings unterliege sie »zeitweilig politischen Schwankungen«.[17]

Zum 11. Plenum musste Christa Wolf, Kandidatin des ZK, eigens aus Prag herbeigerufen werden. Sie nahm dort an einem Symposium teil, das in der Nachfolge der legendären Kafka-Konferenz von 1963 stand, allerdings nicht dessen Bedeutung hatte. Trotzdem sammelten sich dort die Reformkräfte, und man habe, so Christa Wolf im Rückblick, »ordentlich auf den Putz gehauen«. Per Telegramm beorderte man sie zurück. Vergeblich versuchte sie ihre Präsenzpflicht über Alfred Kurella und den Potsdamer Parteisekretär Kurt Seibt rückgängig zu machen. Man sagte ihr, sie sei doch deshalb aufgestellt, damit auch diejenigen Schriftsteller vertreten wären, die nicht in Übereinstimmung stünden, und damit man das nach außen dokumentieren könne.[18]

Als schließlich das 11. Plenum am 15. Dezember begann, muss den Beteiligten einigermaßen klar gewesen sein, was auf sie zukommen würde. Die Massivität des Angriffs auf die Kunstszene, den Erich Honecker als Berichterstatter des Politbüros im Einführungsreferat vortrug, überraschte Christa Wolf aber doch. Das dreitägige Plenum war überschattet vom Selbstmord des führenden Wirtschaftsreformers Erich Apel, der, als Verantwortlicher der »Neuen Ökonomischen Politik« des VI. Parteitags, sich wenige Tage zuvor in seinem Büro erschossen hatte. Sein Tagebuch wurde zur Einsicht freigegeben. Es sollte belegen, dass eine Depression ihn in den Freitod getrieben habe und nicht die wirtschaftliche Lage. Doch niemand wollte das Angebot annehmen und diese Behauptung überprüfen. »Ich werfe mir noch heute vor, dass ich nicht den Mut hatte zu sagen, ich möchte das mal lesen«, schreibt Christa Wolf in ihrem Erinnerungsbericht. »Keiner hat es gemacht, aber ich hätte es machen sollen.«[19] Durch Apels Selbstmord war noch deutlicher geworden, dass die entfachte Kunst- und Jugend-»Diskussion« als Ersatzkampfplatz für die unausgetragenen ökonomischen Probleme diente.

Am Abend des zweiten Sitzungstages traf Christa Wolf sich mit Konrad Wolf, der gerade zum Präsidenten der Akademie der Künste gewählt worden war. Er bedrängte sie, dass sie jetzt sprechen müsse. Man müsse etwas unternehmen, um die Katastrophe abzuwenden. Paul Fröhlich, 1. Sekretär der Bezirksleitung Leipzig und ein ausgesprochener Hardliner, hatte die kritischen Intellektuellen und Künstler der DDR mit dem »Petöfi-Club« in Ungarn in Verbindung gebracht. Das hieß im Verständnis der Partei: Konterrevolution – und bedeutete den Ruf nach Polizei und Gefängnis. Damit war die Lage wirklich bedrohlich geworden. Konrad Wolf selbst fühlte sich als Akademiepräsident zu diplomatischerem Verhalten genötigt. Er wollte sich nicht exponieren, um in seinem Amt auf leise Weise etwas bewirken zu können. Schon lange vor dem 11. Plenum habe er sich in einer »ungeheuren Unruhe über die Entwicklung hier in der DDR« befunden, meinte Christa Wolf in einem undatierten Manuskript, das vermutlich nach Konrad Wolfs Tod 1982 entstand.[20] »Wir alle waren ja immer in einem zerreißenden Konflikt, aber bei ihm war der Konflikt wirklich so zerreißend, wie ich es bei keinem anderen Menschen gesehen habe, eben durch die Biographie und dann durch den familiären Hintergrund.« Sie bezieht sich damit auf eine Jugend, die Konrad Wolf als Sohn des kommunistischen Schriftstellers Friedrich Wolf im Moskauer Exil verbrachte, auf die tiefe Verwurzelung in dieser Tradition, die der Bruder Markus als späterer Spionage-Chef der DDR auf seine Weise zum Ausdruck brachte. Konrad Wolf jedoch, Regisseur von internationalem Rang, hatte bereits Verbote seiner Filme erleben müssen. Christa Wolf hatte ihn nachdrücklich gewarnt, das Präsidentenamt der Akademie zu übernehmen, weil er sich darin aufreibe. Er war jedoch der Ansicht, Stellung nehmen zu müssen.

Als in der Folge des 11. Plenums Frank Beyers Film »Die Spur der Steine« verboten wurde, suchte die Autorin den Akademiepräsidenten Konrad Wolf auf. Sie war sehr erregt und fragte ihn, warum er sich nicht öffentlich äußere: »Willst du warten, bis Frank Beyer verhaftet wird?« Das wollte er natürlich nicht. Er sagte: »Sie haben es so weit getrieben, dass, wenn ich mich jetzt öffentlich äußere, es wirklich objektiv schadet.« Christa Wolf schreibt im Rückblick, dass sie ihn sehr wohl verstanden habe. Aber sie bemängelte »genau wieder den Punkt, an dem er sich diszipliniert«. Konrad Wolf habe – durch seinen familiären Hintergrund bedingt – sehr viel länger gebraucht als sie selbst, das große »Wir« der Sozialisten zu durchschauen und zu begreifen, »dass nicht wir es sind, die einen Film verurteilen«. Ein paar Jahre später forderte sie von ihm, mit Peter Weiss offener über die Konflikte im Land zu sprechen, so wie sie es tat. Konrad Wolf habe darauf erwidert: »Wie soll ich das tun, ich werde selbst damit nicht fertig.«[21]

Die Nacht des 11. Plenums verbrachte Christa Wolf bei Jeanne und Kurt Stern. Viele Stunden wurde »erregt« diskutiert und überlegt: »Was kann man machen, was kann man noch retten? Weil wir wussten: Jetzt kommt das große Aufwaschen.«[22] Christa Wolf schlief nicht in dieser Nacht. Am nächsten Morgen, dem dritten und letzten Sitzungstag, meldete sie sich zu Wort und kam auch sofort dran. Man wollte ihr keine Zeit lassen, sich vorzubereiten, meinte sie später. Sie hatte nur ein paar Stichpunkte auf einen Zettel geschrieben, war sehr erregt und sprach deshalb »nicht so pointiert, wie ich es mir gewünscht hätte«. Außerdem wurde sie immer wieder unterbrochen durch Zwischenrufe von Margot Honecker, Alexander Abusch, Otto Gotsche und anderen Genossen. Nichts war mehr zu spüren von der wohlwollenden Heiterkeit, die ihr ein Jahr zuvor in Bitterfeld entgegengebracht worden war. Ihr war klar, dass sie sprechen musste, dass sie nicht mehr würde schreiben können, wenn sie jetzt schwiege. Es war ein »Befreiungsschlag«, vollzogen im klaren Bewusstsein, sich damit von der offiziellen Linie zu entfernen.[23] Sie wusste auch, dass im ZK noch niemals jemand gegen einen Bericht des Politbüros gesprochen hatte. Kein Wunder, dass sie sich fühlte, als stünde sie »allein vor einer Dampfwalze«.

Dem Text der Rede ist das kaum anzumerken. Gleich zu Beginn wies Christa Wolf den Hinweis auf den »Petöfi-Club« zurück. Die Abgrenzung von der Reformbewegung von 1956 war nicht nur eine Vorsichtsmaßnahme. Sie entsprach auch, wie der Soziologe Wolfgang Engler bemerkt, dem Selbstverständnis der Intellektuellen von 1965, denen der Gedanke, eine »Plattform« zu bilden, nie gekommen wäre.[24] Noch im Erinnerungsbericht wehrt sich Christa Wolf gegen den Verdacht, die Treffen im Haus der Sterns könnten eine Art »Gruppenbildung« gewesen sein: »Natürlich ging es nicht darum, eine Oppositionsgruppe zu formieren mit einem politischen Programm.«[25] Doch genau deshalb gaben die »65er« so schnell wieder auf und fügten sich in die verordnete Repression. Sie verfügten, wie Wolfgang Engler resümiert, über kein »eigenes, in sich stimmiges und allgemein geteiltes Konzept des Aufbruchs«. »Die 56er besaßen eine Plattform, unterbreiteten sie aber nicht dem Volk. Die 65er wandten sich an das Volk, mit ihren Filmen, Büchern, Theaterstücken, laborierten jedoch an der umgekehrten Schwäche: sie hatten viele Ideen, aber kein Programm.« Dagegen mag man einwenden, dass Kunst niemals ein politisches Programm ist. Zuzustimmen ist Engler jedoch, wenn er kritisiert, dass die Fünfundsechziger »im geträumten Einverständnis mit den Machthabern« lebten. Ihre Möglichkeiten lagen also nicht in der politischen Konfrontation, sondern »auf künstlerischem Gebiet, und dort wieder in einer Naivität, die sich von den Verhältnissen getragen wähnte und deshalb kaum Vorsichtsmaßnahmen ergriff. Daher die Unbestechlichkeit des Blicks und die Echtheit der Schöpfungen. Politisches Scheitern und künstlerisches Gelingen gehörten untrennbar zusammen; auf eine Weise, die noch nichts Romantisches an sich hatte. Das kam erst später.«[26]

Christa Wolf gab sich auf dem 11. Plenum zunächst diplomatisch und teilte dem Auditorium mit, wie gerne sie in diesem schönen Land lebe. Das Bekenntnis zum Staat und zur Partei war an diesem Ort sicher taktisch – gelogen war es deshalb nicht. Wie schon in Bitterfeld und in der Rede auf dem Internationalen Colloquium in Berlin berichtete sie von einer Reise in die Bundesrepublik. Der direkte Systemvergleich aus eigener Erfahrung war ein Muster, das sie in diesen Jahren häufig anwandte. Es diente dazu, die Überlegenheit des Sozialismus herauszustreichen, und erlaubte, das eigene vorbildliche Auftreten im kapitalistischen Ausland einfließen zu lassen. Indem sie Arbeiten von Peter Weiss, Rolf Hochhuth, Martin Walser und Max von der Grün erwähnte, mit dem sie auf einem Forum in Kiel »eine gemeinsame Sprache« gefunden habe, verließ sie jedoch den vorgegebenen politischen Bewegungsspielraum. Erneut verteidigte sie Werner Bräunig. Sie protestierte als Protestantin, die es »mit ihrem Gewissen nicht vereinbaren« könne, wenn ihm »antisozialistische Haltung« vorgeworfen werde. Denn sie wisse, dass es nicht so sei. Zum »Jugendproblem« sagte sie im Tonfall einer besorgten Lehrerin: »Sie [die Jugend] wird entideologisiert, entpolitisiert, wir schmeißen ihr den Beat an den Kopf, anstatt sie mit geistigen Problemen so vollzustopfen, dass sie gar nicht anders kann, als nachzudenken, wozu sie lebt, wozu sie hier lebt; denn sie weiß es nicht.«[27]

Tapfer versuchte Christa Wolf, den Funktionären begreiflich zu machen, dass es sich beim Schreiben um eine anders geartete, sensiblere Tätigkeit handelt als bei der Rübenernte oder der Autoproduktion: »Es ist wirklich kompliziert zu schreiben. Man darf nicht zulassen, dass dieses freie Verhältnis zum Stoff, das wir uns in den letzten Jahren durch einige Bücher, durch Diskussionen und durch bestimmte Fortschritte unserer Ästhetik erworben haben, wieder verloren geht. Ich weiß nicht, ob es angebracht ist, hier über Psychologie zu sprechen. Aber es ist so, dass die Psychologie des Schreibens ein kompliziertes Ding ist und dass man vielleicht für eine gewisse Zeit, wenn auch nicht gut und nicht gleich, einen Betrieb leiten kann, vielleicht sogar ein halbes Kulturministerium, aber schreiben kann man dann nicht.«[28] Entschlossen wehrte sie sich dagegen, verbrauchte ästhetische Modelle wieder herauszukramen, um die Literatur auf Linie zu bringen. Man dürfe nicht zurückfallen »auf den Begriff des Typischen, den wir schon mal hatten und der dazu geführt hat, dass die Kunst überhaupt nur noch Typen schafft«.[29]

Dieser Teil der Rede wirkte auf die Versammlung wie eine Provokation, auch wenn die Stoßrichtung genau genommen ins Leere ging. Wie wenig sich das ZK für Fragen der Literatur jenseits polizeistaatlichen Ordnungsdenkens und ökonomischer Nutzeffekte interessierte, machte Ulbrichts Schlussbemerkung deutlich. Mit Verweis auf Robert Havemanns im »Spiegel« erhobene Forderung, im Sozialismus gleichfalls eine parlamentarische Oppositionspartei zuzulassen, sagte er: »So. Ist jetzt allen Genossen klar, frage ich, dass es nicht um Literatur geht, auch nicht um höhere Philosophie, sondern dass es um den politischen Kampf geht zwischen zwei Systemen? Ich hoffe, dass das inzwischen jetzt klar geworden ist.«

Der Auftritt Christa Wolfs hatte zur Folge, dass sie von der Kandidatenliste des ZK gestrichen wurde; beim VII. Parteitag 1967 tauchte ihr Name dort nicht mehr auf. Es gehört jedoch zu den Absurditäten der DDR-Geschichte als einer Kette von Verspätungen, dass Erich Honecker 1971, als er nach seinem Amtsantritt als Nachfolger Ulbrichts eine liberalere Kulturpolitik ankündigte, bis in die Wortwahl hinein auf Christa Wolfs Ausführungen vom 11. Plenum zurückgriff.[30]

Nach ihrer Rede verließ Christa Wolf den Raum, um sich im Foyer zu beruhigen. Drinnen, so fürchtete sie, würde man sich nun mit ihr auseinandersetzen. Tatsächlich aber wurde ihre Rede in der folgenden Diskussion weitgehend ignoriert. Anna Seghers folgte Christa Wolf ins Foyer und schlug ihr einen Besuch des Ostasiatischen Museums vor. Nicht jetzt, sagte Christa Wolf. Gerade jetzt, sagte Anna Seghers. Und so gingen die beiden Frauen, sich am Arm fassend, quer über die Straße zur Museumsinsel hinüber.

Christa Wolf hatte, als sie die Treppe des Staatsratsgebäudes hinunterging, die Vorstellung, man habe ihr die Hände weggeschlagen.[31] Dieses Ohnmachtsempfinden bezeichnete sie 1969 in einem Brief an Brigitte Reimann als »Grunderlebnis der letzten Jahre, sozusagen das Letzte, was ich je als Erfahrung erwartet hätte«.[32] Ein »Verlierergefühl« stellte sich ein, das sie zuvor nicht gekannt hatte.[33] Anna Seghers versuchte zu trösten und wies auf die Schönheit der Verzierungen am Ischtartor hin. »Guck mal, damals war es verboten, überhaupt Menschen darzustellen, und solch schöne Sachen haben die gemacht. Die Menschendarstellung ist doch bei uns nicht verboten. Und das andere, glaub mir, geht alles vorbei.« In einem Jahr, meinte sie, sei »das« vorbei. Christa Wolf wettete einen Kaffee dagegen. »Wir haben nie wieder darüber gesprochen«, heißt es in ihrem Erinnerungsbericht.[34]

Die »sehr lange, tiefe Depression, in einem klinischen Sinn«, die sie nach dem 11. Plenum überfiel, erwähnte Christa Wolf in einem öffentlichen Gespräch erstmals gegenüber Günter Gaus. Die Kraftanstrengung, sich dort hinzustellen, sei so groß gewesen, dass danach der Einbruch kommen musste: sie erlitt eine Herzattacke.[35] Im Tagebuch von Brigitte Reimann heißt es im Januar 1966: »Christa Wolf ist krank geworden und erholt sich in Thüringen.«[36] Ihre Verstörung wurde noch dadurch verstärkt, dass das »Neue Deutschland« bei den Berichten vom 11. Plenum ihre Rede nur teilweise abgedruckt und entscheidende Stellen weggelassen hatte. Der Hinweis auf den »Petöfi-Club« fehlte sowohl im Abdruck der Rede Paul Fröhlichs als auch in ihrer Erwiderung. Auch in den internen Protokollen, die sie zugestellt bekam, fehlten diese Passagen. Dabei war es doch dieses Motiv gewesen, das sie überhaupt erst zum Sprechen herausgefordert hatte. Sie reagierte darauf mit einer Zeitungsphobie. Wenn sie eine Zeitung nur sah, brach ihr der Schweiß aus. So tief saß die schockhafte Erkenntnis, dass die Realität in ihrem Land parteiamtlich korrigiert wird.

Krankheit war in der DDR immer wieder ein probates Mittel, sich unzumutbaren Situationen zu entziehen. Konflikte, die nicht lösbar waren, wurden durch physische Verweigerung unterlaufen. Christa Wolf war wohl bewusst, dass sie Krankheiten brauchte, um sich von »diesem Druck und der Verwicklung in Probleme und Konflikte hin und wieder frei zu machen«.[37] In ihrem Text »Begegnungen Third Street« aus dem Jahr 1994 kommt sie auf ihren Psychiatrieaufenthalt zu sprechen. Die Eisenstäbe vor dem Fenster, schreibt sie da, wären nicht nötig gewesen. Selbstmord zog sie niemals in Erwägung. Viel zu groß war die Angst vor Gewalttaten gegen den eigenen Körper. Doch auch eine Depression richtet sich gegen den Körper. Sie »verändert die Stellung der Gliedmaßen zueinander, zum Beispiel, sie vergrößert auf unheimliche Weise die Schwerkraft, so dass die Erde einen anzieht, in mehrfachem Sinn, sie trocknet die Augenhöhlen aus, hohläugig läuft man herum, lief ich herum, zum ersten Mal mit diesem Tonband im Kopf«.[38]

Der behandelnde Arzt entschied sich für eine Brachialmethode gegen die Zeitungsphobie. Er ließ Christa Wolf jeden Tag Zeitungen aufs Zimmer bringen. Der Erfolg blieb aus. Ohne sie zu berühren, verdeckte Christa Wolf die Presseerzeugnisse mit einem Tuch und sah sie niemals an. Noch im Mai 1969 schrieb sie in einem Brief an Brigitte Reimann: »Wenn ich allein wäre, wie Du jetzt gerade, dann würde ich natürlich keine Zeitung lesen. Ich lese sie grundsätzlich nicht als Erste. Gerd hat die Vorzensur und gibt wohldosierte Brocken ab. Manches verschweigt er, so lange, bis es nicht mehr radioaktiv ist. Vor zwei Jahren brach mir vor jeder Zeitung der Schweiß aus, von der Phobie ist was geblieben.«[39] Gerhard Wolf nahm seine Aufgabe als Vor-Leser der Kritik so ernst, dass er ein Pamphlet gegen seine Frau, ohne es ihr zu lesen zu geben, vor ihr versteckte – so gründlich, dass er es anschließend selbst nicht wiederfand.[40]

Trotz ihrer krisenhaften Stimmung ließ Christa Wolf nach dem 11. Plenum nicht locker, sich öffentlich für ihre Meinung stark zu machen. Auf ihre Anregung hin versammelten sich die Potsdamer Parteiorganisation und der Schriftstellerverband des Bezirks im März 1966 zu einer »Aussprache« über Jugendprobleme. Das Protokoll beschreibt ihren Redebeitrag wie folgt: »Die Genn. Christa Wolf eröffnete die Beratung mit der Bemerkung, dass die Meinung, die sie darlege, ihre subjektive Meinung sei. Sie betonte, dass einige anwesende Funktionäre sich sicherlich wundern würden, wenn es kein langes Referat wird, und sagte dann, dass ihre Bemerkungen sich auf eine Aussprache mit einer Lehrerin und mit vier Jugendlichen stützen. Dann erfolgte ein Aufzählen allgemeiner psychologischer Erscheinungen, die ihrer Meinung nach das Wesen der Jugend unserer Tage bestimmten. Das seien: seelische Sparsamkeit und Scheu, geistige Trägheit, starkes Freiheitsbedürfnis (Sinn, Zweck und Nutzen einer Sache müssen immer voll erfasst sein), völliges Fehlen von Servilität (keine Liebedienerei), Resignation und keine Ausdauer. In ihren Ausführungen gab es keinen Klassenstandpunkt. Probleme der Jugenderziehung wurden von ihr völlig losgelöst von der Tatsache dargestellt, dass die Jugend unter den Bedingungen des umfassenden Aufbaus des Sozialismus heranwächst und das unter den Bedingungen der schärfsten Klassenauseinandersetzungen mit dem westdeutschen Imperialismus geschieht. Die Rolle der FDJ wurde völlig ignoriert. Das 11. Plenum und seine Einschätzungen auf diesem Gebiet waren für sie in ihren Ausführungen nicht existent.«[41]

Im Vergleich zum Protokoll der Versammlung vom Dezember 1965 ist der Tonfall eindeutig misstrauischer geworden. Der Erfolgsautoren- und Nationalpreisbonus ist verbraucht. Dem Berichterstatter scheint es angezeigt, die Kritik an Wolfs Positionen gleich selbst zu formulieren, um die eigene Distanz nicht nur durch die spitzen Finger des Konjunktivs deutlich zu machen. Auffällig auch, dass Christa Wolf die Jugend nun nicht mehr bloß als zu behandelndes »Problem« sieht, sondern ihr durchaus Respekt entgegenbringt. Freiheitsbedürfnis und fehlende Servilität sind Eigenschaften, die in ihrer Vorstellung von der sozialistischen Menschenerziehung unbedingt positiv einzuschätzen sind. Der Glaube, dass die sozialistische Gesellschaft notwendig zur Selbstverwirklichung des Menschen führen würde, ist nach dem 11. Plenum mit der offiziellen Politik nicht länger in Übereinstimmung zu bringen.

Deren konkrete Folgen erlebte Christa Wolf in eigener Sache bei der Absetzung des Films »Fräulein Schmetterling«, zu dem sie zusammen mit Gerhard Wolf das Drehbuch geschrieben hatte. Der Film, die erste Arbeit des Regisseurs Kurt Barthel, eines Schülers von Konrad Wolf, war bereits abgedreht, als er nach der Vorführung des Rohschnitts im Beirat der Hauptverwaltung Film abgesetzt wurde. Der Film, so hieß es, »gestalte nicht das sozialistische Menschenbild« und »erziele eine Wirkung, die im Wesen unserer Republik feindlich sei«.[42] In einer Notiz der Stasi hieß es: »Nach Einschätzung eines qualifizierten IM beinhaltet dieser Film auch solche Tendenzen, wie sie vom 11. Plenum kritisiert wurden.«[43] Es sollte ein Berlin-Film über eine junge Frau werden, die aus der staatlich verordneten Fürsorglichkeit auszubrechen versucht, nachdem sie mit mehreren ihr zugewiesenen Arbeiten – als Fischverkäuferin, als Verkäuferin von Unterwäsche in einem »Exquisit«-Laden und als Busschaffnerin – nicht glücklich werden konnte.

Die Handlung spielt auf drei Ebenen: in der Alltagsrealität der siebzehnjährigen Helene, in der fiktiven Welt ihrer Träume und Phantasien und auf einer dokumentarischen Ebene, die den Aufbau Berlins, den neuen Alexanderplatz und die immer noch vorhandene Nachkriegsruinenlandschaft zeigt. Nicht nur der »Subjektivismus« stieß auf Missfallen, sondern auch die Art und Weise, wie das Alte und das Neue einander gegenübergestellt wurden. Selbst ein von Manfred Krug gesprochener und über die Handlung gelegter Kommentar konnte den Film, den man als weibliches Pendant zur »Spur der Steine« interpretieren kann, nicht mehr retten. Helene ist eine schemenhafte Vorläuferfigur der Christa T., noch unausgereift, aber mit denselben Konflikten belastet. Es geht um Selbstverwirklichung, um den unlösbaren Widerspruch zwischen Individualismus und den Zwang zur Einordnung in die sozialistische Gesellschaft. Phantasie steht gegen ökonomische Rationalität, Träume kollidieren mit der Wirklichkeit.[44]

Christa Wolf hielt »Fräulein Schmetterling« schon damals nicht für geglückt, weil der Film die eigene Absicht nicht deutlich zum Ausdruck gebracht habe und insgesamt zu direkt und lehrhaft geraten sei. Die Hauptfigur war mit einer jungen tschechischen Laienschauspielerin fehlbesetzt.[45] Allenfalls wegen der Dokumentaraufnahmen mochte sie dem Film im Rückblick einigen historischen Wert zugestehen. Als Regisseur Kurt Barthel sich nach der Wende das vorhandene Material noch einmal ansah, war auch er nicht der Auffassung, die Arbeit jetzt noch fertig stellen zu müssen. Aus dem historischen Kontext herausgeschleudert, hatte der Film seine Funktion verloren. Damals gelang es der SED, alle »subjektivistischen Tendenzen« noch einmal für einige Jahre abzuwürgen.

Christa Wolf spricht im Rückblick davon, dass der Einschnitt des 11. Plenums eine Polarisierung unter den Künstlern zur Folge hatte. »Es gab einige, die bereit waren, sich anzupassen, die sich der Einengung der Kunst fügten, die dort verordnet wurde. (...) Ich begann darüber nachzudenken, was uns überhaupt noch zu tun möglich blieb – immer noch mit der Vorstellung, dass die Strukturen dieses Landes dazu geeignet seien, eine vernünftige Gesellschaft zu entwickeln.«[46] Zu Gremien und Verbänden hielt sie in der Folge einen gehörigen Sicherheitsabstand. Der Jahreskonferenz des DSV 1966 blieb sie fern und begab sich stattdessen auf eine Reise in die Sowjetunion. Das habe »wie eine Demonstration« gewirkt, »bestenfalls als Ausweichen« und »zu Geschwätz Anlass gegeben«, teilte Brigitte Reimann brieflich mit. »Viele haben es bedauert, dass Du nicht da warst, sie hatten gehofft, dass Du sprechen wirst (...).«[47] Abwesenheit sollte jedoch zu einem wichtigen politischen Mittel Christa Wolfs werden – zumindest zu einem häufig gebrauchten Selbstschutzmechanismus.

Unter Generalverdacht *»Nachdenken über Christa T.« und der Prager Frühling*

Unmittelbar nach dem 11. Plenum begann Christa Wolf mit der Arbeit an »Nachdenken über Christa T.«. Ein erster Entwurf ist mit Januar 1966 datiert. Schreibend kämpfte sie sich aus der Depression heraus und überwand die existentielle Krise, in die sie geraten war. Sie ist sicher, dass das Buch sie gerettet hat.[1] Es markiert den Anfang einer Entwicklung, über die sie später schrieb: »Wir, auch ich, haben uns ja erst allmählich zu der Erkenntnis durchgearbeitet, dass unsere Hoffnung, trotz allem mit Kunst, und zwar mit *kritischer* Kunst, zur Veränderung dieses Gemeinwesens beizutragen, zum Scheitern verurteilt war.«[2] Die Zuversicht, auf der richtigen Seite zu stehen und des historischen Fortschritts sicher sein zu können, war im »Geteilten Himmel« noch dominierend. Jetzt wurde sie brüchig, ohne dass sich neue Gewissheiten angeboten hätten. Ohne Sicherheit denken und leben zu müssen – darin bestand der intellektuelle Gewinn und die krisenhafte Herausforderung nach dem 11. Plenum. Christa Wolf spricht im Rückblick von einem »entscheidenden Umbruch in meinem Denken und Fühlen«, der in dieser Zeit stattgefunden habe. »Das Positive« erschien ihr nun immer zweifelhafter.[3]

Ästhetisch machte sich die allmählich einsetzende Verunsicherung ab Mitte der sechziger Jahre allerdings tatsächlich positiv bemerkbar. »Ich brauchte anscheinend ziemlich scharfe, schwere Geschütze, damit Verdrängtes in einer heftigen Eruption hervorkommen konnte. Danach aber war ich offener und hab mit einer neuen Unbefangenheit schreiben können, über die ich mich heute fast wundere«, sagte sie.[4] Alles Vorbildhafte verschwindet nun aus den Texten. Der hohe Ton historischer Bedeutsamkeit, der den Prolog zum »Geteilten Himmel« für heutige Leser ungenießbar macht, ist unmöglich geworden. Von der ideologisch-moralischen Verpflichtung, selbst »tragische Erlebnisse in optimistischer Sicht« zu zeigen – so lautete durchaus treffend der Titel einer Besprechung des »Geteilten Himmel« in der Kulturbundzeitung »Sonntag« –, war nun nichts mehr zu spüren.

Brigitte Reimann zeigte sich irritiert von der veränderten Schreibweise Christa Wolfs. Nach einer Lesung aus dem entstehenden Buch über Christa T. schrieb sie im November 1966 an die Freundin: »Nur Deine Stimme war noch bekannt; die Identität wäre ganz verloren gegangen, wenn Du nicht selbst gelesen hättest. Wenn es stimmt, dass sich Wesen und Haltung eines Menschen in seinem Stil widerspiegeln, dann muss sich ungeheuer viel in Deinem Wesen, Deiner Haltung geändert haben – das ist der Eindruck beim ersten Hinhören. Aber je länger man zuhört, desto mehr spürt man etwas Gezwungenes, wenigstens Gesuchtes in dieser neuen Art zu schreiben, verstehst Du? Im ›Geteilten Himmel‹ warst Du, wie mir scheint, sprachlich der Anna Seghers verpflichtet, das ging bis in den Satzrhythmus, in die Bildwahl, war aber mehr als bloße Beeinflussung, eher ein Zeichen von Übereinstimmung. Deine neue Erzählweise ist, schroff gesagt, geborgt, oder salopp gesagt: sie steht Dir nicht.«[5] Auf Reimanns Vermutung, sie müsse in einer schlimmen Situation sein, erwiderte Christa Wolf: »Dass das keine lustige Geschichte wird, ist klar. Ich streite auch nicht ab, dass ich im letzten Jahr nicht immer lustig war. Aber das ist eine andere Sache.«[6] Auch gegenüber der Freundin blieb Christa Wolf zurückhaltend in Auskünften über die eigene Befindlichkeit.

Ein halbes Jahr zuvor hatte Brigitte Reimann Christa Wolf aus einem anderen Prosatext lesen hören, den Reimann »die Jakko-Geschichte« nennt. Schon da hatte sie Veränderungen des Stils bemerkt, die ihr gewaltsam, ja schrill erschienen. Das erste Kapitel dieses Romans mit dem Arbeitstitel »Das Preisgericht« las Christa Wolf im DDR-Rundfunk, und auch bei ihrer Reise in die Bundesrepublik im November 1965 trug sie in Hamburg und in Kiel Auszüge daraus vor. Im Zentrum stand ein Filmregisseur, der mit einem renommierten Preis ausgezeichnet wurde, der es aber satt hat, »Ideale« zu verfilmen, und nun lieber Dokumentarfilme drehen will. Zu diesem Sujet könnte Konrad Wolf animiert haben, der damals, wie Christa Wolf aus Gesprächen wusste, entschlossen war, ohne den technischen Apparat zu arbeiten, den man als Filmregisseur braucht. Er wollte am liebsten nur mit einer Handkamera durch die Straßen ziehen und auffangen, was dort wirklich passiert.

Christa Wolf bezeichnete den Roman als »Buch der Selbstverständigung«, das einen Ausschnitt aus den Problemen ihrer Generation geben wolle.[7] Eine zweite Fassung legte sie nach eineinhalb Jahren mit knapp 250 Typoskriptseiten weg.[8] In einem Brief an Brigitte Reimann erklärte sie knapp und resolut, das Ausmaß der fallen gelassenen Arbeit noch untertreibend: »Die Geschichte, in der das Jakko-Kapitel vorkam, habe ich nicht weitergemacht, sondern etwa bei Seite 150 liegen gelassen. Sie war nicht gut genug, habe ich nach anderthalb Jahren bemerkt, zu tief gezielt.«[9] Auch die öffentliche Resonanz klang vernichtend. So sprach »Die Welt« nach der Hamburger Lesung von »Tutigkeit« und einer »Verbrauchtheit der sprachlichen Mittel«, die an Luise Rinser oder Manfred Hausmann erinnere.

Was ihr theoretisch vorschwebte, machte Christa Wolf in einem Brief an die junge Autorin Gerti Tetzner deutlich. Tetzner hatte sich im April 1965 Rat suchend an sie gewandt und ihr den Anfang einer Erzählung zur Begutachtung geschickt. Es ging in dieser Erzählung um junge Leute, die ihre frühen Ideale verloren haben und ohne Begeisterung durchs Leben trotten. Es ging um die Suche nach dem richtigen Leben, um Selbsterfahrung und Engagement, Themen, die Christa Wolf unmittelbar ansprachen. Auch ihr machte die »wachsende innere Inaktivität« unter den jungen Leuten zu schaffen. Dieser »Gefahr« wollte sie mit kritischer Literatur begegnen, um Kräfte zu wecken, »die unbewusst vorhanden sind und Bestätigung, Ermutigung, Anstoß brauchen«. Ausführlich antwortete sie auf Gerti Tetzners Brief, bat um genauere biographische Angaben und erhielt postwendend eine eigens angefertigte Tagebuchabschrift. Das Vertrauen der Jüngeren muss grenzenlos gewesen sein. Sie schätzte nicht nur den literarischen Sachverstand Christa Wolfs, sondern suchte umfassende Lebensberatung: Fragen Sie Frau Christa!

Die Grenze zwischen Leben und Literatur verlief auch in den Antworten von Christa Wolf fließend; Schreiben erscheint ganz direkt als Mittel zur Bewältigung des Alltags. Es geht nicht mehr um literarische Wahrheitsverkündung, sondern um Wahrheitssuche. »Direktes Erleben und literarisches Vorhaben« hängen »eng zusammen«, schreibt Christa Wolf und rät: »Es *muss* ja nicht jede Verwicklung sich auflösen und alles zu einem guten Ende kommen – nicht wahr? (...) Menschen, wie sie wirklich geworden sind, müssen in voller Schärfe kommen, nicht gemildert durch unser Wunschdenken, unsere guten Absichten und vor allem nicht durch vorgefasste Meinungen von unserer Gesellschaft. Wir müssen sie darzustellen versuchen, wie sie ist, und uns von der Zwangsvorstellung lösen, dass wir nur eine im Ganzen vorwärts schreitende historische Bewegung zu illustrieren hätten.«[10] Das liest sich mehr als Aufforderung an sich selbst denn als Anweisung an die unerfahrenere Kollegin.

Wie direktes Erleben und literarisches Vorhaben zusammenzuführen sind, erprobte Christa Wolf 1965 mit der Erzählung »Juninachmittag«. In der Beschreibung eines vertrödelten, verträumten

Nachmittags mit der Familie im sommerlichen Garten knüpfte sie an ihren Tagebuchtext »Dienstag, der 27. September« aus dem Jahr 1960 an. Doch was dort noch unbehauenes Alltagsmaterial war, wurde nun zum ästhetischen Programm: »Eine Geschichte? Etwas Festes, Greifbares, wie ein Topf mit zwei Henkeln, zum Anfassen und zum Daraus-Trinken?«, lautete die für Anhänger des sozialistischen Realismus verstörende Eingangsfrage. Und auch in der mitgelieferten Antwort ließ sie biedere Realismusauffassungen hinter sich: »Eine Vision vielleicht, falls Sie verstehen, was ich meine. Obwohl der Garten nie wirklicher war als dieses Jahr.«[11]
Erstmals macht Christa Wolf in dieser Geschichte mit dem subjektivistischen Erzählen Ernst und verzichtet gleichzeitig auf eine nacherzählbare Handlung. Gartenarbeit, Kinderspiele, Gespräche, Beobachtungen und die Lektüre von Marie Luise Kaschnitz' Erzählungsband »Lange Schatten« gehen in die Beschreibung ein und bilden ein Geflecht von Motiven im Strom des Bewusstseins der Ich-Erzählerin. »Juninachmittag« markiert den Beginn modernen Erzählens in der DDR. Der kurze Sommer der Moderne war allerdings mit dem 11. Plenum und den folgenden Verboten von Anfang an bedroht und ins Verborgene gedrängt. »Juninachmittag« erschien erst 1967 in einem Almanach des Aufbau-Verlags.[12]
Dass »Nachdenken über Christa T.« Misstrauen hervorrufen würde, war Christa Wolf schon während des Schreibens klar. Am 1. März 1967 beendete sie die Arbeit an der Erzählung und notierte in ihrem Tagebuch: »Warum schreibt man? Heftiger Wunsch, alles noch einmal umzustürzen. ›Christa T.‹ wird nicht veröffentlicht werden, und das wird mich wieder treffen.«[13] Dass sie im Lebenslauf der Landsberger Schulfreundin Christa Tabbert überhaupt einen literarischen Stoff erkannte, war eine Folge der deprimierenden politischen Erfahrungen des 11. Plenums. Von einer jungen Frau zu erzählen, die ein selbstbestimmtes Leben entgegen gesellschaftlicher Zwänge führen will und stirbt, wäre ihr ein paar Jahre

früher noch sehr gewagt erschienen. Es war ein Thema, das – zumal unter der Prämisse des Misslingens im Tod – in der sozialistischen Gesellschaft nicht vorgesehen war. Über den Tod zu sprechen bedeutete bereits eine Provokation für die auf Optimismus und siegreichen Aufbau fixierten Ideologien.

Als Christa Tabbert-Gebauer im Februar 1963 starb und Christa Wolf das Telegramm mit der Todesnachricht »Krischan ist eingeschlafen« in Kleinmachnow erreichte, trauerte sie über den Tod der Freundin. Als sie deren Tagebücher, Briefe und schriftstellerische Versuche aus dem Nachlass erhielt, entwickelte sich langsam die Idee, daraus literarisch etwas zu machen und sich selbst zu dieser fremden, vertrauten Parallel-Biographie ins Verhältnis zu setzen. Sehr genau, teilweise wörtlich, hielt sie sich in ihrer literarischen Umsetzung an das nachgelassene Material, das sie verarbeitete. Das zeugt vom großen Respekt gegenüber der an Leukämie gestorbenen Christa Tabbert.

Der Rundfunkbeitrag »Tagebuch – Arbeitsmittel und Gedächtnis« vom Dezember 1964 war ein erster Reflex auf die Auseinandersetzung mit dem schriftlichen Nachlass. Die Beschäftigung mit vier verschiedenen Tagebüchern – darunter auch ihrem eigenen – begründete sie mit dem immer stärkeren Misstrauen gegen die romanhaften »Erfindungen über das Innenleben unserer Mitmenschen«. In Memoiren, Briefsammlungen, Biographien und Tagebüchern werde dagegen das Bedürfnis nach »Authentizität« gestellt: »Nicht belehrt – unterrichtet wünscht man zu sein.«[14] Das ist eine für Christa Wolf überraschende Aussage, mit der sie ihr bisheriges pädagogisches Literaturverständnis überschreitet. Das Bedürfnis, sich Menschen unverstellt von ideologischen Prämissen zu nähern, musste zunächst den Weg über das dokumentarische Genre Tagebuch nehmen, ehe sie dafür mit »Christa T.« eine literarische Lösung finden konnte. Schon 1964 entdeckte Christa Wolf in den Tagebüchern Johannes R. Bechers den Satz, den sie ihrem neuen Buch voranstellte. Es war die Sinnfrage, die sie sich so sehr zu Eigen machte, dass sie ihr weiteres Schreiben motivierte: »Denn diese tiefe Unruhe der menschlichen Seele ist nichts anderes als das Witterungsvermögen dafür und die Ahnung dessen, dass der Mensch noch nicht zu sich selber gekommen ist. Was ist das: dieses Zu-sich-selber-Kommen des Menschen?«[15]

Im März 1967 lieferte Christa Wolf das Manuskript im Mitteldeutschen Verlag ab. Dessen Chef, Heinz Sachs, ließ daraufhin zwei Arbeitsgutachten anfertigen, wie es den Gepflogenheiten im sozialistischen Verlagswesen entsprach. Denn nur mit positiven Gutachten war es möglich, bei der Hauptverwaltung Verlage im Ministerium für Kultur (HV) eine Druckgenehmigung zu beantragen. Zensur funktionierte nicht einfach nach Gutsherrenart als autoritäres Verbot, sondern als komplizierter Verwaltungsakt, der die Betroffenen ins mehr oder weniger freundliche »Gespräch« mit einbezog und ihnen paternalistisch mit Rat und Tat zur Seite stand. Ganz so, als wäre die Bürokratie ein anonymer Apparat, gegen den sich Autoren und Verlagsleute mit gemeinsamer List zur Wehr setzen müssten, für den aber eigentlich niemand verantwortlich zu machen sei. Das Lavieren, Kungeln, Fraternisieren, Drohen, Bitten und Betteln, Lügen, Verschweigen und Vergessen, das den langwierigen Veröffentlichungsprozess der »Christa T.« begleitete, ist dafür ein besonders eindrucksvolles Beispiel, an dem sich viel über die familiäre Diktatur der DDR lernen lässt. Man kannte sich ja und war per Du – vom Minister bis zur betroffenen Autorin, die trotz aller Schikanen weiterhin ihre Zugehörigkeit zu diesem System beteuerte.[16]

Auch freundschaftliche Begegnungen gehörten zur Funktionsweise des Systems, Ratschläge, bei denen kaum zu entscheiden ist, ob sie Opportunismus, Resignation oder listige Lebensklugheit bedeuten. Im Tagebuch berichtet Christa Wolf von einer Begegnung mit Anna Seghers, die neulich, in der Akademie, »zu meiner Verwunderung nach der Erzählung fragte: Ich solle sie ihr zu lesen geben. Ich sagte Nein; übrigens sei sie schon abgelehnt. A. S.: Wie schade, dass du sie mir nicht früher gezeigt hast. Vielleicht ist mit ein, zwei Sätzen etwas zu machen, so dass sie doch noch erscheinen kann. – Ich musste lachen. – Sie: naja, hör mal, man kann doch alles darstellen, wenn man es kann. – Ich: dann kann ich es eben nicht. Früher hätte ich mich nicht so gegen sie aufgelehnt. Übrigens hat sie Recht: Man kann alles darstellen, wenn man zu der Beweisführung gelangt: Am Ende hat die Partei immer Recht. Gerade dazu kann ich eben nicht mehr kommen.«[17]

Mit Begeisterung, ja mit Bewunderung reagierte Maxie Wander, als sie Christa Wolf bei einer Lesung in Kleinmachnow erlebte. »Nun kennen wir sie so lange und kennen sie doch nicht«, schrieb sie in ihr Tagebuch und fragte sich: »Ist sie eine Beauvoir? Ich denke, sie hat das Zeug dazu.« So eine Spannung bei einer Lesung, so eine unglaubliche Wirkung hatte sie noch nie zuvor erlebt.[18]

Die Verlagsgutachten, die im Juni vorlagen, fielen jedoch negativ aus. Das erste war zwar noch recht wohlwollend, warnte aber vor dem Eindruck, Christa T. sterbe »mit einer Art Notwendigkeit, innerer Konsequenz«. Es könne so scheinen, als ob die »werdende sozialistische Gesellschaft (…) den moralisch rigorosen, ästhetisch hochsensiblen, seelisch leicht verletzbaren, auf Sehnsucht und Liebe gestellten, auf Vollkommenheit bedachten Menschen nicht besonders günstig ist«, hieß es da durchaus zutreffend. Das zweite Gutachten, das ein Lektor des Verlags verfasste und das Christa Wolf zugespielt wurde, lobte die sprachliche Meisterschaft der Prosa, bemängelte aber grundsätzlich die gesellschaftliche Isoliertheit Christa T.s, die jede »humanistische Aktivität« unmöglich mache. Angesichts der »gegenwärtigen Reife unserer Literaturgesellschaft« stelle eine Veröffentlichung ein »großes Risiko« dar. Der Gutachter schloss mit der Mitleidslosigkeit eines Henkers: »Obwohl die Autorin wahrscheinlich nach dem Scheitern ihres dritten Werkes kaum wieder produktiv sein wird, können wir das Manuskript nicht akzeptieren.«[19]

Verleger Heinz Sachs wandte sich – untypisch für Genehmigungsverfahren in der DDR – erst einmal privat an den »Leiter des Fachgebiets deutsche Gegenwartsliteratur« der HV, Eberhard Günther, um ihn auf den komplizierten Fall vorzubereiten. Günther teilte ihm ebenso privat mit, dass er dieses Manuskript nicht befürworten könne. Heinz Sachs schilderte diesen Sachverhalt Christa Wolf, die daraufhin – außergewöhnlicher Vorgang – Günther zu einem Gespräch zu sich nach Hause bat. Unter Genossen, meinte sie, müsse man solche Meinungsverschiedenheiten besprechen können. Im Tagebuch notierte sie am 27. Juli 1967: »Mein Zensor war neulich da. Er brachte seine ausführliche Beanstandungsliste vor. Ich sagte: Schön und gut. Aber mit welchem Recht verbietest du das Buch, wenn du doch offenbar nicht der Ansicht bist, die DDR breche daran zusammen? – Er: Man habe ihn nun mal auf diesen Platz gesetzt (später kam heraus, dass er lieber nicht da säße), er könne ein solches Manuskript nicht durchlassen, und schließlich diskutiere er ja noch mit mir. Da wurde Gerd wild, sprang auf und schrie. Darauf schrie mein Zensor zurück: Also gut, wenn es nach ihm ginge, solle man das Buch in Gottes Namen drucken, er habe seine Vorbehalte und werde sie äußern, aber gefährlich sei es natürlich nicht. Nur gehe ein Manuskript von mir eben nicht bloß bis zu ihm, sondern noch zu ganz anderen Stellen. Und dann sei die nächste Frage: Wer hat das durchgelassen? Er habe ja schon eine Parteistrafe wegen eines ähnlichen Delikts.« Der Zensor schlug vor, eine ganz andere Geschichte zu schreiben, eine, in der am Ende »die Gesellschaft gegenüber dem Individuum auf jeden Fall Recht behalten« soll und Christa T. eine ordnungsgemäße Gegenspielerin erhält.[20]

Damit war, wie Christa Wolf süffisant bemerkte, Verleger Heinz Sachs erst einmal »fein raus: Er braucht das Manuskript nun gar nicht erst einzureichen«. Auch Dr. Günther hatte sich nichts vorzuwerfen, er wurde ja noch gar nicht offiziell gefragt und hat lediglich ganz privat seine Meinung mitgeteilt. Welch anheimelnde Szene: Zensor und Zensierte sitzen gemeinsam am heimischen Küchentisch und streiten prophylaktisch – die DDR als Wohngemeinschaft.[21] Bei diesen Spielen aller gegen den Apparat ging es darum zu verhindern, sich am Ende selbst die Hände schmutzig machen zu müssen. Zu diesem Zweck wurde die Verantwortung so lange hin und her geschoben, bis sie unauffindbar war. Niemand sagte dabei normalerweise ehrlich und offen seine Meinung. Gewinnen konnte nur, wer rechtzeitig erahnte, welche Meinung die nächsthöhere oder die übernächste Ebene vertreten würde, und wem es gelang, die eigenen Formulierungen gegen alle Eventualitäten abzusichern.

Gerhard Wolf aber setzte auf Offenheit. Er plädierte dafür, das Manuskript offiziell einzureichen, damit man hinterher »ganz oben« nicht sagen könne, man habe von nichts gewusst. Viel Sinn hätte das allerdings nicht gehabt. Seiner Frau gab er den Rat, noch ein Kapitel zu schreiben, einen »Hochreißer« am Ende, wo sie auch selbst eine dramaturgische Leerstelle sah. Im Herbst 1967 entstand ein zusätzliches Kapitel, das nicht unwesentliche 19., das von der »Schwierigkeit, ich zu sagen«, handelt, vom Schreiben über sich selbst in der dritten Person, ein Thema, das Christa Wolf in »Kindheitsmuster« weiter verfolgen wird. Nach außen hin konnte sie diese Ergänzung als Überarbeitung des Manuskripts verkaufen, und tatsächlich verlief der zweite Anlauf zur Veröffentlichung erfolgreicher, obwohl sich inhaltlich nichts Wesentliches geändert hatte.

Als sie »Christa T.« im Januar 1968 erneut im Verlag einreichte, sorgte sie zugleich für mehr Öffentlichkeit. Schon 1967 hatte sie mit Lesungen in Weimar und Leipzig »Christa T.« publik zu machen versucht. Im »Sonntag« und in »Sinn und Form« erschienen im Februar 1968 Vorabdrucke. Auch in der Bundesrepublik veröffentlichte Christa Wolf in der DKP-nahen Zeitschrift »Kürbiskern« Auszüge aus »Christa T.« und dazu gleich noch das erklärende, Gegenargumente antizipatorisch aufnehmende »Selbstinterview«, mit dem sie in der DDR eine Rundfunklesung eingeleitet hatte. Damit waren Fakten geschaffen. Die Ablehnung eines Buches von Christa Wolf, dessen Existenz bereits öffentlich ist, wäre ein Politikum gewesen, auf das es die DDR-Kulturfunktionäre nicht unbedingt ankommen lassen wollten.

Der »Sonntag« machte die Erstveröffentlichung groß auf und brachte in derselben Ausgabe auch einen Auszug aus Brigitte Reimanns Roman »Franziska Linkerhand«. Auf dem Titelbild waren Photos der beiden Autorinnen und die Namen im Fettdruck. In der Unterzeile stand programmatisch: »Wie soll man leben?« Ein redaktionelles Vorwort stellte die beiden Texte in Zusammenhang mit dem in einer früheren Ausgabe geführten »Disput über die Persönlichkeitsbildung in der sozialistischen Gesellschaft«, der ein »lebhaftes Echo« gefunden habe. Und um mögliche Einwände zu entkräften, berief man sich auf einen Beschluss des Staatsrats über die Aufgaben der Kunst: »Die menschenbildende Wirkung der Kunst erfüllt sich, indem sie auf ihre Weise neue, tiefe und voranführende sozialistisch-humanistische Antworten auf die Frage gibt: Wie soll man leben?«[22]

Christa Wolf wählte taktisch klug das fünfte Kapitel aus, an dessen Beginn sie sich mit der »Beispielhaftigkeit« der Hauptfigur beschäftigt. Dass Christa T. nicht »typisch« sei, war ja einer der Vorwürfe gegen das Buch, dem Christa Wolf nun den eigenen Text entgegenhielt. Auch wenn Schreiben immer bedeute, Beispiele anzubieten, sei Christa T. »als Beispiel nicht beispielhaft, als Gestalt kein Vorbild«. »Nie wäre ich, das möchte ich schwören, auf sie verfallen.«[23] In einem begleitenden Interview, das teilweise wörtlich das »Selbstinterview« paraphrasiert, erklärte sie, warum sie dann doch auf diesen Stoff verfiel: »Ein Mensch, der mir nahe war, starb zu früh. Ich wehre mich gegen diesen Tod, suche nach einem Mittel, mich wirksam wehren zu können. Ich schreibe, suchend. (…) Nicht sie und ich sind Gegenstand der Geschichte, sondern unsere Beziehungen zueinander (…). Nichts Gegenständliches, wenn sie so wollen, nichts Photographierbares. Aber etwas ungemein Wirksames.«[24]

Die zwei neuen Gutachten, die der Mitteldeutsche Verlag ausstellen ließ, fielen recht positiv aus. Das erste sprach von einem »bemerkenswerten Werk unserer sozialistischen Gegenwartsliteratur« und empfahl dem Verlag »den Druck in hoher Auflage«. Und auch das zweite, obwohl abwägender und gewundener, sah nun die »Gefahr einer ideologischen Desorientierung« nicht mehr gegeben. Der Einschub des 19. Kapitels habe die »ideelle Gesamttendenz (…) erheblich klarer und unmissverständlicher« gemacht.[25] Diese Behauptung ist völlig haltlos und eigentlich nur als bewusste Irreführung der übergeordneten Instanz zu verstehen. Der Verlag zielte nun nicht mehr darauf, Einverständnis mit der HV herzustellen, sondern setzte auf Überredungskunst. Die neuen Gutachten argumentierten geschickt gegen mögliche Einwände, und sie taten ihre Wirkung. Am 18. März teilte Verleger Heinz Sachs Christa Wolf telefonisch mit, dass der Fachgruppenleiter der HV »Christa T.« jetzt für ein »hervorragendes Manuskript« halte. Die Druckgenehmigung wurde für 10 000 Exemplare erteilt. Auf Antrag des Verlages bewilligte man im April 1968 sogar eine Erstauflage von 20 000, die im März 1969 in den Handel kommen sollten.[26] Davon waren 5 000 Exemplare für den Luchterhand Verlag und den Vertrieb in der Bundesrepublik bestimmt. In ihrem Tagebuch notierte Christa Wolf, dass die HV Hinweise für noch »notwendige Änderungen« angekündigt habe. Davon war später nicht mehr die Rede. Eines der Hauptargumente für das Buch sei gewesen: »Es beweise, dass Sartre Unrecht habe mit der Behauptung, im Sozialismus gebe es keine Biographien mehr.«[27]

Warum im Dezember 1968 der Herstellungsprozess des Buches plötzlich unterbrochen wurde und in der Kulturabteilung des ZK eine Debatte begann, ist anhand der Akten nicht nachvollziehbar. Im Oktober 1968 vermerkt das Protokoll einer Sektorenleiterberatung in der Kulturabteilung des ZK, es sei empfehlenswert, eine »kritischere Einschätzung des Buches von Christa Wolf« zu geben. Und im Dezember heißt es: »Die Gutachten über Christa Wolfs Buch, die zur Erteilung der Lizenzen führten, sind zu überprüfen.«[28] Vielleicht hat bloß jemand das Manuskript gelesen und Bedenken geäußert. Vielleicht aber, und das ist wahrscheinlicher, ist das Misstrauen gegenüber kritischen Autoren nach der Niederschlagung des »Prager Frühlings« und der Militärinvasion der »sozialistischen Bruderländer« in die ČSSR insgesamt größer geworden – und speziell gegenüber Christa Wolf, die aus der Sicht der Parteiführung eine »abweichende Position« vertreten hatte. Entscheidend waren dabei Nuancen, und es erfordert genaues Hinsehen, den Unterschied zwischen Anpassung und Widerspruch wahrzunehmen. Die Sensibilität für symbolische Differenzen war eine Voraussetzung für die fein gesponnene Kommunikation in Andeutungen, wie sie für eine Gesellschaft mit restriktiver Öffentlichkeit symptomatisch ist.

Zu kurz greifen jedenfalls alle in der Nachwendezeit vorgetragenen Beschuldigungen, Christa Wolf habe den Einmarsch der Truppen des Warschauer Pakts in Prag verteidigt. Auch Wolf Biermann vertrat 1990 in der »Zeit« diese Auffassung.[29] Und Fritz J. Raddatz, der die Autorin 1989 noch als Nobelpreis-Kandidatin gesehen hatte, fragte nun hochpathetisch wie ein verratener Liebhaber: »Wie konntest du so lange mitmachen? Wie konntest du den Einmarsch der Warschauer-Pakt-Truppen in Prag rechtfertigen, in einem Artikel im ›Neuen Deutschland‹? Wie konntest du so lange ZK-Kandidatin sein?«[30] Christa Wolf selbst meinte in einem Gespräch im Dezember 1989: »Natürlich hatten wir größere Hoffnungen in den früheren Jahren. 1968, mit dem Einmarsch der Panzer in die Tschechoslowakei, wurde diese Möglichkeit vernichtet. Das haben wir als einen existentiellen Schock erlebt.«[31] Und im Jahr 2000 sagte sie: »Dass längst alles eingefroren und festgerammt war, das haben wir erst ab einem bestimmten Punkt gesehen, endgültig ab August 1968.«[32]

Die Beziehungen der Wolfs zu tschechischen Intellektuellen waren damals kaum bekannt. Dass sie in der Zeitschrift »Literarni Noviny« schrieben, die zu einem Sammelpunkt der Reformbewegung wurde, dass sie mit Franci Faktorová und Eduard Goldstücker befreundet waren, wurde zu ihrem Glück in der DDR nicht publik. Denn das wäre nach der Intervention gefährlich gewesen. Ihre Sympathien für die Ideen des Prager Frühlings waren jedoch spätestens dann deutlich geworden, als es in der Schule ihrer Tochter Aufregung über eine Wandzeitung zum Thema ČSSR gab. Annette Wolf war an der Aktion beteiligt, ebenso die drei Jahre ältere Schülerin Daniela Dahn, die einen von Christa Wolf geleiteten Literaturzirkel besuchte. Es handelte sich um eine Collage aus Artikeln aus dem ND, die aber in der Summe ein eindeutig Dubček-freundliches Bild ergaben.[33] In den Verhören und Aussprachen mit den Eltern, die daraufhin einsetzten, verteidigte das Ehepaar Wolf die Schüler[34] und errang einen kleinen Sieg: Die Geschichte endete damit, dass der Schulleiter entlassen wurde. Für die Kinder war daraus zu lernen, dass es sich lohnen konnte, nicht sofort nachzugeben.

Aber sie lernten noch mehr. Kurz darauf standen zwei unauffällige Herren vor dem Haus. Christa Wolf versteckte zum ersten Mal ihre Tagebücher, nachdem bei einem Freund ihrer Tochter eine Hausdurchsuchung durchgeführt worden war.[35] Die Überwachung durch die Staatssicherheit, die nun einsetzte, war flächendeckend. Im Rahmen des Operativen Vorgangs »Doppelzüngler« bekam jeder Brief seine ungebetenen Mitleser und jedes Telefonat seine unbestellten Mithörer. Die telefonische Überwachung hatte sogar schon 1966 in der Folge der 11. Plenums eingesetzt. Nun aber ging die Stasi systematisch vor, photographierte die Fontanestraße in alle Richtungen, das Haus der Wolfs und die Gebäude der Nachbarschaft. Ein Grundriss der Wohnung wurde angelegt und eine Skizze des Arbeitszimmers Christa Wolfs erstellt, wo der Standort der Bücherregale, des Schreibtischs und der Schreibmaschine genau eingezeichnet war. Man wollte alles wissen von der ehemaligen ZK-Kandidatin, die ab sofort unter Generalverdacht stand.

Politisch bedeutsam wurde Christa Wolfs Weigerung, die offizielle Erklärung des Schriftstellerverbands zu den »Prager Ereignissen« zu unterschreiben. Der DSV erklärte darin devot die »volle Übereinstimmung mit der aktiven Friedenspolitik unseres Staates«. Die sozialistische Ordnung müsse »mit allen Mitteln gegen die offenen und versteckten Feinde wie gegen die falschen Freunde« verteidigt werden. Zu den Unterzeichnern gehörten unter anderem Bruno Apitz, Erwin Strittmatter, Wieland Herzfelde, Ludwig Renn, Wolfgang Kohlhaase und Hermann Kant. Nicht zu unterschreiben war eine vernehmliche Stellungnahme. Anna Seghers weigerte sich, ebenso wie Brigitte Reimann, die in ihrem Tagebuch notierte: »Diesmal kein – wenn auch nur formaler – Gehorsam. Einige andere haben sich auch geweigert, wenige, ach, zu wenige.«[36] Im ND wurden täglich neue Erklärungen veröffentlicht. Paul Dessau gehörte zu den Unterzeichnern einer Stellungnahme des Komponistenverbandes, in der »Genugtuung« über das militärische Eingreifen formuliert wurde. Max Walter Schulz, Direktor des Literaturinstituts »Johannes R. Becher«, schrieb in einem offenen Brief an Martin Walser von der »Notwendigkeit« des Einmarschs. Und auch der spätere »Bücherminister« Klaus Höpcke machte aus seiner Zustimmung zur Militärintervention kein Geheimnis.

Christa Wolf veröffentlichte fast vierzehn Tage danach eine eigene Stellungnahme im ND. Da sich alle späteren Vorwürfe, sie habe den Einmarsch unterstützt, auf diesen Text berufen, sei er hier in vollem Wortlaut wiedergegeben: »1.) Die erbitterten Kämpfe, in denen die Widersprüche unseres Jahrhunderts sich ausdrücken, lassen nach meiner Überzeugung nur eine Lösung zu: den Sozialismus. 2.) Wer diese Lösung mit allen Mitteln verhindern, wer sie rückgängig machen will, dort, wo sie gefunden wurde; wer die Bombenopfer in Vietnam hinnimmt; die gesellschaftlichen Hintergründe der Ermordung Martin Luther Kings verschweigt; die reale neonazistische Gefahr in Westdeutschland bagatellisiert: der rede nicht von Freiheit, Demokratie und Menschlichkeit. 3.) Meine Wünsche für die sozialistische Tschechoslowakei können nur von der Übereinkunft ausgehen, die zwischen der UdSSR und der ČSSR in Moskau geschlossen wurde. Die Entwicklung zeigt: Es besteht Hoffnung, dass die Vernunft sich durchsetzen wird.«[37]

Vorsichtiger lässt sich nicht formulieren. Liest man den Text heute, kann man kaum glauben, dass er von den in sozialistischer Hermeneutik geübten Funktionären der Partei und des Literaturbetriebs als Unbotmäßigkeit aufgefasst wurde. Auffallend ist die formale Nähe zu dem in Schweden lebenden Peter Weiss, der 1965 seine »10 Arbeitspunkte eines Autors in der geteilten Welt« veröffentlicht hatte. Darin hieß es: »Die Richtlinien des Sozialismus enthalten für mich die gültige Wahrheit.«[38] Er folgerte daraus, dass die Fehler, die im Namen des Sozialismus gemacht werden, dazu da seien, um daraus zu lernen. Weiss gehörte 1968 zum Freundeskreis von Christa Wolf. Bei ihr hatte er, wenn er in Ostberlin zu Gast war, das Gefühl, offen reden zu können, was ihm in der »bedrückenden Enge« der DDR ansonsten nur noch bei Stephan Hermlin gelang.[39]

Christa Wolf argumentierte ähnlich wie Peter Weiss. Sie kündigte ihre Solidarität nicht auf, sondern betonte ihre Zugehörigkeit. Anders als unter dieser Prämisse wäre öffentliches Sprechen in der DDR auch gar nicht möglich gewesen. Im Übrigen hätte wohl auch

Dubček das so formulierte Bekenntnis zum Sozialismus unterschrieben, ging es den Prager Reformern doch nicht um dessen Abschaffung, sondern um Demokratisierung.

Sich zum Sozialismus zu bekennen hieß aber auch, sich vom Westen abzugrenzen. Der Hinweis auf Vietnam und die Doppelmoral westlicher Antikommunisten, die empört auf den Militäreinsatz des Warschauer Paktes zeigten und gleichzeitig behaupteten, in Vietnam werde die westliche Freiheit verteidigt, ist ja nicht von der Hand zu weisen – selbst wenn er hier als Rechtfertigung sowjetischer Aggressions-Politik benutzt wird. Lässt man Punkt 1 und 2 als taktisches Vorwort beiseite, bleiben unter 3. substantiell zwei Sätze übrig: ein zustimmender und ein relativierender. Der euphemistischen Bezeichnung »Übereinkunft« für eine Militärintervention folgt die vage formulierte Hoffnung auf Vernunft, die jeder nach Gusto auslegen kann. Dieser Zusatz aber wurde in der DDR als Abgrenzung gelesen und heftig kritisiert.[40] Dieser kalkuliert schwammige Satz macht den Unterschied zwischen der Mitläuferin und der Opponentin aus.

Anfang Juni 1969, nachdem sie zu einer Unterredung mit Werner Neubert und Arno Hochmuth, Leiter der Abteilung Kultur, ins ZK bestellt worden war, hielt Christa Wolf im Tagebuch fest: »Dann fragte man mich, wie ich heute, nach ›all den Ereignissen‹, zu meiner abweichenden Erklärung in der ›tschechischen Angelegenheit‹ stehe. Ich sagte, ich würde sie genau so noch einmal abgeben und fände, sie habe sich bewährt. Ich müsse das Recht haben, entweder zu schweigen oder graduell von der Meinung der Mehrheit abzuweichen.« Graduelle Abweichung: Das ist die Formel, auf die sich Christa Wolfs Verhalten bringen lässt. Es war – nicht nur in diesem Augenblick – davon geprägt, keinen vollständigen Bruch zu provozieren. Es ist schwer zu entscheiden, ob dabei die Angst vor den Konsequenzen überwog oder der Mut, sich auf das realpolitisch Mögliche einzulassen. Auf Neuberts Einwurf: »Diese Grade waren gerade in dieser Frage entscheidend!«, und die Aufforderung, in Zukunft »schneller, parteilicher und im Sinne der Mehrheit« zu reagieren, beteuerte Christa Wolf, niemals etwas zu sagen, was sie nicht auch denke. »Dies wäre mein letzter Tag als Schriftstellerin, und da ich an diesem Beruf hänge, würde ich mir das ersparen wollen. Es könne allerdings dahin kommen, dass ich mir, wenn ich und meine Arbeiten weiterhin für untragbar gehalten würden, mir einen anderen Beruf suchen müsse.«[41] So gab sie das Gespräch wieder, bedacht darauf, ihre moralische Integrität als ihr schriftstellerisches Kapital zu schützen.

Mach's nicht zu scharf, Heinz

Ein untröstlicher Verleger am Küchentisch: Immer noch »Christa T.«

Die Krise, in die Christa Wolf im Herbst 1968 geriet, hatte auch private Gründe: Ihre Mutter war gestorben. Die Trauer um diesen Verlust in einer Zeit politischer Isolation war tief. Wieder reagierte sie mit Krankheit, mit Kreislaufbeschwerden und Depression. In einem Brief an Brigitte Reimann erwähnte sie einen neuerlichen Krankenhausaufenthalt. Ähnlich erging es Franz Fühmann, dem Christa Wolf sich in dieser Zeit freundschaftlich annäherte. Eine Postkarte an Fühmann vom 11. November 1968 gibt ihre Stimmung wieder: »Nun höre ich von Deiner Frau, dass Du krank bist. Es tut mir Leid, wenn es mich auch nicht zu sehr wundert. Ich glaube, den Zustand ein bisschen zu kennen, in dem Du jetzt wahrscheinlich bist. Schlechte Zeiten für Nerven. Allerdings kann man mit Wut etwas machen: Die soll'n mich nicht unterkriegen.«[1]

Was Christa Wolf nicht wusste: Franz Fühmann war auf Alkoholentzug und hielt sich zu diesem Zweck in der Rostocker Psychiatrie auf. Später erzählte er, Breschnew habe ihm das Leben gerettet. Am 21. August 1968, als die Panzer rollten, habe er zu trinken aufgehört und nie wieder einen Tropfen Alkohol angerührt. Der Begriff der »Ernüchterung«, den Christa Wolf so häufig benutzte, um ihre fortgesetzten Enttäuschungen in der DDR zu beschreiben, darf bei Fühmann ganz wörtlich genommen werden.[2] In einem neuen Manuskript der jungen Gerti Tetzner hatte Christa Wolf kurz vor der Niederschlagung der Prager Hoffnungen den Satz gefunden:

»So grundverschieden unsere Gläubigkeit war, so grundverschieden ist unsere Ernüchterung.« Das sei natürlich ein Kernsatz, der zu beweisen wäre, schrieb sie am 19. August an die Kollegin und kommentierte sachlich: »Ich glaube, dass viele Ernüchterte Ihnen sehr dankbar wären, wenn Sie ehrlich darüber nachdächten, was sie mit ihrer Ernüchterung nun eigentlich anfangen sollen.«[3]

Auch Brigitte Reimann, die gerade ihre erste Brustkrebsoperation hinter sich hat, erhält einen »unerwartet offenen Brief« von Christa Wolf, »nicht die herbe Zurückhaltung, die man sonst von Ch. kennt«. Im Tagebuch notiert sie am 25. Dezember 1968: »Habe ich das meiner Haltung in der ČSSR-Frage zu verdanken? Wohl auch (...)«, und ist ein bisschen stolz darauf, von der »beneideten, bewunderten Christa« endlich ernst genommen zu werden. Merkwürdig findet sie das, denn eigentlich liege ihr Christa Wolfs essayistische Art zu schreiben nicht, und auch ihr Wesen sei ihrem eigenen ganz entgegengesetzt. Eine Anziehung, die auf Gegensätzlichkeit beruht, vermutet Reimann deshalb, auch »eine Art Konkurrenzneid, weil sie mir überlegen ist, klüger, nachdenklicher, ihre Prosa klarer, geschliffener«.[4] Doch in den nächsten Monaten bröckelt das Bild von der unnahbaren, in ihrer Sicherheit beneideten Freundin, denn Christa Wolf lässt sie teilhaben an ihren Schwierigkeiten. Sie spricht von Nächten voller Angst, in denen sie keinen Schlaf finden kann, und von den bescheidenen Freiräumen, die ihr bleiben: »Zu leben, und möglichst nicht gar zu sehr gegen den eigenen Strich zu leben, das heißt zu arbeiten und ein paar Leute daran teilhaben zu lassen, ist die einzige Art von Tapferkeit, die ich heute sehe.« Wie zum Beweis schickt sie ein Manuskript ihres Essays »Lesen und Schreiben« mit, den sie »noch einmal« der »Skepsis abgezwungen« habe.

Ermüdend auch der Alltag und seine Pflichten, von denen sie berichtet: »Jeden Tag ist um mich ein großes Haus, ein großer Haushalt und viele Leute. Mein Vater wohnt jetzt auch noch bei uns, da

meine Mutter vor vier Monaten starb. Jeden Mittag sechs Leute zu Tisch. Die Kinder sind siebzehn und zwölf (…). Manchmal sehne ich mich ein bisschen nach Alleinsein, ganz ungestört etwas ausspinnen können, aber das wird dem Alter vorbehalten bleiben.«[5]
Daneben gibt es die üblichen Vorstandssitzungen im DSV, die Christa Wolf so »zum Kotzen« findet, dass sie anschließend zwei Tage braucht, um die Migräne wieder loszuwerden. Alle tun dort so, als ob alles in Ordnung wäre, niemand spricht mit ihr über die Debatte um »Christa T.« und ihre Probleme mit den Genehmigungsbehörden. »So viele Leute auf einem Haufen, denen das schlechte Gewissen aus allen Knopflöchern linst; und die keins haben – ich meine: kein schlechtes Gewissen –, sind noch finsterer, und ein Wettbewerb schien ausgeschrieben zu sein, dass keiner nichts sagen soll, und wenn ich Preisverteiler hätte sein müssen, ich hätt nicht gewusst, wem den Preis geben. Aber Preisverteiler bin ich nicht, und das ist ganz gesund.«[6]
In dieser Zeit ist ihr Franz Kafka ein Trost, dem sie sich nun – jenseits aller weltanschaulicher Debatten – nahe fühlt. »Ich lese gerade Kafkas Briefe an Milena. Ach, mein Gott, kann ein Mensch verletzlich sein. So ohne Haut leben müssen, und nicht nur für Wochen, sondern immer, sogar in steigendem Maße!«[7] Ein paar Wochen später, gerade aus dem Winterurlaub zurückgekehrt, gesteht sie Brigitte Reimann zwar ein, »auf Skiern ein elender Angsthase geworden« zu sein. Deren Vermutung aber, sie habe »resigniert«, weist sie weit zurück: »Falls irgendeiner glaubt, ich sei ›resigniert‹, ist das wirklich ein Irrtum. So waren auch die vielleicht klagenden Untertöne in meinem Brief nicht gemeint. Ich habe dagegen anzukämpfen gehabt, das gebe ich Dir zu, wider bessere Einsicht: weil Resignation ein Synonym für ›Ruhe‹ sein kann und ich eine Zeit hatte, da ich aus Selbsterhaltungstrieb alles probieren musste, das nur ein bisschen Ruhe versprach. Mir ging's nicht besonders, jeder schiefe Blick eines Straßenbahnschaffners war eine

Katastrophe für einen Nachmittag. Ohne Haut leben, ich hab's vorher nicht gekannt, es ist fatal. Aber nun vorbei, ich glaube sogar, endgültig, weil ich mir über Ursachen und Gründe, wie man so schön sagt, klar geworden bin. Wenn ich schreibe – auch in jener Zeit –, so ist das immer das Gegenteil von Resignation. Auch ›Christa T.‹ ist zwar traurig, aber wirklich und wahrhaftig das Gegenteil von resigniert. Auflehnung gegen den Tod, Versuch, ihm möglichst viel von der Person, die er geholt hat, wieder zu entreißen – was könnte unresignativer sein?«[8]

Obwohl die Veröffentlichung von »Christa T.« weiter ungewiss ist, wollte Christa Wolf dem Gutachter, der glaubte, ihre Produktivität käme damit zum Erliegen, diesen Gefallen nicht tun. Sie begann an der Erzählung »Unter den Linden« zu arbeiten und erschloss sich durch Lektüre ein zukünftiges Arbeitsfeld: die Romantik. Der Hinweis, den sie Brigitte Reimann gab: »Kennst Du die Günderode? Mit ihr beschäftige ich mich ein bisschen, dabei mit dem Umkreis der Romantik-Weiber. Gar nicht uninteressant, kann ich Dir sagen«[9] – ist ein früher Beleg für die Auseinandersetzung mit dem Stoff, aus dem einmal »Kein Ort. Nirgends« werden wird.

Zuspruch in Sachen »Christa T.« erhielt sie von Walter Janka. Er war der Ansicht, dass dieses Buch in der Literaturgeschichte einmal direkt neben Seghers' »Ausflug der toten Mädchen« stehen werde. Die Zensoren, die es heute verbieten, meinte er, würden einmal entlassen werden und Berufsverbot bekommen.[10] Janka war auf Anna Seghers seit seinem Prozess nicht gut zu sprechen und nannte sie immer nur »Frau Seghers«, wo doch alle anderen zärtlich von »der Anna« sprachen. Dennoch schätzte er ihre Literatur hoch. Auch Christa Wolf beschäftigte sich weiter mit ihr. Die liegen gebliebenen Materialien der Biographie nutzten ihr nun für die Mitarbeit an der DEFA-Verfilmung des Seghers-Romans »Die Toten bleiben jung«, die 1968 ins Kino kam. Vor allem entstand daraus 1968 der große Aufsatz »Glauben an Irdisches«.

In diesem Text wird die Poetik Christa Wolfs erkennbar, die um die Begriffe »Erfahrung« und »Subjektivität« kreist. »Diese merkwürdige Erscheinung, wie aus dem Zusammentreffen von äußerer Wirklichkeit und innerer Anlage etwas Drittes wird, das Kunstwerk: diese Merkwürdigkeit hat nie aufgehört, Anna Seghers zu beschäftigen«[11], schrieb sie und meinte damit auch sich selbst. Die Tätigkeit des Schriftstellers verglich sie mit der eines Tauchers oder Bergmanns, der in immer tiefere Schichten der Wirklichkeit vordringt. Mit Seghers argumentierte sie gegen Georg Lukács und die simple Vorstellung vom Autor als einem passiven Spiegel der objektiven Realität. Dagegen betonte sie die aktive Subjektivität eines Schreibens, das Wirklichkeit nicht einfach ungebrochen wiedergibt, sondern sie sich aneignet und verwandelt. Der Künstler ist eine »Umschlagstelle vom Objekt zum Subjekt und wieder zum Objekt«, zitierte Christa Wolf Anna Seghers.[12]
Seghers glaubte daran, »dass Menschen zu belehren und zu überzeugen sind«. Das hat auch Christa Wolf immer vorausgesetzt, doch jetzt erscheint ihr dies »fast unglaublich«. Und doch hängt daran der Sinn ihrer literarischen Arbeit.[13] Es ist der »Glaube an Irdisches«, an »die denkende, mitfühlende, verstehende und handelnde Vernunft«, den es zu verteidigen gilt. Es ist der Glaube an eine Literatur, die nicht von Liebessehnsucht, sondern von Freiheit handelt, die »nicht die Zuneigung der Geliebten, sondern soziale Gerechtigkeit« vermisst, die »nicht an das persönliche Glück, sondern an das alltägliche Glück der Menschheit, das endlich erreichbar scheint«, appelliert.[14]
Dieses Hohelied auf die aufklärerische Kraft der Literatur liest sich am Anfang des dritten Jahrtausends nicht ohne Befremden als eine Inventur von Verlusten, die seither zu verzeichnen sind. Der Autor hat seine priesterliche Sonderrolle verloren, die ihn über die Vielen hinaushob. Gläubigkeit ist nach dem Ende des Sozialismus unter ein generelles Naivitätsverdikt geraten und steht unter Ver-

dacht, nur noch dazu zu dienen, eine falsche Wirklichkeit zu rechtfertigen. All die emphatisch beschworenen Glaubensinhalte sind nicht erst 1989 verschwunden, sondern in den zähen Jahrzehnten zuvor. Doch erst im Untergang des Sozialismus wurde bemerkt, wie unrettbar sie abhanden gekommen waren. Seither gilt die Umkehrung der Seghers-Sätze: Privates Glück steht über dem Ideal der Gerechtigkeit, und – wer noch auf die Vernunft oder die Veränderbarkeit des Menschen zählt, ist selber schuld. Ein zentraler Satz in »Nachdenken über Christa T.« lautet: »Einmal im Leben, zur rechten Zeit, sollte man an Unmögliches geglaubt haben.«[15] Es ist ein Satz, der seine Herkunft aus den utopiefreudigen sechziger Jahren nicht verleugnen kann, als sich die Studenten der Welt Che-Guevara-Poster mit dem Spruch »Seien wir realistisch – versuchen wir das Unmögliche« an die Wand hängten. Als Christa Wolf im Januar 2001 in Berlin noch einmal aus diesem Buch las, zog sie genau diesen Satz in Zweifel: »Haben wir nicht zu lange an Unmögliches geglaubt?« Die Seghers-Hoffnung, Menschen durch bessere Einsicht verändern zu können, hatte sie mehr als drei Jahrzehnte später verloren.[16]

Mit Anna Seghers teilte Christa Wolf auch die Vorliebe für die Romantiker, für Kleist, Hölderlin, Lenz, Bürger und Büchner, dessen Novelle »Lenz« sie als einen frühen »Höhepunkt der modernen deutschen Prosa«[17] empfand. Von Seghers erhielt sie die ersten Hinweise auf Karoline von Günderode. Schon 1963 hatte sie aus Seghers' Rede über Vaterlandsliebe auf dem Pariser Exil-Schriftstellerkongress von 1935 zitiert: »Diese deutschen Dichter schrieben Hymnen auf ihr Land, an dessen gesellschaftlicher Mauer sie ihre Stirnen wund rieben.« Immer wieder, wenn sie über Seghers schrieb, kam sie auf diesen Satz zurück, in dem sie sich und ihre eigene Situation wiedererkennen konnte. Die Auseinandersetzung mit den Romantikerinnen Bettina von Arnim und Karoline von Günderode wurde ihr in den siebziger Jahren zur Selbsterkundung im historischen Kostüm. Anna Seghers spottete dann gelegentlich über Wolfs Verbissenheit, mit der sie ihr Thema verfolgte, und drängte, sie solle sich doch nicht endlos mit diesen kranken Weibern beschäftigen. Aber Seghers war es, die früh den Anstoß dazu gegeben hatte.

Eine andere Dichterin bekam für Christa Wolf ab Mitte der sechziger Jahre große Bedeutung, obwohl sie ihr nie persönlich begegnete: Ingeborg Bachmann. Die Qualitäten, die Christa Wolf in ihrem Essay »Die zumutbare Wahrheit«[18] der Prosa Ingeborg Bachmanns zuschreibt, sind allesamt Punkte ihrer eigenen Ästhetik. Gemeinsam ist ihnen die Vorliebe für Geschichten, deren Qualität nicht in Handlung aufgeht, sondern die besondere Stimme der Erzählerin hörbar machen. Die Suche nach einer eigenen Sprache und die Furcht vor »bevorstehender Sprachlosigkeit« rückte ins Zentrum und wird Christa Wolf nicht wieder loslassen. »Würde ich meine Sprache je finden?«, fragte sie 1979 in der Erzählung »Was bleibt«. Die Bachmann aber versprach eine »wahrheitsgemäße Stimme«. Die Suche nach einer verbindlichen Wahrheit im Schreiben trieb Christa Wolf umso stärker um, je endgültiger ihr die früheren Gewissheiten abhanden kamen. Mit Ingeborg Bachmann schrieb sie nun: »Wahrhaben, was ist – wahrmachen, was sein soll. Mehr hat Dichtung sich nie zum Ziel setzen können.«[19]

Das Auseinanderklaffen zwischen Wunsch und Wirklichkeit wurde – wie schon bei Büchner – zum »Riss«, in dem Literatur als die Bewusstseinstätigkeit des Autors eigentlich erst stattfindet. »Schmerz«, »Wunde«, »Leiden« sind die Begriffe, die nun nicht mehr wegzudenken sind, wenn Prosa aus dem »Fraglosen ins Fragwürdige, aus dem Gewöhnlichen ins Ungewohnte« führen soll und dabei immer auf »Veränderung« zielt. Denn – und auch darin folgte Christa Wolf Ingeborg Bachmann: »Dichten findet nicht außerhalb der geschichtlichen Situation statt.«[20] An Ingeborg Bachmann rühmte sie folglich eine melancholische Empfindsamkeit, die nicht

mit Weinerlichkeit verwechselt werden soll: »Sie ist verwundet, aber nicht besiegt, voll Trauer, doch ohne Selbstmitleid, leidend, aber nicht ins Leid verliebt. Man steht vor einem Kampfplatz.«[21] Auch hier bestätigte sich: Der Autor ist ein wichtiger Mensch.
All diese Überlegungen führten in dem Essay »Lesen und Schreiben« schließlich zum zentralen Begriff der »subjektiven Authentizität«. Mit diesem Aufsatz legte Christa Wolf 1968 ihre »poetische Konfession«[22] ab – und die jüngere DDR-Literatur erhielt ihre »Gründungsurkunde«[23]. Geradezu hymnisch leitete Christa Wolf ihre Überlegungen zur Poetik ein: »Das Bedürfnis, auf eine neue Art zu schreiben, folgt, wenn auch mit Abstand, einer neuen Art, in der Welt zu sein. In Zeitabständen, die sich zu verkürzen scheinen, hört, sieht, riecht, schmeckt ›man‹ anders als noch vor kurzem. Ein Wechsel der Weltempfindung ist vor sich gegangen, der sogar die unantastbare Erinnerung antastet (...): die Unruhe ist beträchtlich.«[24] Mit diesem Text verabschiedete sie sich endgültig von überlebten Realismusvorstellungen und begründete eine neue literarische Weltsicht, die das Bewusstsein des Autors als wahrnehmendes Subjekt enthält.
Gelingende Literatur definierte Christa Wolf in diesem Essay so: »Prosa schafft Menschen, im doppelten Sinn. Sie baut tödliche Vereinfachungen ab, indem sie die Möglichkeiten vorführt, auf menschliche Weise zu existieren. (...) Prosa kann die Grenzen unseres Wissens über uns selbst weiter hinausschieben. Sie hält die Erinnerung an eine Zukunft in uns wach, von der wir uns bei Strafe unseres Untergangs nicht lossagen dürfen. Sie unterstützt die Subjektwerdung des Menschen. Sie ist revolutionär und realistisch: sie verführt und ermutigt zum Unmöglichen.«[25] Solche Sätze mussten in der DDR von 1968 ungehörig klingen. Eine revolutionäre Kraft im einzelnen Menschen zu beschwören, stieß im Jahr des Prager Frühlings zwangsläufig auf das Misstrauen des DDR-Machtapparats.

Das eigene Ich als Schnittstelle zwischen »Welt« und »Literatur« eingeführt zu haben, war die revolutionäre Tat, die der erstarrten DDR-Literatur neues Leben einhauchte. Erzählen bestimmte Christa Wolf jetzt als »wahrheitsgetreu Erfinden auf Grund eigener Erfahrung«.[26] Dass Realität nichts objektiv Gegebenes und also auch nichts »Abbildbares« ist, sondern ein nie endender Prozess, musste die Hüter der Wahrheit in den Verwaltungsapparaten gehörig erschrecken. Ebenso verunsichert waren sie durch Christa Wolfs Prosa, die die Grenzen zur Essayistik übertrat und die Reflexion aufs eigene Leben mit einbezog. Was *ist,* bestimmte die Partei, und was *sein soll*, bestimmte sie erst recht. Alle Formen von selbstbewusster Subjektivität erschienen da als konterrevolutionäre Angriffe aufs hoheitliche Bestimmungsmonopol.

Unterdessen musste Christa Wolf weiter um die Veröffentlichung von »Nachdenken über Christa T.« kämpfen. Der Herstellungsprozess wurde im Januar 1969 zwar fortgesetzt, von der ersten Auflage sollten nun jedoch nur 4000 Exemplare ausgeliefert werden. Der Rest der Auflage wurde zurückgehalten. Das Buch drohte zusätzlich zum Politikum zu werden, da es kurz vor dem Schriftstellerkongress im Mai erscheinen sollte. Aufzuhalten war es nicht mehr, allenfalls zu verzögern. Denn im Börsenblatt war das Erscheinen der »Christa T.« für das Jahr 1969 angekündigt. »Sinn und Form« brachte im Januarheft eine abwägende, insgesamt recht positive Besprechung. Dass es das zugehörige Buch dennoch nicht zu lesen gab, fiel nun auch in der Bundesrepublik auf. Die Hamburger »Welt« machte sich als Erste Gedanken darüber, warum ein Buch besprochen werde, das nicht erscheine, und sah darin ein Manöver für das westliche Ausland. Da »Sinn und Form« in den Buchläden der »Zone« kaum zu bekommen sei, diene diese Zeitschrift und die Besprechung von Christa Wolfs abwesendem Buch dazu, »dem westdeutschen und ausländischen Publikum eine literarische Öffentlichkeit vorzuspiegeln, die es in der ›DDR‹ in Wirklichkeit gar nicht gibt«.[27]

Tatsächlich aber lässt sich daran eher ablesen, wie fehlerhaft das Zensursystem in Springers Gänsefüßchenstaat funktionierte, wie wenig die beteiligten Instanzen manchmal vom Handeln auf anderer Ebene wussten. Auch in der Aprilnummer der NDL erschien eine seitenlange Besprechung von Professor Horst Haase, damals noch Hochschullehrer an der Leipziger Karl-Marx-Universität, später Dozent am Institut für Gesellschaftswissenschaften beim ZK der SED. Er lobte die »souveräne Ausnutzung moderner Erzählmittel«, die sprachliche Eleganz und formale Geschlossenheit. Hingegen missfiel ihm die Hauptfigur mit ihrer gesellschaftsfernen »Schöngeisterei«. Problematisch erschien ihm deren Bekenntnis zu Theodor Storm und die Neigung der Autorin, »die objektive gesellschaftliche Situation des 19. Jahrhunderts auf die Gegenwart« zu übertragen: »Die drohende Zerstörung der menschlichen Persönlichkeit! Die Vernichtung des menschlichen Selbstgefühls! Solche Kennzeichen einer antihumanistischen Gesellschaftsordnung in unsere sozialistische Welt zu projizieren, muss den Realismus der Darstellung in starkem Maße beeinträchtigen.«[28] Insgesamt aber war Haases Besprechung durchaus respektvoll und hatte, wie Volker Braun in einem Brief an Christa Wolf meinte, »keine ungünstige Wirkung auf den Leser«. Bei ihm habe sie vielmehr einen »Heißhunger entfacht, das ganze Buch zu lesen«.[29]

Der Germanist Hans Kaufmann schrieb daraufhin an Christa Wolf, ob sie ihm nicht ein Exemplar beschaffen könne. Brieflicher Zuspruch kam von Brigitte Reimann und von Sarah Kirsch, die sich – das scheint damals verbreitetes Schicksal gewesen zu sein – aus dem Krankenhaus meldete. Ihnen hatte Christa Wolf Vorabexemplare zukommen lassen. Auch Reiner Kunze schickte einen Dankesbrief, ebenso Robert Havemann. Er wünschte Christa Wolf, dass sie ihren »unverzeihlichen Mut, den wir brauchen«, nicht verlieren möge.[30] Im ZK aber rüstete man zur Schlacht. Ein Brief Christa Wolfs an den »werten Genossen Dr. Hochmuth« vom 6. Februar, in

dem sie gegen die Behandlung ihres Buches protestierte, blieb ohne Antwort. Der Leiter der HV Literatur, den sie auf einer Tagung der »Parteigruppe im Vorstand des Schriftstellerverbandes« Ende Februar traf, wollte für nichts verantwortlich sein. Seine Abteilung habe die Druckgenehmigung schnell erteilt, und wenn der Verlag nun die »kleine Bindequote« vorab ausliefern wolle, schön und gut. »Merkwürdig«, notierte Christa Wolf, »dass keine Gegner übrig bleiben, wenn man auf jemanden zugeht.«[31] Immerhin erfuhr sie, dass es im Ministerium Diskussionen gegeben habe und dass sie »auch als politischer Mensch sehr im Blickpunkt der Öffentlichkeit« stünde – dies in Anspielung auf ihre Weigerung, die DSV-Resolution zum Einmarsch in Prag zu unterzeichnen.
Nachdem Teile der Auflage schließlich doch in die Buchhandlungen kamen, ging das Gerücht um, das Buch werde nur an Funktionäre gegen Bescheinigung ausgegeben. Es war jedenfalls nur selten zu bekommen. Auf dem 10. Plenum des ZK Ende April wurde erneut gegen »Christa T.« polemisiert. Kurz darauf, am 11. Mai, erhielt Christa Wolf Besuch von ihrem Verleger Heinz Sachs. Er gab sich zerknirscht, weil er aufgefordert worden war, eine öffentliche Selbstkritik abzulegen und sich von dem Buch zu distanzieren. Sachs saß in der Küche der Wolfs, trank eine Flasche Schnaps und war sehr trostbedürftig. Christa und Gerhard Wolf wunderten sich, dass ihm der Gedanke, zu dem Buch zu stehen, überhaupt nicht kam. Sie rieten ihm jedoch dringend, »es nicht zu scharf zu machen«, weil überzogene Kritik schnell auf den Urheber zurückschlägt. Gemeinsam überlegten sie, wie das Schlimmste zu verhindern wäre, anstatt den Mann, der sich Ablass für seinen ihm abgenötigten Verrat abholen wollte, einfach hinauszuschmeißen. Das Pamphlet war da jedoch bereits geschrieben, und Sachs klagte voller Selbstmitleid darüber, dass er immer schon geahnt habe, zu diesem Buch einmal etwas sagen zu müssen, was nicht seiner Meinung entspreche.

Sein Artikel erschien unter der Überschrift »Verleger sein heißt ideologisch kämpfen« drei Tage später im ND. Seinen Verlag und also sich selbst bezichtigte er darin einer »problematischen Entscheidung«, handle es sich doch bei »Christa T.« um eine Figur, die unmöglich zum Vorbild werden könne. »Pessimismus wird zur ästhetischen Grundstimmung des Buches.« Die Autorin finde keine Distanz zu ihrer Heldin und gebe nur »allgemein humanistische« Antworten. »Wenn aber sozialistische Literatur ihre Funktion erfüllen und Weltgeltung finden soll, kann sie das nur, wenn sie auf allgemein bewegende Fragen spezifisch sozialistische Antworten gibt. Gerade aber hier liegt das entscheidende Versäumnis des Verlages in der Zusammenarbeit mit der Autorin Christa Wolf.«[32]

Die vom Verleger verratene Autorin suchte im Tagebuch nach mildernden Umständen. »Zwei Sätze, die mich trafen, sind nicht von ihm«, schrieb sie, als ändere das etwas. Und als günstigen Nebeneffekt bemerkte sie: »Seit dem Artikel ist meine Zeitungsphobie geschwunden. Vielleicht habe ich das Gefühl, dass es nun nicht mehr schlimmer kommen kann.«[33] Was sie damals noch nicht wusste: Sachs zog gleichzeitig auch den Antrag auf Druckgenehmigung für den Essayband »Lesen und Schreiben« mit der Begründung zurück, dass »wir es politisch für falsch halten, wenn sich um den Namen Christa Wolf eine ideologisch-künstlerische Plattform bildete, die sich gegen unsere Kulturpolitik richtet«.[34] Dennoch hielten die Wolfs weiter zu ihm – auch dann noch, als er bald darauf tatsächlich, wie sie es ihm prophezeit hatten, für sein opportunistisches Verhalten allgemein verachtet wurde. Er war ein sympathischer Mann, sagte Christa Wolf bei einem öffentlichen Auftritt im Januar 2001. Ihm gegenüber solidarisch zu sein, sei schon deshalb angebracht gewesen, weil es ja ihr Buch war, an dem er scheiterte. Man müsse bedenken, dass Lektoren und Verlagsleute es schwerer hatten als die Autoren selbst. Dass man zum eigenen Buch steht, sei begreiflich, obwohl auch das nicht immer selbstverständlich war. Dass man aber als Lektor zu einem Buch steht, das man nur publiziert und vielleicht gar nicht wirklich gut findet, ist weniger selbstverständlich.

Die öffentliche Selbstkritik des Verlegers, ein einzigartig peinlicher Vorgang, sorgte dafür, dass die Literaturkritik in der Bundesrepublik sich für das gescholtene Buch interessierte. Rolf Michaelis stellte in der »Frankfurter Allgemeinen Zeitung« (FAZ) den Fall vor, der deshalb so kurios sei, weil das Buch »in keiner Buchhandlung der ›DDR‹ zu haben ist – wohl aber in der Hamburger ›Internationalen Buchhandlung‹«.[35] Tatsächlich war in der DDR vor dem Schriftstellerkongress ein Auslieferungsstopp verfügt worden. Marcel Reich-Ranicki veröffentlichte in der »Zeit« die erste Rezension in der Bundesrepublik. Dass sie kurz vor dem Kongress erschien, machte die sensible, genaue Besprechung zum besonderen Politikum. Reich-Ranicki lobte »Christa T.« als »Roman der Empfindsamkeit«, betonte besonders die »kontrapunktische Spannung«, die sich aus der eigentümlichen Beziehung der Ich-Erzählerin zur Hauptfigur ergebe, und deutete den Roman als »die Geschichte ihrer Generation, die Christa Wolf hier erzählt, die Geschichte jener, die kurz nach 1945, damals kaum achtzehn oder zwanzig Jahre alt, begeistert und emphatisch die Morgenröte einer neuen Zeit grüßten und die sich wenig später inmitten des grauen und trüben Alltags von Leipzig und Ostberlin sahen. Sie glaubten, den Sturm der Revolution entfacht zu haben, doch was kam, war nur der Mief der DDR.«[36]

Solche Sätze trafen und wurden in der DDR umgehend zum Argument gegen das Buch. Auch wenn er betonte, dass »Christa T.« kein Anti-DDR-Buch sei, wurde ein Satz Reich-Ranickis in den folgenden Auseinandersetzungen immer wieder der Autorin vorgehalten. Er lautete: »Sagen wir klar: Christa T. stirbt an Leukämie, aber sie leidet an der DDR.« Christa Wolf versuchte vergeblich, sich von dieser Einschätzung zu distanzieren. Ihre immer wieder vorgebrachte Interpretation, Christa T. habe ein erfülltes Leben gelebt und ihr Tod bedeute kein Scheitern, setzte sich nicht durch. Das Buch wirkte anders und stärker, gegen alle Versuche der Autorin, seine Wirkung so weit zu mildern, dass es auch von den Hütern sozialistischer Korrektheit gebilligt werden könnte.

Einen Tag nachdem Reich-Ranickis Rezension erschienen war, erhielt Christa Wolf einen Anruf von einem Sekretär des Schriftstellerverbandes, der ihr nahe legte, aus dem Vorstand zurückzutreten. Christa Wolf ließ sich nicht darauf ein und hielt im Tagebuch fest: »Zuerst war ich erregt, nun fast ein Gefühl von Befreiung: Der Schnitt also doch, den ich jetzt freiwillig wählen muss. Jede Möglichkeit, öffentlich zu wirken, ist nun schlagartig vorbei. Es reduziert sich alles auf die Frage: Lohnt sich das für das Buch? Ich finde: Ja.«[37]

Also musste der Verband sich überlegen, ob und wie er Christa Wolf aus dem Vorstand entfernen sollte. Am Tag vor dem Schriftstellerkongress tagte deshalb die »Parteigruppe«, und Christa Wolf wurde zum Leiter der Kulturabteilung, Arno Hochmuth, ins ZK geladen. Eine Sekretärin des Schriftstellerverbandes, die sie in dessen Zimmer führte, bestärkte sie auf der Treppe darin, nicht freiwillig aus dem Vorstand auszutreten. Später, im Raum, stellte sie offiziell die Frage, wie Christa Wolf sich die weitere Mitarbeit vorstelle. Das Buch habe enttäuscht, die Stellungnahme zu Prag habe sie verweigert, im Verband sei sie schon lange inaktiv. Die Reich-Ranicki-Rezension, die mit zahlreichen Anstreichungen versehen war, wurde ihr vorgelegt, als sei sie dafür verantwortlich. Christa Wolf protokollierte ihre Antwort im Tagebuch: »Ich wiederholte, ich hielte es für falsch, mich wegen dieses Buches aus dem Vorstand zu tun; andernorts warte man ja nur darauf. Obwohl ich mich an diese Funktion keineswegs klammern würde.« Arno Hochmuth kündigte weitere Diskussionen an und sagte: »Wir verlangen auch nicht, dass du dir an die Brust schlägst und sagst: Pater peccavi, aber du sollst erklären, dass du so nicht weiterschreiben willst.«[38] Das war eine Art Kompromiss. Christa Wolf wurde auf die Kandidatenliste für die Vorstandswahl gesetzt, hatte sich jedoch eine Ermahnung zu schriftlicher Selbstkritik eingehandelt.

Der VI. Schriftstellerkongress, der am 28. Mai begann, war gründlich vorbereitet. Nichts blieb dem Zufall überlassen. Schon eine Woche vor dem Kongress lag intern die Rednerliste vor. Kurt Stern brachte sie eines Abends zu einem Besuch der Wolfs nach Kleinmachnow mit, als auch Brigitte Reimann anwesend war. »Unglaubhaft, aber tatsächlich«, schrieb sie nach dem Kongress in ihr Tagebuch, »nicht einer mehr, nicht ein einziger anderer als vorgemerkt hat seine (sicher vorher kontrollierte und zensierte) Rede gehalten.« Reimann konnte sich den Spott nicht verkneifen, am ersten Abend einen der Sekretäre zu fragen, ob denn für den nächsten Tag »ein Zwischenruf eingeplant« sei – und »verschreckte den armen Mann« damit. Als Max Walter Schulz als Vizepräsident des DSV in seinem Eröffnungsreferat Christa Wolf kritisierte, verließ Reimann türenschlagend den Raum. »Eine völlig überflüssige Demonstration«, meinte sie hinterher, »aber ich war wirklich geschafft, und draußen hatte ich einen Herzanfall.«[39] Trotzdem verbrachte sie die folgende Nacht im Hotel mit Max Walter Schulz, einer Liebe aus früheren Jahren, jetzt ein »massig gewordener Karrierist«. Freundschaften und Feindschaften, das lehrt auch dieses Beispiel, waren in der DDR nicht so leicht auseinander zu halten.

In seiner Rede äußerte Schulz »Enttäuschung« über Reiner Kunzes Gedichtband »Sensible Wege«. Christa Wolf kritisierte er dafür, dass ihr neues Buch dazu verführe, »unsere Lebensbewusstheit zu bezweifeln, bewältigte Vergangenheit zu erschüttern, ein gebrochenes Verhältnis zum Hier und Heute und Morgen zu erzeugen«. Das ist immerhin eine ziemlich präzise Beschreibung dessen, was gelungene Literatur zu leisten vermag. Aber gerade deshalb war

Literatur ja auch so unberechenbar. Im Gegeneinander der beiden deutschen Staaten, sagte Schulz, könne es keine »dritte deutsche Literatur« geben, die sich nicht für eine der beiden Seiten entscheide. Und in Anspielung auf die Prager Reformbestrebungen fügte er hinzu: »Der dritte Weg entpuppt sich mehr und mehr als eine dienstwillige literarische Haltung zwischen ›Innenwelt‹ und Antikommunismus.«[40] So pathetisch wie demagogisch rief er Christa Wolf am Ende seiner Ausführungen zu: »Besinn dich auf dein Herkommen, besinn dich auf unser Fortkommen, wenn du mit deiner klugen Feder der deutschen Arbeiterklasse, ihrer Partei und der Sache des Sozialismus dienen willst.«[41] In der ursprünglichen Fassung des Referats, die im Archiv des Schriftstellerverbands aufbewahrt wird, ist die Verurteilung des Romans von Christa Wolf nicht enthalten. Sie muss demnach unmittelbar vor dem Kongress und vermutlich auf besondere Anordnung eingefügt worden sein.[42] Er habe es »aus Idealismus« getan, rechtfertigte sich Schulz Jahre später gegenüber Franz Fühmann, der Christa Wolf in einem Brief davon in Kenntnis setzte. »Und nach der Sitzung habe er sich hinlegen müssen, erzählte dann sein Weib.«[43]

Absurderweise wurden auf dem Kongress mehrere hundert Exemplare der »Christa T.« verkauft. Die Autorin signierte das verbotene Buch in der Eingangshalle, während es drinnen im Saal denunziert wurde. Sie erhielt dabei viel Zustimmung von Kollegen, die sagten, dass es ihnen gefallen habe. Selbst die Funktionäre gaben sich, nachdem die öffentliche Schelte absolviert war, in der Mittagspause jovial. Kulturminister Klaus Gysi grüßte freundlich und winkte das Buch nun durch: der Rummel sei vorbei. Kurt Hager wollte plötzlich nichts mit all dem zu tun gehabt haben. Auf Christa Wolfs Vorwurf, warum Heinz Sachs zu seiner Distanzierung genötigt worden sei, sagte Hager: »Warum macht er das denn! Überall sitzen die falschen Leute am falschen Platz, warum zeigen sie denn kein Rückgrat!« Und Anna Seghers, die tröstende Freundin, meinte: »Aber hör mal, wenn man dir sagt, du sollst dich distanzieren und solche Sachen, dann darfst du doch gar nicht innerlich darauf reagieren!« Nur mit Arno Hochmuth kam es noch zu einer Konfrontation in der Halle und einer Brüllerei, die die plötzliche familiäre Stimmung störte.[44]

Nach dem Kongress durfte der Rest der 4000 gebundenen Exemplare der Erstauflage ausgeliefert werden. Weitere Rezensionen aber erschienen in der DDR nicht mehr. Eine zweite Auflage wurde 1972 genehmigt und auf das Jahr 1968 zurückdatiert. Erst damit begann die breitere Rezeption in der DDR mit mehr als 250 000 verkauften Exemplaren bis 1989. »Nachdenken über Christa T.« wurde zu einem der wichtigsten Volks- und Erfolgsbücher der DDR und gehörte fortan mit einer Selbstverständlichkeit zum Kanon, als hätte es nie Debatten darum gegeben. Es war – das zeigt diese Geschichte – kein Buch, das gegen die DDR geschrieben war, es war seiner Zeit lediglich ein paar Jahre voraus.

Die polnische Zeitschrift »Politycka« erklärte »Christa T.« 1969 zum Ereignis des Jahres, und in Moskau ernannte die »Literaturnaja gazeta« Christa Wolf zum »moralischen Vorbild« ihrer Generation. Kein Ruhmesblatt für die DDR, in der das Buch Mangelware war und folglich heiß begehrt blieb. Brigitte Reimann berichtet, sie habe ihr Exemplar verliehen und es »sechs Wochen nicht mehr zu sehen bekommen, es geht von Hand zu Hand. Hysterie, vorweggenommene hysterische Reaktion, oft Enttäuschung nach dem Lesen: man hat Wunder was Arges erwartet. Dabei ist es ein schönes Buch, traurig, das schon, auch zweiflerisch, ... Illusionsverlust, auch Verlust von Idealen, was ist natürlicher?«[45] Um Christa Wolf bildete sich die Atmosphäre klandestiner Gemeindehaftigkeit heraus, die ihr weiteres Wirken in der DDR prägen sollte.

Doch der »Rummel« war noch nicht vorbei, solange Christa Wolfs »Stellungnahme« ausstand. Letztes Druckmittel waren die Auslandsrechte, die nun überraschend gesperrt wurden. Christa Wolf verhandelte mit dem Büro für Urheberrechte und erreichte – ein absolutes Novum in der DDR –, dass die Rechte vom Verlag an sie übertragen wurden. Sie konnte und musste nun selbst mit ausländischen Verlagen verhandeln. Ihr Vater tippte zu Hause die Verträge in die Maschine.

Ende Oktober geriet »Christa T.« noch einmal auf die Tagesordnung einer Vorstandssitzung des DSV. Christa Wolf war davon nicht in Kenntnis gesetzt worden und nahm deshalb nicht teil. Wie sie Brigitte Reimann schrieb, hatte sie »in guter Vorahnung schon den ganzen Monat über Herzschmerzen, Schlafschwierigkeiten und die dümmsten Träume, hatte mir also die guten Valium besorgt, mit deren Hilfe ich jede Nacht ein paar Stunden schlafen kann«.[46] Ende Oktober war sie mit einer Arbeitsgruppe der DEFA in Thüringen unterwegs, um Motive für den »Eulenspiegel«-Film zu suchen, an dem sie zusammen mit ihrem Mann und mit Walter Janka als Dramaturg zu arbeiten begonnen hatte. Die Zusammenarbeit mit Janka war unkompliziert. Er, der aus einer proletarischen Familie stammte, verehrte Schriftsteller. Sie seien für ihn so etwas wie Menschen aus einer anderen Welt gewesen, die man zu achten und für die man zu sorgen habe, meint Christa Wolf. Und so ging er auf ihre Vorschläge stets ein.[47]

Dass man ihre Abwesenheit, die sie schriftlich angekündigt hatte, als Ausweichmanöver deutete, erzürnte sie sehr, auch wenn die Thüringen-Reise ihr nicht ungelegen kam. Warum hätte sie es sich antun sollen, noch einmal vernichtende Referate von Hans Koch und Otto Gotsche anzuhören? Gotsche plädierte im Übrigen dafür, die Debatte endlich zu beenden, da man sich nicht mit ideologisch fragwürdigen, sondern mit optimistischen, positiven Werken beschäftigen solle. Der treue Freund Kurt Stern war der Einzige, der sich während der Diskussion für Buch und Autorin einsetzte. Der Vorstand beschloss, »eine Aussprache mit Christa Wolf durchzuführen und sie aufzufordern, sich in einer öffentlichen Stellungnahme von der Auslegung ihres Buches durch den imperialistischen Gegner zu distanzieren«. Sollte sie das verweigern, wäre ihr Ausschluss aus dem Vorstand zu fordern.[48]

Christa Wolf stattete daraufhin Otto Gotsche in dessen Büro im Staatsrat einen Besuch ab. Vierzehn Tage nach der DSV-Sitzung sprach sie dort vor – man kannte sich ja. Es war ein taktisches Manöver: Mit dem Empfang durch Ulbrichts Sekretär versuchte sie, ihre »Immunität zu erhöhen«. Brigitte Reimann gab sie eine weniger überzeugende Erklärung: Sie habe mal mit jemandem sprechen wollen, »der zwar ganz anderer Meinung ist als ich, aber wenigstens nicht aus Angst um seine eigene Haut sich dreht und wendet. Er hat mir eine Menge Unfreundliches gesagt, aber anständig.«[49] Reimann hatte sich über Gotsche weniger freundlich geäußert: »Ich bin zu alt und zu jung für solche Szenen mit alternden Staatsmännern, die mir auf die Brust starren, während sie über meine Arbeit sprechen, und das Knie tätscheln, während sie politische Zusammenhänge erläutern.«[50]

Im Tagebuch gibt Christa Wolf eine ausführliche Schilderung ihres Gesprächs mit Gotsche, des riesengroßen Zimmers mit gepflegtem blauem Teppich, hellem Tisch, sechs hellen Sesseln. Gotsche sitzt hinter einem großen Schreibtisch, davor zwei Sessel, auf einem nimmt die Schriftstellerin Platz und versucht, ihre Sicht der Dinge darzustellen. Eineinhalb Stunden dauert das Gespräch, das mehr und mehr zu einer lautstark vorgetragenen Anklage durch Gotsche wird. Zeile für Zeile könne er beweisen, von welch falschem Standpunkt aus das Buch geschrieben sei. Falsche Richtung, Schädlichkeit, bedrückende Entwicklung. Sie solle endlich die Erklärung gegen die westlichen Kritiker schreiben. Gruppenbildung würde nicht geduldet. Und so weiter. Am Ende eine unverhüllte Drohung, die Christa Wolf im Tagebuch so wiedergibt: »Wenn zum Beispiel Strittmatter und ich nicht so gute Schriftsteller wären, dann hätte man uns schon längst durch die Mühle gedreht, darauf könnten wir uns aber verlassen. Mein Hang zu Zweifeln und zu Tragik könne nie zu positiven Resultaten führen.«[51] Der Ton wird immer kälter, man verabschiedet sich unversöhnt. Dann, auf dem langen Weg vom Schreibtisch zur Tür, kippt Christa Wolf um. Als sie wieder zu sich kommt, blickt sie in das erschrockene Gesicht von Otto Gotsche, der sich über sie beugt.[52]

Es ist das zweite Mal in ihrem Leben, dass sie in Ohnmacht fällt. Das erste Mal geschah es 1945, als ihr in Landsberg der tote Säugling einer Flüchtlingsfrau vom Lkw heruntergereicht worden war. Nun schrieb sie an Brigitte Reimann: »Demnächst gehe ich mal zu einem guten Arzt, um nachsehen zu lassen, ob sich da organisch irgendwas ereignet hat. Ich glaube nicht. Anstatt abgehärtet zu werden, wird man immer empfindlicher. Muss also mich ein wenig zurückhalten. G. war in den letzten Wochen ganz ratlos mit mir. Ich versteh dich nicht, du weißt doch, was los ist, da muss man seine Reaktionen doch steuern können. Aber ich hab einfach nackte Angst, nicht mal, glaub ich oder rede ich mir ein, bloß meinetwegen.«[53]

Die Auseinandersetzung mit Gotsche war mehr als eine Meinungsverschiedenheit mit einem Funktionär. Christa Wolf hatte ihm gegenüber nicht die frotzelnde Souveränität einer Brigitte Reimann. Sie achtete ihn als Teil der aufrechten Emigranten-Generation, deren Vertreter in den fünfziger Jahren eine Art Vater-Rolle für sie eingenommen hatten. Die Ohnmacht als Zeichen der Machtlosigkeit bezeichnet einen erneuten Bruch mit denen, auf deren Seite sie sich trotz aller gegenteiliger Erfahrung immer noch wähnte. Erst im Rückblick, mit einem Abstand von zwanzig Jahren, sah Christa Wolf klarer: »In diesen Auseinandersetzungen, in denen ich mich lange abmühte, meine Angreifer davon zu überzeugen, dass ich doch dasselbe wollte wie sie, wuchs mir eine hilfreiche Einsicht: Ich begriff auf einmal, dass ich *nicht* dasselbe wollte wie sie, dass sie sich durch mein Buch bedroht fühlten und darum so heftig reagierten.«[54] Damals aber suchte sie verzweifelt nach noch vorhandenen Gemeinsamkeiten. Zusammen mit ihrem Mann arbeitete sie fünf Tage lang an der geforderten Erklärung, obwohl sie vor dem Treffen mit Gotsche deren Sinn und Wirksamkeit in einem Brief an den DSV noch bezweifelt hatte. Zehn bis zwanzig Fassungen entstanden, bis schließlich eine abgeschickt wurde.

Noch einmal kam es am 17. Dezember zu einer »Aussprache« im DSV-Vorstand. Noch einmal wurde Christa Wolf zu einer Erklärung verdonnert, weil die erste für nicht ausreichend befunden wurde. Noch einmal saß sie tagelang an einer Erklärung, in der sie sich gegen ihre Rezensenten im Westen verteidigte, die das Buch gelobt hatten: Eine paradoxe Situation der Lüge, in die nur geraten konnte, wer aufrichtig zu sein wünschte. Sicherheitshalber wies sie den »Genossen Henniger«, Sekretär des DSV, darauf hin, dass dies ihre letzte Stellungnahme sei. Henniger reichte das Schreiben ans ZK weiter, immer noch unzufrieden. »Leider ist von den Ratschlägen, die wir ihr in der stundenlangen, kameradschaftlich geführten Diskussion gaben, in der Erklärung kaum etwas zu finden.«[55]

In der Bundesrepublik stand »Nachdenken über Christa T.« rasch auf den Bestsellerlisten. Das hatte zum Teil mit der Politisierung der Debatte in der Ost-West-Auseinandersetzung zu tun, vor allem aber damit, dass »Entfremdung« und der Versuch einer Frau, gegen und mit der Gesellschaft sie selbst zu sein, ein systemübergreifend brisantes Thema war. Auch wenn die meisten Rezensenten so taten, als gäbe es nur in der DDR ein Problem mit Anpassung und Eigenständigkeit, so traf Christa Wolfs Buch doch auch hier den durch die 68er-Rebellion sensibilisierten Nerv der Zeit. Die westliche Rezeption bezog sich stärker auf den Aspekt der »Selbstverwirklichung«, als das in der DDR möglich war. Noch war der Begriff nicht zum Modewort verkommen, wie es in den siebziger Jahren vor allem in der Frauenbewegung geschah.

In der DDR ging es nun bereits um das nächste Buch: eine Sammlung mit Essays, die »Lesen und Schreiben« als titelgebenden Text enthalten sollte. Schon 1968 hatte Christa Wolf die Aufsatzsammlung zur Veröffentlichung eingereicht – mit geringen Aussichten auf Erfolg. Die Cheflektorin des Mitteldeutschen Verlages bemängelte in einem Schreiben an die HV Verlage und Buchhandel, dass hier »für meine Begriffe unserer Weltanschauung fremde Auffassungen dargelegt werden«, die »kaum zu reparieren« seien.[56] Auch ein anderer Gutachter formulierte Einwände gegen die zu ausgeprägte Subjektivität, so dass der Verlag schließlich, nach einigem Hin und Her, im Mai 1969 den Druckgenehmigungsantrag zurückzog. Als Konsequenz ihrer Erfahrungen mit »Christa T.« und »Lesen und Schreiben« kündigte Christa Wolf ihre Autorschaft beim Mitteldeutschen Verlag und wechselte zum Berliner Aufbau-Verlag. Ihre Lektorin dort wurde Sigrid Töpelmann. Sie war – Ironie der Geschichte – als Assistentin an der Humboldt-Universität entlassen worden, weil sie sich in einer Arbeit über »Persönlichkeit im Sozialismus« nicht kritisch genug mit »Nachdenken über Christa T.« auseinander gesetzt hatte. Ihre Professorin Inge Diersen wurde aus demselben Grund zur »Bewährung in der Praxis« ins Kulturhaus Bitterfeld verbannt. Sigrid Töpelmann sollte zwei Jahre als Lehrerin arbeiten, nahm dann aber die Lektoratsstelle an.[57] Mit ihr gelang 1972 die Veröffentlichung der Essays, obwohl das Außengutachten von Professor Horst Haase erneut zahlreiche Mängel wie »Klassenindifferenz« und »Einflüsse modernistischer Dogmen« auflistete. Auch Christa Wolfs skeptische Haltung gegenüber wissenschaftlichem Fortschritt, gegen dessen Gefahren sie die Kunst als humane Gegenkraft beschwor, gefielen ihm nicht.

Die Wissenschaft trat für Christa Wolf in gewisser Weise das Erbe der Ideologie an. Für die Vision vom »neuen Menschen« schienen ihr nun, nach der »Ernüchterung« in den politischen Niederungen von Verband und Partei, Wissenschaftler wie Hans Stubbe geeignetere Bündnispartner. Zufällig war Christa Wolf 1968 mit einer Reisegruppe ins genetisch-biologische Forschungsinstitut in Gatersleben im Ostharz geraten und hatte dort den Evolutionsforscher Hans Stubbe kennen gelernt. Mehrmals kehrte sie zu Gesprächen dorthin zurück, ehe sie das Porträt »Ein Besuch« schrieb.[58] In ihrem Interesse für Gentechnik war sie ihren Berufskollegen weit voraus. Damals steckte dieser Forschungszweig noch zu sehr in den Anfängen, um als Zukunftstechnologie gehandelt zu werden. Für Christa Wolf aber entwickelte sich daraus ein kontinuierliches Interesse für Wissenschaft. Dass sie darin von ökologischen Romantizismen nicht frei bleiben würde, lässt der abschließende Ausruf dieses Aufsatzes erkennen, mit dem sie Stubbe zitierte: »Unsere Erde, dieser einmalig kostbare Planet, Geburtsstätte und Heimat des Menschen …«

Stubbe experimentierte mit Pflanzen, aber die Zielrichtung seiner Forschung war der Mensch. Im Humanismus sah Christa Wolf die Gemeinsamkeit ihrer und seiner Arbeit. Es erfreute sie sehr, aus dem Mund des Wissenschaftlers zu hören, dass »das Ideal vom Subjekt, von der entfalteten Persönlichkeit«, auch im Zeitalter der modernen Naturwissenschaft »immer noch nützlich und unerlässlich ist«. Sie antwortete: »Das zu hören, bin ich hergekommen.« Auch ihre folgenden Fragen bejahte der Wissenschaftler: »Die Kunst, die sich selbst ernst nimmt, arbeitet also auf ihre Weise daran mit, dass die Menschen den ungeheuerlichsten Entdeckungen der Wissenschaft gewachsen sein können? Indem sie die Persönlichkeit stärkt? Indem sie, als Organ ihrer Gesellschaft, Bilder vom Menschen entwirft und die Möglichkeit erweitert, sich selbst zu sehen und zu erkennen?« Die Genetik bot ihr eine Projektionsfläche für eigene Fragen und Probleme. Die Auseinandersetzung mit der Wissenschaft diente der Bestätigung der Kunst. So hob sie etwa das Interesse der Pflanzenforscher für »diejenigen unter ihren Zöglingen« hervor, »die sich glücklicherweise einfallen lassen, aus der Reihe zu tanzen; für dasjenige unter tausend garantiert gleichartigen Pflänzchen, das plötzlich keine Lust zeigt, dem Gesetz zu folgen, nach dem es angetreten ...« Der Merksatz des Evolutionisten: »Nur das Unvollkommene hat die Chance, sich zu entwickeln«, entsprach auch ihrem eigenen Denken. Mit dem genetisch perfekten Menschen wäre das Ende der Geschichte erreicht, mehr noch: auch die Literatur würde dann überflüssig werden. Ohne Geschichte keine Geschichten, ohne Konflikte keine Literatur.

Zeit, in der wir leben

Stillhalten und Abstand nehmen: Die Entdeckung der Welt

Eigentlich könnte die Geschichte einer Emanzipation damit zu Ende sein. Schmerzhaft und langwierig hatte Christa Wolf sich in den Kämpfen der sechziger Jahre aus den Fesseln einer dogmatischen Weltanschauung gelöst. Sie hatte erfahren müssen, dass der Staat, den sie als den ihren betrachtete, zu ihrem Gegner geworden war. Sie hatte gesehen, dass ihre Vorstellungen von Sozialismus und sozialistischer Kunst nicht in Übereinstimmung zu bringen waren mit dem, was Kulturfunktionäre von Künstlern forderten. Ein Punkt war erreicht, an dem es nicht verwunderlich gewesen wäre, wenn sie aus ihrer inneren Distanzierung die Konsequenz gezogen und ihren Abschied aus diesem Land genommen hätte. Aber sie blieb. Die Geschichte »Christa Wolf und die DDR« ging weiter, auch wenn vielleicht jetzt schon, in der historischen Mitte, der Epilog begann. Was folgte, waren verschiedene Arrangements, die ihr das Weiterleben und Weiterarbeiten ermöglichten, ohne sich in andauernden Konflikten aufzureiben. Sie glaubte, keine andere Wahl zu haben, denn die Bundesrepublik erschien ihr niemals als lebbare Alternative. Der Westen, das war: Vietnam. Das war: Chile. Das waren: Notstandsgesetze und ein im Kampf gegen den Terrorismus selbst immer autoritärer werdender Staat. Christa Wolf hatte sich von ihrer Partei emanzipiert, ohne sich loszusagen. Sie hatte nicht aufgehört, Sozialistin zu sein. So unerreichbar eine sozialistische Gesellschaft in der DDR auch schien, in der Bundesrepublik war sie trotz Willy Brandt und trotz der Studentenbewegung, die das Land zu verändern begann, noch unerreichbarer.

Es ist nicht leicht, sich nach dem Ende der DDR begreiflich zu machen, was so viele Intellektuelle dazu brachte, trotz offensichtlicher Fehlentwicklungen ihrem Staat gegenüber loyal zu bleiben. Warum hielten sie so lange an einer Utopie fest, die an die Existenz der schäbigen DDR gekoppelt war? Was machte es möglich, die Idee so hartnäckig von den Zumutungen der Wirklichkeit abzuschotten? Warum folgte auf jede schlechte Erfahrung mit dem Machtapparat und auf jeden endgültigen Bruch, jede »Ernüchterung« doch wieder das Arrangement? Alle Konflikte von einst verengen sich im Nachhinein auf diese Frage. Das ist ebenso unvermeidlich, wie es die Ernsthaftigkeit der geführten Auseinandersetzungen auf ungebührliche Weise relativiert. Die Fixierung auf Konfliktsituationen verkennt zudem die Bedeutung des Alltags, die Heimat bildende Kraft von Familie und Freundschaften, von Gewohnheit und Anhänglichkeit.

Dabei war das Leben in der DDR viel stärker als in der Bundesrepublik von privaten Netzwerken geprägt, von Gemeinschaften unter Gleichgesinnten, denen man vertrauen konnte. Abseits und im Gegensatz zur sozialistischen Nomenklatura verständigte man sich im Privaten über die eigenen Hoffnungen. Hier, im Gespräch und in Briefen, ist die intensive Suche nach dem »richtigen Leben« erahnbar, das romantischem Empfinden abgelauscht war. Auf diesen Freundschaften beruhte der Glaube an die Möglichkeit einer besseren Welt mit freundlicheren Menschen. Ohne diesen sozialen Hintergrund wäre Christa Wolf auch kaum in der Lage gewesen, die Konfrontationen der sechziger Jahre und die dadurch ausgelösten Krisen durchzustehen.

Wer auch immer zu den Wolfs zu Besuch kam, zeigte sich wie Günter de Bruyn beeindruckt von der märchenhaft intakten Familie. Brigitte Reimann notierte am 17. August 1969 im Tagebuch: »Nein, über den Besuch bei Christa kann ich doch nicht schreiben (...). Wenn ich nur daran denke, welche Atmosphäre freundlicher Gelassenheit in diesem Haus herrscht, welche Harmonie zwischen Christa und Gerd und ihren Töchtern. Da kann man ja gar nicht aus den Schuhen kippen, trotz der Schweinereien mit dem Buch. (...) Allerdings, gegen Selbstbezweiflung hilft auch diese Art innerer Statik nichts. Neulich schrieb Christa, dass ihr eine Geschichte, an der ihr viel lag, völlig misslungen ist. (...) Und ich dachte, sie könnte alles schreiben, was sie sich vornimmt, (...) weil sie es eben kann.«[1]

Eine Woche zuvor hatte Christa Wolf von diesem »Scheitern« berichtet – da hatte sie gerade die Erzählung »Unter den Linden« abgeschlossen. »In solchen Phasen«, schrieb sie an Reimann, »bricht dann natürlich alles andere, was ich mir wochenlang, eben durch Schreiben, vom Hals gehalten hatte, mit Wucht wieder auf. Darauf reagiert dann mein Herz, mein Kopf mit Migräne, mein ganzes Nervensystem mit Schlaflosigkeit. (...) Jetzt habe ich das Gefühl, von allen Seiten zwickt und zerrt es an mir, und ich kann keinem gerecht werden. Ich müsste mich für ein Jahr in die Wüste verziehen.«[2] Da konnte dann auch die Kugelschreibernotiz eines unbekannten Lesers auf der »Berliner Zeitung« im Briefkasten tröstend und aufmunternd wirken: »Ich danke Ihnen für Ihre Christa T. Ich bitte Sie: Lassen Sie sich nicht beirren, schreiben Sie bitte weiter.«[3]

Reicht solcher Trost aus, um durchzuhalten? Christa Wolf stürzte sich in Arbeit. Die siebziger Jahre wurden ihr produktivstes Jahrzehnt. Es gelang ihr, den Widerspruch, der darin bestand, zu bleiben und doch insgeheim Abschied zu nehmen, in Kreativität umzusetzen. In den Siebzigern erschienen, außer den liegen gebliebenen Essays »Lesen und Schreiben«, der Erzählungsband »Unter den Linden«, die Filmerzählung »Till Eulenspiegel«, die autobiographische Recherche »Kindheitsmuster«, die Erzählung »Kein

Ort. Nirgends« nebst den dazugehörenden Essays über die Romantikerinnen Bettina von Arnim und Karoline von Günderode und die Aufsatzsammlung »Fortgesetzter Versuch«. Auch die erst 1989 und 1990 veröffentlichten Erzählungen »Sommerstück« und »Was bleibt« entstanden bereits Ende der siebziger Jahre. Der Beginn der Arbeit am Kassandrakomplex mit Erzählung und Vorlesungen fällt ebenfalls in diese Zeit. Das ist ein beeindruckendes Pensum, zumal darunter die Bücher zu finden sind, die neben »Christa T.« den Weltruhm der Autorin begründeten.

In der Folge ihrer deprimierenden politischen Erfahrungen befasste sich Christa Wolf Ende der sechziger Jahre mit der ins Persönliche gewendeten Frage: Wie sind wir so geworden, wie wir heute sind? In »Kindheitsmuster« wurde ihr die Frühzeit der eigenen Biographie zum Forschungsgegenstand. Latente Prägungen durch die Jugend im Faschismus sollten am eigenen Beispiel untersucht werden. Ein erster Ansatz ist auf den September 1969 datiert, doch es dauerte mehrere Jahre und über dreißig Versuche, ehe sie einen haltbaren Anfang gefunden hatte.[4] Unter »großen inneren Hemmnissen« nähere sie sich ihrem Thema, schrieb sie im Februar 1971 an Brigitte Reimann. »Es ist ja neben allem anderen auch eine Art Psychoanalyse, da schwemmt eine Menge mit gutem Grund Verdrängtes wieder hoch (...). Ich habe sogar mein Zimmer umgeräumt, als ich das Buch anfing, ich habe, was mir an Zauberspuk einfiel, versucht, als gar nichts nützen wollte, legte ich es darauf an, von Gerd ordentlich beschimpft zu werden, faul und brummlig und selbstmitleidig nannte er mich, mitten auf meinen schmerzenden Kopf, das half dann ein bisschen, nun entledige ich mich ziemlich flott erst mal der Stoffmasse.«[5] Sie begann mit dieser »Analyse«, da sie fürchtete, innerlich zu stagnieren. Es herrscht »so etwas wie Windstille«, schrieb sie der Freundin. »Es dreht sich alles immer um den gleichen Käse, wir müssen uns mal was Neues ausdenken. Aber was?«[6]

Eine andere Art und Weise, den Widersprüchen und der Stagnation einer erstarrten Gegenwart zu entkommen, war das Reisen. Auslandsaufenthalte dienten als Ventil und entsprachen dem Gefühl, abwesend anwesend zu sein. Die DDR bediente Visa-Begehren ihrer prominenten Autoren stets zuvorkommend. Auch in Funktionärskreisen wusste man, wie notwendig diese Freizügigkeit war, wollte man deren Loyalität bewahren. Die Möglichkeit, sich zu entfernen, die andere Bürger des Landes nicht hatten, wurde zur existentiellen Bedingung, um das Bleiben auszuhalten. Christa Wolf reiste in den folgenden Jahren viel und regelmäßig – fast immer zusammen mit ihrem Mann. 1970 besuchte sie die Bundesrepublik, die Sowjetunion und Bulgarien. Es folgten bis 1975 weitere Reisen in die Bundesrepublik und in die Sowjetunion, nach Paris und nach Polen, zur Tagung der PEN-Exekutive in Stockholm, eine Lesereise in die Schweiz und ein Studienaufenthalt in den USA – Reisen, die den Erfahrungshorizont erweiterten und damit auch die Sicht auf die DDR veränderten. In Stockholm besuchte sie Peter Weiss und traf nach Jahren wieder mit Max Frisch zusammen. Auch in Zürich besuchte sie Frisch, der zum wohl wichtigsten Freund im Westen wurde.

An die Stelle des verbrauchten dichotomischen Weltbildes, in dem sich fortschrittliche Sozialisten und das reaktionäre kapitalistische Lager unversöhnlich gegenüberstanden, rückte das Interesse an emanzipatorischen Bewegungen in Ost *und* West. Die tschechischen Reformer und Teile der Linken in der Bundesrepublik unterschieden sich weniger und standen Christa Wolf näher als die bürokratische SED, der sie angehörte. Lew Kopelew etwa, den sie »in seiner von Dissidenten und wahrscheinlich auch von Spitzeln überlaufenen Wohnung« in Moskau besuchte, bevor er zu Heinrich Böll nach Köln emigrierte, ist da zu nennen. Kopelews Schwiegersohn, der gegen den Einmarsch der Warschauer-Pakt-Truppen in Prag demonstriert hatte, war gerade aus der Haft ent-

lassen worden.[7] Christa Wolf erlebte das ganze Ausmaß der Überwachung, das in Moskau herrschte. Kopelew versetzte dem Telefon einen Fußtritt (»Du kleiner Verräter!«), erzählte von Tonbandstimmen, die aus parkenden Autos dringen, und von einem neuen Antisemitismus, der ihn beängstigte.
Auch Böll gehörte seit 1972 zum Bekannten-, ja zum Freundeskreis. Als Präsident des Internationalen PEN stattete er dem DDR-PEN einen Besuch ab – eine Geste, die sich in Willy Brandts neue Ostpolitik fügte. Ein Photo zeigt ihn im Gespräch mit dem PEN-Funktionär Heinz Kamnitzer, mit Stephan Hermlin und Christa Wolf, die ihn, unter einem schütteren Bücherregal an der Wand sitzend, mit schräg gelegtem Kopf neugierig-skeptisch beäugt. In einem Kleid mit weißem Kragen sieht sie aus wie eine Konfirmandin. Böll ließ es sich nicht nehmen, die Wolfs in Kleinmachnow zu besuchen und ihnen eine Jazz-Platte mitzubringen. Gerhard Wolf kannte er noch aus dessen Zeit als Redakteur des Deutschlandsenders. Böll war damals einer der wenigen westdeutschen Autoren, der mit dem DDR-Sender, der eine gesamtdeutsche Politik verfolgte, zusammengearbeitet hatte. Die Wolfs schätzten seine Offenheit und Neugier und hielten ihn für ihr wichtigstes Bindeglied zur westdeutschen Gesellschaft. Christa Wolf bewunderte seine moralische Integrität und seinen politischen Mut. Böll sagte einmal zu ihr: »Wenn man mal Katholik war oder Kommunist – das bleibt man immer. Da kommt man nie mehr raus.« Und so, als Angehörige verschiedener Gemeinden, jeweils in gespanntem Verhältnis zur eigenen Kirche, verstanden sie sich unmittelbar.[8]
In Frankfurt am Main kamen Christa und Gerhard Wolf im Mai 1970 mit der Studentenbewegung in Kontakt. Sie besuchten dort den März Verlag und waren bei dem Verleger KD Wolff zu Gast. Mit ihm gingen sie zu einem Teach-in in der Universität, fühlten sich aber doch eher fremd unter den durcheinander schreienden Studenten, die erregt diskutierten und den historischen Augenblick

für eine revolutionäre Erhebung in der Bundesrepublik für gekommen hielten. Die Wolfs hielten dagegen, dass man, um den Sozialismus einzuführen, doch zuerst die Eigentumsverhältnisse ändern müsse. Die Studenten sahen darin kein großes Problem: Das machen wir schon. Bei der anschließenden Demonstration durch Frankfurt verteilten sie Flugblätter, die dazu aufforderten, die SPD-Regierung als US-Lakaien zu entlarven. Die Wolfs betrachteten das Treiben mit Skepsis und registrierten Arbeiter am Straßenrand, die sich an die Stirn tippten. Das sah nicht gerade nach Volkserhebung aus. Nur einmal, als der Demonstrationszug ein Gefängnis der US-Army passierte und sich hinter den Gitterfenstern schwarze Fäuste reckten, kam für ein paar Sekunden ein revolutionäres Erhabenheitsgefühl auf. Der grundlegende kulturelle Unterschied zwischen der westdeutschen antiautoritären Bewegung und ostdeutschen Sozialisten, die Parteiversammlungen mit wohlorganisierten Redebeiträgen gewohnt waren, ließ sich dadurch nicht überbrücken. Und doch übten die politischen Debatten bis tief in die Nacht hinein eine enorme Faszination aus.[9]

Christa Wolf folgte auf dieser Reise auch anderen, nichtrevolutionären Interessen. In Mainz begab sie sich auf die Spur Anna Seghers' und ging den Weg nach, der im »Ausflug der toten Mädchen« so genau beschrieben ist: von der Dampferanlegestelle am Rheinufer bis zum elterlichen Haus in der Innenstadt. Auf den Spuren der Karoline von Günderode fuhr sie nach Winkel am Rhein und suchte dort auf dem Friedhof den Grabstein der Romantikerin, die sich im Alter von 26 Jahren erdolcht hatte. An Brigitte Reimann, zu diesem Zeitpunkt wieder einmal im Krankenhaus, schickte sie von dort aus eine Postkarte und versprach, nach ihrer Rückkehr ausgiebig von Demonstrationen und Diskussionen zu berichten. Die Reise führte über Stuttgart weiter nach Tübingen, wo Gerhard Wolf Material für seinen Hölderlin-Essay sammelte. Zu dieser Zeit setzte bei beiden die Hinwendung zur Romantik ein, auch wenn Christa Wolfs Günderode-Erzählung »Kein Ort. Nirgends« erst sieben Jahre später entstand. 1970 schrieb sie die an E. T. A. Hoffmanns »Kater Murr« anknüpfende Geschichte »Neue Lebensansichten eines Katers«. Und auch in der im Jahr zuvor fertig gestellten Erzählung »Unter den Linden« hatte sie mit Motiven aus Hoffmanns »Ritter Gluck« auf die romantische Erzähltradition angespielt.

Im Juli folgte zusammen mit der Familie ein Aufenthalt im Schriftstellerheim in Komorowo bei Leningrad. Tochter Annette hatte gerade die Schule abgeschlossen. Beim Abiturball in einem Ausflugslokal in Werder, wo sich betrunkene Lehrer und jugendliche Liebespärchen tummelten, bemerkte Christa Wolf auf einmal und teilte es Brigitte Reimann mit, »wie man allmählich zur Matrone wird«.[10] Midlife-Krisengefühle mischten sich mit allgemeiner Niedergeschlagenheit. Nun, im fernen Komorowo, vermutete Reimann die Freundin in einer noch tristeren Umgebung, »die auch Monster an Unsensibilität deprimieren kann«.[11] Der Brief, den Brigitte Reimann erhielt, klang merkwürdig bedrückt, trotz der hellen Leningrader Sommernächte, die darin gerühmt wurden. Es war mehr als ungewöhnlich, dass Christa Wolf von sich aus auf eigene Krisen zu sprechen kam: »Dass man mich für streng und über manches erhaben hält, weiß ich auch, es stimmt nicht ganz, ist manchmal lästig, manchmal nützlich. Von meinen Krisen lass ich möglichst wenig nach außen, nur, wenn's nicht mehr anders geht. Dafür schreibe ich eben.« Ironisch schilderte sie dagegen die realsozialistisch gediegene Ausstattung des Schriftstellerheims mit weiß bezogenen Sesselgarnituren, ellenlangen roten Läufern mit grünem Rand und vielen älteren, dicklichen und gehbehinderten Leuten.

Leningrad war nur eine knappe Stunde mit dem Vorortzug entfernt, so dass sie häufig zu Besichtigungen aufbrach: in die Eremitage oder ans Meer oder zum nahe gelegenen Grab Anna Achma-

towas. Auch der Geheimdienst war immer dabei und übersandte drei Monate später den DDR-Kollegen von der Stasi einen kurzen Rapport. Demnach verhielt sich die »DDR-Schriftstellerin vorsichtig und zurückhaltend, den größten Teil der Zeit verbrachte sie im Kreise der Familie und verkehrte nur mit Schriftstellern, die sich mit Übersetzungen deutscher Literatur befassen. Sie fuhr oft zu Besichtigungen nach Leningrad und besuchte Peterhof. Zu Besuch fuhr niemand zu Christa Wolf. Gegen Ende des Aufenthalts in Komorowo traf sie sich mit einigen Leningrader Übersetzern in der Wohnung des Übersetzers Admoni-Krasny. Auf der Zusammenkunft wurden Verse sowjetischer und deutscher Lyriker gelesen und Probleme der künstlerischen Übersetzung behandelt. Politische Themen wurden nicht berührt. Hinweise über irgendwelche politischen Äußerungen Christa Wolfs wurden nicht bekannt.«[12]
Dass die Wolfs auch mit dem Germanisten und Übersetzer Efim Etkind zusammentrafen, entging der Stasi. Zu Etkind, dem Verteidiger Joseph Brodskys und Freund Solschenizyns, entstand eine langjährige Freundschaft. Etkind fuhr mit seinen Gästen hinaus zu seiner Datsche. Dass sie sich im Auto ducken sollten, als sie den Posten am Stadtrand passierten, erschien ihnen ein bisschen lächerlich, hatte aber durchaus seine Berechtigung.

Das Misstrauen der sozialistischen Staaten gegen die eigenen Bürger war allgemein. Und es war kaum zu erwarten, dass in der DDR der Übergang der Macht von Walter Ulbricht auf Erich Honecker daran grundsätzlich etwas ändern würde. Dennoch hofften viele auf den neuen Mann, der am 3. Mai 1971 zum Generalsekretär der Partei gewählt wurde, nachdem Ulbricht, wie es hieß, »aus Altersgründen« um seine Entlassung »gebeten« hatte. Christa Wolf hatte mit Honecker als Scharfmacher auf dem 11. Plenum im Jahr 1965 ihre einschlägigen Erfahrungen gemacht und gehörte deshalb nicht zu denen, die nun einen neuen Aufbruch erhofften. Doch vom VIII. Parteitag der SED im Juni 1971 gingen noch einmal vorsichtige Signale für einen kulturellen Wandel aus. Die Wirtschaft hatte sich in den zurückliegenden Jahren überdurchschnittlich entwickelt; die Zerschlagung des »Prager Frühlings« wirkte in der DDR zu keiner Zeit destabilisierend; auf internationalem politischem Parkett fand die DDR mehr und mehr Anerkennung. Im Gefühl sicherer Zufriedenheit konnte Kurt Hager sogar eingestehen, dass es falsch wäre, »sich die Entwicklung des Sozialismus vereinfacht vorzustellen, als einen ununterbrochen harmonisch verlaufenden Prozess«.[13] Es war denkbar geworden, Konfliktpunkte zu benennen und auszutragen, ohne mit einer »abweichenden Meinung« sofort zum Gegner erklärt zu werden.

Erich Honecker drückte sich auf einer ZK-Tagung im September so aus: »Wenn man von der festen Position des Sozialismus ausgeht, kann es meines Erachtens auf dem Gebiet von Kunst und Literatur keine Tabus geben. Das betrifft sowohl die Fragen der inhaltlichen Gestaltung als auch des Stils – kurz gesagt: die Fragen dessen, was man die künstlerische Meisterschaft nennt.«[14] Dieser viel zitierte Satz ist mit Bedacht biegsam und dehnbar gehalten. Auf die Aussage, dass es keine Tabus geben dürfe, konnten Erneuerer sich gegen engstirnige Funktionäre von jetzt an höchstinstanzlich abgesichert berufen. Dagegen stand jedoch die zugrunde liegende »feste Position des Sozialismus«, eine Vorgabe, mit der, was richtig sei, weiterhin als Parteimonopol festgeschrieben blieb. Wiederum Kurt Hager verschärfte das unlösbare Ineinander von Liberalisierung und Drohung auf der ZK-Tagung im Juli 1972: »Wenn wir uns entscheiden für die Weite und Vielfalt aller Möglichkeiten des sozialistischen Realismus, [und uns] für einen großen Spielraum des schöpferischen Suchens in dieser Richtung aussprechen, so schließt das jede Konzession an bürgerliche Ideologien und imperialistische Kunstauffassungen aus.«[15]

Immerhin: Im liberaleren Klima der ersten Honecker-Jahre erhielt »Lesen und Schreiben« als erste Veröffentlichung Christa Wolfs im Aufbau-Verlag jetzt relativ problemlos die Druckgenehmigung für 5000 Exemplare, nachdem das Buch 1969 vom Mitteldeutschen Verlag zurückgezogen worden war. Ebenfalls 1972 erschien endlich die zweite Auflage von »Nachdenken über Christa T.« in einer Auflage von 15 000 Exemplaren, obwohl der Mitteldeutsche Verlag sie mit Hinweis auf Produktions- und Papierschwierigkeiten hinauszuzögern versuchte. Als der »werte Genosse Honecker« im April über den Stand der Dinge im Bezirk Halle unterrichtet wurde, war die Lage dort »bereits so weit verfahren, dass es schwer sein wird, diese Neuauflage zu verhindern«.[16]

Christa Wolf hatte auf der Leipziger Buchmesse die Öffentlichkeit einer internationalen Pressekonferenz genutzt, die Neuauflage anzukündigen. Verlag und Behörden hatten sich beeilt, alle Genehmigungen vorher zu erteilen, um peinliche Nachfragen auf der Messe zu verhindern. Und so kam das Buch nun endlich in die Buchhandlungen. Die Fülle der Leserbriefe, die Christa Wolf auf diese Ausgabe erhielt, waren überwiegend zustimmend, nachdenklich, selbstreflexiv. Sie belegen, dass sie von ihren Lesern als Instanz der Lebensberatung betrachtet wurde. Seelsorgerische und therapeutische Fähigkeiten traute man ihr offenbar ohne weiteres zu, da sie in ihrem Schreiben demonstrierte, wie gründlich und kontinuierlich sie sich mit ihrer eigenen Lebenssituation auseinandersetzte. Christa Wolf wurde nur deshalb zu einer moralischen Instanz, weil sie sich selbst nicht schonte. Paradox gesagt: Sie wurde auf ein Podest gehoben, weil sie es selbst nicht tat.

Der größere publizistische Freiraum hatte jedoch gemäß der Honecker-Formel seinen Preis: das Bekenntnis zur DDR. Gelegenheit, ihren Teil der Übereinkunft zu erfüllen, bekam Christa Wolf im Jahr 1972, als die Stadt Braunschweig ihr den Wilhelm-Raabe-Preis zuerkannte. Sie lehnte ihn ab, weil sie die Auszeichnung gemeinsam mit Walter Kempowski erhalten sollte. Kempowski aber, 1948 in der SBZ wegen des Vorwurfs der Spionage zu einer mehr-

jährigen Haftstrafe verurteilt und seither im Westen lebend, galt in der DDR als übler Antikommunist, eine Unperson, mit der es keine Gemeinsamkeit geben durfte. Sich hier abzugrenzen, war eine staatsbürgerliche Pflicht, der Christa Wolf Genüge leistete. Telefonisch erhielt sie die harsche Anordnung und beugte sich noch einmal der Parteidisziplin. Man hätte sie nicht ausreisen lassen. Lohnt es, fragte sie sich, in diesem Punkt den Kampf aufzunehmen? Ist dieser Preis so wichtig?[17] Und selbstverständlich konnte sie, wenn sie sich gefügig zeigte, darauf rechnen, dafür etwas anderes durchsetzen zu können. Sie konnte davon ausgehen, dass solche Gefälligkeiten auf Gegenseitigkeit zu beruhen hätten.
An Brigitte Reimann schrieb sie im Juli 1972: »Es ist ein merkwürdiger Sommer. Wenn ich Gedichte machen könnte, würde ich eins machen, das die Überschrift hätte: Stillhalteabkommen. Man hat uns ziemlich deutlich zu verstehen gegeben, dass es auf uns nicht so besonders ankommt, finde ich. So ein schwebendes Gefühl von Nicht-Verantwortlichsein stellt sich ein und fördert merkwürdigerweise neue Bezirke von Freiheiten zutage, die ein allzu Verantwortlicher sich einfach nicht nimmt.«[18] Der deprimierte Tonfall trifft die allgemeine Stimmung. Christa Wolf registriert den Bedeutungsverlust, den die Zunft der Schriftsteller hinnehmen musste. Honeckers Machtantritt brachte keine Revision der Politik des 11. Plenums mit sich. An der Vorrangstellung der Ökonomie gegenüber Ideologie und Kunst änderte sich nichts. Es wurden nur andere Konsequenzen daraus gezogen. An die Stelle von Ulbrichts primitiver Indienstnahme der Literatur trat nun die Einsicht, dass es auf sie nicht ankäme. Die größere Freiheit war durch Missachtung und Unkenntnis motiviert.
Beim VII. Schriftstellerkongress im November 1973, auf dem der »Bitterfelder Weg« durch Hermann Kant und andere offiziell beerdigt wurde, meldete Christa Wolf sich im Diskussionsforum über »Literatur und Geschichtsbewusstsein« zu Wort. Volker Braun

hatte zuvor von den »offenen Enden der Geschichte« gesprochen und nach den »Reserven an Realismus« im schreibenden Subjekt gefragt. Diese Formulierung faszinierte Christa Wolf. Sie bezeichnete den Faschismus als eines der »offenen Enden der Geschichte«, die in die Gegenwart hineinwirken. Hier, in der »Zeit, in der wir leben«, gelte es, »die Widersprüche, in denen wir stehen«, und die »echten, bedeutenden Konflikte« weder zu verkleinern noch zu verleugnen. Gerade in den noch nicht erkannten oder ausgesprochenen gesellschaftlichen Widersprüchen sah sie die »Reserven«, die durch die Literatur »produktiv zu machen« seien.[19] Deutlicher noch äußerte sie sich im Gespräch mit dem DDR-Germanisten Hans Kaufmann, das 1974 in der Zeitschrift »Weimarer Beiträge« erschien, über falsche Harmoniesucht und die »Furcht vor der Abweichung«: »Ja, es ist wahr: Wenn man über längere Zeit daran gehindert wird, es öffentlich zu tun, kann man überhaupt verlernen, die – verdammten oder nicht verdammten, jedenfalls bedeutsamen – Fragen, die keineswegs immer gleich ›zu lösen‹ sind, wenigstens ohne Umschweif zu stellen, und sei es zunächst nur sich selbst. Das betrifft nicht nur die Literatur, aber es trifft sie im Kern. Der Mechanismus der Selbstzensur, der dem der Zensur folgt, ist gefährlicher als dieser: Er verinnerlicht Forderungen, die das Entstehen von Literatur verhindern können, und verwickelt manchen Autor in ein unfruchtbares und aussichtsloses Gerangel mit einander ausschließenden Geboten: dass er realistisch schreiben soll zum Beispiel und zugleich auf Konflikte verzichten; dass er wahrheitsgetreu schreiben soll, aber sich selbst nicht glauben, was er sieht, weil es nicht ›typisch‹ sei.«[20] Das sind für DDR-Verhältnisse deutliche Worte. Es ist ein Plädoyer, das sich als vermittelte, vorsichtige Kritik an der Zensurpraxis lesen lässt. Eine solche Stellungnahme wäre nun nicht gerade im ND erschienen. In der Germanistenzeitschrift »Weimarer Beiträge« erreichte sie nur eine kleine, dafür jedoch sehr spezialisierte Öffentlichkeit.

In diesem Rahmen war Kritik möglich, solange sie der Honecker-Formel entsprach.
Die Filmerzählung »Till Eulenspiegel« passierte die Kontrollinstanzen ohne größere Schwierigkeiten und kam 1973 bei Aufbau heraus. Ein Jahr zuvor hatten Christa und Gerhard Wolf ein zweiteiliges Drehbuch abgeschlossen, das aber für eine Verfilmung zu umfangreich geraten war. Mit der Bearbeitung des szenischen Textes als Erzählung versuchten sie das ursprüngliche Material zu retten, ehe sie eine deutlich gekürzte neue Drehbuchversion erstellten.[21] Mit den Eulenspiegel-Geschichten, die sie im Unterschied zur Volksbuch-Vorlage am Vorabend des deutschen Bauernkrieges ansiedelten, wandte Christa Wolf sich erstmals einem historischen Stoff zu. Im Gespräch mit Hans Kaufmann erklärte sie diese Rückwendung in die Vergangenheit: »Uns interessierte von Anfang an eine Gestalt, die, aus naiven gläubigen Anfängen sich durch Lebenserfahrung herausarbeitend, am Ende die Machtverhältnisse und Konventionen ihrer Zeit durchschaut und, bis auf den Grund ernüchtert, aber nicht resigniert, mit ihnen umzugehen, ja zu spielen weiß. Eine Vorläufer-Figur, beileibe kein Revolutionär.«[22] Kaum verhüllt gab Christa Wolf damit eine Beschreibung ihres eigenen Werdegangs – erkennbar an dem ihre eigene Befindlichkeit erfassenden Signalwort »ernüchtert« und der Zurückweisung von Resignation.
Ähnlich hatte sie in eigener Sache gegenüber Brigitte Reimann argumentiert. Dass es sich bei der Geschichte des Narren, der als Außenseiter der frühbürgerlichen Gesellschaft mit seinen Spaßanschlägen die Verhältnisse zur Kenntlichkeit entstellt, um eine parabelhafte DDR-Geschichte handele, gab sie gegenüber Hans Kaufmann ohne weiteres zu: »Ein historischer Stoff, der für mich nicht während der Arbeit einen Zeitbezug hätte, würde mich langweilen.« Sie nutzte den Verfremdungseffekt, der sich durch die historische Distanz einstellte, um »Probleme und Konflikte zu be-

arbeiten, die wir aus verschiedenen Gründen historisch konkret für die Gegenwart noch nicht aufwerfen oder aufwerfen können. Denn nicht immer entspricht der radikalsten Tatsache der deutschen Geschichte – nämlich die Veränderung der alten Gesellschaft von ihren Wurzeln her in Richtung auf den Sozialismus – die Radikalität unserer (...) Fragestellungen an diese unsere Gesellschaft.«[23] Die Eulenspiegel-Szenerie bot Christa Wolf die Gelegenheit, sich gewissermaßen an den eigenen Haaren aus dem Sumpf zu ziehen. Im historischen Kostüm fand sie aus der Krise heraus. Till Eulenspiegel als Verkörperung des Prinzips Kritik, als Außenseiter, der dennoch Partei ergreift, war ein willkommenes Identifikationsmodell der Schriftstellerin. Der historische Abstand zur DDR ist die Bedingung, um über die »Machtverhältnisse und Konventionen« der Gegenwart zu reden.

Dass der Regisseur Rainer Simon mit seinem Film, der Eulenspiegel als finsteren, kaum einmal lachenden Gesellen interpretierte, auf neue Vorbehalte stieß, wäre ein anderes Kapitel.

Seelsorgerin und Ärztin

Schreiben als Therapie: Kindheitsmuster und Krankheiten zum Tode

Die Arbeit an »Kindheitsmuster« war mit Tabus geradezu umstellt. Es war absehbar, dass ein Antifaschismus auf Schwierigkeiten stoßen würde, der als subjektive, innere Auseinandersetzung betrieben wurde und nicht als kommunistischer Heldengesang. Faschismus war für Christa Wolf nicht einfach erledigt und abgetan. Sie interessierte sich auch bei diesem Stoff für latente Folgeerscheinungen bis in die Gegenwart. Knapp vier Wochen nach dem VIII. Parteitag, der Signale für eine liberalere Politik gegeben hatte, reiste sie mit Ehemann, Tochter Katrin und Bruder Horst in ihren Geburtsort Landsberg, um vor Ort ihre Erinnerungen aufzufrischen. Diese Reise, vom 10. bis 11. Juli 1971, beschrieb sie im Roman als Ausgangspunkt ihrer biographischen Ausgrabungsarbeiten.

»Das siehst du niemals wieder«, hatte sie bei der Flucht 1945 gedacht. Die Intuition bewahrheitete sich auf doppelte Weise. Dem realen Heimatverlust folgte in der DDR das Tabu, über das Schicksal der Vertriebenen zu sprechen, das als gerechte Strafe für die historische Schuld der Deutschen verstanden wurde. Christa Wolf 1999: »Es ist eine typische Erfahrung meiner Generation, dass wir uns an unsere Kindheit nicht ungebrochen erinnern können. In dem Moment, wo eine schöne Kindheit da ist oder auch nur – was die Leute, die aus dem Osten kamen, betrifft – Heimweh, Schmerz über den Verlust der Heimat auftreten wollten, was ja ganz natürlich ist, wurde es sofort zurückgedrängt durch das Wissen, dass das politisch nicht in Ordnung ist. Es hat sehr lange gedauert, ehe wir und die Gesellschaft überhaupt sich diesem Teil unserer Generationserfahrung souveräner widmen konnten.«[1] Sie hatte deshalb lange Zeit Hemmungen, nach Polen zu reisen.[2]

Die Fahrt zurück über die Oder wurde ihr zu einer »Reise ins Tertiär«, eine Metapher, die Brigitte Reimann prägte. So wie in der erdgeschichtlichen Frühzeit Kontinente und Meere Formen angenommen hatten, die schon die Jetztzeit erkennen lassen, so suchte Christa Wolf nach ursprünglichen Formationen und abgelagerten Gesteinsschichten ihrer biographischen Frühzeit. Als Erwachsene kehrte sie zurück und konfrontierte die Bilder, die sie in Erinnerung hatte, mit den Orten, die sie vorfand. So machte sie das Gedächtnis selbst zum Thema, indem sie das erinnernde Bewusstsein mit den Verfälschungen der Erinnerung konfrontierte.

Es ist, als habe Christa Wolf nach einem festen Ankerplatz in der verstreichenden Zeit gesucht, indem sie immer wieder präzise Tagesdaten nannte, um so den Umschlag des unmittelbaren Erlebens in Erinnerung festzunageln. Alle Unterbrechungen des gewöhnlichen Alltags, die die Schreibposition veränderten, sind deshalb tagebuchartig im Roman skizziert. Die Daten selbst – vom 3. November 1972, dem Tag, an dem sie zum wiederholten Mal ein leeres Blatt einspannte, um von vorn zu beginnen, bis zum 5. Mai 1975, als sie, fast vier Jahre nach der Polenreise, verkündete, an ein Ende gelangt zu sein – sind willkürlich gesetzt. Tatsächlich fand beispielsweise die Lesereise in die Schweiz, von der in »Kindheitsmuster« im Jahr 1974 berichtet wird, erst im Oktober 1975 statt.

Es gehörte zu ihren Arbeitsprinzipien, Texte schon während des Entstehungsprozesses vorzutragen, um die Wirkung aufs Publikum zu testen. Das führt in »Kindheitsmuster« zu seltsamen Zeit-Zirkeln, etwa wenn im 15. Kapitel über eine Lesung aus dem

11. Kapitel berichtet wird.[3] Das Buch wird sich selbst zum Gegenstand, weil »subjektive Authentizität« für Christa Wolf bedeutet, den Schreibprozess transparent zu halten. »Das Vergangene ist nicht tot; es ist nicht einmal vergangen. Wir trennen es von uns ab und stellen uns fremd.« Der William Faulkner paraphrasierende Satz, mit dem sie ihren autobiographischen Roman begann, gilt auch für die Gegenwart, denn mit ihr setzt die Vergangenheit schon ein. »Gegenwart«, sagte Christa Wolf 1975 in einer Diskussion über »Kindheitsmuster«, »ist ja nicht nur, was heute passiert. Das wäre ein sehr enger Begriff der Gegenwart. Gegenwart ist alles, was uns treibt, zum Beispiel, heute so zu handeln oder nicht zu handeln, wie wir es tun oder lassen.«[4]

Wenn Christa Wolf immer wieder Nachrichten vom Vietnamkrieg und vom Militärputsch in Chile in den Text einrückte und kommentierte, schaffte sie auch damit eine historische Kontinuität: Die Gewalt, die sich dort austobte, stand für sie in direkter Beziehung zum untergründig weiterwirkenden Faschismus, dem ihre Analyseanstrengung galt. Damit milderte sie den Verdacht, ihre Schilderungen des Alltags im Dritten Reich seien so gehalten, dass sie dem DDR-Alltag zum Verwechseln ähnlich sähen. Bedrückende Nachrichten aus Prag, Budapest oder Polen blieben deshalb sorgfältig ausgespart. Die Intensität des Erinnerns war an eine Verdrängungsbereitschaft gekoppelt. Neben das Bemühen um »Wahrheit« trat die Maxime der Selbstzensur oder die Einsicht, nicht alle Probleme bewältigen zu können: »Alles kann und soll nicht gesagt werden, darüber muss Klarheit herrschen.«

Dabei hielt sich Christa Wolf im Frühjahr 1974 als Gastdozentin und »Writer in Residence« des Oberlin College, Ohio, in den USA auf, hätte also nicht nur von amerikanischen Bomben berichten können, sondern auch von einer rebellischen Jugend und der Friedensbewegung – auch wenn Vietnam lange vorbei war und es in der tiefen Provinz eher brav zuging. Doch die Vorbehalte scheinen größer gewesen zu sein als die Neugier. Sie tat sich schwer mit dem Englischen und fand ihre Sprachübungen selbst eher komisch. Hier, wo sie in der Wohnung eines abwesenden Professors am fremden Schreibtisch arbeitete, habe sie zum ersten Mal bewusst die Redewendung »Ohne Alternative leben« gebraucht, erinnerte sie sich später in einem Brief an Franz Fühmann.[5]

In der Nacht nach dem Rücktritt Willy Brandts meldete sich Max Frisch telefonisch in Oberlin. Er schimpfte auf Christa Wolf ein, war wohl ein bisschen betrunken und sagte: Was habt ihr da wieder gemacht! Er war außer sich, und auch Christa Wolf, die die Nachricht erst durch ihn erfuhr, war erschrocken. Sie musste ihn davon überzeugen, dass es nicht ihre persönliche Schuld sei, wenn Honecker den Spion Günter Guillaume eingeschleust habe. Auch dann nicht, wenn sie Bürgerin des Staates DDR sei. Frisch war nicht nachtragend. Er lud die Wolfs in sein Appartement in der Fifth Avenue in Manhattan ein: New York dürft ihr euch nicht entgehen lassen![6] Christa Wolf lehnte ab. Als pflichtbewusster Mensch verwies sie auf ihre Vorlesungen, als wolle sie sich auf dieses Land nicht allzu sehr einzulassen. Manches hier mache sie »ein bisschen beklommen«, schrieb sie an ihren alten Lehrer Hans Mayer, der auch gerade in den USA lehrte. So erstaunt es nicht, dass die Wolfs früher als geplant abreisten, »weil Gerd auf Amerika mit einem Magengeschwür reagiert hat, das bei heimischer Diät besser behandelt werden kann«.[7]

Die Beziehung zu Hans Mayer war nach dessen Übersiedlung in den Westen kompliziert. Er hatte den Bruch vollzogen, vor dem Christa Wolf zurückschreckte, und sprach und kritisierte nun von der anderen Seite aus. In dem Brief aus Oberlin umschrieb Christa Wolf ihre Gefühle ihm gegenüber: »Was Ihre Reaktion auf meine Arbeiten betrifft – genau kannte ich sie nicht, aber ich selber hatte und habe ja ein sehr ambivalentes Verhältnis zu Ihnen, zweifelte und zweifle ich immer wieder an Ihrer (und damit meiner) Kompetenz, sehe mich von der Seite und frage mich, wie ich eigentlich dazu komme. (...) Es stimmt schon, dass zwischen dem ›Geteilten Himmel‹ und späteren Sachen etwas mit mir passiert ist, was nicht nur mit verzögerter Entwicklung, die in meiner Generation ja häufig vorkommt, zu erklären ist. Es war eine ziemlich gefährliche Etappe, aber billiger ist es eben nicht zu haben.«[8]

Dass Hans Mayer später zu den Kritikern von »Kindheitsmuster« gehörte, musste Christa Wolf schmerzen. Unter der Überschrift »Der Mut zur Unaufrichtigkeit« bemängelte er 1977 im »Spiegel« ihre Scheu, sich mit stalinistischen Strukturen und Charakterprägungen ähnlich auseinanderzusetzen, wie sie ihre kindlichen Prägungen im Faschismus aufgearbeitet hatte. Ein »Gespinst aus Vorsicht, Redlichkeit und freiwilliger Selbstkontrolle« sah er am Wirken, und genau darin liege eine unfreiwillige Übereinstimmung zwischen dem Kind Nelly Jordan und der erwachsenen, sozialistischen Autorin. Als »Erinnern mit beschränkter Haftung« bezeichnete Mayer ihre Arbeit.[9]

Sie reagierte darauf zehn Jahre später, als sie ihm in der Westberliner Akademie der Künste zum 80. Geburtstag gratulierte, mit einer Art Grundsatzerklärung: »Die Wahrheit«, sagte sie, »die Sie mir damals abverlangten, war nicht meine Wahrheit, was Sie erwarteten, konnte ich nicht wollen. Das war kein Missverständnis, das waren verschiedene Sichtweisen aufgrund unterschiedlicher Entscheidungen. Auf ›Unaufrichtigkeit‹ ließen sich die Mängel meines Buches nicht zurückführen, der auch für mich zentrale Konfliktstoff, den Sie unter anderem vermissten – die Deformierung der kommunistischen Bewegung in der Stalinzeit und ihre Folgen für jeden, der ihr angehörte –, konnte in meiner Auseinandersetzung mit dem deutschen Faschismus nur am Rand erscheinen, und die Problematik des Landes, an dessen Veränderung ich immer noch mitzuwirken hoffte, musste ich anders akzentuieren als Sie, dem die Möglichkeit einzugreifen entzogen worden war. Da ich zu dieser Entscheidung keine Alternative sah, bin ich immer, auch als Autorin, sehr behutsam umgegangen mit allen, selbst bescheidenen Anzeichen von schöpferischen Veränderungen in der gesellschaftlichen Praxis. (Behutsam, nicht unkritisch oder unaufrichtig, das darf ich sagen.) Diese Lebenszeichen noch oder sie eben nicht mehr wahrnehmen zu können, war für mich eine existentielle Frage, sie ist es geblieben, ich merke es in diesen Monaten wiederauflebender Hoffnung.«[10]

Noch einmal zehn Jahre später, Ende der neunziger Jahre, besuchten die Wolfs den uralten, fast blinden Hans Mayer in Tübingen. Bei einem gemeinsamen Abendessen, so erzählt Christa Wolf, habe er seine Kritik von 1977 zurückgenommen. Er habe darüber nachgedacht, es sei ungerecht gewesen, er könne das nicht aufrechterhalten. Das Buch hätte nicht anders geschrieben werden können. Mayer pflegte nun den Stolz auf die Schüler der Leipziger Zeit: Christa Wolf und Uwe Johnson, die hatte er in die Welt gesetzt. So sieht das ein Lehrer.[11]

Nachträglich akzeptierte Mayer die Grenzen, die Christa Wolf sich gesetzt hatte, um in der DDR überhaupt schreiben und bleiben zu können. Sie hielt sich in Grundsatzfragen zurück, um eingreifende Kritik im Detail vorbringen zu können. Das war teilweise taktisch, hatte aber auch mit dem nie ganz verlöschenden Rest Hoffnung zu tun, es könnte doch noch zu einer Erneuerung der sozialistischen Bewegung kommen. Was wäre unter der Maxime »Ohne Alternative leben« auch anderes übrig geblieben? Der Aufbruch mit Gorbatschows Perestroika, auf den Christa Wolf 1987 anspielte, war Mitte der siebziger Jahre, in der bleiernen Breschnew-Ära, nicht zu erahnen. Hoffnung musste im Privaten überwintern: Die Geburt der ersten Enkelin im Jahr 1972 war so ein ermutigendes Zeichen.

Unübersehbar ist auch die Präsenz des Todes und dessen symbolische Bedeutung. In »Kindheitsmuster« finden sich die Spuren dieser Erschütterungen. Am 20. Februar 1973 starb Brigitte Reimann. Christa Wolf hatte sie noch kurz zuvor im Krankenhaus Berlin-Buch besucht, als die Freundin schon unter Morphium stand und halluzinierte. Da war klar, dass es zu Ende gehen würde. Die Todesnachricht erfuhr Christa Wolf aus der Zeitung. Sie hatte sie erwartet, aber jetzt war es doch zu früh, wie es bei jedem Tod zu früh ist. In der Du-Form, mit der sie sich in »Kindheitsmuster« selbst anspricht, schrieb sie: »Du wiederholst dir, was B., die jetzt tot ist, vor fünf Tagen zu dir gesagt hat. Optimistische Trauer, sagte sie, ob so etwas möglich wäre? Du warst nicht bei der Sache, weil du wusstest, dass du sie zum letzten Mal sahst.«[12]

Christa Wolf war für Brigitte Reimann zu einer mütterlichen Vertrauten geworden, die ihr im Krankenhaus immer wieder Trost zusprach, Hühnerbeinchen, Kalten Hund, Cognac und Bücher mitbrachte und mit ihr deren notorische Eheprobleme besprach. Allein »ihre ruhige und dunkle Stimme am Telefon zu hören (…). Wie sollte man diese Frau nicht lieben«, hatte Brigitte Reimann in ihr Tagebuch geschrieben.[13] Sie fand es »merkwürdig, dass die gelassene und scheinbar kühle Christa ein so genaues Mitempfinden für die heftigen Gefühle anderer hat«. Und doch bringe sie es fertig, »auf eine Art zuzuhören und Zwischenfragen zu stellen, dass man kaum in die Lage kommt, in Tränen auszubrechen«.[14] Ein andermal notierte sie: »(…) die Christa, die so ein Talent hat, mit ihrem Lächeln und ihrer Christa-T.-Stimme und ihrem heiteren Ernst immer gerade dann zu erscheinen, wenn unsereiner ganz down ist.«[15]

Christa Wolf beschrieb die Beziehung, die sich ab 1969 zur Freundschaft entwickelt hatte, im Rückblick etwas anders. Gegenseitige Vorurteile habe man schnell hinter sich gelassen, Reimann habe ihre anfängliche Scheu bald abgelegt, sagte sie 1998.[16] Das beherrschende Thema ihrer Gespräche sei immer »die Wahrheit« gewesen, die Frage, wie weit man gehen könne, ob man aussprechen dürfe, was man wisse, ob man »die Wahrheit« aufsparen könne für später, wenn es einmal möglich sei, »bis zum Letzten« zu gehen. Brigitte Reimann sei dabei »bis an die Grenzen gegangen«, habe sich aufgerieben und gequält, »weil natürlich die Jahre, in denen wir uns kannten, ein Prozess waren, der arge Weg der Erkenntnis für uns alle«. Mit dem Fortschreiten der Krebserkrankung Reimanns musste Christa Wolf jedoch immer mehr die Rolle der Trösterin übernehmen. Viel früher als Reimann selbst wusste sie von der behandelnden Ärztin, dass der Freundin nicht mehr viel Zeit bliebe. Nun stand die Wahrheitsfrage ganz konkret zwischen ihnen: Wie viel Wahrheit ist dem Menschen zumutbar?

Christa Wolf hatte den Eindruck, dass Brigitte Reimann über ihren Zustand nicht wirklich Bescheid wissen wollte. So ist es in der entscheidenden Frage von Leben und Tod nie »zur letzten Aufrichtigkeit zwischen uns gekommen«, schrieb sie nach dem Tod der Freundin im Beileidsbrief an die Eltern. »Der Gesunde muss in diesem Fall Lüge und Verstellung auf sich nehmen.«[17] Und doch ist der 1993 publizierte Briefwechsel zwischen Brigitte Reimann und Christa Wolf ein Dokument des Bemühens um Aufrichtigkeit. Das grundsätzliche politische Einverständnis der beiden Frauen, die trotz aller Enttäuschungen an der DDR als Möglichkeit eines besseren deutschen Staates festhielten, erlaubte ihnen, sich in ihrer Gegensätzlichkeit anzunähern. Selten zeigt sich die verschlossene Christa Wolf offener als in diesen Briefen. Selten ist die unbändige, spontan reagierende Brigitte Reimann so sehr darauf bedacht, sich zu zügeln und zu reflektieren, wie gegenüber Christa Wolf. Gemeinsam ist ihnen die Sehnsucht nach einer intensiven Freundschaft, um damit das verlorengegangene Engagement in politischen Zusammenhängen zu kompensieren. Christa Wolf war fasziniert von Reimanns intensiver Lebensweise – einem Leben zum Tode, in dem sich das Schicksal der Christa Tabbert wiederholte. Eine dritte an Krebs gestorbene Freundin wird 1977 Maxie Wander sein. Und ein halbes Jahr nach Brigitte Reimann starb im

Herbst 1973 Ingeborg Bachmann, die man als literarische Vertraute ebenfalls zu den Freundinnen Christa Wolfs zählen kann, auch wenn sie sich persönlich nicht kennen gelernt hatten. Die Bachmann erhielt in »Kindheitsmuster« ihr eigenes Epitaph.[18] Und auch Karoline von Günderode gehört wohl in diese Reihe.

In »Kindheitsmuster« hielt Christa Wolf einen Traum fest, in dem »drei Frauen unterschiedlicher Lebensalter« vorkamen, Freundinnen, die alle an Krebs gestorben waren: »Sie schienen auf dich nicht zu achten. Doch fühltest du wohl, dass sie dich auf eine ganz ungehässige, aber intensive Art beneideten, und da wusstest du es selbst mit einem starken Schuldbewusstsein, wie sehr beneidenswert du doch warst.«[19] Es ist, als habe Christa Wolf die Nähe dieser gefährdeten Frauen gesucht und gebraucht, als entscheide sich in deren Sterben das eigene komplementäre Überleben, indem sie all diese Tode in Text umwandelte. Der Tod wäre die radikalste Art wegzugehen. Christa Wolf blieb.

Man darf nicht vergessen, dass das Sterben als literarischer Gegenstand – wie das Beispiel »Nachdenken über Christa T.« lehrte – in der offiziellen Ideologie der DDR schon deshalb auf Misstrauen stieß, weil damit das Optimismusgebot verletzt wurde. Alles Kranke war zutiefst verdächtig: In der auf Zukunft gebauten sozialistischen Gesellschaft war kein Platz für Schwäche, die als Dekadenz und Degeneration ausgelegt wurde. Dem Tod haftete deshalb etwas Widerständiges an. Wer zu früh starb, entzog sich mit Bedacht. Christa Wolf transformierte ihn im Schreiben und machte in »Kindheitsmuster« sogar den eigenen Tod zum Gegenstand eines Traumes. Ihr langsames, unaufhaltsames Absterben wird da von einem routinierten, gleichgültigen Arzt begleitet. Doch nicht ihr Sterben empört die Erzählerin, sondern die Unfähigkeit, sich »wenigstens in der Todesstunde aufzulehnen gegen die Übereinkunft, dass man keinen übertriebenen Anteil an sich selber nehmen soll, weil man damit – was schlimmer zu sein scheint als das Sterben – das Befremden der anderen wecken und ihnen womöglich lästig fallen würde«.[20] In diesem Traum erscheint der Tod als letzte Pflichterfüllung und braver Opportunismus. Die Sterbende ist schon im Leben zur Selbstaufgabe bereit: ein Alptraum.

Keineswegs sind es nur die Frauen, die das Sterben verkörpern. Was bei ihnen der Krebs, ist bei den Männern der Herzinfarkt. Den frühen Tod so vieler Bekannter aus der Gründergeneration der DDR – Weiskopf, Bredel, Fürnberg, Barthel, Uhse, Brecht – interpretierte Christa Wolf ebenfalls als Reaktion auf gesellschaftliche Zustände. Kurt Barthel zum Beispiel habe der Konflikt zwischen sozialistischen Idealen und der Wirklichkeit »das Herz gebrochen«[21], sagte sie in metaphorischer Direktheit. »Wenn ich schreibe«, meinte sie 1983, »nehme ich zum Beispiel Krankheiten nicht als Zufälle, sondern als Ausdruck einer inneren Verfassung einer Person.«[22] Auf ungelöste Widersprüche und unterdrückte Vorbehalte mit Krankheit zu reagieren, war ihr aus eigener Erfahrung vertraut. Auch bei ihr war es das Herz; sie steht damit gewissermaßen auf der »männlichen« Seite. Während der Arbeit an »Kindheitsmuster« litt sie erneut an Herzrhythmusstörungen und musste zur Beobachtung ins Krankenhaus. Auch dieses Ereignis wird im Text reflektiert: »Das Organ hatte die heikle, vielleicht gefährliche Aufgabe übernommen, den Zustand schweren inneren Gejagtseins zu vermelden, den du anders nicht zur Kenntnis nehmen wolltest. Die Sprache unserer Organe, die wir nicht entschlüsseln können, weil wir eisern entschlossen sind, Körper- und Seelengedächtnis voneinander zu trennen.«[23]

In dieser Phase der Erschöpfung war die Versuchung groß, die Analysearbeit der »Kindheitsmuster« einzustellen. Und doch diente das Schreiben Christa Wolf stets dazu, sich aus den Krisen herauszuarbeiten. »Man kann auch schreiben, wenn man krank ist«, sagte sie einmal. »Um gesund zu werden. Schreiben kann auch eine Therapie sein. (…) Ich glaube nicht, dass das Aussprechen von krank machenden Sachverhalten zerstört, sondern dass es heilt. Natürlich nur, wenn man es mit der nötigen Behutsamkeit macht, nicht mit Brachialgewalt.«[24] Auffallend ist dabei die Übereinstimmung zwischen individueller Therapie und Gesellschaftskritik, die im selben Heilverfahren schonend betrieben werden. Der Körper ist eine Metapher für die Gesellschaft und umgekehrt.

Passend dazu verglich Christa Wolf ihre gesellschaftliche Rolle als Schriftstellerin mit der des Arztes und des Pfarrers. Die Formel dieser seelsorgerischen Trias hatte sie von Franz Fühmann übernommen, ebenso die Schlussfolgerung: Weil Ärzte, Pfarrer und Schriftsteller für das »seelisch-geistige Wohl« der Menschen zuständig seien, hätten sie besondere Verantwortung zu tragen und deshalb auch eine besondere moralische Pflicht, im Land zu bleiben.[25] Die Lust am Schreiben, erklärte sie in medizinischer Terminologie, ergebe sich daraus, dass sie einen »Riesenspaß am Diagnostizieren gesellschaftlicher Prozesse auf Grund von Symptomen« habe.[26] Die behutsame Diagnose jedoch, das Benennen der wunden Punkte, betrachtete sie bereits als therapeutische Maßnahme und ersten Schritt zur Genesung. Krankheit ist dabei nichts Negatives, sondern eine Form gesteigerter, künstlerischer Sensibilität. In »Kein Ort. Nirgends« wird Christa Wolf die Figur des Heinrich von Kleist sagen lassen: »Ich kann die Welt in Gut und Böse nicht teilen; nicht in zwei Zweige der Vernunft, nicht in gesund und krank. Wenn ich die Welt teilen wollte, müsste ich die Axt an mich selber legen, mein Inneres spalten.«[27]

Schon in den fünfziger Jahren – im Aufsatz »Achtung, Rauschgifthandel!« – sah sie die Schriftsteller in der Rolle von Ärzten, die auf moralischer Ebene für die Volksgesundheit verantwortlich seien. In den Siebzigern war ihr zwar der Glaube an das Volksganze abhanden gekommen. Die Vorstellung von der ärztlichen Heilkraft des Autors aber blieb, auch wenn es jetzt ums Überleben der einzelnen Subjekte ging. Krankheit als literarisches Motiv zieht sich wie ein roter Faden durch alle ihre Werk – vom »Geteilten Himmel«, in dem Rita Seidel die Rekonvaleszenz im Krankenhaus dazu nutzt, ihre Geschichte zu überdenken, bis zum Tschernobyl-Buch »Störfall« von 1987, in dem der Bruder der Erzählerin an einem Gehirntumor operiert wird, oder der Erzählung »Im Stein« von 1995, in der Christa Wolf ihre Eindrücke während einer Hüftoperation literarisch verarbeitet. Auch ihre jüngste Erzählung »Leibhaftig« (2002) nimmt eine schwere Erkrankung kurz vor dem Ende der DDR zum Ausgangspunkt einer Selbstanalyse, in der sich Reflexion, Traum und Dämmerzustand durchmischen. Stets deutet Krankheit in ihren Büchern auf unbewältigte Konflikte hin. Stets sind die Symptome – ob Herzschmerzen oder Gehbeschwerden – metaphorisch zu lesen. Ihre vor Medizinern gehaltenen Vorträge »Krankheit und Liebesentzug« (1986) und »Krebs und Gesellschaft« (1991) zeugen vom kontinuierlichen Nachdenken über dieses Themenfeld.

Die Erzählung »Selbstversuch« aus dem Jahr 1972 nimmt in diesem Zusammenhang eine Schlüsselstellung ein. Christa Wolf rückte hier die Auseinandersetzung mit dem medizinisch-wissenschaftlichen Komplex in den Kontext der Frauenemanzipation und der Gleichstellung der Geschlechter. Mit diesem Erfahrungsbericht einer Wissenschaftlerin, die sich in einen Mann umwandeln lässt, überblendete sie erstmals Wissenschaftskritik mit Patriarchatskritik. Die distanziert-kühle Betrachtungsweise empirischer Forschung erscheint als dezidiert männliche und fragwürdig gewordene Rationalität. Die Wissenschaftlerin bricht den Versuch ab, da ihr deutlich wird, dass sie sich selbst verlieren würde, wenn sie ganz zum Mann geworden wäre. Emanzipation – das ist die Botschaft und die Kritik an der Gleichberechtigungspolitik in der DDR – darf nicht die Gleichheit der Geschlechter propagieren. Am Ende beginnt die Wissenschaftlerin ihren eigenen »Selbstversuch«, nämlich sich als Frau auf die Liebe zu einem Mann einzulassen, ohne sich ihm anzuverwandeln. Darin, im selbst gestellten Auftrag, »lieben zu lernen«, liegt der eigentliche Sinn dieser Parabel. Es ist eine eher ethische denn leidenschaftlich-individuelle Auffassung von Liebe, die Christa Wolf propagiert. Sexualität kommt in ihrem Werk so gut wie überhaupt nicht vor. Liebe bedeutet ihr Nähe, Freundschaft, Humanismus. Sie ist eine moralische, keine körperliche Kategorie.

»Selbstversuch« eröffnete zwei neue, für Christa Wolfs weiteres Schaffen zentrale Bereiche: die kritische Auseinandersetzung mit technologischem Fortschritt und die Arbeit an einem DDR-typischen Feminismus, der gegen die »Vermännlichung« der Frau die vorgeblich weiblichen Eigenschaften – Emotionalität, Wahrhaftigkeit, Solidarität – propagiert. »Selbstversuch« werde man im Westen wohl anders verstehen als »bei uns«, sagte Christa Wolf im Oktober 1974 auf der Frankfurter Buchmesse der DKP-Zeitung »Unsere Zeit«. »Bei uns ist ja die Emanzipation ökonomisch, sozial, materiell, die Frauenemanzipation ziemlich weit fortgeschritten. Das habe ich bemerkt besonders im Verhältnis zu anderen Ländern, zum Beispiel USA, wo ich in diesem Jahr war und wo man, wenn ich zum Beispiel über Gesetze erzählte, die es bei uns gibt, einfach nur gestaunt hat. Aber jetzt kommt die Phase bei uns, wo man neue Fragen stellen muss in Bezug auf die Frauenemanzipation, nämlich über den Sinn, über die Richtung, in die sich diese Emanzipation nun nach der Lösung sehr wichtiger Grundfragen entwickeln wird.«[28]

Im selben Gespräch, das in einem diplomatischen Verlautbarungstonfall gehalten ist, schilderte Christa Wolf die enorme Publikumsresonanz, die sie bei Lesungen in Leipzig hervorgerufen hatte. »Unter den Linden«, der Erzählungsband, der auch »Selbstversuch« enthielt, war in der DDR in der Auflage von 30 000 Exemplaren erschienen und sofort vergriffen. Christa Wolf rühmte vor ihrem westdeutschen Interviewer die Intensität des Lesens in der

DDR, die Neugier und den Forschungseifer ihrer Leser: »Es macht einfach Spaß.« In der Tat war die Verbundenheit mit den Lesern und deren Anhänglichkeit gegenüber »ihrer« Autorin wohl einer der wichtigsten Beweggründe für Christa Wolf, im Land zu bleiben. Hier wurde sie gebraucht, hier hatte sie als Autorin eine Bedeutung, die weit über das rein Literarische hinausging und die sie in der Bundesrepublik niemals erreicht hätte. Und doch gehörte auch zur Veröffentlichung von »Unter den Linden« ein Opfer: Die Erzählung »Kleiner Ausflug nach H.«, eine Satire auf den Literaturbetrieb der DDR und die mit konformistischen Helden bevölkerte Literatur, hatte keine Druckgenehmigung erhalten und musste aus dem Band herausgenommen werden.

Bei allen Auftritten im Westen war Christa Wolf sich ihrer Rolle als Repräsentantin der DDR bewusst und verhielt sich entsprechend. 1974 war sie zum Mitglied der Akademie der Künste der DDR gewählt worden. An der Buchmesse nahm sie als offizielle DDR-Delegierte teil und hätte deshalb jedes Fernsehinterview abstimmen müssen. Dass sie dabei zu Eigenmächtigkeiten neigte, registrierte die über systemkonformes Verhalten wachende Stasi in Gestalt des Aufbau-Verlagsleiters Fritz-Georg Voigt alias IM »Kant«. Die für die Überwachung kultureller Institutionen zuständige HA XX/7 des MfS protokollierte seinen Bericht: »Entsprechend seiner Möglichkeiten hatte er Christa und Gerhard Wolf in der Zeit vom 11.–14.10.1974 unter Kontrolle. (…) Über den Inhalt des Interviews wurden dem IM keine Einzelheiten bekannt. Nach Angaben der Wolf waren es 3–5-Minuten-Gespräche zu den neuesten literarischen Veröffentlichungen. Nach Meinung des IM hätte die Wolf auf ein Interview am DDR-Stand bestehen müssen. Ausgehend von der gleichen Einschätzung hat Genossin Lucie Pflug, die als Mitglied der DDR-Delegation in Frankfurt am Main weilte, eine Aussprache mit Christa Wolf geführt und sie u. a. auf ihre Pflichten als Mitglied der DDR-Delegation hingewiesen. Offensichtlich als unmittelbare Schlussfolgerung hat Christa Wolf am 13.10.1974 vom 3. Hessischen Fernsehen (Interviewpartner Peter Härtling) gefordert, als Hintergrund für ein Studiointerview ein Bild des DDR-Standes zu projizieren. (...) Zu der am 14.10.1974 im Gewerkschaftshaus Frankfurt am Main stattgefundenen Lesung der Wolf waren ca. 150 Gäste erschienen. Nach Einschätzung des IM und Genossen der DKP (die vom IM befragt wurden) war das ›geladene‹ Publikum in der Minderheit. Christa Wolf las aus dem ›Selbstversuch‹, wobei sie bei allem Beifall, den sie erhielt, selbst einschätzt, dass sie bei Lesungen in der DDR besser ankommt. Die anschließenden Fragen der Gäste an Christa Wolf bezogen sich ausschließlich auf den von ihr gelesenen Stoff. (...) Sie wies vor allem darauf hin, dass man nur die Rolle der Frau im gesellschaftlichen Leben auch künstlerisch darstellen kann, wenn die sozialen Grundlagen für ihre volle Gleichberechtigung geschaffen sind. Aus diesen Gründen könne eine solche Geschichte, wie sie der ›Selbstversuch‹ darstellt, nur unter sozialistischen Verhältnissen entstehen, sie könnte sich einfach nicht vorstellen, dass ein BRD-Schriftsteller eine solche Problematik meistern könne.«[29]

Überwachen und Misstrauen: Christa Wolf registrierte sehr wohl, dass die Atmosphäre sich um sie herum veränderte. Eine Erklärung dafür fand sie erst, als im März 1975 eine Rede von Alexander Abusch publik wurde, die der Kulturfunktionär zwar nicht gehalten hatte, die durch eine Panne aber trotzdem in internen Partei-Protokollen auftauchte. Unter anderem setzte er sich darin mit der Akademie der Künste auseinander und vertrat die Ansicht, man müsse deren Mitglieder in »gute« und in solche, die es zu isolieren gelte, trennen. Christa Wolf, Stephan Hermlin und Eduard Claudius gehörten zu den namentlich genannten der letzteren Kategorie. In einem Brief an Kurt Hager protestierte die Autorin gegen diese Denunziationen und insistierte, »dass die Parteiführung (...) das Vertrauensverhältnis zu den Künstlern, das ja nach dem VIII.

Parteitag nicht leicht wieder herzustellen war, weiter festigen will, wie umgekehrt wir es wollen. (...) Mit großem Ernst möchte ich darum bitten, dass für die Auseinandersetzung zwischen unterschiedlichen Ansichten, die nicht ausbleiben können, Methoden gewählt werden mögen, die dieses Vertrauen nicht untergraben.«[30] Hager antwortete ein paar Wochen später beschwichtigend und entschuldigend: Er könne Abuschs Haltung keinesfalls billigen und stimme ihr auch darin zu, dass die Akademie ein Forum »für die kameradschaftliche und offene Austragung verschiedener Ansichten« sein könne – vorausgesetzt, man respektiere die auf dem VIII. Parteitag beschlossene Politik.

Hager avancierte ab Mitte der siebziger Jahre zum Ansprechpartner Christa Wolfs im Politbürokreis. Ihn schrieb sie an, wenn sie Probleme hatte oder die Partei über eigene Pläne informieren wollte, vor allem aber, wenn sie Visa brauchte, um in den Westen zu reisen. Hager erfüllte ihre Bitten stets zuverlässig und schnell. Christa Wolf ging später dazu über, ihren Briefen den Reisepass der Einfachheit halber gleich beizulegen, damit Hager ihn an die zuständige Behörde weiterreichen konnte. Sie erhielt den Pass dann ein paar Tage später mit Visum zurück, das in der Regel für ein bis zwei Jahre gültig war und in dieser Zeit beliebig oft für Aus- und Einreise genutzt werden konnte. Damit war sie innerhalb der reiseprivilegierten Schriftstellerschaft nochmals privilegiert. Andererseits: welche Demütigung, andauernd bei der Partei um Bewegungsfreiheit betteln und Diplomatie in eigener Sache üben zu müssen.

Normalerweise war der Schriftstellerverband für Genehmigungen zuständig und achtete eifersüchtig darauf, dieses Monopol als Machtinstrument zu behalten. In einem Schreiben vom 4. Juni 1976 an die Abteilungsleiterin Kultur im ZK der SED, Ursula Ragwitz, betonte DSV-Sekretär Gerhard Henniger, »dass Schriftsteller ihre Reiseanträge grundsätzlich beim Verband stellen«. Auch die

Mitreise der Lebensgefährten – für Christa und Gerhard Wolf eine Selbstverständlichkeit – sei nur in Ausnahmefällen zu genehmigen.[31] Henniger nannte einige Beispiele für »leichtfertige Behandlung« von Reiseanträgen in jüngster Vergangenheit – Christa Wolf nannte er nicht.

Auch Kollegenunmut wurde im Büro Hager aktenkundig. So beklagte sich der Schriftsteller Erik Neutsch, assistiert von Max Walter Schulz, Bernhard Seeger und Werner Bräunig, auf einer Sitzung des Mitteldeutschen Verlages darüber, dass nach dem VIII. Parteitag »Schriftsteller, die seit Jahren als Verbündete der Partei schreiben und arbeiten, ihre politischen und ästhetischen Positionen gegen viele Angriffe verteidigen müssten«. Bücher von Hermann Kant, Christa Wolf oder Günter Kunert erschienen in hoher Auflage, während sein eigener Roman »Gatt« nicht verlegt werde. Ungerecht fand er es, dass »Autoren wie Stefan Heym, Günter Kunert und Christa Wolf mit ihren Ehepartnern längere Reisen in das kapitalistische Ausland antreten«, eine Möglichkeit, die parteiliche Autoren wie er nie gehabt bzw. angestrebt hätten. Allerdings zog Neutsch daraus die Schlussfolgerung, dass er seine Reise nach Westdeutschland, die für die nächsten Wochen genehmigt wurde, ebenfalls mit seiner Frau antreten möchte.[32] Dieser kleingeistige Dumpfmuff in der Sphäre der Gremien und Verbände, Neid, Intrigen, Kränkungen, machte die DDR mehr aus als alles andere. Erst vor diesem erstickenden Hintergrund ist die Intensität der gelebten Freundschaften begreiflich.

Bei Christa Wolf waren es in dieser Zeit besonders die Freundschaften unter Frauen, die ein Gegenmodell zur männlich dominierten politischen Sphäre bildeten. Es ist, als habe sie die Sorge um das Gemeinwohl nun auf Einzelne übertragen, als lebten Freundschaften dann besonders auf, wenn die Freundinnen zu umsorgen waren. Als Maxie Wander im September 1976 ins Krankenhaus musste, kam Christa Wolf häufig zu Besuch. Maxie Wanders im Tagebuch festgehaltene Reaktionen sind fast identisch mit denen von Brigitte Reimann vier Jahre zuvor. »Dann kommt Christa W., mit ihr sitze ich eine Stunde im Vorzimmer, packe über die Dinge aus, die ich hier beobachte und erlebe, sie spricht mir Mut zu und nennt Fälle, die es überlebt haben (…)«, schrieb sie am 20. September. Und fünf Tage später: »Da kommt Christa, steht plötzlich neben meinem Bett, wo ich lese. Ich bin so erschüttert, dass jemand zu mir kommt, dass ich ihr um den Hals falle wie ein Kind. Fasse mich aber schnell, gehe mit ihr in den Garten hinunter, wo sehr viel Unrat herumliegt. ›Warum erzählst du nie von dir?‹ frage ich Christa. ›Du, das muss ein Defekt sein, ich kann's nicht!‹ ›Brauchst du's oder brauchst du's nicht?‹ ›Ich hab meinen Mann!‹ Beim Abschied drückt sie mich länger als sonst und sagt schüchtern: ›Ich hab dich gern!‹«[33]

Bedenken in einer Verfahrensfrage

Nach der Biermann-Ausbürgerung: Christa Wolf sagt etwas Produktives

Die sorgsam austarierte Balance aus besorgter Teilhabe am System und dem Aufbau einer Gegenwelt drohte im November 1976 zusammenzustürzen. Mit der Ausbürgerung Wolf Biermanns, der seit 1965 mit einem Auftrittsverbot in der DDR belegt und nie zu Kompromissen bereit war, kündigte der SED-Staat die 1971 mit den Künstlern getroffene Übereinkunft friedlicher Koexistenz. Auslöser war Biermanns Kölner Konzert vom 13. November, das der WDR live übertrug. Am Nachmittag des 16. November verbreitete die Nachrichtenagentur ADN den Politbürobeschluss. Biermann habe sich »mit seinem feindseligen Auftreten (...) den Boden für die Gewährung der Staatsbürgerschaft der DDR entzogen« und dürfe deshalb nicht in die DDR zurückkehren. Die ambivalente Honecker-Formel, Kritik bei gleichzeitigem Bekenntnis zum Sozialismus zu dulden, wurde nun einseitig repressiv gewendet. Wer Sozialist ist, bestimmte am Ende eben doch die Partei. Sie gewährte und entzog die Staatsbürgerschaft wie ein Feudalfürst seine Gunst.

Indem die Partei die DDR-loyale, von sozialistischem Veränderungswillen geprägte Kritik ausgrenzte, die Biermann personifizierte, setzte sie allen zurückbleibenden Künstlern ein deutliches Zeichen: Das schlichte Bürgerrecht der Staatszugehörigkeit war in Zukunft an Wohlverhalten gekoppelt. Der Protest vieler Künstler gegen die »administrative Maßnahme« war deshalb eine Frage der

Selbstachtung. Es ging für sie um die Bedingungen ihrer zukünftigen Arbeit.

Der Fall Reiner Kunzes hatte die neue harte Politik bereits drohend deutlich gemacht. Kunze hatte sein Buch »Die wunderbaren Jahre« im September in der Bundesrepublik veröffentlicht, weil er nicht damit rechnen konnte, für die ungeschönten Berichte über das beengte Leben Jugendlicher im eigenen Land eine Druckerlaubnis zu erhalten. Das wurde ihm nun übel angekreidet, obwohl das Büro für Urheberrechte ihm die Genehmigung für die Publikation im Westen erteilt hatte. Kunze wurde am 29. Oktober 1976 aus dem Schriftstellerverband ausgeschlossen. Die Proteste der Intellektuellen hielten sich in Grenzen. Christa Wolf war am 1. November zu einem Gespräch bei der DSV-Sekretärin Renate Drenkow geladen, das auch bei der Stasi aktenkundig wurde. Demnach sagte sie, dass Kunze »nicht mehr zu retten sei«, dass sie und ihr Mann den Kontakt zu ihm abgebrochen hätten. Und Genossin Drenkow gewann den Eindruck, »dass ihr diese Äußerungen zu Kunze nicht leicht gefallen sind«. Wenige Tage später aber, als Christa Wolf im Deutschen Theater aus »Kindheitsmuster« las, erklärte sie öffentlich, dass sie mit dem Ausschluss Kunzes nicht einverstanden sei. Auch das protokollierte selbstverständlich die Staatssicherheit,[1] so dass einige Zweifel an der Darstellung des Gesprächs im Schriftstellerverband angebracht sind. Reiner Kunze übersiedelte im April 1977 mit seiner Familie in den Westen.

Die Ausbürgerung Wolf Biermanns löste bei vielen Künstlern einen Schock aus. Sie wirkte, wie Christa Wolf rückblickend meint, dadurch so stark, »dass hier ein Muster aus der Nazi-Zeit verwendet wurde gegen jemanden, dessen Vater in der Nazi-Zeit umgekommen war, der ein Linker war«.[2] Die Empfindlichkeit Christa Wolfs für Kongruenzen zwischen ihrem antifaschistischen Staat und dem Faschismus war nach der Arbeit an »Kindheitsmuster« besonders hoch. Ihr Protest resultierte aus dem Gefühl, mit der Ausbürgerung Biermanns sei der antifaschistische Gründungskonsens, auf dem auch ihre Parteinahme für die DDR beruhte, gebrochen. Der Schauspieler Manfred Krug, dem in den folgenden Tagen eine ganz besondere Rolle zufallen sollte, hielt die Motive vieler Protestierer für weniger edel. In seinen Erinnerungen »Abgehauen« schrieb er, dass Biermann deshalb so unverzichtbar gewesen sei, weil er für viele Künstler als Orientierungspunkt diente. Als eine Art Avantgarde der Unbequemlichkeit lotete Biermann aus, wie weit man mit Kritik gehen konnte: »Wenn er Richtung Front losging und es blieb ruhig, konnte man bequem hinterherrobben.« Biermann sei für die Künstler der DDR etwa das gewesen, was dem Seefahrer das Nebelhorn ist.[3]

Stephan Hermlin diente als Anlaufstelle für alle Erregten und Besorgten, nachdem die Meldung in den DDR-Nachrichten verbreitet worden war. Am Abend riefen Christa Wolf, Stefan Heym und andere bei ihm an und sagten: »Hör mal zu, man muss doch was machen.« Hermlin erzählte 1992 vom genauen Ablauf der weiteren Ereignisse.[4] Er habe allen gesagt: »Lasst mich überlegen. Ich rufe euch gegen Mitternacht an.« Das habe er dann auch getan und alle Anrufer für den nächsten Morgen, zehn Uhr, zu sich nach Hause eingeladen. An diesem 17. November erschienen: Stefan Heym, Volker Braun, Franz Fühmann, Sarah Kirsch, Günter Kunert, Heiner Müller, Christa und Gerhard Wolf. Dazu kam Rolf Schneider, der unangemeldet in die Versammlung hineinplatzte. Den Bildhauer Fritz Cremer suchten Hermlin und Gerhard Wolf anschließend auf, weil er krank zu Hause lag. Den Resolutionstext hatte Hermlin in der Nacht verfasst, gemeinsam wurde er nun beschlossen und telefonisch an Jurek Becker und Erich Arendt durchgegeben, die als zwölfter und als dreizehnter »Erstunterzeichner« zustimmten. Hermlin brachte die Entschließung zur DDR-Nachrichtenagentur ADN, die erwartungsgemäß nicht daran dachte, sie zu veröffentlichen. Anschließend fuhr er in die französische

Botschaft, wo er ein »gern gesehener Gast« gewesen sei, und übergab sie der französischen Nachrichtenagentur AFP. Stefan Heym unterrichtete unterdessen Reuters. Damit war der Text in der (westlichen) Welt.

Keine andere Stellungnahme hat in der DDR bis dahin so viel Aufregung verursacht wie diese Zeilen: »Wolf Biermann war und ist ein unbequemer Dichter – das hat er mit vielen Dichtern der Vergangenheit gemein. Unser sozialistischer Staat, eingedenk des Wortes aus Marxens ›18. Brumaire‹, demzufolge die proletarische Revolution sich unablässig selbst kritisiert, müsste im Gegensatz zu anachronistischen Gesellschaftsformen eine solche Unbequemlichkeit gelassen nachdenkend ertragen können. Wir identifizieren uns nicht mit jedem Wort und jeder Handlung Wolf Biermanns und distanzieren uns von den Versuchen, die Vorgänge um Biermann gegen die DDR zu missbrauchen. Biermann selbst hat nie, auch nicht in Köln, Zweifel darüber gelassen, für welchen der beiden deutschen Staaten er bei aller Kritik eintritt. Wir protestieren gegen seine Ausbürgerung und bitten darum, die beschlossenen Maßnahmen zu überdenken.«[5]

Der Resolutionstext ist ein Lehrbeispiel dafür, wie sich Mut und Zaghaftigkeit, Aufbegehren und Demut in taktischer Vorsicht durchdringen können. Bevor die Kritik vorgebracht wurde, musste klar sein, dass das Kritisieren als praktisches, eingreifendes Denken von Marx selbst beglaubigt ist. So sprechen Angehörige einer Kirche, die jede abweichende Meinung mit einem Satz des obersten Heiligen begründen müssen. Auch der Gestus des Sich-Distanzierens gehörte ins Repertoire jedes geübten DDR-Bürgers. Die Resolutionisten distanzierten sich von einigen Worten und Taten Biermanns, ein Blankoscheck, den jeder Leser nach Belieben füllen konnte. Wichtiger und listiger war die Distanzierung von westlicher Vereinnahmung des Protestes – angesichts der Tatsache, dass man westliche Nachrichtenagenturen benutzte, eine relativ absurde Geste: Man distanzierte sich im Vollzug vom eigenen Tun. Dann aber folgten die zwei Worte, die die DDR-Führung in helle Aufregung versetzten. Das hatte es noch nie gegeben: »Wir protestieren«. Es ist kaum auszumachen, welches der beiden Wörtchen beunruhigender wirkte: Das »Wir«, das »Gruppenbildung« und damit höchste konterrevolutionäre Alarmstufe bedeutete, oder das schlichte Wort »protestieren«, das selbst im Singular nicht gerade zu den häufig benutzten Vokabeln gehörte.

Ursprünglich hatte es in der Resolution statt des devoten »bitten darum« etwa zackiger geheißen: »wir fordern«. Statt des konsequenzlosen »überdenken« hatte Hermlin unmissverständlich »zurücknehmen« geschrieben. Doch Fritz Cremer war nur unter milderen Umständen zur Unterschrift bereit. Den anderen, denen die Einbeziehung eines bildenden Künstlers wichtig war, kam das nicht ganz ungelegen. Dennoch zog Cremer seine Zustimmung zwei Tage später wieder zurück, nachdem er, durch Krankheit geschwächt, ins Herz- und Kreislaufinstitut Berlin-Buch eingeliefert worden war. Von dort aus erklärte er, dass er sich »überfahren und missbraucht« fühle, und sprach von einem »unglücklichen Schreiben«. Hermlin nahm ihm dieses Verhalten nicht übel. Cremer habe seinen Standpunkt »schon nach einer Stunde« geändert.[6] Hintergrund war, wie Gerhard Wolf erwähnte, »dass sein Schwiegersohn verhaftet worden war und Cremer ihn rausholen konnte, wenn er sich distanzierte«.[7]

Christa Wolf hatte den Auftrag übernommen, Anna Seghers zu informieren. Die Präsidentin des Schriftstellerverbandes sollte nicht aus den Medien von dem Protest erfahren. Als sie ihr den Text vorlegte, sei Anna Seghers sehr darüber erschrocken. Sie hielt es für einen großen Fehler, die Resolution einer westlichen Agentur übergeben zu haben. Christa Wolf entgegnete, dass keine DDR-Zeitung dieses Schreiben gedruckt hätte. Da es ihnen aber unverzichtbar erscheine, ihre Meinung zu diesem »unglaublichen Vorgang öffentlich kundzutun«, bleibe kein anderer Weg.[8] Den Unterzeichnern war ja durchaus bewusst, dass sie gegen einen unumstößlichen Grundsatz des Klassenkampfes hatten verstoßen müssen: niemals dem Gegner in die Hände arbeiten. Aber es ging jetzt darum, »unter Druck zu einer Sache zu stehen«.[9] Anna Seghers rief in den folgenden Wochen immer wieder bei Christa Wolf an, um ihr Missfallen in dieser Angelegenheit auszudrücken.

Am Nachmittag des 17. November erhielt Christa Wolf von einem Reporter des DDR-Rundfunks Besuch. Unwissentlich geriet der arme Mann in eine heikle Situation und musste sich anschließend für das zum Politikum gewordene Interview vor seinen Vorgesetzten rechtfertigen. Das wurde auch im ZK aktenkundig. Demnach erzählte er: »Zur langfristig geplanten Aufnahme der Sendereihe ›Autoren kommen zu Wort‹ habe ich gestern Nachmittag gegen 14 Uhr Frau Christa Wolf in ihrer Wohnung aufgesucht. Die Aberkennung der Staatsbürgerschaft für Wolf Biermann war dabei kein Gesprächsgegenstand. Frau Wolf gab mir gegenüber nur zu verstehen, dass sie nicht zu seinen Sympathisanten gehöre. Über die Ereignisse in der BRD um Biermann wisse sie zu wenig, der Fakt würde sie aber interessieren. Von der Unterzeichnung des Briefes durch Christa Wolf hatte ich zu diesem Zeitpunkt keine Kenntnis.«[10]

Mit Ahnungen ausgestattet, aber ohne Wissen war auch der Kulturminister Hans-Joachim Hoffmann. Er rief bei der Schriftstellerin an und wollte wissen, was dran sei an der Petition und den westlichen Nachrichtenagenturen. Als Christa Wolf den Sachverhalt bestätigte, sagte er: »O Gott, was habt ihr uns da für eine Scheiße eingebrockt!«[11] In den nächsten Tagen unterzeichneten über hundert Künstler die Resolution, darunter auch solche, die, wie Manfred Krug sarkastisch anmerkt, »schon an einen neuen Wind glaubten, in den sie ihre Jacken hängen könnten«. Selten sei die Gelegenheit so günstig gewesen, im Westen mit einer einzigen Unterschrift berühmt zu werden und den eigenen Namen gedruckt

zu sehen. Es wurden zahlreiche Depeschen verschickt, in denen nichts als ein Name stand.
Die Parteiführung reagierte auf dieses anschwellende »Wir« des Protests mit einer eigenen Namenssammlung. Im ND wurden Erklärungen von Künstlern veröffentlicht, die die Ausbürgerung Biermanns guthießen. Die Solidaritätsadressen waren von der Abteilung Agitation und Propaganda im ZK der SED initiiert worden und wurden vom dortigen Abteilungsleiter Werner Lamberz gesammelt. Otto Gotsche beispielsweise, der alte Kämpe und väterliche Feind Christa Wolfs, schrieb: »Die DDR ist aus unserem Schweiß, dem Schweiß der Arbeiter und Bauern entstanden. Liedermacher, die sich aushalten ließen, haben daran keinen Anteil. Leute, die unter einem geteilten Himmel leben, auch nicht.«[12] Der Komponist Paul Dessau erklärte: »Die DDR ... ist eine historische Gesetzmäßigkeit und kein Experiment (...). Es ist unsere Pflicht, die dreckigen Methoden des Klassenfeindes zu durchschauen und ihm geschlossen entgegenzutreten.«[13] Daneben finden sich jedoch auch Briefe von DDR-Bürgern nach diesem Muster: »Sehr geehrte Herren! Wir heißen leider nicht Biermann, aber wir haben die Nase endgültig voll und wollen hier raus. Wann begreift ihr das endlich? Was müssen wir tun, damit ihr uns rausschmeißt?«[14] Solche unangeforderten Statements wurden im ND nicht veröffentlicht.
Politbüromann Werner Lamberz bereitete sich mit seiner unterstützenden Unterschriftensammlung auf ein merkwürdiges Treffen vor, das am 20. November im Haus von Manfred Krug stattfand. Es ging auf Lamberz' Initiative zurück und war als »vertrauliches Gespräch« deklariert, von dem nichts nach außen dringen sollte. Manfred Krug besaß jedoch Frechheit genug, diesen »persönlichen« Meinungsaustausch heimlich auf Band aufzuzeichnen, so dass der Verlauf dieses Nachmittags der Nachwelt im Wortlaut überliefert ist.[15] Ja, er war so kaltblütig, zwischendurch den Raum zu verlassen, um das Band zu wechseln. Lamberz, einer der intelli-

genteren Vertreter des Politbüros, gab sich als gekränkter Patron. Das Wort »Protest« hatte ihn aufgeschreckt, mehr noch, dass unter diesem Label hundert weitere Unterschriften zusammengekommen waren, die der Klassenfeind im Westen nun »wie eine Fahne gegen die DDR« vor sich her trage. Lamberz hatte das Ziel, die versammelten Künstler zu einer Rücknahme ihrer Erklärung zu bewegen. Unter denen scheint dagegen die leise Hoffnung bestanden zu haben, die Ausbürgerung Biermanns ließe sich doch noch rückgängig machen. Schließlich lief das Gespräch auf die Suche nach einem Kompromiss hinaus. Alle Unterzeichner bekräftigten, dass ihnen unwohl dabei sei, wenn ihre Unterschrift im Westen propagandistisch gegen die DDR gewendet werde. Doch um sich vom »Missbrauch ihrer Namen« zu distanzieren, müsste ihre Erklärung in der DDR überhaupt erst verbreitet werden.

Christa Wolf war die treibende Kraft in diesem Bemühen um Ausgleich. Sie wollte die Aufregung dämpfen, die Dynamik des Unterschriftensammelns bremsen, zugleich aber Veränderungen in der DDR anstoßen. Sie gab sich als vorbildliche Staatsbürgerin, beharrte jedoch auf ihrem Recht, Kritik zu äußern. »Christa, du sagst was Produktives«, meinte Werner Lamberz, noch bevor sie ihre Ansicht darlegen konnte. Es gehe ihr darum, erwiderte sie in ihrer typischen, etwas umständlichen Diktion, »auf der produktiven Seite des Widerspruchs« zu stehen. Die Erstunterzeichner hätten keine Kampagne gewünscht und jede Eskalation vermeiden wollen. Sie habe allen, die sich bei ihr gemeldet hätten, gesagt: Die Liste ist abgeschlossen. »Ich bin dafür, dass das jetzt gestoppt wird.« Ihr und ihren Mitstreitern sei es lediglich darum gegangen, ihre Meinung zu äußern. Es müsse doch in der DDR eine Möglichkeit geben, »auch anders lautende, sogar kontroverse, aber meistens ja differenzierte Meinungen zu Beschlüssen oder zu bevorstehenden Beschlüssen in der Presse oder anderen Massenmedien zu diskutieren«.[16]

Man wisse, sagte Christa Wolf, dass sie kein Biermann-Fan sei. Das wisse Biermann selbst auch. Und doch habe sie sich als Mitglied eines Redaktionskollegiums 1974 dafür eingesetzt, ein Biermann-Gedicht in eine Chile-Anthologie aufzunehmen. Denn wenn es sich wie in Chile »um den Faschismus handelt, dann geht's um eine antifaschistische Einheitsfront. Und da sie Leute von auswärts dazugenommen haben, die überhaupt nicht Kommunisten sind (…) – warum nicht den Biermann?« Ihre Initiative scheiterte, Biermanns Verse wurden nicht gedruckt. Sie trat aus dem Redaktionskollegium aus. Darüber, dass er jetzt ebendieses Gedicht in Köln vorgetragen habe, könne man sich also kaum beschweren.

Christa Wolf beklagte gegenüber Lamberz das mangelhafte Vertrauen der Partei in die Künstler. Sie habe sich doch immer vorbildlich verhalten, habe sich bei all ihren Auslandsaufenthalten immer wacker für die DDR geschlagen und »alles gemacht, was ihr mir geraten habt, was dazu gedient hat, sozusagen meine Stellung zu diesem Staat deutlich zu machen«. Doch nachdem ihr Buch »Nachdenken über Christa T.« in der BRD gelobt und als Anti-DDR-Buch interpretiert wurde, sei es im eigenen Land erledigt gewesen: »Damit war ich vier Jahre lang sozusagen ein Opfer, obwohl ich nicht, aber auch nur einen Finger breit, diesen Leuten entgegengekommen bin.« Doch das habe ihr nichts genutzt. Nun habe natürlich auch die »Springer-Presse« bei ihr angerufen und um eine Stellungnahme in Sachen Biermann gebeten. Was sie denen gesagt habe, sei jedoch nicht gedruckt worden.

Als Stefan Heym formale Ähnlichkeiten zwischen der SED-Politik vor dem 17. Juni 1953 und der gegenwärtigen Situation andeutete, widersprach Christa Wolf entschieden: »Meine feste Überzeugung (…) ist, dass unser Staat fest ist.« Die Bevölkerung habe ein »starkes Verhältnis zur DDR« entwickelt, es gebe Sicherheit und Arbeit, in der man sich verwirklichen könne. Wichtig sei auch »das Gebiet der öffentlichen Meinung und Information«. Wir, sagte Christa

Wolf und meinte damit »uns als Partei«, würden es als große Hilfe empfinden, »wenn wir, nicht von heute auf morgen und nicht in einer Gewaltaktion, sondern in einem ruhigen, vielleicht sogar unauffälligen Prozess, in dem zum Beispiel ich bereit bin, mitzuwirken, das allmählich schaffen würden, dass die Studenten an ihren Universitäten miteinander und mit ihren Dozenten offener reden könnten. Dass die Schüler in der Schule miteinander und mit ihren Lehrern in eine offene Kommunikation treten, weil nämlich unsere Argumente wirklich die besseren sind, davon bin ich überzeugt.«[17]

Es war ihr wohl bewusst, dass sie als Schriftstellerin privilegiert war, dass sie in öffentlichen Lesungen Kritik äußern konnte, ohne Repressionen fürchten zu müssen. Darauf immer wieder von ihren Lesern angesprochen zu werden, habe sie »mit der Zeit sehr bedrückt«. Davon wollte Werner Lamberz aber nichts hören. Alle Andeutungen, es könne in der DDR so etwas wie Repression geben, wies er entschieden zurück. Als er von der »politischen Dummheit« sprach, »jemanden beruflich einzuschränken«, fragte Stefan Heym: »Also keine Repressionen?« Darauf Lamberz: »Was heißt ›keine Repressionen‹. Sie denken in Kategorien, die keine sozialistischen sind. So denken Sie.« Heym: »Ich habe die Stalin-Zeit miterlebt, Genosse Lamberz. Sie müssen verzeihen, dass wir noch manchmal daran denken.« Lamberz: »Da muss man umlernen, einen Lernprozess machen.«[18]

Am Ende verlief das Gespräch im Sand. Der von Christa Wolf initiierte Vorschlag, die Erstunterzeichner könnten sich in einer gemeinsamen Erklärung vom »Missbrauch« durch den Westen distanzieren, ohne von ihrer Meinung Abstand nehmen zu müssen, scheiterte. Lamberz sah darin die Gefahr, dass eine neuerliche Erklärung erst recht nach »Gruppenbildung« aussehen könnte. So viele Leute, die eine Meinung haben und nicht die der Partei – das öffentlich zu dokumentieren, konnte er nicht ertragen, selbst dann

nicht, wenn es sich um ein gemeinschaftliches Bekenntnis zur DDR gehandelt hätte. Denn darum ging es Christa Wolf: »Dass ich ganz klar sage, wo ich stehe.« So eine Erklärung wäre nicht für die Springerpresse, »sondern für die Genossen bei uns«, sagte sie zu Manfred Krug, der ihre Besorgtheit ein bisschen lächerlich fand.
Über das Ausmaß der »Bearbeitung« jedes einzelnen Unterzeichners in den folgenden Tagen und Wochen gibt die Aktenhinterlassenschaft des Büros Lamberz Auskunft.[19] Hier, in diesem Kompendium individueller Feigheiten und Tapferkeiten, sind Bekräftigungen und Distanzierungen, Denunziationen und sophistische Winkelzüge gesammelt. Besondere Bedeutung hat dabei Stephan Hermlins Bekenntnis zur Partei- und Staatsführung, das er am 4. Dezember ablegte. Er schrieb, durchaus im Sinne von Christa Wolf: »Es war mein Fehler, die Informationen auch an AFP zu geben. Ich halte die Erklärung von Cremer (…) für produktiv. Mit dem Klassengegner will ich nichts zu tun haben. Deshalb protestiere ich gegen die Hetzkampagne, die von der BRD aus entfacht wurde.«
Hermlin war zuvor zu zwei langen Gesprächen mit Erich Honecker ins Politbüro geladen worden. Er wusste nicht, dass die Biermann-Ausbürgerung auf Honeckers persönliche Initiative zurückging. Honecker, dem er freundschaftlich verbunden war, begrüßte ihn mit der Frage: »Stephan, was hast du mir angetan?«, und versuchte, in »einer Art Verzweiflung« die Ausbürgerung zu rechtfertigen: »Wenn ich das nicht gemacht hätte, dann hätte ich ihn verhaften müssen.« So erzählte es Hermlin 1992.[20] Der Protestierer tauschte also mit dem Regierungschef freundschaftlich die Argumente und sah, dass Honecker »sehr erschüttert« war.
Hermlin wollte seinen alten Parteifreund nicht in Schwierigkeiten bringen. Honeckers Position innerhalb des Politbüros sei damals noch nicht gefestigt gewesen. Nur deshalb habe er sich bereit erklärt, etwas zu unterschreiben, ohne aber den Protest zurückzu-

nehmen. Dass dieses interne Papier dann von Honecker entgegen der Vereinbarung weitergereicht wurde, betrachtete Hermlin als Vertrauensbruch und widerrief den Widerruf. Der Regierungschef hatte den Intellektuellen über den Tisch gezogen und konnte ihn nun kompromittieren. Die Gespräche zwischen Hermlin und Honecker belegen, dass der Protest der Künstler nicht als Revolte beabsichtigt war. Es ging lediglich um »Bedenken zu einer einzigen Verfahrensfrage«, wie Volker Braun in einem Brief an Kurt Hager formulierte.[21] Das war für einen Staat mit streng reglementierter Öffentlichkeit schon schlimm genug.

Ausgerechnet in dieser aufgeladenen Situation erschien im Dezember 1976 der Roman »Kindheitsmuster«. Die enorme Auflage von 60 000 Exemplaren war schon im Februar vergriffen. Wieder einmal bewies Christa Wolf das Gespür, mit ihrer schriftstellerischen Arbeit gesellschaftliche Krisen vorauszuahnen und dadurch mit ihren Büchern zielsicher in die jeweils aktuellen Konfliktfelder zu treffen. Die Biermann-Ausbürgerung hatte ja gezeigt, dass der »gewöhnliche Faschismus« nicht per Dekret »bewältigt« worden war, dass man sich mit Willkür und Mitläufertum auch in der sozialistischen Gegenwart auseinanderzusetzen hatte. Aber – und das sagt »Kindheitsmuster« gleichfalls deutlich: Schlimmer als die Probleme im eigenen Land sind allemal die Zustände in Chile, Vietnam oder Südafrika. Die Gegenwartsebene in »Kindheitsmuster« kanalisierte die Kritik in Richtung Westen und machte es überhaupt erst möglich, dass das Buch in der DDR erscheinen konnte.

Die Stasi allerdings sah das anders und bemerkte schon bei der Lesung im Deutschen Theater, dass die Autorin bewusst Erscheinungen hervorgeholt habe, »bei denen kritische Assoziationen mit unserer heutigen Zeit auftauchen«.[22] In dieser angespannten Lage tat jede Unterstützung gut. So wie die von Max Frisch, der eines Tages vor der Wohnungstür stand, mit Blumen in der Hand. Einfach so.

Er wollte zeigen, dass er da ist, und bot seine Hilfe an. Doch die einzige Unterstützung, die Christa Wolf akzeptierte, war, ihn zu bitten, sich rauszuhalten: Mach jetzt bloß keinen Wirbel im Westen, das hätte gerade noch gefehlt. Abends begleiteten die Wolfs Max Frisch über die Weidendammer Brücke, die Friedrichstraße hinunter bis zum Checkpoint Charlie, dem Grenzübergang für Ausländer.[23]

In den folgenden Monaten mahlten die Mühlen der Partei und des Schriftstellerverbandes: langsam, aber gründlich. Die »Maßnahmen«, die gegen die Schriftsteller verhängt wurden, waren sehr unterschiedlich und reichten von Verhaftung (Jürgen Fuchs) und Hausarrest (Robert Havemann) über Parteiausschluss (Jurek Becker, Gerhard Wolf, Sarah Kirsch) bis zur »strengen Rüge« (Stephan Hermlin, Christa Wolf). Prominenz war ein Schutzmechanismus. Mit denen, die auch im Westen berühmt waren, wollte die Partei sich nicht anlegen und konnte ja auch auf ihre grundsätzliche Loyalität rechnen – ganz so, wie Christa Wolf es dem Genossen Lamberz auseinandergesetzt hatte.

Hätte sie, als ihr Mann aus der Partei ausgeschlossen wurde, auch austreten sollen? Später dachte sie oft über diese Frage nach, ohne zu einer Antwort zu finden. Hätten sie sich dann im Land halten können? Wären ihre Möglichkeiten, sich zu äußern, nicht so weit beschnitten worden, dass sie schließlich gezwungen gewesen wären, das Land zu verlassen? Ausgerechnet Walter Janka gehörte zu denen, die ihr dringend abrieten. »Man tritt nicht aus der Partei aus, man lässt sich rausschmeißen«, sagte der alte Kommunist. Einen freiwilligen Austritt hätte er für eine weichliche Reaktion gehalten. Und so, sagt Christa Wolf im Rückblick, habe sie es darauf angelegt, rausgeschmissen zu werden. Sie ging von da an zu keiner Parteiversammlung mehr. Und die Stasi, Hauptabteilung XX, schrieb im Dezember 1976 ein Telefongespräch mit, in dem sie zu Stephan Hermlin sagte, wenn man ihr jetzt noch eine Brücke bauen wolle, um sie nicht aus der Partei zu werfen, dann könne sie das nicht machen. Für sie sei die Sache gelaufen.

Ähnlich war die Lage im DSV. Das Protokoll der Präsidiumssitzung vom 30. November vermerkt eine gewisse Irritation unter den Autoren. »Fast alle Genossen brachten zum Ausdruck, dass sie die Entscheidung, Biermann die Staatsbürgerschaft zu entziehen, überrascht hat und dass sie einige Zeit brauchten, um sich zurechtzufinden.«[24] Dennoch wurde die Entscheidung als gerechtfertigt angesehen. Die »Protesterklärung der 13« hätte dagegen nie an die »Medien des Gegners gehen dürfen«. Dem DSV stehe, so heißt es weiter, »eine schwere Zeit bevor, denn es wird nicht einfach sein, nun gemeinsame Standpunkte zu finden«. Als politische Linie galt, alle Betroffenen aus dem Vorstand auszuschließen, die »auf der Meinung beharren, dass die Unterzeichnung der Protesterklärung und ihre Übergabe an AFP richtig war«. Namentlich genannt wurden: Franz Fühmann, Stephan Hermlin, Karl-Heinz Jakobs, Sarah Kirsch und Günter de Bruyn. Christa Wolf gehörte mit Volker Braun in eine zweite Kategorie: »Vorstandsmitglieder, die die Protesterklärung unterzeichneten, inzwischen mehr oder weniger ihre ursprüngliche Auffassung einschränkten. Ihr Ausschluss aus dem Vorstand sollte noch einmal überdacht werden.«

Am 20. Dezember wurde Christa Wolf erst einmal aus dem Vorstand der Berliner Sektion des DSV ausgeschlossen – ein symbolischer Akt auf Bezirksebene. Und in der Kulturabteilung des ZK dachte Abteilungsleiterin Ursula Ragwitz darüber nach, wie der Druck auf die Künstler zu erhöhen war. Sie übersandte Kurt Hager eine Liste von Personen, deren »Dauervisa sofort eingezogen werden sollten«. Zu denen, die »in der gegenwärtigen Auseinandersetzung sehr stören« und deshalb nicht mehr reisen sollten, gehörten für Ragwitz auch Christa und Gerhard Wolf.[25] Umgesetzt wurde dieser Plan nicht. Christa Wolf konnte sich auch in den folgenden Jahren auf Kurt Hager verlassen, wenn sie ein Visum benötigte.

Die Politik des »differenzierten Vorgehens« führte unter der Autorenschaft erneut zu Missgunst und Neid. Die Parteitreuen beklagten sich darüber, »dass Schriftsteller, die der Partei Schwierigkeiten machen, sofort einen Termin für eine Aussprache erhalten«, während sie selbst »solcher individueller Gespräche nicht wert« seien.[26] Das MfS hielt das drastische Stimmungsbild des Horst Bastian alias IM »Möwe« fest: »Die differenzierte Behandlung von Stephan Hermlin und Christa Wolf in den Parteiversammlungen [sei] von vielen Genossen, auch nicht von Bastian, verstanden worden, gerade weil diese maßgeblich an der Organisierung der Protestresolution beteiligt waren. Am deutlichsten wird das Nichtverstehen ersichtlich in der Meinung des Genossen Walter Gorrish, der die Ansicht vertritt, dass solche ›Leute‹ vor den Staatsanwalt gehören und nicht weiterhin erpresserisch auf die SED wirken. Früher in Spanien hätte man die Verräter an die nächste Wand gestellt, durch sechs Gewehrschützen erschossen und sich nicht so lange mit ihnen abgegeben.«[27]

Der DSV legte schließlich allen Unterzeichnern eine Entschließung vor, die sie unterschreiben sollten, um weiter im Vorstand bleiben zu dürfen. Damit hätten sie ihr eigenes Verhalten, den Protest über eine westliche Nachrichtenagentur verbreiten zu lassen, verurteilen sollen und ein devotes Bekenntnis zur führenden Rolle der Arbeiterklasse und ihrer Partei abgegeben. Mit jedem Einzelnen wurden deshalb Gespräche geführt. Sie sei, wie alle »Unterzeichner«, unter Druck gesetzt worden, sagte Christa Wolf im Rückblick. »Aber ich habe gewusst, dass ich meine Unterschrift niemals zurückziehen würde.«[28] Sie hielt an ihrer Linie auch gegenüber dem DSV fest, der ihre Position im Mai 1977 so zusammenfasste: »Ähnlich wie Stephan Hermlin erklärte sie, dass sie mit der Entschließung einverstanden sei bis auf die Verurteilung der Kollegen. Sie könne diesen Schritt nicht bereuen. Auf die Frage, ob sie den Weg über die westlichen Medien für gangbar halte, betonte sie mehrmals, dass sie nur in der DDR ihren Boden sähe, dass sie sich nicht durch westliche Medien ausnützen oder manipulieren lasse. Sie möchte weiter im Vorstand mitarbeiten.«[29]

Mag sein, dass alle späteren Vorwürfe, Christa Wolf habe ihre Unterschrift wieder zurückgezogen, auf dem Missverständnis beruhen, ihre Abgrenzung von »dem Westen«, die all ihre Statements während der gesamten DDR-Zeit kennzeichnen, sei zugleich ein Einschwenken auf offiziellen DDR-Kurs. Christa Wolf selbst meinte, die Stasi habe dieses Gerücht in Umlauf gesetzt und damit eine Wirkung erzielt »bis ins westliche Feuilleton hinein, und bis heute«.[30] Den Beleg dafür fand sie in den Akten der Staatssicherheit. In einer Art Inventurverzeichnis bisheriger operativer Maßnahmen, in einem »Sachstandsbericht« vom 18. September 1978 ist von »durch inoffizielle Quellen ausgesprochenen gezielten Vermutungen über mögliche interne Zustimmungserklärungen Christa Wolfs zur Politik der Partei« die Rede, die ihr »bei einem Teil der übrigen Erstunterzeichner Misstrauen« eingebracht haben.[31]

Vor allem Marcel Reich-Ranicki betätigte sich immer wieder – und schon vor der Wende 1989 – als Vertreter der Rücknahme-These und begründete unter anderem damit die Vorwürfe, Christa Wolf sei eine »Staatsdichterin« gewesen.[32] Doch mit diesem Begriff lassen sich die Leidensfähigkeit und die Treue, die Christa Wolf gegenüber der DDR als ihrem Lebensraum bewahrte, kaum fassen. Stattdessen muss die Hartnäckigkeit des Hoffnungsrestes erstaunen, der die Krisen von 1965 und 1968 überdauerte, so dass die Hoffnung immer noch einmal zerstört werden konnte. Wieder, zum dritten Mal, erfuhr Christa Wolf einen »scharfen Schmerz über Monate hin«[33]. Die Ausnahmezustände wiederholten sich und wurden zur Normalität. Nicht der Staat war ihr zu Hause, sondern »der Schmerz«. So lautete der Titel eines Günter Kunert gewidmeten kurzen Textes, der im Sommer 1978 entstand und in dem es am Ende heißt: »Schmerzlich fremd das vertraute Gelände im Rücken. Unerkannt von dannen gehen – größter Schmerz, den wir nicht festhalten dürfen. Der Schmerz beweist nichts, und er rechtfertigt nichts, aber ohne ihn dürften wir kein Wort mehr sagen. Der Schmerz als Zeitgenosse. Was nach ihm kommt, können wir nicht wissen.«[34]

Eine seltsame Drohung erhielt Christa Wolf Ende April 1977. Es war eine Zeit, in der sie von einer »allgemeinen Scheu vor Öffentlichkeit« befallen war, wie sie an Günter Rücker von der Akademie der Künste geschrieben hatte. Dort fand Ende April eine Diskussion zu »Kindheitsmuster« statt – bei der unter anderen auch Peter Weiss zu Gast war. Eine solche Veranstaltung war zu dieser Zeit eine Solidaritätsdemonstration, denn Christa Wolf war in den Monaten des schwelenden und quälenden Parteiverfahrens eine Unperson geworden. Zu einer Lesung im VEB Berlin-Chemie vor vierzig Zuhörern ordnete die Staatssicherheit die »politisch-operative Sicherung« durch gleich vier IMs an, die unter den »Angehörigen der Intelligenz« im Publikum verteilt wurden.

Als Christa Wolf von der Akademieveranstaltung zurückkehrte, fand sie im Briefschlitz ihrer Wohnungstür ein Päckchen, das ein Exemplar ihres Erzählungsbandes »Unter den Linden« enthielt. Es war ausgehöhlt wie ein Schmugglerwerkzeug. In den entstandenen Hohlraum hatte jemand eine Schlinge aus dünner goldener Schnur gelegt und einen Zettel mit einer Botschaft: »Christa, du Schwein, bist Kommunist geblieben. Wir haben dich durchschaut. Deine Genossen haben dir deinen Judaslohn überreicht. Wir dachten, du bist Deutsche. Schade, ein Schaf im Wolfspelz. Warte den 1. Mai ab.« Christa Wolf rief bei Konrad Wolf an, dem Freund und Präsidenten der Akademie, und konnte darauf rechnen, dass das Gespräch mitgehört wurde. Er riet ihr, zur Polizei zu gehen. Dort nahm man die Sache sehr ernst und tippte viele Protokolle. Zwei Herren, die sich als Leutnants vorstellten, und ein dritter, der sich als Chauffeur ausgab, nahmen sich des Falles an. Am nächsten Tag besuchten normale Mitarbeiter der Volkspolizei Christa Wolf, um sie noch einmal zu befragen und ihr Personenschutz anzubieten. Sie lachte: Personenschutz hatte sie ja nun schon ausreichend.[35] Aufgeklärt wurde der Fall nie. Vielleicht war es die Stasi, die damit für Aufregung und psychischen Druck sorgen wollte. Vielleicht waren es aber auch »neofaschistische Kreise aus der Bundesrepublik«, wie Christa Wolf gegenüber der Polizei mutmaßte. Drohungen von Vertriebenenverbänden, die ihr vorwarfen, mit »Kindheitsmuster« die Heimat jenseits der Oder verraten zu haben, wären zumindest denkbar gewesen.

Wer bleibt? *Mit dem Rücken zur Wand: Wer nicht mehr schreiben kann, muss gehen*

»Mir schreiben immerzu Leute, ich solle nicht weggehen. Was denken die!« mokierte sich Christa Wolf in einem Brief an Franz Fühmann[1] – als ob ihr dieser Gedanke völlig fern gewesen sei. Manchmal saß sie zu Hause, hielt den Atlas auf den Knien und durchblätterte die Welt auf der Suche nach einer Gegend, in der sie leben könnte. Zum ersten Mal wurde nun auch für sie die Frage konkret, ob sie ihr Land verlassen sollte.

Als sie im Dezember 1976 Besuch von Thomas Brasch erhielt, der ihr sagte, er wolle weggehen, konnte sie ihm nicht widersprechen. Nach ihm saßen noch viele andere, die weggehen wollten, in der Küche der Wolfs, doch er war der Erste, dem sie nicht mehr abraten konnten. Seine Entscheidung, sagte Christa Wolf 1987 in ihrer Laudatio zur Verleihung des Kleist-Preises an Thomas Brasch, sei ein Einschnitt gewesen. »Plötzlich gab es eine neue Frage, die hieß: Warum bleiben?, und die musste nicht nur verbal, sie musste hauptsächlich arbeitend beantwortet werden, denn nur die Produktion kann jene innere Freiheit hervorbringen, die den Zweifel über die Wahl des Lebens- und Arbeitsortes aufhebt.«[2] So hat sie die Frage stets für sich beantwortet und komplementär dazu vermutet, dass sie als Autorin in der Bundesrepublik keinen Schreibgrund mehr fände. In einem Interview mit dem Westdeutschen Rundfunk sagte sie 1979: »Ich wüsste zum Beispiel nicht, was man der bürgerlichen Gesellschaft noch abgewinnen sollte: an Hoffnung, an Stoff auch. Es ist eigentlich alles schon gesagt und kann nur variiert werden. Ich stelle mir vor, dass man, wenn man in Westdeutschland lebt, untersuchen müsste, woher der Terrorismus kommt und die barbarische Reaktion darauf, woher der Ausbruch von Barbarei in dieser saturierten Gesellschaft plötzlich. Das Thema könnte sicher noch reizen.«[3] Dabei dachte sie wohl eher an ihren Freund Heinrich Böll als an sich selbst.

Auch im Rückblick aus dem Jahr 2000 begründete Christa Wolf ihr Bleiben mit dem Schreiben: »Ich habe es mit Franz Fühmann gehalten: Wenn man nicht mehr schreiben kann, muss man gehen. Und das habe ich bei mir nicht befürchtet. Natürlich war ich in einer tiefen Krise, aber in einer, aus der heraus sich wieder Schreibimpulse ergaben. Mir war bewusst, dass die Konflikte, die ich in der DDR erlebte, mich zum Schreiben trieben. Außerdem gab es einfach auch sehr viele Leute, die sich darauf verließen, dass noch ein paar da waren, an die sie sich wenden konnten. Das haben sie uns auf verschiedene Weise wissen lassen. Die Verantwortung und die Last dessen, was einem da aufgeladen war, nahm zu.«[4]

Die Wolfs waren 1976 von Kleinmachnow ins Zentrum von Berlin gezogen. Sie wohnten nun in einem Altbau in der Friedrichstraße, Hausnummer 133, unweit der Weidendammer Brücke und dem S-Bahnhof mit der Grenzübergangsstelle, dem so genannten Tränenpalast. Es ist, als habe Christa Wolf ihren Platz genau an der Nahtstelle der Systeme gesucht. Wie in Kleinmachnow verortete sie sich auch in Berlin am Rand der DDR und zugleich mitten im Zentrum. Der Plan eines »Jour fixe«, einer Art Salon in der eigenen Wohnung, konnte nach der Biermann-Ausbürgerung nicht realisiert werden. Gegenüber ihrer Wohnung wurde ein paar Jahre später der Friedrichstadtpalast gebaut, ein Renommierprojekt der Honecker-Ära. Da hatten die Wolfs längst ihr mecklenburgisches Ausweichquartier, einen alten Bauernhof in Neu Meteln zwischen Wismar und Schwerin, den sie 1975 auszubauen begannen. In der ländlichen Abgeschiedenheit fanden sie die Ruhe, die sie zum Schreiben brauchten – und den Abstand von der als Zumutung empfundenen Tagespolitik.

Ein weiterer, verborgener Grund dafür, im Land zu bleiben, lag in der Kindheitserfahrung der Flucht und des frühen Heimatverlustes. An keinem ihrer vielen Wohnorte in der DDR – Mecklenburg vielleicht ausgenommen – war sie je wieder heimisch geworden. Und doch fürchtete sie sich instinktiv davor, die feinen Wurzeln zu kappen, die inzwischen gewachsen waren, die Verbindungen und Freundschaften zu lösen, die ihr Leben ausmachten. Sie wollte nicht noch einmal die Zugehörigkeit aufgeben und zur Fremden in einem fremden Land werden.[5]

Die Sorge um Christa Wolf reichte bis in die Partei. Kurt Hager lud sie zu einem Gespräch ins Gästehaus des ZK und wollte wissen, ob sie weggehen wolle. Das wäre ein Politikum gewesen, das unbedingt hätte verhindert werden müssen, um weiteren Image-Schaden von der DDR abzuwenden. Christa Wolf teilte ihm mit, dass sie in Zukunft in keinem Parteigremium mehr aktiv mitarbeiten werde, konnte ihn aber, was das Weggehen betraf, beruhigen. Dabei dachte sie ernsthafter über ihren Abschied nach, als sie das nach außen hin zugeben wollte, und war, wie sie 1989 gestand, »lange unentschlossen«. Aber sie sah in keinem anderen Land eine Alternative. In der DDR hatte sie ihren »Schreibgrund« und ihre Familie. Die Töchter lebten mittlerweile in eigenen Familien, und für den alten Vater Christa Wolfs wäre es »der Tod gewesen, wenn ich weggegangen wäre«.[6] Gerhard Wolf hielt 1979 auf Einladung von Wolfgang Emmerich Gastvorlesungen über DDR-Literatur an der Universität Bremen. Er hätte es zu dieser Zeit immerhin für »denkbar« gehalten, eine Weile dort zu leben, wenn er ein entsprechendes Angebot erhalten hätte.[7]

Christa Wolfs Zweifel kommen in einer Szene zum Ausdruck, die sie in ihren undatierten Erinnerungen an Konrad Wolf beschrieb.

Im Sommer 1977 war im Berliner Dokfilm-Studio dessen neuer Film »Mama, ich lebe« über vier Wehrmacht-Landser gezeigt worden, in dem er sich, auf seine Weise, wie Christa Wolf in »Kindheitsmuster«, mit den Erfahrungen der um 1930 geborenen Generation auseinander setzte. Nach der Filmvorführung gingen Christa und Konrad Wolf gemeinsam Richtung Alexanderplatz, wo er wohnte. Das Gespräch gibt sie so wieder: »Ich habe ihm unterwegs gesagt, dass für mich die Bindung an die Partei beendet sei und dass ich mich mit dem, was da passiert, nicht mehr in Übereinstimmung befinde und mich auch nicht mehr in Übereinstimmung bringen werde, dass ich nicht wisse, wie ich aus dieser Sache herauskommen werde. Damit meinte ich, ob ich weggehen werde oder nicht, und er verstand genau. Er sagte da, ich erinnere mich genau: Wir müssen wohl mit solchen rigorosen Standpunkten wie dem deinen leben. Das ist mir klar. –«[8] Konrad Wolf akzeptierte – und widersprach. Er glaubte daran, dass sich, ausgehend von der Sowjetunion, bald etwas ändern werde. Er sprach von Angehörigen der künstlerischen und wissenschaftlichen Intelligenz, von denen er einen Wandel erhoffe. Da sei ein »Potential im Wachsen«. Christa Wolf »solle bloß nicht so unklug sein und sich dieser möglichen Veränderung zu früh entziehen«. Prophetische Worte der langen Ausdauer: Bis Michail Gorbatschow die Bühne der Weltgeschichte betrat, sollten noch acht Jahre vergehen. Acht Jahre, in denen die Hoffnung auf kleiner Flamme am Leben gehalten werden musste.

Eine andere aber verließ die DDR: »Mensch, Christa, die Sarah will nun auch weg!«, schrieb Maxie Wander am 4. August 1977 an Christa Wolf. »Wo will sie hin, die Sarah? An solchen Tagen verwünsche ich meine Heimatlosigkeit besonders.«[9] Sarah Kirsch hatte sich nach ihrer Unterschrift unter die Biermann-Petition kompromissloser verhalten als Christa Wolf. In den Gesprächen, die der DSV mit ihr führte, fragte Kirsch nach den Gründen für die

Verhaftung von Jürgen Fuchs und setzte sich für die jungen Autoren Thomas Brasch und Hans-Joachim Schädlich ein, deren Arbeiten in der DDR nicht veröffentlicht wurden. Sie galt als Autorin mit »verhärteter Position«, wurde schikaniert und bespitzelt und so zur Ausreise gedrängt.

Der Weggang der Freundin traf Christa Wolf tief. Jeder Weggang bedeutete eine Schwächung für die, die blieben. »Meine Hoffnung ist erschöpft«, schrieb sie am 14. August 1977 in einem Brief an das Präsidium des Schriftstellerverbands, in dem sie als Reaktion auf dessen Gleichgültigkeit ihren Austritt aus dem Vorstand erklärte. Ihr Freund Franz Fühmann zog dieselbe Konsequenz. Damit räumte sie nun freiwillig den Platz, um den sie während der »Christa T.«-Affäre noch hartnäckig gekämpft hatte. Jetzt wollte sie in diesem Verband nicht mehr mitwirken, der den Weggang seiner Autoren nicht als künstlerische und gesellschaftliche Katastrophe für die DDR, sondern, wie Fühmann schrieb, als »eine Art Flurbereinigung« betrachtete. Sie erklärte ihren Rückzug aus dem Vorstand folgendermaßen: »Die Tatsache, dass Sarah Kirsch die DDR verlässt, ist für mich ein Vorgang von großer menschlicher, literarischer und politischer Tragweite. Ich sehe nicht, dass er im Schriftstellerverband so begriffen und behandelt wird; schon höre ich erste Stimmen, die die Integrität von Sarah Kirsch in Frage zu stellen suchen: Es werden die gleichen sein, die durch Diffamierungen und Demütigungen ihren Anteil daran haben, dass Sarah Kirsch nicht mehr hier bleiben will. Kein Vertreter einer Leitung des Schriftstellerverbandes, in dessen Vorstand Sarah Kirsch war, hat es für nötig gehalten, sich bei ihr nach den Gründen für ihren Entschluss zu erkundigen.«[10]

Eine Kopie ihres Briefes schickte Christa Wolf an Erich Honecker. Auch der Generalsekretär sollte wissen, dass ihr an politischer Mitarbeit in der DDR nicht mehr gelegen sei und dass sie sich in einem »Zustand schwerer Sorge und Trauer« befinde. So vertraut war man immerhin in der DDR-Familie, dass der Parteichef über emotionale Befindlichkeiten in Kenntnis gesetzt werden durfte. Vor allem aber bat sie Honecker darum, »junge Leute« freizulassen, die wegen Solidaritätsaktionen mit Biermann in Untersuchungshaft saßen. Sie schrieb: »Ich bitte Sie herzlich und dringend: Erwirken Sie kraft ihres Amtes ihre Freilassung. – Ich weiß, wie naiv diese Bitte in der politisch angespannten Atmosphäre dieser Monate wirken kann. Ich habe sie mir lange überlegt. Ich halte sie nicht nur für menschlich gerechtfertigt, sondern auch für politisch vertretbar. Ihre Erfüllung würde der Partei einen großen Zuwachs an Vertrauen bringen.«[11]

Mit diesen diplomatischen Formulierungen hatte sie den richtigen Tonfall getroffen. Honecker lud sie zu einem Gespräch ins ZK-Gebäude und sagte ihr die Freilassung der Inhaftierten zu. Wie Kurt Hager wollte auch er verhindern, dass Christa Wolf die DDR verließe, und wiegelte deshalb ab: Selbstverständlich solle Literatur sich weiter frei entwickeln und jeder Autor das Gefühl haben, gebraucht zu werden. Aber hätte er denn Sarah Kirsch im Land halten sollen? Selbstverständlich nicht, erwiderte Christa Wolf, die über dieses Gespräch ein Gedächtnisprotokoll anfertigte. Wer gehen will, soll gehen, sagte sie, doch wieso werden immer wieder Anlässe und eine Atmosphäre geschaffen, dass jemand wie Sarah Kirsch nicht mehr hier leben will? Honecker hörte zu, ohne nach den tieferen Gründen zu fragen. Das war ein pragmatischer Vorgang. Die Autorin teilte dem Generalsekretär auch mit, dass sie aus der Partei ausgeschlossen werden wolle. Er wiegelte ab: Bleib doch, wir wissen ja, es ist eine schwierige Zeit, aber da müssen wir durch.[12]

In einem Brief an Franz Fühmann berichtete Christa Wolf von diesem erfolgreichen Treffen: »Das Gespräch war lang und intensiv, ich habe gesagt, was zu sagen war, ohne Abstriche (...). Sein Rat war: schreiben und das durchstehen. Wir meinten mit beidem nicht dasselbe, aber das ist unvermeidlich. Ich werde mich in nächster Zeit nicht mehr in Zusammenballungen von Schriftstellern begeben.«[13] Im selben Brief gestand sie dem Freund, wie »müde« sie geworden sei, »nicht mehr recht gesund, seit ich weiß, dass Sarah weggehen würde.« Wieder reagierte sie mit Migräne und Kreislaufschwächen, die sie dazu zwangen, sich hinzulegen. Auch wenn sie in diesem Sommer intensiv an der Erzählung »Kein Ort. Nirgends« arbeitete, tauchte doch innerlich »wie ein Kehrreim« die Frage auf: »Wozu? Und: Wir haben keine Chance.«[14]

»Kein Ort. Nirgends« habe sie in einer existentiellen Krise und mit dem Gefühl geschrieben, »mit dem Rücken zur Wand« zu stehen, sagte Christa Wolf in einem Gespräch für die westdeutsche Zeitschrift »alternative« im Winter 1982.[15] Sie musste darüber hinwegkommen, dass es nun keine Wirkungsmöglichkeiten mehr zu geben schien und sie ganz auf die Literatur zurückgeworfen war. Exemplarisch untersuchte sie an den Biographien Heinrich von Kleists und Karoline von Günderodes »den Zusammenhang von gesellschaftlicher Verzweiflung und Scheitern in der Literatur«.[16] Dieses Problem am Gegenwartsmaterial zu bearbeiten, wäre naturalistisch, platt und banal geworden, sagte sie ihrer westdeutschen Interviewpartnerin. Dass es gar nicht möglich gewesen wäre, über das Scheitern revolutionärer Hoffnungen und das Herausfallen aus der Gesellschaft anders als in historischer Verfremdung zu sprechen, sagte sie nicht. Und doch war ihr die Arbeit an diesem Stoff »eine Art von Selbstrettung, als mir der Boden unter den Füßen weggezogen wurde«. Bis in die Formulierung hinein wiederholt sich das aus der Arbeit an »Christa T.« bekannte Motiv vom Schreiben als einem Akt der Selbsterhaltung. Es scheint – auch wenn man die darin enthaltene Stilisierung abzieht –, als habe Christa Wolf immer wieder solche krisenhaften Situationen gesucht und gebraucht, die sie zum Schreiben zwingen würden.

Mit den Romantikern identifizierte Christa Wolf sich mit geradezu methodischer Gründlichkeit. Sie gaben das historische Muster für

die Außenseiterrolle der Intellektuellen und vor allem der intellektuellen Frauen ab. Karoline von Günderode, Bettina von Arnim, und auch schon bald die troische Kassandra waren die Gestalten aus der Geschichte, an denen Christa Wolf sich identifikatorisch aufrichtete. Es ging ihr dabei nicht um »die Romantik« und die Rehabilitierung all dessen, was sie einst, Anfang der fünfziger Jahre in Jena, unter negativem Vorzeichen im Studium erlernt hatte. Es ging noch nicht einmal in erster Linie um die Literatur, sondern um ein Lebensmodell, für das die Romantiker vorbildhaft waren: »in Gruppen lebend, da es in der Gesellschaft nicht ging, am Rande der Gesellschaft, aber, literarisch gesehen, in ihrem Zentrum«.[17]
Die freundschaftsbündische Lebensorganisation und die herausragende Rolle, die Frauen dabei spielten, interessierten Christa Wolf deshalb so stark, weil sie dem eigenen Lebenskonzept der späten siebziger Jahre entsprachen. So, wie sie die Romantik beschrieb, hätte sie auch ihr eigenes Leben beschreiben können: »Die frühe Romantik ist der Versuch eines gesellschaftlichen Experiments einer kleinen Gruppe, die dann, nachdem die Gesellschaft sich ihr gegenüber totalitär und ablehnend verhalten hat, restriktiv in jeder Hinsicht, unter diesem Druck auseinander bricht und in verschiedene Richtungen hin sich zurückzieht.« So wie damals zerbrachen auch in ihrer Gegenwart nacheinander die »Alternativen, in denen wir leben«. Daher der Titel »Kein Ort. Nirgends«, den Christa Wolf weniger als utopische Setzung verstand, denn als Ausdruck der Ratlosigkeit so vieler Menschen, die das Gefühl hatten, »in eine Klemme zu geraten«.
Als ihr dieser Titel einfiel – erste Fassungen der Erzählung hießen noch unverdächtig »Die Begegnung« und »Das Treffen« –, sei sie vor der Radikalität der Aussage zurückgezuckt und habe erst später entdeckt, dass darin »eine allgemeine Erfahrung ausgedrückt war«.[18] Schreiben wird – mehr noch, als das schon in »Kindheitsmuster« der Fall war – zu einem Vorgang der Selbstbesinnung.

Christa Wolf fixierte diese Auffassung im Günderode-Essay »Der Schatten eines Traumes«: »Eine volle Umdrehung des ›Rades der Geschichte‹; und wir, mit Leib und Seele mitgerissen, grad erst zu Atem gekommen, zu Besinnung, zu Um-Sicht – wir blicken uns um, getrieben von dem nicht mehr abweisbaren Bedürfnis, uns selbst zu verstehen: unsre Rolle in der Zeitgeschichte, unsre Hoffnungen und deren Grenzen, unsre Leistungen und unser Versagen, unsre Möglichkeiten und deren Bedingtheit.«[19]

Im Westen Deutschlands waren die späten siebziger Jahre die Zeit der Aussteiger aus der Industriegesellschaft, der Landkommunen, die sich mit alternativer Wirtschaftsweise befassten. Man trug gebatikte Hemden und holländische Holzschuhe und versuchte, mit Töpferkursen und handgeschöpftem Ziegenkäse Geld zu verdienen. In der DDR war der Gegensatz zwischen Industriegesellschaft und Aussteigern weniger scharf, und es ging dabei weniger um ökonomische Alternativmodelle als um soziale Kleinversuche. Christa Wolf beschrieb die Zeit nach der Biermann-Ausbürgerung, in der sich der Rückzug der Intellektuellen verstärkte, in »Sommerstück«. Sie schrieb an diesem Text zwischen 1976 und 1980, nahm ihn dann 1983 wieder vor, scheute sich aber, dieses, ihr »persönlichstes Buch«, zu veröffentlichen. Als es schließlich 1989 erschien – man habe sie zur Veröffentlichung überreden müssen –, las es sich wie ein melancholischer Abgesang auf die DDR als abgeschiedener Idylle, einer Idylle allerdings, die von Weggang und Tod bedroht war.

Für die Zeit, in der es entstand, markiert es den Übergang der Hoffnung vom endgültig als illusorisch erlebten sozialistischen Großprojekt in die Nische selbstgefertigter Beziehungen. Hier, in Neu Meteln, wo die Wolfs ihre Sommer verbrachten, wo Sarah Kirsch, Helga Schubert, Maxie Wander und andere zu Besuch kamen, war der Ort der Utopie eines solidarischen Miteinanders, den Christa Wolf in »Kein Ort. Nirgends« vergeblich suchte. Es war für alle

Beteiligten eine Entdeckung, dass es außer dem Staat noch etwas anderes gibt: die Gesellschaft. Und die Gesellschaft, das waren sie selbst! Die Freundeskreise wurden als politische Aktivitäten erlebt. Hier ging man so miteinander um, wie sie es sich erträumte. Hier veränderte man die Welt, indem man gemeinsam lebte. Die Parole der westlichen Studentenbewegung – »Das Private ist politisch« – fand ihre ostdeutsche Entsprechung. »Wir brauchen einander«, schrieb Franz Fühmann an Christa Wolf, »und wahrscheinlich ist es der Sinn dieser heillosen Epoche, dass sie uns zueinanderrückt.«[20]

Aus diesem Grund misstraute der SED-Staat den privaten Freiräumen, wie sie überall im Land entstanden, und schickte seine Spitzel aus. Der Freund Thomas Nicolaou, ein griechischer Exilant und Übersetzer, der in der Nachbarschaft wohnte, Ehemann der Freundin Carola, stand als IM »Anton« in den Diensten des MfS und erstattete detailgenau Bericht über jedes Gespräch am Küchentisch, bei dem er anwesend war. Er informierte seine Dienstherren darüber, dass die Wolfs die Presseberichte von der Einweihung des »Palastes der Republik« in Berlin als »Personenkult« bezeichnet hätten, weil auf jedem Foto Erich Honecker zu sehen war. Er schilderte Christa Wolfs Enttäuschung über die Maikundgebung, auf die sie sich jedes Jahr freue, die aber bloß noch aus Technik und zur Schau gestellten Panzern bestünde. Gruselig wird es, wenn »Anton« der Stasi von Gesprächen über die Stasi berichtet, die er mit den Wolfs führte. Er plädiere immer für Offenheit, da er nichts zu verbergen habe und der Partei und der Stasi vertraue. Gerhard Wolf habe ihn dafür ausgelacht und für naiv erklärt. Das Netz von Freundschaften, das Christa Wolf als gelebte Utopie betrachtete, war also in sich brüchig. Man wusste ja auch, dass irgendjemand der Spitzel war. Doch um das Leben weiterführen zu können, ohne paranoid zu werden, musste man dieses Wissen ignorieren. Umso größer die Sehnsucht nach der Idylle.

Vom Fenster ihres mecklenburgischen Arbeitszimmers, in dem es nach Holz roch, blickte Christa Wolf auf die selbstgesteckten Weiden am Teichufer, auf zwei Eichen und die Häuser des Dorfes, über eine große Wiese mit Kirschbaum, umgeben von kleineren Apfelbäumen. In den Kassandra-Vorlesungen skizzierte sie so ihren Arbeitsplatz, »jenen Ausblick, den ich in der Stunde meines Todes vor Augen sehen möchte«.[21] Die Intensität der Verbundenheit mit Landschaft und Natur findet sich auch in der Art und Weise, wie die Freundinnen miteinander umgingen. Maxie Wanders Briefe bewahren diesen Tonfall auf. Wenn sie davon träumt, »unter deinem großen Himmel in Meteln spazieren zu gehen und Musik zu hören, allein zu sein und doch nicht allein«, verschmelzen Landschaft, Freundschaft und Gefühl miteinander. Maxie Wander himmelte Christa Wolf geradezu an: »Dein schöner Stoff, Christa, ging mir tief unter die Haut. Schreibe über die beiden, es wird wieder gut und wahr sein. Aber glaubst Du, dass man so entblößt leben kann, dass *Du* so entblößt leben kannst?« schrieb sie im Mai, und im August: »Ich weiß nicht, Christa, warum ich nicht möchte, dass Du so streng zu Dir bist. Dann sag ich mir aber wieder – vielleicht wäre ihr das alles nicht gelungen, wenn sie weniger strenge Maßstäbe hätte. Begabung ohne Widersprüche kann's nicht geben. (…) Weißt Du, ich wundere mich immer wieder, wenn Dir so endgültige Formulierungen gelingen, wenn Du von Einsichten schreibst, (…) als wär da etwas, was man nun *hat*, was unverlierbar und endgültig in uns eingegangen wäre. (…) Ich glaube Dir nicht ganz, dass Du nur schreibend über die Dinge kommst. Oder vielleicht wünsche ich mir nur, dass es Dir (uns) auch anders gelingen könnte!«[22] Im August 1977 verließ Sarah Kirsch die DDR. Am 20. November starb Maxie Wander an Krebs. Kurz zuvor war ihr Interview-Buch »Guten Morgen, du Schöne« erschienen, ein dokumentarischer Band über den Lebensweg verschiedener Frauen in der DDR. Für die westdeutsche Ausgabe schrieb Christa Wolf das Nachwort und trug damit dazu bei, dass das Buch zu einem Bestseller und einer wichtigen Selbstverständigungspublikation der Frauenbewegung in der Bundesrepublik und in der DDR wurde. Wenn Frauen von ihren alltagsspezifischen Problemen erzählten, von ihren beruflichen Karrieren und Eheproblemen, dann trat der Systemunterschied zwischen West und Ost in den Hintergrund.

Bei der Beerdigung Maxie Wanders hielt Christa Wolf die Grabrede. Sie fand Sätze, die sie auch Christa Tabbert oder Brigitte Reimann oder Karoline von Günderode hätte hinterherrufen können: »Sie hat sich mit den Gegebenheiten nicht abgefunden, hat sich der Spannung ausgesetzt zwischen dem, was wir heute sein können, und dem, was wir morgen sein wollen, um zu überleben. Sie war unzufrieden. (...) Wir haben gesehen, wie sie es mit den Widerständen aufnahm, die ihrer Sehnsucht, sich zu verwirklichen, entgegenstanden.«[23] Darum ging es für Christa Wolf und ihre Freundinnen. Was für sie selbst »die Schwierigkeit, ich zu sagen« war, erschien bei diesen als existentielles Lebens- und Überlebensproblem.

Die Gemeinschaft, die da entstand, belegte Christa Wolf mit dem Wort »Schwesterlichkeit«, denn die komme häufiger vor als »Brüderlichkeit«. Maxie Wander war für sie das größte Talent in der Kunst, »Menschen zusammenzubringen, indem sie ihnen half, sich auszudrücken«. Sie stand für die Ideale, für die auch Christa Wolf lebte und die sie im Nachruf aufzählte: »Wahrhaftigkeit uns selbst gegenüber, Aufrichtigkeit zu anderen, Freude am Zusammensein, Lust, miteinander zu sprechen, zu feiern, zu essen (...).« Und wenn es Maxie Wander darum gegangen sei, »menschliche Verhältnisse hervorzubringen« und »freundlich zu sein«, dann spielte Christa Wolf damit auf Bertolt Brechts Gedicht »An die Nachgeborenen« an. »Schwesterlichkeit« ist ihre Antithese zu Brechts Einsicht, dass die, die den Boden für Freundlichkeit bereiten wollten, selbst nicht freundlich sein konnten. Maxie Wander

lebte, um das Gegenteil zu beweisen, und Christa Wolf kommentierte: »Ich weiß nicht, was man Anderes, Besseres tun kann.«
Doch der Tod widersetzt sich diesen Regeln. Der sterbenden Freundin gegenüber war Freundlichkeit vielleicht nur eine Vorsichtsmaßnahme, und wie schon beim Sterben Brigitte Reimanns zweifelte Christa Wolf, ob sie sich richtig verhalten habe. Im Brief an einen befreundeten Psychologen kam sie darauf zu sprechen: »Wir Überlebenden fragen uns, was wir anderes hätten tun sollen, als ihr die Täuschung über ihren Zustand zu erleichtern – wenn ich nur wüsste (oder es doch lieber nicht wüsste), ob sie sich wirklich täuschen ließ. Diese Einsamkeit, wenn es nicht so war.«[24]
Undenkbar sind Christa Wolf diese Jahre ohne die Musik von Franz Schubert. Der Liederzyklus »Die Winterreise« war der immer wieder gehörte Soundtrack der Melancholie. Die Zeilen »Fremd bin ich eingezogen, fremd zieh ich wieder aus« ließen sich ganz direkt als Kommentar zur allgemeinen Stimmung verstehen, wo das Weggehen in ein fremdes Land oder das Ausharren in der Entfremdung zur Wahl standen. Schuberts Lieder waren in einer Restaurationsepoche entstanden. Mit ihnen machte Christa Wolf sich klar, dass auch sie sich keinesfalls in einer revolutionären, sondern in einer restaurativen Geschichtsphase befinde.[25]
Aus dem »Sommerstück« wurde nach Tod und Weggang der Freundinnen eine Elegie, eine Erzählung der Abschiede und des Verlusts. Das, was Christa Wolf als Utopie eines menschlichen, schwesterlichen Miteinanders erzählte, war selbst schon in die Vergangenheit abgesunken: »Jetzt, da Luisa abgereist, Bella uns für immer verlassen hat, Steffi tot ist, die Häuser zerstört sind, herrscht über das Leben wieder die Erinnerung«, heißt es am Anfang des Buches, das »allen Freunden jenes Sommers« gewidmet ist. Unschwer sind unter diesen Figuren Maxie Wander und Sarah Kirsch zu erkennen, die ihre Erinnerung an diesen Sommer in »Allerlei-Rauh« erzählerisch aufbewahrt hat. Die Übereinstimmungen sind

offensichtlich, auch wenn Christa Wolf, um die Freundinnen und sich selbst zu schützen, veränderte und dazuerfand: »Es ist keine Person so, wie sie sich wahrscheinlich selbst sieht oder wie andere sie sehen.«[26] Im Rückblick möchte Christa Wolf die mecklenburgischen Sommer weniger als Ausstieg denn als Zeit der Besinnung begreifen, die der Vorbereitung auf die neuen Bewegungen in den achtziger Jahren gedient habe. Als »Sommerstück« 1989 erschien, konnte sie es deshalb modellhaft für das Leben in der DDR setzen: »In diesen Gruppen haben damals viele Menschen in der DDR ihre Integrität bewahrt und sich frei gedacht. Das Buch ist für viele ein Stück Beschreibung ihres eigenen Lebens, wie ich jetzt weiß. Ich glaube auch, dass es sogar eine Vorankündigung der späteren Ereignisse ist, denn es schildert, warum es so nicht weitergehen konnte.«[27] Dennoch wurde »Sommerstück« auch im westlichen Ausland ein Erfolg. Besonders in Italien, wo sich die desillusionierte Linke aufs Land zurückzog, fand man sich in der Stimmung dieser Erzählung wieder.

In Berlin und anderswo ging jedoch der niederziehende Alltag weiter. In der Zeitschrift »Sinn und Form« wurde »Kindheitsmuster« mit einer vernichtenden Besprechung abgekanzelt. Autorin war die einflussreiche Kritikerin Annemarie Auer, die Ende der fünfziger Jahre eine Kollegin Christa Wolfs in der NDL gewesen war. Jetzt warf sie ihr »Selbstmitleid« und »Wehleidigkeit«, »Ich-Faszination« und »Elitebewusstsein« vor, ja, es müsse doch »abscheulich« gewesen sein, eine solche »psychotherapeutische Ausräumung« vorzunehmen. Auer spulte das ganze alte Lied vom mangelhaften Klassenstandpunkt ab und unterstellte Christa Wolf berechnendes Kalkül in der Wahl ihrer stets aktuellen Fragestellungen: »Denn sehe ich auf den wirklichen Lebenszuschnitt dieser nun mittleren Generation, so erblicke ich Karrieren ganz zur rechten Zeit, feine Wohnungen oder Häuser. (…) Man reist, man empfängt Ehren, man lässt es sich an nichts fehlen.«[28]

Die Schmähschrift Annemarie Auers ist ein Musterbeispiel dafür, wie sich die festen Formen der Ideologie als Schutzschild gegen die Zumutungen der Wirklichkeit benutzen ließen. Eine Auseinandersetzung mit dem Faschismus, die auch das Wörtchen »ich« mitzudenken gehabt hätte, lehnte Auer empört ab und schrieb dagegen den restlos vernagelten Satz: »Um ein Nazi gewesen zu sein, musste man entweder dumm sein oder schlecht.« Hilfloser kann Antifaschismus nicht auftreten. Trost und Beistand leistete da Franz Fühmann, der an die »Sinn und Form«-Redaktion ein Telegramm schickte: »Lese mit äußerster Empörung den infamen Anwurf von Frau Auer gegen Christa Wolf, erwäge Austritt aus dem Redaktionsrat.« An Christa Wolf schrieb er, dass überall, wo er hinkomme, Empörung gegen diesen Artikel laut werde.[29] Auch Stephan Hermlin, der in »Kindheitsmuster« ein »Signal für das Beenden eines langen Schweigens« sah, Kurt und Jeanne Stern und andere erwiderten auf Auers Artikel in der übernächsten Ausgabe von »Sinn und Form«.

Christa Wolf winkte müde ab: Man soll die Köter kläffen lassen. Sie wusste in ihrem Antwortbrief an Fühmann zu berichten, dass schon im März der Literaturwissenschaftler Gerhard Ziegengeist in der Akademie der Wissenschaften verkündet habe, dass Leute wie Günter Kunert, Sarah Kirsch und Christa Wolf zu Unrecht in der ersten Reihe der Literatur stünden und dass man sie »systematisch von guten zu schwachen Schriftstellern« machen werde. In dem Artikel von Annemarie Auer sah sie nun die ersten Indizien dafür, dass mit dieser Demontage begonnen wurde.[30]

Solche Vermutungen waren keineswegs paranoid, sondern erfassten, wie die Hinterlassenschaften der Staatssicherheit belegen, die Richtlinien offizieller Politik. Die Partei beschloss im Dezember 1977, dass gegen den »negativ-feindlichen Kern der Kulturschaffenden in der Hauptstadt der DDR«, zu dem Christa und Gerhard Wolf, Erich Arendt, Stephan Hermlin, Günter Kunert,

Ulrich Plenzdorf, Klaus Schlesinger, Franz Fühmann, Friedrich Dieckmann und andere gezählt wurden, vorgegangen werden solle: »Das ZK der SED beauftragte das MfS, alle Maßnahmen einzuleiten, die das Zustandekommen eines einheitlichen Blocks des festgestellten negativ-feindlichen Personenkreises der Kulturschaffenden der DDR verhindern. Zielstellung der Bearbeitung des negativ-feindlichen Personenkreises der Kulturschaffenden: Aufdeckung und Dokumentierung der Verbindungen, Pläne, Absichten und Kanäle, (...) Herausarbeitung der jeweiligen feindlichen Zielsetzungen, (...) Durchsetzung geeigneter offensiver Maßnahmen zur Differenzierung, Zersetzung des feindlich-negativen Personenkreises.«[31]

Zu diesem Zweck war jede Äußerung berichtsrelevant. Wenn Christa Wolf irgendwo im Land eine Lesung gab, saßen im Publikum selbstverständlich auch die Leute von der Stasi, und am Ende landete der Bericht darüber, was sie gesagt hatte, auf dem Schreibtisch von Erich Honecker. Eine Lesung Christa Wolfs aus »Kindheitsmuster« in Potsdam erschien nun so brisant, dass der 1. Sekretär der Bezirksleitung dem »werten Genossen Honecker« darüber in seiner Monatsinformation Bericht erstattete, in der es ansonsten eher um Schweineaufzucht, Getreidetonnen oder Freundschaftstreffen der Jugend ging. Nun aber wurde der Generalsekretär darüber in Kenntnis gesetzt, dass die Schriftstellerin Christa Wolf im Meteorologischen Observatorium Potsdam mit achtzehn Mitarbeitern diskutiert habe.

Bedenklich schien dem Berichterstatter, dass sie außer »allgemeinen literarischen Auslassungen« auch politische Fragen erörterte: »Zum Beispiel würde bei uns über die Stalin-Ära weder geschrieben noch gesprochen. In diesem Sinne wolle sie gegen das Vergessen schreiben und Signale setzen.« Wenig vertrauenerweckend musste es in den Ohren des Generalsekretärs auch klingen, wenn Christa Wolf die Konfrontation der politischen Machtblöcke für die »Mittelmäßigkeit« der Menschen verantwortlich machte, weil »in beiden Lagern kein Raum für die Entfaltung der Individuen sei; wer nicht in ein vorgegebenes Schema passe, bleibe auf der Strecke«. Sehr hübsch dagegen der Hinweis auf Kleist und eine gewisse »Günteroda« und Wolfs Interesse für den Selbstmord dieser Personen. Dazu heißt es: »Für die jährlich steigende Selbstmordrate in der DDR müssten die Ursachen geklärt und Schlussfolgerungen gezogen werden.« Und das unübertreffliche Resümee lautet: »Zu diesen Auffassungen gab es bei den verschiedenen Gesprächspartnern Zustimmung, Skepsis und Ablehnung.«[32] Diese Sätze waren bedeutend genug, um auch den Mitgliedern des Politbüros zur Information vorgelegt zu werden. Nichts war so unwichtig, als dass Erich Honecker sich nicht damit befasst hätte. Und wenn er Christa Wolf im August 1977 zum Gespräch empfing, dann war er bereits mit Informationen gewappnet – gemäß dem alten, leninistischen Prinzip »Vertrauen ist gut, Kontrolle ist besser«.

Die Literatur als Sehnsuchtsorgan

Neue Heimat jenseits der Systeme: Von der DDR nach Deutschland

Christa Wolf erhielt immer viele Briefe von Lesern ihrer Bücher. Nun machte sie damit eine neue Erfahrung: Wenn sie nicht auf den Umschlag mit der Adresse achtete, war es ihr oft unmöglich zu sagen, ob die Absender aus der DDR oder aus der Bundesrepublik stammten. Christa Wolf war längst zu einer gesamtdeutschen Schriftstellerin geworden: als Reisende, die jederzeit in der Bundesrepublik auftreten konnte; als Unternehmerin, die durch den Welterfolg ihrer Bücher wirtschaftlich unabhängig geworden war; als Autorin, die von der Kritik diesseits und jenseits der Mauer stets mit Blick nach »drüben« in Augenschein genommen wurde; als Ratgeberin ihrer Leser, denen die Systemdifferenzen weniger wichtig erschienen. Der wichtigste Unterschied war nicht mehr der zwischen Lesern in Ost und West, sondern zwischen Männern und Frauen. Frauen schrieben mehr Leserbriefe und bestimmten die Diskussionen nach den Lesungen. »Frauen fühlen sich wohl direkt getroffen«, meinte Christa Wolf. »Männer müssen vielleicht eine gewissen Reserve und Abwehr in sich aufbauen gegen bestimmte Emotionen.«[1]

Vor allem unter den jüngeren Leserinnen und Lesern, die sich nach dem so genannten »Eigentlichen« sehnten, sah sie ihre Anhängerschaft. Ob in der vormundschaftlichen Verwaltungsgesellschaft der DDR oder im Wohlstandsland Bundesrepublik: unbefriedigt blieb, wie Christa Wolf es nannte, das »Bedürfnis nach

Poesie im Leben. Nach allem, was nicht unbedingt zählbar, messbar, in Statistiken erfassbar ist.« Da sah sie ihre Aufgabe als Schriftstellerin und die Funktion der Literatur: als »Mittel zur Selbstbehauptung, Selbstbestätigung und ebenso als Sehnsuchtsorgan«.[2] Mit dieser den Romantikerinnen nachempfundenen Definition erzielte Christa Wolf systemübergreifend ihre größten Erfolge. Auch in ihren Büchern, ob in »Kein Ort. Nirgends« oder in »Kassandra«, visierte sie das Menschlich-Allgemeine an, ein überhistorisches Humanum. Die »Ernüchterung«, die sie mit der sozialistischen Utopie in der DDR erlitten hatte, kehrte nun chiffriert als menschliche Grunderfahrung quer durch die Epochen wieder. Die widerspruchsvolle Auseinandersetzung mit der DDR-Realität wurde veredelt zum existentiellen Leiden an der Welt.

Zurückgezogen im eigenen Land, skeptisch gegenüber der kapitalistischen Welt und also »ohne Alternative lebend«, versuchte Christa Wolf, eine neue, die Gesellschaftssysteme transzendierende Basis ihrer Kritik zu finden. Anstelle der »territorialen Einteilung der Literatur« nach politischen und ökonomischen Unterschieden betonte sie nun die überbrückenden Gemeinsamkeiten: »Viele Erfahrungen vieler Menschen ähneln sich. Wenn man achteinhalb Stunden an der Maschine steht, dann verhält man sich auf eine ganz bestimmte Weise. Das ist ein Grundmuster, das Menschen eingeprägt wird. Wir leben in modernen Industriegesellschaften, in patriarchalischen Gesellschaften, hierarchisch angeordnet. Es gibt also ähnliche Züge. Auf dieser Grundlage muss Literatur auch ähnliche Konflikte mit ausdrücken, bei Unterschieden, die ich keineswegs leugne, sondern gerade interessant finde.«[3] Kapitalismus und Sozialismus stehen einander demnach nicht mehr gegensätzlich gegenüber, sondern lassen sich als Varianten patriarchalisch strukturierter Gesellschaften beschreiben. Damit fand Christa Wolf einen theoretischen Ansatzpunkt, der in Ost und West gleichermaßen funktionierte. Patriarchatskritik überlagerte den Sozialismus als dominante Weltanschauung. Es war ein Anpassungsprozess an ihre veränderten Lebensbedingungen: Das Sein bestimmt das Bewusstsein.

Diese Wende lässt sich an der Rede zur Verleihung des Bremer Literaturpreises 1977 ablesen. Nachdem sie 1972 den Wilhelm-Raabe-Preis abgelehnt und auch eine Auszeichnung der Bayrischen Akademie der Schönen Künste stillschweigend zurückgewiesen hatte, war dies die erste Auszeichnung in der Bundesrepublik, die sie akzeptierte: ein Politikum. Möglichen Schwierigkeiten beugte sie vor, indem sie Kurt Hager informierte und Einwände prophylaktisch zu entkräften suchte. »Ich habe mich vergewissert«, schrieb sie an den »sehr geehrten Genossen Professor Hager«, »dass dieser Preis an deutschsprachige Autoren, nicht nur an solche aus der Bundesrepublik, verliehen wird (in den letzten Jahren u.a. an Jurek Becker und an den Schweizer Paul Nizon), dass er von einer unabhängigen Jury jeweils für ein Buch vergeben wird – in meinem Fall für ›Kindheitsmuster‹ – und dass unter den Preisträgern der letzten Jahre keiner ist, der es mir geraten erschienen ließe, den Preis abzulehnen wie zwei andere in früheren Jahren. Ich habe daraufhin den Preis angenommen.«[4] Hager hatte keine Einwände und verhalf Christa und Gerhard Wolf zu den erwünschten Visa, so dass sie Ende Januar 1978 zur Preisverleihung nach Bremen reisen konnten.

In ihrer Rede kommt die ratlose Stimmung deutlich zum Ausdruck, ohne dass die Ursachen benannt würden. Überall lauern Risse, Sprünge, Brüche und Zweifel. Die Unsicherheit ihrer Existenz stellte Christa Wolf auf der sprachlichen Ebene dar. Da waren ihr »Fragezeichen zu Fratzen« geworden und Ausrufezeichen auf rätselhafte Weise »aus der Sprache verschwunden«. Selbst der schlichte Satz »Ich danke Ihnen« wurde zum Problem. Welche Vorstellungen sind es, die die ausgezeichnete Autorin aus der DDR und ihr Publikum im Westen syntaktisch verknüpften? Was

wusste man voneinander? Sprach man eine gemeinsame Sprache? Die Paradoxien der Kommunikation gaben Christa Wolf Gelegenheit, Zitate aus der Literaturgeschichte vorzuführen, als blättere sie in einem Grammatiklehrbuch. Kleist (»Ich will mein Herz nicht mehr binden und rädern, frei soll es die Flügel bewegen, ungezügelt um seine Sonne soll es fliegen, flöge es auch gefährlich, wie die Motte ums Licht.«) stand gegen Goethe (»Es ist nichts trauriger anzusehen als das unvermittelte Streben ins Unbedingte in dieser durchaus bedingten Welt.«). Sich selbst verortete Christa Wolf irgendwo im Zwischenraum zwischen Freiheitssehnsucht und Gebundenheit. Wichtig ist dabei, dass der »Widerspruch«, den Literatur »hervorzutreiben« habe, im Kontext der Sprache den Systemgegensatz und die bedrückende DDR-Realität transzendiert.[5]
Es sind Details, die Christa Wolfs zunehmende Distanz zu ihrem Staat belegen. Zum internationalen PEN-Kongress in Stockholm im Mai 1978 reiste sie aus Edinburgh an, wo sie Gastvorlesungen an der Universität gehalten hatte. Sie gehörte nicht mehr der offiziellen DDR-Delegation an wie bei früheren PEN-Kongressen, sondern kam als Privatperson. Der Internationale PEN hatte sie und Gerhard Wolf sowie Günter Kunert als Gäste eingeladen. In Stockholm besuchten sie Peter Weiss und trafen Max Frisch wieder, der sie zu einer spontanen Lapplandfahrt überreden wollte: die Rentiere streicheln! Christa Wolf ärgerte sich später darüber, das Angebot ausgeschlagen zu haben. Brav fuhr sie in die DDR zurück.[6]
Geheuer war den DDR-Offiziellen diese Reise ohne kontrollierbare politische Weisung trotzdem nicht. Sicherheitshalber wurde der Lyriker Paul Wiens, der dem MfS als IM »Dichter« treue Dienste leistete, mit der Überwachung beauftragt. Wiens, der wegen seiner zahlreichen Auslandsreisen unter den Kollegen den Spitznamen »Interpaul« trug, sollte die »politisch-operative Kontrolle« der Wolfs und Günter Kunerts durchführen. Das hieß: »Feststellen

von Verbindungen, des Charakters der Verbindungen, ihr Auftreten bei Veranstaltungen, Lesungen u. ä.; Einflussnahme auf die Vorgenannten mit der Zielstellung, bei diesen Schriftstellern eine gewisse Zurückhaltung gegenüber Vertretern westlicher Medien zu erwirken und sich jeglicher gegen die DDR gerichteter Aktivitäten, insbesondere im Zusammenhang mit dem VIII. Schriftstellerkongress, zu enthalten.«[7]

Der VIII. Schriftstellerkongress, auf dem Anna Seghers ihr Präsidentenamt aus Altersgründen an Hermann Kant abgab, fand zeitgleich mit dem PEN-Kongress statt. Christa Wolfs Entscheidung für den PEN war damit zwangsläufig eine Entscheidung gegen den DSV. Von den Erstunterzeichnern der Biermann-Petition kamen nur Volker Braun und Stephan Hermlin, was von manchem Anwesenden als »organisierte Sabotage« des DSV-Kongresses empfunden wurde.[8] Vor ihrer Reise nach Edinburgh und Stockholm führte Christa Wolf deshalb ein längeres, entschärfendes Gespräch mit Hermann Kant. Sie versicherte, dass sie »keine Demonstration« wolle und dass ihre Termine schon seit längerem festlägen.[9] Nicht ganz zu Unrecht unterstellte Hermann Kant geschicktes Taktieren. Christa Wolf hatte mit dem Schriftstellerverband als Wirkungsort abgeschlossen, wollte es aber nicht so deutlich sagen. Sie entzog sich auf elegante Art. Hatte doch auch Kurt Hager der Kultur-Abteilung des ZK der SED lakonisch mitgeteilt, dass er keine Einwände gegen die Reise der Wolfs habe. »Da dies aber in die Zeit des Schriftstellerkongresses fällt, wäre es zumindest notwendig, dass das Präsidium des Schriftstellerverbandes von dem Vorhaben beider Autoren Kenntnis nimmt.«[10]

Auch als Christa Wolf im November 1978 für das Wintersemester 1979 die Genehmigung beantragte, an der Universität in Frankfurt am Main Poetik-Vorlesungen zu halten, bekam sie Unterstützung von Kurt Hager: »Ich bin dafür, ihr die Genehmigung zu erteilen«, schrieb er an den »lieben Erich« Honecker. Dass es zu den Vorlesungen erst im Mai 1982 kam, lag daran, dass die Arbeit, aus der die Erzählung »Kassandra« hervorging, sich komplizierter gestaltete, als Christa Wolf das zunächst angenommen hatte. Innenpolitisch hatte man den Intellektuellen die Grenzen aufgezeigt. Nach außen aber, in den Reise- und Auftrittsmöglichkeiten, gab man sich großzügig, um einen Unmutstau im Land zu verhindern.

Wichtiger noch als die Reisemöglichkeiten war ein anderes Privileg, das ihr eingeräumt wurde, ohne dass sie es beantragt hätte: eine Sondergenehmigung zur Einfuhr von Literatur aus dem Westen. Das ging vom Kulturministerium aus und war als Maßnahme zu verstehen, Intellektuelle im Land zu halten. Denn es war durchaus bekannt, dass ihnen weniger das Auto als der geistige Austausch fehlte. Christa Wolf ließ ein Teil ihres Honorars beim westdeutschen Luchterhand Verlag stehen, um damit Bücher und Zeitschriften zu kaufen. Anfangs musste sie den staatlichen Stellen Listen schicken, um den Kontroll-Ritualen Genüge zu leisten. Später ließ sie das einfach sein. Manche Pakete wurden aufgehalten und kamen verspätet an, doch der Zugang zu westlicher Literatur und Öffentlichkeit war damit gewährleistet. Sie bekam alle Bücher, die sie haben wollte, auch die Wochenzeitung »Die Zeit« und die Wochenend-Beilage der »Frankfurter Rundschau« (FR). Sie bestellte für Freunde mit und abonnierte für die Tochter Annette, die Psychologie studierte, die Zeitschrift »Psychologie heute«.[11] Mit diesem Privileg entstand stillschweigend ein Loyalitätsabkommen, das – bei allem gegenseitigen Misstrauen – haltbar genug war, um auch über die nächste kulturpolitische Katastrophe hinweg Bestand zu haben.

Die Ausschlüsse von neun Autoren aus dem Schriftstellerverband im Juni 1979 kamen nicht ganz überraschend. Christa Wolf hatte schon vierzehn Tage zuvor einen besorgten Brief an den PEN-Generalsekretär Henryk Keisch geschrieben. Sie beanstandete einen Kommentar im ND vom 13. Mai 1979, in dem Stefan Heym als

»ehemaliger USA-Bürger« bezeichnet wurde, der sich »konspirativ« mit westlichen Korrespondenten treffe. Hintergrund war Heyms Roman »Collin«, der im Frühjahr in der Bundesrepublik erschienen war. Mit einem neuen Devisengesetz versuchte die DDR, alle Westpublikationen, die ohne die Genehmigung des Büros für Urheberrechte erfolgten, zu kriminalisieren.

Heym hatte gegenüber dem ZDF auf den Zusammenhang zwischen Devisengesetz und Zensur hingewiesen und mutig die Freiheit der Literatur im Sozialismus gefordert. Dafür konnte es nur die Höchststrafe geben: strikte Ausgrenzung. Doch da Heym bereits angekündigt hatte, »dass er die Republik nicht freiwillig verlassen werde«, und da die DDR-Offiziellen den Fehler der Biermann-Ausbürgerung nicht wiederholen wollten, blieb nur der Ausschluss aus dem Schriftstellerverband. Da der DSV über Auftritts- und Verdienstmöglichkeiten entschied, war das ein existentiell bedrohlicher Eingriff. Die Betroffenen wurden dadurch erst recht gezwungen, im Westen zu veröffentlichen. Durch diese Taktik wurde ihnen nahe gelegt, das Land zu verlassen. Die Sanktion verschärfte also, wogegen sie sich angeblich richten sollte.

Die politische Strafaktion begann mit einer publizistischen Schlammschlacht. Die »Berliner Zeitung« meldete in der Kriminalspalte, dass gegen den Bürger Stefan Heym eine Geldstrafe in Höhe von 9000 Mark wegen Devisenvergehens verhängt worden sei. Im ND bezeichnete der staatsfromme Schriftsteller Dieter Noll seine Kollegen Heym, Joachim Seyppel und Rolf Schneider als »kaputte Typen«, die »emsig mit dem Klassenfeind kooperieren, um sich eine billige Geltung zu verschaffen«. In diesem aufgeputschten, denunziatorischen Klima protestierten acht Autoren – Kurt Bartsch, Jurek Becker, Adolf Endler, Erich Loest, Klaus Poche, Klaus Schlesinger, Dieter Schubert und Martin Stade – in einem Brief an Erich Honecker gegen die Versuche, »kritische Schriftsteller zu diffamieren, mundtot zu machen«. Der zentrale

Satz ihres Schreibens lautete: »Durch die Koppelung von Zensur und Strafgesetzen soll das Erscheinen kritischer Werke verhindert werden. Wir sind der Auffassung, dass der Sozialismus sich vor aller Öffentlichkeit vollzieht; er ist keine geheime Verschlusssache.«[12] In diesem Sinne schrieben sie gleichzeitig eine Presseerklärung, die sie westdeutschen Nachrichtenagenturen übergaben, um ihren Protest öffentlich zu machen. Zensur »Zensur« zu nennen, war schon schlimm genug. Darüber hinaus auch noch den »Klassenfeind« im Westen zu informieren, war der schlimmste Regelverstoß, den man als DDR-Autor begehen konnte. Dadurch drohte die Angelegenheit zu einer Wiederholung der Biermann-Resolution zu werden.

Hermann Kant ereiferte sich in der folgenden Vorstandssitzung des DSV über Brief und Presseerklärung. Seine Rede wurde ganzseitig im ND publiziert. Weil über die West-Medien das böse Wort »Zensur« ins Land gedrungen sein könnte, musste es nun wieder ausgetrieben werden wie ein Dämon. »Der Ausdruck ›Zensur‹, Herrschaften, ist besetzt«, sagte Hermann Kant also. »Belesenen Leuten muss das nicht erläutert werden. Wer die staatliche Lenkung und Planung auch des Verlagswesens Zensur nennt, macht sich nicht Sorgen um unsere Kulturpolitik – er will sie nicht.« Auch gegen Christa Wolf richtete sich Kants Drohpotential, ohne dass er ihren Namen nannte. Er sprach von einer privilegierten Autorenschaft, die vor »hunderten von Schriftstellern abweichendste Meinungen sagen kann« und »zwischen Berlin und Oberlin in Ohio« ihre Diskussionspartner finde: »Angesichts dieser Literatur auf Reisen geht der Ausdruck ›mundtot‹ wohl daneben.«[13]

Dabei hatte nicht Christa Wolf sich darüber beklagt, »mundtot« gemacht zu werden. In ihrem Brief an den PEN hatte sie lediglich darum gebeten, man möge sich auf der nächsten Sitzung mit dem ND-Kommentar gegen Stefan Heym kritisch befassen. Neben den deutlichen Worten der acht Briefschreiber gegen die Zensur nahm sich das recht bescheiden aus. Es war ein moralischer Einwand. Es ging ihr um Stil und Wortwahl, nicht in erster Linie um die Sache. Ihren Freund Franz Fühmann, der ein eigenes Schreiben an Honecker aufgesetzt hatte und Christa Wolf eine Kopie davon schickte, ließ sie wissen, dass sie vergeblich über einen »Brief an den König« gebrütet habe: »Das Gefühl der Vergeblichkeit hat sich mir zu tief eingefressen. Die Sprache, die Du führst, hab ich schon verbraucht, oder sie hat sich in mir verbraucht, bis auf den Grund.«[14] Ihren Brief an den PEN schickte sie jedoch auch an Kurt Hager, der, anstatt darauf zu antworteten, sich erst einmal weitere Informationen kommen ließ. Er erhielt den Bericht über eine Wolf-Lesung in der Kreisbibliothek Ludwigslust, wo sie aus »Kein Ort. Nirgends« gelesen und darüber mit dem Publikum diskutiert hatte. Der Berichterstatter lobte, dass es bei ihr »kein trotziges Beharren auf verhärteten Positionen« gebe, ja, dass sie einer »Diskussion aufgeschlossen gegenüberstehe«.

Wenn es in der DDR eine öffentliche Berichterstattung gegeben hätte, hätte Hager solche Berichte in der Presse nachlesen können. Die Notwendigkeit der Bespitzelungen oder auch nur inoffizieller Berichterstattung ergab sich aus dem Mangel an Öffentlichkeit. Überspitzt formuliert könnte man sagen, die Stasi musste in der DDR das ersetzen, was im Westen die Medien leisten. Berichte wie der über die Lesung in Ludwigslust lesen sich wie schüttere Artikel einer Provinzzeitung, und sie erfüllten dieselbe Funktion. Allerdings wurde Information dadurch, dass sie nicht allgemein zugänglich war, zum Herrschaftsmittel. In jedem Gespräch zwischen Vertretern des Machtapparats und Untergebenen gab es ein eingebautes Gefälle: Die Herrschenden wussten immer mehr über ihr Gegenüber als umgekehrt. Zumindest glaubten sie das, denn nur sie hatten Zugang zum Informationsfluss der inoffiziellen Medien des MfS.

Die Versammlung des Schriftstellerverbandes, die am 7. Juni 1979 im Berliner Roten Rathaus abgehalten wurde, war für Christa Wolf »eine der schlimmsten in meinem Leben«. Ihr war klar, dass der Ablauf der Veranstaltung von vorn bis hinten manipuliert war, dass die Rednerliste längst feststand, dass die Ausschlüsse, über die hier abgestimmt werden sollte, längst beschlossen waren und dass einige der Kollegen, die dafür stimmten, massiv unter Druck gesetzt worden waren. An den Türen gab es strenge Einlasskontrollen. Junge Männer, offensichtlich von der Staatssicherheit, standen bereit und begleiteten die Verbandsmitglieder durchs Foyer und sogar bis auf die Toiletten. Immer wieder wurde telefonisch nachgefragt, wie weit die Versammlung schon sei. Die Nervosität der Machthaber war groß, obwohl doch alles längst geregelt war.

Im Nebenraum hatte man ein opulentes Büfett aufgebaut. Unter den rund vierhundert Anwesenden waren auffallend viele, die mit Literatur wenig zu tun hatten und aus irgendwelchen anderen Gründen zu Verbandsmitgliedern ernannt worden waren. Sie waren nun in der Abstimmung gefordert. Ausgeschlossen aus dem Verband wurden: Kurt Bartsch, Adolf Endler, Klaus Poche, Klaus Schlesinger und Dieter Schubert von den Briefschreibern. Außerdem Stefan Heym, an dem sich alles entzündet hatte, Karl-Heinz Jakobs, Rolf Schneider und Joachim Seyppel. Die Gegenstimmen, schätzungsweise fünfzig bis sechzig, wurden nicht gezählt. Es genügte die einfache Mehrheit. Auch Christa Wolf stimmte gegen die Ausschlüsse oder enthielt sich. Ihrem Gesicht sei anzusehen gewesen, was sie von der anachronistischen Veranstaltung hielt, erinnert sich Joachim Walther.[15]

Drei Tage brauchte sie anschließend, um ihre Handlungsfähigkeit wiederzufinden. Am 10. Juni bat sie das Präsidium des DSV brieflich, die Ausschlüsse nicht zu bestätigen. Sie warnte vor den verheerenden Folgen für das kulturelle Leben im Land: »Menschen von sich zu entfernen ist immer einfacher, als sich mit ihnen auseinanderzusetzen und dabei Gefahr zu laufen, auch die eigene Meinung teilweise revidieren zu müssen. Ausschlussverfahren sind kein Mittel, Widersprüche zu erkennen und zu lösen, aber ein ziemlich sicheres Rezept, die Polarisierung im Verband weiterzutreiben.« Der bittere Brief, in dem sie auch darüber Klage führte, dass nie nur ein einziges der von ihr und anderen an Redaktionen, Organisationen, Partei- und Staatsstellen gerichteten Schreiben veröffentlicht worden sei, gipfelte in der Ankündigung: »Ich selbst werde an einer solchen Versammlung nicht wieder teilnehmen.«[16] Erst 1988 besuchte sie wieder einen Kongress des DSV, aber nur, um sich dafür einzusetzen, die Ausschlüsse von 1979 endlich rückgängig zu machen.

Die Partei aber wollte Christa Wolfs Rückzug nicht hinnehmen und schickte am 13. Juni 1979, drei Tage nachdem sie ihren Brief geschrieben hatte, einen treuen Genossen zu ihr. Solche Hausbesuche gehörten zur üblichen Praxis in Konfliktfällen. Schon 1977, im Anschluss an die Biermann-Ausbürgerung, hatte Christa Wolf ähnlichen Besuch bekommen. Die Partei hoffte, ihr Gegenüber vielleicht doch noch zum Einlenken zu bewegen. Der Meinungsaustausch, der öffentlich nicht erwünscht war, wurde ersatzweise im Privaten nachgeholt. Das Protokoll, das in der Abteilung Kultur des ZK anschließend angefertigt wurde, vermerkt für das eineinhalbstündige Gespräch eine »sachliche bis freundliche Atmosphäre«: »Genossin Wolf (...) dankte für den Besuch, wobei sie ein wenig bedauerte, dass Gespräche mit ihr zumeist nur in komplizierten Situationen stattfinden. Sie fände es gut, wenn es auch zu anderen Zeiten zu solchen Gesprächen käme.«[17] Laut ZK-Notiz beteuerte sie nochmals ihre »tiefe Sorge um die weitere Entwicklung des Verbandes und unserer Literatur« und versicherte sehr emotional, »keinen unüberlegten Schritt tun zu wollen. Im Grunde wisse sie jetzt überhaupt nicht mehr, was sie noch tun soll oder kann. Seit November 1976 hätte sie versucht, zur Normalisierung beizutragen. (…) Jetzt aber bleibe ihr wahrscheinlich nur die Möglichkeit, sich zurückzuziehen und sich nicht mehr zu äußern.« Sie sprach von »tiefer Resignation«, von ihrer Befürchtung, kaum noch Einladungen zu Lesungen zu erhalten, und davon, dass sie mit einem Parteiausschluss rechne, »weil sie sich nicht an den Beschluss der Parteigruppe gehalten habe, der die Genossen verpflichtet, für den Ausschluss zu stimmen«.

Solchen Verzagtheiten war es geschuldet, wenn Christa Wolf vorsichtig taktierend zugestand, dass sie eine »Solidarisierung mit den Ausgeschlossenen« vermeiden wolle. Auch daraus, dass sie von Joachim Seyppel nicht viel halte, machte sie keinen Hehl. Im Mittelpunkt des Gesprächs stand jedoch der Umgang mit Kritik und die fehlende Öffentlichkeit in der DDR. Weil in Presse und Massenmedien auf kritische Beiträge weitgehend verzichtet werde, gerieten »literarische Werke, die Probleme unserer Wirklichkeit kritisch behandeln, von vornherein in ein schiefes Licht«. Dass die acht Briefschreiber sich an die westliche Öffentlichkeit wandten, liege allein daran, dass sie dieselbe Öffentlichkeit »bei uns nicht erhalten« würden. Christa Wolf »räumte allerdings ein«, heißt es weiter, »dass diese Vorgänge in größeren politischen Zusammenhängen stehen könnten, die sie möglicherweise nicht durchschaue«. Da konnte der Parteiarbeiter dann auftragsgemäß zu eigenem Vortrag ansetzen: »Genosse Hentschel hat im Verlauf des Gesprächs versucht, ihr die politischen Zusammenhänge, in denen die gegenwärtigen Vorgänge stehen, zu erläutern.«

Sicher: Dies ist keine schroffe Konfrontation, sondern auch von Seiten Christa Wolfs ein Gesprächsversuch. Sie wollte keinen Bruch und hoffte wieder einmal darauf, mit stiller Diplomatie vielleicht doch noch etwas zu bewirken. Das kann man kritisieren, und auf diesen Vorwurf liefen auch die meisten Anschuldigungen gegen sie nach 1989 hinaus. In der Gesprächsnotiz vom 13. Juni

1979 jedoch den »Kriechgang einer letztendlich zur Instrumentalisierung durch das SED-Regime bereiten Genossin« zu erkennen, wie das Jürgen Serke Anfang 1991 in der »Welt« tat[18], sagt mehr über die Atmosphäre der Wendezeit aus als über Christa Wolfs Verhalten in der DDR.

»Einverstanden. Erich Honecker«

Überwachen und Loben: Die neue Sprache und der Büchnerpreis

Im bedrückenden Frühsommer 1979 entstand die kleine Erzählung »Was bleibt«, eine Reflexion über Observation und ihre Folgen im Subjekt. Eine mit Christa Wolf weitgehend identische Erzählerin berichtet von ihrer Angst an einem Tag, den sie als besonders bedrohlich empfindet. »Was bleibt« ist ein Selbstgespräch im Schatten der Überwachung, die Analyse eines gespaltenen Ichs. Während draußen jeden Tag drei Herren im Auto sitzen und warten, geht die Erzählerin mit sich selbst ins Gericht. Sie ist weit davon entfernt, sich als mutige Widerstandskämpferin aufzuspielen. Sie untersucht gerade den Teil ihres »Selbst«, der bereit ist, sich der Macht unterzuordnen und Kompromisse zu schließen. Ja, sie geht noch weiter und entdeckt Gemeinsamkeiten zwischen ihrer Tätigkeit als Autorin und der des Spitzels: Beide sind davon angetrieben, alles über eine Person herauszufinden. Auch der Mann von der Stasi kann sich »wie jeder x-beliebige Autor zum Herrn und Meister seiner Objekte machen. Da aber seine Objekte aus Fleisch und Blut sind und nicht, wie die meinen, auf dem Papier stehen, ist *er* der eigentliche Meister, der wirkliche Herr.«[1] So leidet die Erzählerin unter der Überwachung – weniger, weil sie konkret etwas zu befürchten hätte, als deshalb, weil sie sich unterlegen und verraten fühlt. Als die Tochter ihr am Telefon sagt: »Sie haben ja Recht, dir zu misstrauen«, erwidert sie: »Das fange ich gerade zu begreifen an.«[2]

»Was bleibt« ist ein persönlicher Text, der in die Traditionslinie der Alltagsmitschriften von »Juninachmittag« und »27. September« gehört, und eine komplementäre Ergänzung zum »Sommerstück«. Im »Sommerstück« beschreibt Christa Wolf ihr mecklenburgisches Landleben und den ins Private verlagerten Utopierest eines besseren Lebens. »Was bleibt« schildert den utopielosen Alltag in Berlin und die Mechanismen, mit denen der Machtapparat in den privaten Alltag eingreift – bis hin zu routinierten Verrichtungen wie Zähneputzen und Einkaufen. Es ist ein bescheidenes Leben voller Ängstlichkeit und Bedrückung. Musste nicht auch den Stasimann, der sich in irgendeinem Büro über ihre Akten beugte, das »Grauen packen ob der Vergeblichkeit seines Tuns«? Denn wenn er »hier eine Zeile las, dort ein Stenogramm, da ein Gesprächsprotokoll und wenn er sich dann fragte, was er über dieses Objekt jetzt wusste, was er vorher nicht gewusst hatte, so musste er sich ehrlicherweise sagen: nichts«.[3] Der Gedanke ist zwiespältig. Er verweist auf die Sinnlosigkeit der Überwachung ebenso wie auf die Fragwürdigkeit eines Lebens, in dem es gar keine Geheimnisse gibt. Als die DDR-Bürger nach der Wende ihre Stasi-Akten zu lesen begannen, wurde die Erkenntnis der Banalität des eigenen Lebens zu einer massenhaften Erfahrung.

Wie intensiv und lückenlos die Überwachung betrieben wurde, war den Wolfs nicht bewusst. Als ihnen die ständige Präsenz der Herren auf dem Parkplatz vor dem Haus zu sehr auf die Nerven ging, sprach Christa Wolf darüber mit Konrad Wolf. Sie hoffte, dass er ihre Beschwerde an seinen Bruder Markus, Spionagechef der DDR, weiterleiten würde. Tatsächlich nahm die offensichtliche Überwachung vor ihrem Haus daraufhin wieder ab.[4] Es war ein böses Spiel, das sie beeinflussen konnte. Sie versuchte mitzuspielen.

Dass das Telefon abgehört wurde, war kein Geheimnis. Die Telefonleitung der Wolfs führte im Keller des Hauses Friedrichstraße 133 durch ein verplombtes Kästchen, das ihnen Rätsel aufgab. Sie stellten sich vor, dass dort das Abhörgerät untergebracht war, denn gelegentlich kam ein Techniker, der sich daran zu schaffen machte. Er klingelte sogar bei den Wolfs, um sich den Kellerschlüssel geben zu lassen. Sich wenigstens an dieser Stelle zu verweigern, gehörte zu den kleinen Triumphen des Alltags. Unser Telefon ist nicht kaputt, sagte Christa Wolf und schickte den Mann in blauer Montur schlüssellos weg. Er holte sich den Schlüssel dann in dem kleinen Drogerieladen im Erdgeschoss, musste sich dort von den kessen Verkäuferinnen aber die Frage gefallen lassen: Na, sind die Bänder von den Wolfs mal wieder voll? So erzählten es die Damen der Drogerie dann ihrer berühmten Nachbarin.[5]

Drei Ereignisse strukturieren den Tag der Erzählerin in »Was bleibt«: Sie besucht ihren Ehemann im Krankenhaus, sie erhält Besuch von einer jungen Schriftstellerin, und sie absolviert am Abend eine Lesung in einem Kulturzentrum am Alexanderplatz, wo sie erneut mit der Staatssicherheit und mit inszenierten Tumulten vor der Tür konfrontiert wird. Es geht an diesem exemplarischen Tag um die Aufrechterhaltung der Arbeitsfähigkeit in einem depressiven Zustand unter offener Repression, latenter Anpassungsbereitschaft und Abwehr.

Das Gegenmodell zum eigenen, vorsichtigen Leben ist die junge Schriftstellerin, die am Mittag zu Besuch kommt. Sie berichtet, dass sie von der Hochschule verwiesen wurde und wegen einer »Affäre« ein Jahr im Gefängnis verbrachte. Damit ist die Distanz zwischen den beiden Frauen markiert. »Gefängnis«, sagt die Erzählerin, »war das Wort, das unsere Verwandtschaft in Frage stellte.« Der Text, den sie von der Besucherin zum Lesen überreicht bekommt, ist so radikal, dass ihre erste Frage lautet, wem sie ihn noch gezeigt habe. Die Erzählerin warnt und mahnt: »Ich sagte, was sie da geschrieben habe, sei gut. Es stimme. Jeder Satz sei wahr. Sie solle es niemandem zeigen. Diese paar Seiten könnten sie wieder ins Gefängnis bringen.« Aber sie weiß doch auch, dass die junge Frau, die ihr da gegenübersitzt, nicht »zu retten« ist: »Sie soll tun, was sie tun muss, und uns unserem Gewissen überlassen.«[6] In ihrer Bedingungslosigkeit ist die Besucherin Herausforderung und Störung zugleich.

Sie, die in der Erzählung nur »das Mädchen« heißt, war die junge Autorin Gabriele Kachold. Sie war von der PH Erfurt exmatrikuliert worden und saß ein Jahr im Gefängnis, weil sie die Petition gegen Biermanns Ausbürgerung unterzeichnet hatte. Sie begann zu schreiben, weil ihr alle anderen Möglichkeiten einer sinnvollen beruflichen Existenz verstellt waren. Von Christa Wolf hatte sie »Kein Ort. Nirgends« gelesen und war so beeindruckt, dass sie die Schriftstellerin aufsuchte. In einem Artikel zum 70. Geburtstag der Autorin am 18. März 1999 erinnerte sich Gabriele Stötzer (vormals Kachold) an diesen Besuch: »Vor der Tür zögerte ich und wusste nicht, ob eine reale Begegnung mit einer so bekannten Schriftstellerin klug war, doch ich klingelte und ging hinein. Ich hatte meine Erfahrung aus dem Knast aufgeschrieben und nannte den Text ›Dabeisein und nicht Schweigen‹. Bei dem Treffen glaube ich ihr den Text gegeben zu haben. Im damals gegen mich eröffneten Geheimverfahren ›Toxin‹ schrieb der Stasispitzel Sascha Anderson über mich: ›Sie hat einen extra emotionslosen Informations- und Verhaltensbericht über ihre Zeit in der Haft geschrieben, der zur Zeit in Berlin kursiert. (...) Sie wartet auf eine Reaktion von Christa Wolf, die diesen Bericht zur Zeit hat.‹ Christa Wolf gab mir den Knasttext mit einer Warnung, ihn weiter zu verbreiten, wieder. Plötzlich sah ich mich mit den Augen von ihr. Das, worauf ich vorher noch stolz war, wurde zu einer Gefahr, in der ich schwebte. Sie entließ mich mit der Aufforderung, weiterschreiben, alles andere fallen lassen und schreiben, es gäbe nichts Wichtigeres.«[7]

Auf den ersten Besuch folgten weitere. Christa Wolf wurde zu einer Vertrauensperson Gabriele Kacholds, die in den achtziger Jahren als einzige Frau zur männlich dominierten Literaturszene vom Prenzlauer Berg gehörte. Mit Christa Wolf sprach die Jüngere über die Außenseiterrolle, die sie als Frau dort einnahm, und über die Hahnenkämpfe, die da ausgefochten wurden. Doch wenn sie ihr Texte zu lesen gab und Christa Wolf sie lobte, führte das in ihrem Rückblick zu einer seltsamen Reaktion: »Wenn Christa Wolf Texte von mir gut fand, sie nicht mehr so besorgt auf mich blickte, stürzte es mich in einen Abgrund des Selbstzweifels. Ich hatte etwas geschrieben, das zu ertragen war, als ob es und damit die Umwelt zu ertragen war.«[8]

Christa Wolf wollte »zügeln«, wollte »retten«. Aber sie bewunderte doch, dass da jemand von seinem »harten Leben« erzählte, ohne ein Blatt vor den Mund zu nehmen. Denn das war es ja, wonach sie selbst auf ihre, wenn auch andere Weise suchte. »Die andere Sprache«, die sie in »Was bleibt« in einer seltsamen Bewegung einkreist und zugleich von sich wegschiebt, jene Sprache, die »ich im Ohr, noch nicht auf der Zunge habe«[9], ist das eigentliche Thema der kleinen Erzählung. Damit greift sie die Formel von den »Grenzen des Sagbaren« im Schlusssatz von »Kindheitsmuster« noch einmal auf. Es ist eine Metaphysik des Empfindens, die das »unsichtbare Wesentliche aufscheinen lassen«[10] will, aber keine Worte dafür findet.

Zupackend, schonend und liebevoll soll diese Sprache sein, neu und frei. Wahrheit, Wahrhaftigkeit, Aufrichtigkeit sind die Leitbegriffe eines erwünschten angstfreien Sprechens. Am Ende von »Kindheitsmuster« hieß es: »Sicher, beim Erwachen die Welt der festen Körper wieder vorzufinden, werde ich mich der Traumerfahrung überlassen, mich nicht auflehnen gegen die Grenzen des Sagbaren.«[11] Nun schrieb sie: »Jeden Tag sagte ich mir, ein bevorzugtes Leben wie das meine ließe sich nur durch den Versuch rechtfertigen, hin und wieder die Grenzen des Sagbaren zu überschreiten, der Tatsache eingedenk, dass Grenzverletzungen aller Art geahndet werden.«[12]

An diesem Punkt schreckt die Erzählerin, schreckte Christa Wolf immer wieder zurück und verschob ihr Vorhaben in eine unbestimmte Zukunft: »Eines Tages, dachte ich, werde ich sprechen können, ganz leicht und frei. Es ist noch zu früh, aber es ist immer zu früh.« Für diese Abwehr gibt es keine Begründung. Es konnte sie nicht geben. Darin bestand der Preis, der für das Bleiben in der DDR zu bezahlen war. Es war der Zwiespalt, aus dem sie sich nicht befreien konnte. Denn es war nicht »immer zu früh«, es war längst schon zu spät. Und es ist genau diese Drohung eines verpassten Lebens, die Christa Wolf ihre Erzählung mit den Sätzen beenden lässt: »Was bleibt. Was meiner Stadt zugrunde liegt und woran sie zugrunde geht. Dass es kein Unglück gibt außer dem, nicht zu leben. Und am Ende keine Verzweiflung außer der, nicht gelebt zu haben.«[13]

»Was bleibt« beschreibt auch die andächtige Erwartung, die der Schriftstellerin von ihren Lesern entgegengebracht wird und die in einem auffälligen Kontrast zu ihrer eigenen ängstlichen Unsicherheit steht. Abends auf dem Podium ist sie die Instanz, die Rat und Zuspruch verteilt. Im Saal vollzieht sich eine merkwürdige Veränderung. Die Menschen kommen miteinander ins Gespräch, bilden Grüppchen, reden über die Zukunft, über »Brüderlichkeit« und über sich selbst. »Ein Fieber erfasste die meisten«, schreibt Christa Wolf, als habe Lesung und Diskussion ihre Zuhörer in eine Art Trance versetzt, in einen Wahrhaftigkeitsrausch, in dem sie alle Vorsicht fahren lassen. Die Lesung erscheint als religiöses Gemeinschaftsritual, vor dem die Vertreter des Staates und der Kulturverwaltung hilflos kapitulieren.

Diese Stimmung, in der die Menschen ihrer Sehnsucht nach einem »eigentlichen« Leben Ausdruck gaben, besorgte die Staatsmacht so sehr, dass keine der seltenen Lesungen Christa Wolfs

Mit Ehemann Gerhard, Ende der siebziger Jahre Foto: Helga Paris

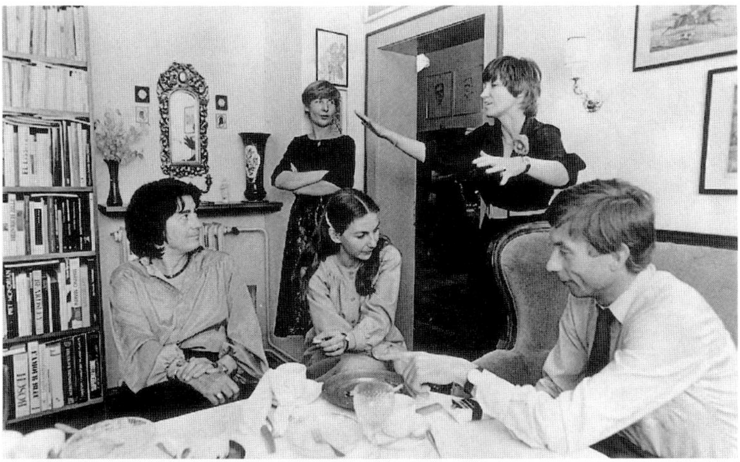

links: Neu Meteln, 1979 Foto: Helga Paris

oben: Mit Töchtern und Enkelin, Weihnachten 1980 Foto: Helga Paris

Mitte: Christa Wolf, Barbara Marquardt, Rainer Kirsch und andere, 1981
Foto: Helfried Strauß

links: Ruth Berghaus, Christa Wolf und Günter de Bruyn auf der Plenartagung »Kunst und Gesellschaft im Jahr 2000« in Rostock-Warnemünde, 12. März 1981 Foto: Stiftung Archiv Akademie der Künste

unten: Im Gespräch mit Stefan Heym (Mitte) und Franz Fühmann (unten) auf Heyms 70. Geburtstag im »Ganymed« am Schiffbauerdamm, 10. April 1983 Foto: Helga Paris

unten: Der 60. Geburtstag Gerhard Wolfs wurde gefeiert mit Elke Erb, Bert Papenfuß, Günter de Bruyn, Volker Braun, Karl-Heinz Mundt, Nuria Quevedo, Christoph und Christiane Hein, Joochen Laabs, Martin Hoffmann, Daniela Dahn, Wieland und Angelika Förster, Elmar Faber und vielen mehr, Oktober 1988 Foto: Helga Paris

rechts oben: Ende der achtziger Jahre in der Nähe ihrer Altbauwohnung in der Friedrichstraße 133, unweit der Weidendammer Brücke und des Grenzübergangs Friedrichstraße Foto: Helga Paris

rechts unten: Mit Gerhard Wolf in der Zeit der Gespräche für den Dokumentarfilm »Zeitschleifen – Im Dialog mit Christa Wolf« von Karl-Heinz Mundt, 1990 Foto: Helga Paris

oben: Christa Wolf spricht auf der Kundgebung der Demonstration für Presse- und Meinungsfreiheit am 4. November 1989 in Ostberlin
Foto: Andreas Schoelzel

rechts: Bei einer Lesung der Veranstaltungsreihe »Deutschstunde« des Berliner Ensembles, 26. November 1989 Foto: AKG Berlin

links: Mit Stephan Hermlin und Hermann Kant auf einer Tagung zum Thema »Wohin gehen wir? Gedanken über die Zukunft der Akademie«, 13. Dezember 1989 Foto: Stiftung Archiv Akademie der Künste

oben: Im Gespräch mit Hans Mayer (oben) und Heiner Müller (Mitte) bei der Veranstaltung »Ansichten« in der Akademie der Künste, 11. Mai 1990 Foto: Stiftung Archiv Akademie der Künste

unten: Mit Daniela Dahn beim Spaziergang in Woserin, 1990 Foto: Helga Paris
rechts oben: Mit Daniela Dahn, Lew Kopelew und Karl-Heinz Mundt bei einer Lesung im Apollo-Saal der Staatsoper Berlin, 1990 Foto: Helga Paris
rechts unten: Beim Signieren, 1990 Foto: Ullstein-Bilderdienst

Mit Günter Grass bei einer festlichen Veranstaltung zum 70. Geburtstag von Christa Wolf in der Akademie der Künste   Foto: Penny/images.de

unbeobachtet blieb. Nach der Biermann-Ausbürgerung waren ihre Auftritte, wie sie selbst empfand, unerwünscht. Einladungen, die sie dennoch erhielt, kamen von Studentenclubs, die sich um mögliche Disziplinarmaßnahmen nicht scherten, oder, wie bei dem in »Was bleibt« geschilderten Beispiel, von einer Kulturhausleiterin, die naiv genug war, nicht Bescheid zu wissen.

Für Christa Wolf waren diese Auftritte strapaziös. Sie sei hinterher immer »wie aus dem Wasser gezogen« gewesen, erinnert sie sich. Die Studenten nutzten die Gelegenheit, endlich einmal loszureden, und Christa Wolf hatte Angst um sie, da sie auch die stillen Beobachter registrierte. Sie versuchte deshalb, immer ein bisschen radikaler zu sein als die Studenten, damit denen nicht so viel anzuhängen war. In geradezu messianischer Selbstlosigkeit versuchte sie, die Schuld auf sich zu nehmen, auch wenn sie oft nicht so begeistert davon war, »wieder in diesen Schlamassel zu geraten«.[14] Doch ihr war klar, dass Lesungen als Ventile funktionierten, dass sie der Ersatz für die nicht vorhandene politische Öffentlichkeit waren und dass ihre Funktion als Autorin darin bestand, diese Diskussionen zu ermöglichen. »Ein Gespräch über die Günderode wurde rasch zu einer Diskussion über uns selbst, unsere gegenwärtigen Probleme in Gesellschaft und Literatur«, heißt es in einem Bericht der Wochenzeitung »Sonntag« über eine Christa-Wolf-Lesung aus dem Essay »Der Schatten eines Traums« in der Berliner Stadtbibliothek.[15] Da forderte sie die »schonungslose, nüchterne Analyse dessen, was war, was ist« und brachte die »Zwischenphase«, in der man sich derzeit befinde, auf die Formel: »Desillusionierung zeigen, dabei Utopie nicht aufgeben«. Der Berichterstatter zeigte sich beeindruckt vom »anregenden Angebot«.

Doch auch bei Christa Wolfs Auftritten in der Bundesrepublik spielten sich erstaunliche Szenen ab. Zu ihrem »eigenen Entsetzen«, wie sie an Franz Fühmann schrieb, musste sie mit »Kein Ort. Nirgends« in »Riesensälen« vor »bis zu tausend Zuhörern« auftreten.[16] Das habe einen »Fluchtreflex« in ihr ausgelöst, sagte sie im Rückblick: »Was wollen die von mir? Das war ja in der DDR auch so. Offenbar war und ist der Hang nach Identifikationsfiguren sehr stark. Da wurde eine Sinnstiftung erwartet, die Literatur zum Teil auch gibt. Nur: wenn die Religion wegfällt, andere sinnstiftende Institutionen immer blasser werden und diese Erwartungen an Literatur oder an einzelne Schreibende gerichtet werden, dann ist es eine absolute Überforderung.«[17]

In Stuttgart füllte sie »mühelos und spektakulär« den Mozartsaal der Liederhalle und hinterließ laut »Stuttgarter Zeitung« die »feinen Spuren und Konturen ihres Wesens, ihres Stils und ihrer Stimme«.[18] Der Berichterstatter muss hingerissen gewesen sein von der Erotik dieses Erlebnisses, von »dieser Prosa, die sich manchmal in poetische Höhen schwingt«, mehr noch aber von Christa Wolfs furchtlosem Umgang mit dem westdeutschen Publikum, dessen Fragen sie geduldig beantwortete. Dennoch konnte es hier nicht das große Gemeinschaftsgefühl heimlicher Solidarität zwischen der Autorin und ihren Leserinnen und Lesern geben wie in der DDR. Christa Wolf betonte von der Bühne herab die Fremdheit: »Wenn man in der BRD liest, entsteht eine zusätzliche Spannung. Wir sprechen in der gleichen Sprache und können uns mit den gleichen Worten missverstehen. Wir brauchten länger als einen Abend, um uns zu verstehen.« Doch solche Statements gehörten eher zum offiziellen diplomatischen Regelwerk, als dass sie der neuen Erfahrung Christa Wolfs entsprochen hätten, in Ost und West auf ein vergleichbares »Bedürfnis nach Poesie« gestoßen zu sein. Sie hatte längst auch im Westen freundschaftliche Kontakte, etwa zu Silvia Bovenschen oder Elisabeth Lenk. Der Luchterhand Verlag als Operationsbasis half ihr dabei.

Zu einem wichtigen Ort des Austauschs wurde in diesen Jahren die Ständige Vertretung der Bundesrepublik in der DDR. Günter Gaus, der dort von 1973 bis 1981 amtierte, lud regelmäßig zu Gesprächsabenden ein. Mit ihm ist Christa Wolf bis heute befreundet. Stefan Heym und Stephan Hermlin verkehrten dort ebenfalls. Den Schriftsteller Wolfgang Hilbig lernten die Wolfs kennen, den Kirchenmann Manfred Stolpe, den Sozialdemokraten Egon Bahr, den Physiker Carl Friedrich von Weizsäcker und Richard von Weizsäcker, als er 1981 gerade zum Regierenden Bürgermeister in Westberlin gewählt worden war. Einige dieser Kontakte bestehen bis heute und reichen in den »Willy-Brandt-Kreis« hinein, zu dessen Mitgliedern Christa Wolf gehört.

Ähnlich der ausgleichenden, auf Lösung von Konflikten bedachten Rolle, die sie in der DDR angenommen hatte, sah Christa Wolf ihre Aufgabe immer stärker darin, zwischen den sich feindlich gegenüberstehenden Gesellschaftssystemen zu moderieren. Kenntnisse zu vermitteln und den Bewohnern der Bundesrepublik vom Leben in der DDR zu erzählen, verstand sie als friedensfördernde Maßnahme. In diesem Sinne äußerte sie sich, als sie im Oktober 1979 zum Mitglied der Deutschen Akademie für Sprache und Dichtung in Darmstadt gewählt wurde,[19] die ihr ein Jahr später, im Oktober 1980, den Georg-Büchner-Preis verlieh. Spätestens damit war Christa Wolf als gesamtdeutsche Dichterin sanktioniert.

Die Annahme des bedeutendsten westdeutschen Literaturpreises hatte sie mit der Staatsführung der DDR abgestimmt. Sie habe sich gründlich informiert und sichergestellt, »dass mit der Verleihung keine politischen Zweideutigkeiten verbunden sein werden, denen ich mich selbst nicht aussetzen würde«, teilte sie im Juni 1980 Kurt Hager mit. Wohl bedacht erwähnte sie, dass Anna Seghers bereits 1947 den Büchnerpreis erhalten habe, dass auch der Schweizer Max Frisch, die Österreicherin Ingeborg Bachmann und der in London lebende Elias Canetti ausgezeichnet wurden. »In der Reihe der bisherigen Preisträger sind viele Namen, die ich schätze, manche verehre ich und fühle mich ihnen verpflichtet, so dass ich auch um ihretwillen diesen Preis nicht ablehnen konnte und wollte.« Es liege ihr daran, schrieb sie in einer Offenheit, die keinen Widerspruch duldete, »dass meine Motive bekannt sind und nicht missdeutet werden können«.[20]

Hager informierte Erich Honecker, indem er ihm Christa Wolfs Brief weiterreichte und dazu bemerkte: »Ich bin dafür, dass wir diese Entscheidung akzeptieren und nichts dagegen unternehmen.« Honecker reichte Hagers Mitteilung mit der Notiz »Einverstanden« einen Tag später zurück. Mit solchen bedeutenden Fragen haben die Herren sich also tatsächlich beschäftigt. Sie mussten zumindest vor sich selbst den Anschein wahren, dass das, was sie nicht beeinflussen konnten, ihre Entscheidung gewesen sei. »Einverstanden. Erich Honecker«: So kann sich auch in der Geste der Macht Machtlosigkeit dokumentieren. Erst vierzehn Tage später raffte Hager sich zu einem Antwortschreiben an Christa Wolf auf. Zu einer Gratulation konnte er sich nicht durchringen, zeigte allerdings Verständnis für ihre Entscheidung, den Preis anzunehmen. Leicht angesäuert bemerkte er: »Dass bestimmte Kreise in der BRD (siehe ›Die Welt‹) auch bei dieser Gelegenheit ihre ›gesamtdeutsche‹ Suppe kochen möchten, war ja zu erwarten. Mit sozialistischem Gruß, Dein Kurt Hager.«[21]

Nicht ganz auf der Höhe der Zeit war Ende Juni 1980 die Hauptabteilung XX des MfS. »Intern wurde weiterhin bekannt, dass die ›Deutsche Akademie für Sprache und Dichtung‹ Christa Wolf den Georg-Büchner-Preis 1980 zuerkannte. Reaktionen der Wolfs dazu wurden noch nicht bekannt«, heißt es in einem Papier, das »Hinweise über aktuelle Verhaltensweisen und Aktivitäten einiger politisch-operativ interessierender Schriftsteller« versammelte.[22] Dem Ehepaar Wolf wird darin bescheinigt, den »Kompromiss mit dem realen Sozialismus als Lebensform angenommen zu haben«, öffentlich nicht gegen die DDR aufzutreten, jedoch eine »Haltung des stummen Protestes« bezogen zu haben.

Christa Wolf arbeitete mehrere Monate an der Büchnerpreis-Rede.

Parallel dazu war sie mit den Poetik-Vorlesungen zu »Kassandra« beschäftigt, so dass es zwischen beiden einige Überschneidungen gibt. Die Büchnerpreis-Rede stellt in der Werkchronik eine Art Scharnier dar: Sie gehört noch zum »Projektionsraum Romantik« und zur Auseinandersetzung mit den schriftstellerischen Vorläufern, die sich an den gesellschaftlichen Verhältnissen »die Stirne blutig« gerieben haben. Und sie weist in ihrer Themensetzung voraus auf die Wissenschafts- und Technikkritik der apokalyptischen achtziger Jahre, als im Wettrüsten zwischen Ost und West die atomare Zerstörung der Welt möglich, ja wahrscheinlich erschien. In ihrer Auseinandersetzung mit Büchner als Dichter, Naturwissenschaftler und Revolutionär liefen alle Themen zusammen, die Christa Wolf in diesen Jahren beschäftigten. Mit ihrer Kritik an wissenschaftlicher Rationalität und spezifisch männlicher Vernunft stärkte sie die Bedeutung der Literatur als ihrer Sprache, »die der Wirklichkeit des Menschen heute am nächsten kommt«. Das führte sie zu dem Satz ihrer Büchnerpreis-Rede, mit dem sie zur Autorin der Friedensbewegung in Ost und West avancierte: »Literatur heute muss Friedensforschung sein.«[23]

Vor allem aber rückte nun – und parallel zur Arbeit an »Kassandra« – die Auseinandersetzung mit der eigenen Rolle als Frau noch stärker in den Mittelpunkt des Interesses, als es bereits in den Aufsätzen über die Romantikerinnen geschehen war. Am Anfang der Überlegungen zur Büchnerpreis-Rede notierte Christa Wolf: »Unter 35 Preisträgern nach 45: ich die 5. Frau. Seghers, Langgässer, Kaschnitz, Bachmann. (...) Ästhetik des Widerstands – was heißt das heute? / Wenn hier bis jetzt vor mir nur vier Frauen standen – was bedeutet das? Dass ich die Verleugnungen ›geschafft‹ habe, die nötig sind, geschätzt zu werden wie ein Mann?«[24]

In der Rede sprach sie dann von Büchners »Zitadelle der Vernunft« als einer Männerbastion, der die Frauen ungeschützt entgegenstehen. Wer sich entscheide, in die Zitadelle einzutreten,

unterliege damit auch ihren Gesetzen. Männliches und instrumentelles Denken setzte sie gleich. Die »Ernüchterung« – Christa Wolfs altes Lieblingswort für ihr Verhältnis zum Sozialismus – wird nun der neuzeitlichen männlichen Vernunft als weibliche Distanzierungsformel entgegengehalten: »Wir, ernüchtert bis auf die Knochen, stehn entgeistert vor den vergegenständlichten Träumen jenes instrumentalen Denkens, das sich immer noch Vernunft nennt, aber dem aufklärerischen Ansatz auf Emanzipation (…) längst entglitt und als blanker Nützlichkeitswahn in das Industriezeitalter eingetreten ist.«[25] Und auch die Sprache, »die wir im Ohr, noch nicht auf der Zunge haben«, erscheint in neuem Kontext, wenn als erstes Wort der neuen Sprache das Adjektiv »verkehrt« erscheint, das den Zustand der von Wissenschaft und Machtwahn gefährdeten Welt beschreibt. Christa Wolf hält dagegen die »Authentizität« als Übereinstimmung von Schreiben und Leben. Sie beharrt auf altmodischen Vokabeln wie »Gewissen« und »Liebe«, verteidigt das Gespräch über Bäume, Wasser, Erde, Himmel und Mensch. Die religiöse Komponente ist deutlich, schließlich ging es um nichts Geringeres als den Weltuntergang.
Der Kontrast zu diesen hochgestimmten Tönen fand sich an der Basis der DDR-Gesellschaft. Sepp Müller, Parteisekretär des DSV, wandte sich Rat suchend an die Kulturabteilung des ZK. Er wusste nicht mehr, wie er sich gegenüber Christa Wolf taktisch verhalten solle: »Christa Wolf ist nicht bereit, die Löschung ihrer Parteistrafe zu beantragen, sie nimmt aber auch nicht mehr am Parteileben teil und hat auch auf der Berichtswahlversammlung der APO [Abteilungsparteiorganisation] am Montag, dem 13. Oktober, gefehlt. Gleichzeitig erfahren unsere Genossen, dass sie in der BRD einen Literaturpreis entgegengenommen hat, was sicher mit Euch abgestimmt war. Es gibt dazu massive Diskussionen unter den Parteimitgliedern, und ich stehe daher auch vor der Notwendigkeit, auf der Berichtswahlversammlung der gesamten Grundorganisation

am 10. November 1980 im Referat etwas zu sagen. (…) Ich halte die Sache für dringend, weil bereits auf der APO-Wahlversammlung von Genossen gefordert worden ist, Christa Wolf aus der Partei auszuschließen bzw. sie zu streichen.«[26] Der Brief, der ein schönes Zeugnis für eine Sprache weit unterhalb der Grenze des Sagbaren ist, landete wie alle schwierigen Fragen auf dem Schreibtisch Kurt Hagers. Hager beharrte der Form halber darauf, dass Christa Wolf »auf ihre Pflichten als Mitglied der Partei laut Statut« aufmerksam zu machen sei, und hatte darüber hinaus eine schlaue Idee. Ihm war ja bekannt, dass Christa Wolf 1977 ihre Mitarbeit in Parteigremien beendet hatte. »Wenn sie in der Partei bleiben will«, schrieb er nun, »dann müsste überlegt werden, ob sie eventuell in die Parteiorganisation der Akademie der Künste überführt werden kann.«[27] Und so geschah es dann auch, obwohl die Parteigruppe der Akademie eigentlich nur für Akademiemitarbeiter gedacht war. Dort ging es jedoch weniger dogmatisch zu als im Schriftstellerverband, man ließ Christa Wolf in Ruhe. Hier fand sie einen Ort, wo sie in der Partei überwintern konnte, die sie nicht freiwillig verlassen wollte, von der sie aber auch nicht ausgeschlossen wurde.

Der Status als Genossin blieb immerhin dann von Nutzen, wenn sie in der Partei ihren Einfluss geltend machte. Ende 1980 schrieb sie noch einmal einen Brief an Erich Honecker. Der Schriftstellerkollege Karl-Heinz Jakobs hatte sie gebeten, sich für die inhaftierten Autoren Lutz Rathenow, Frank-Wolf Matthies und Thomas Erwin einzusetzen. Ihr Brief wurde von Stephan Hermlin überbracht. Die Intervention trug dazu bei, dass die drei Autoren aus der Haft entlassen wurden.

Friede, Frauen, Feierstunden

Im Zentrum des Untergangs: Kassandra Wolf sieht schwarz

Kassandra – so beschreibt es die Autorin – war die Zufallsbekanntschaft eines seltsamen Tages im März 1980. Die Wolfs hatten das Flugzeug verpasst, das sie von Schönefeld nach Athen in den Griechenlandurlaub bringen sollte. Sie kehrten in die verlassene Wohnung zurück, erst am nächsten Tag ging die nächste Maschine, und so blieben einige unverplante Stunden, herausgefallen aus dem Kontinuum der Zeit. Christa Wolf begann, die »Orestie« des Aischylos zu lesen. Sofort war sie gefangen von der Figur der Kassandra, die ihr wie eine Wahlverwandte erschien: die Seherin, der niemand glaubt. Die Spezialistin für Untergänge. Die mächtig machtlose Frau im Männerreich. Die Expertin des Leidens und der Katastrophen-Prophezeiungen. War das nicht sie selbst, Christa Wolf?

Die Zeitdifferenz von 3000 Jahren spielte keine Rolle. Troia, die untergegangene Stadt, erhob sich als Modell, in dem Christa Wolf sich heimisch fühlte. Besteht Kassandras »Zeitgenossenschaft in der Art und Weise, wie sie mit Schmerz umgehen lernt?«, fragte sie. »Wäre also der Schmerz – eine besondere Art von Schmerz – der Punkt, über den ich sie mir anverwandle?«[1] Die Antwort lautete selbstverständlich: Ja. Im Leiden kannte sie sich aus. Doch sie hatte sich entschieden, die Ursache ihres Unglücks nicht allein im misslingenden Sozialismus der DDR zu suchen, sondern auf höherer Ebene: in den patriarchalen Strukturen der Moderne. »In

Kassandra ist eine der ersten Frauengestalten überliefert, deren Schicksal vorformt, was dann, dreitausend Jahre lang, den Frauen geschehen soll: dass sie zum Objekt gemacht werden«, schrieb sie.[2] Die Linie, die von Rita Seidels Unfall im »Geteilten Himmel« über Christa T.s Sterben und den Selbstmord der Günderode bis zur Hinrichtung Kassandras führt, belegt die zunehmend dramatischere Auslegung dieser Auffassung.

Die Griechenlandreise führte nach Athen und Kreta, nach Thessalien und auf den Peloponnes: ein touristisches Sightseeing-Programm. Christa Wolf fand eine faszinierende Landschaft, das Meer und den Hafen, das blendende Licht, Gastfreundschaft, griechischen Wein und die Statuen auf der Akropolis, die, zerfressen von saurem Regen und Autoabgasen, zu weinen schienen. In Mykene beeindruckten sie die beiden mächtigen Löwen des Burgtors, durch das Kassandra vor ihrer Hinrichtung gegangen sein muss. Die Erfahrung des Südens und die sinnliche Entdeckung der Antike versetzten sie in einen Rausch der Erkenntnis, und sie beschloss, den Kassandra-Stoff für die anstehenden Frankfurter Poetik-Vorlesungen auszuarbeiten. Sie stürzte sich in das Studium des Altertums. Sie verschlang archäologische, religionsgeschichtliche, landeskundliche und feministische Literatur, studierte die Werke von Johann Jakob Bachofen, George Thomsen und Robert von Ranke-Graves. Anregungen fand sie auch im Briefwechsel Thomas Manns mit dem Mythenforscher Karl Kerényi: »Neidisches Glücksgefühl angesichts der Steigerung, die jeder der beiden durch den anderen erfährt.«[3]

Der Mythos ließ sie nicht mehr los, und doch plante sie zunächst, eine »Kassandra-Geschichte von heute« zu erzählen. Kassandra war in einem ersten Entwurf eine westdeutsche Lehrerin aus einer mittleren Kleinstadt, die auf einer Reise in die DDR der Schauspielerin Andra begegnet. Die beiden Frauen, um die dreißig und unverheiratet, sollten in ihrer Sorge über die atomare Bedrohung und in ihren Versuchen, darüber aufzuklären, gezeigt werden. Wie sich daraus dramatisches Potential hätte schlagen lassen, ist nicht ganz klar. Christa Wolf legte diesen Entwurf wieder beiseite. Auch die Idee eines Gesprächs zwischen Kassandra und Kassandras Tochter, das im Mittelpunkt eines Hörspiels stehen sollte, führte sie nicht aus.

Stattdessen konzentrierte sie sich auf die mythische Kassandra-Figur. Erste Fassungen der Erzählung entstanden im Juni 1981 in einer distanzierenden »Sie«-Form. Im September schrieb sie den Kassandra-Monolog in der Ich-Form, wie er dann, leicht überarbeitet, zur fünften Vorlesung wurde. Weil sie sich über die Wirkung der unterschiedlichen Fassungen nicht sicher war, trug sie bei einer Lesung im mecklenburgischen Gallentin beide Versionen vor. Die Publikumsreaktionen protokollierte sie anschließend so: »Ich-Form als intensiver empfunden, Identifikation mit mir stärker, Identifikationsmöglichkeiten des Lesers mit der Figur stärker. Suggestivere Form – was auch Gefahren mit sich bringt: Die Autorin zu stark mit der Figur – der ›Seherin‹ – zu identifizieren. Gefahr nur, wenn die Figur idealisiert würde, was ich nicht vorhabe. Immerhin bleibt sie die Heldin.«[4]

Von Anfang an also fürchtete Christa Wolf, mit ihrer Figur verwechselt zu werden. Sie hatte Kassandra wegen ihrer Aktualität als historischen Bezugspunkt gewählt. Kassandra prophezeite den Untergang Troias und machte sich dadurch bei ihren Zeitgenossen unbeliebt. Christa Wolf war davon überzeugt, dass Europa im Showdown der wettrüstenden Supermächte zerstört werden könnte, wenn nicht endlich Vernunft den Aufrüstungswahn stoppen würde. Expertenkommissionen verbreiteten die Einschätzung, dass nur noch drei bis vier Jahre Frist zu leben übrig blieben: eine kurze Zukunft, in der jeder Tag zählte. Auch die endzeitgestimmte Friedensbewegung in West und Ost handelte im Bewusstsein der drohenden atomaren Apokalypse.

Die Schriftstellerin aber hatte das historische Erbe der antiken Untergangsprophetin angetreten. Im Horizont feministischer Zivilisationskritik fügte sie ihrem Selbstverständnis, eine Art Seelsorgerin und Ärztin zu sein, ein weiteres Element hinzu. Die Fähigkeit des Hellsehens, die sie nun mit ihrer Kassandra-Figur propagierte, hatte nichts mit Zauberei zu tun, sondern ergab sich allein aus dem Mut, die »wirklichen Verhältnisse der Gegenwart« zur Kenntnis zu nehmen. Die Seherin ist keine mystisch Erleuchtete, sondern eine genaue Beobachterin. Das hat vor allem etwas mit Ratio und mit Sprache zu tun. Prophetenglaube erscheint folglich als »Glaube an die Kraft des Wortes« – ein »Aberglaube vielleicht«, jedoch einer, dem Christa Wolf selbst geradezu »inbrünstig« anhing.[5]
Die von ihr so hart umkämpfte »Grenze des Sagbaren« verwandelte sich damit in eine »Grenze zwischen Sichtbarem und Unsichtbarem«[6], die nur für die Dichterin beziehungsweise Seherin zu überwinden ist. Mit Kassandra verteidigte sie die Prinzipien der Aufklärung, auch wenn ihrer mythologischen Vorläuferin das Wissen um die Vergeblichkeit der besseren Einsicht eingeschrieben war. Der Gott Apoll, der sie mit der Sehergabe ausgerüstet hatte, hatte zugleich verfügt, dass niemand ihren Prophezeiungen glauben würde. So war Kassandra vor allem eine in ihrem Wissen einsame Gestalt. Darin unterschied sie sich von der Situation Christa Wolfs. Die Schriftstellerin konnte auf eine Hunderttausende zählende Friedensbewegung bauen, die ihre Auffassungen teilte. Doch die Verlorenheit des Einzelnen, die Kassandra symbolisierte, wurde angesichts des drohenden Atomkriegs zu einer massenhaften Empfindung. Christa Wolf gab diesem Gefühl präzisen sprachlichen Ausdruck im mythologischen Dunkel.
Die Beschäftigung mit der europäischen Frühgeschichte erfüllte für sie eine doppelte Funktion: Sie entdeckte die matriarchale Vorzeit als Gegenmodell zur kriegerischen, männerdominierten Katastrophengeschichte, und sie fragte danach, was die europäische

Kulturgeschichte so unersetzlich mache, dass Europa zu überleben verdiene. Diese eher brutale Frage gehörte, wie sie im Dezember 1981 bei einem Schriftstellertreffen in Ostberlin ausführte, »zur Friedensvorbereitung und zur Kriegsverhinderung. Ich glaube, diese neue Durcharbeitung unserer Kultur gehört zu unseren Aufgaben als Schriftsteller.«[7]

Die »Berliner Begegnung zur Friedensförderung« hatte Stephan Hermlin unter dem Dach der Akademie der Künste initiiert. Sie begann ausgerechnet in dem Moment, als General Jaruzelski in Polen das »Kriegsrecht« ausrief, um gegen die unabhängige Gewerkschaft Solidarność vorzugehen. Wenige Stunden zuvor war der Staatsbesuch von Bundeskanzler Helmut Schmidt in der DDR zu Ende gegangen. Im Zusammenhang damit, als Begleitprogramm zur offiziellen deutsch-deutschen Annäherungspolitik und durchaus mit dem Einverständnis der SED, war die Konferenz geplant. Die Partei konnte immerhin hoffen, dass die eigene so genannte Friedenspolitik sich gegen die als »Nachrüstung« deklarierte Aufrüstung der Nato-Staaten wirkungsvoll abgrenzen ließe. Dafür duldete sie auch, dass vor allem kritische Autoren zusammenkamen. Hermlin hatte unter anderem Franz Fühmann, Volker Braun, Christa Wolf und Stefan Heym aus der DDR eingeladen. Thomas Brasch und Jurek Becker vertraten die Autoren, die mittlerweile im Westen lebten – Brasch durfte aus diesem Anlass erstmals wieder in die DDR einreisen. Robert Jungk stand für die westdeutsche Linke, ebenso wie Günter Grass, der keinen Hehl daraus machte, dass er sich von östlichen und westlichen Raketen gleichermaßen bedroht fühle. Zwischen ihm und Honeckers Redenschreiber Jürgen Kuczynski, der ebenfalls sprach, konnte es keine Gemeinsamkeiten geben. Kuczynski war der Auffassung, Friedensdemonstrationen in der DDR könnten immer nur Manifestationen für die Regierung sein, da Sozialismus und Friedenspolitik bekanntlich Synonyme seien.[8]

Die Vorsicht der meisten Redner ist durch die angespannte politische Lage im Nachbarland Polen leicht zu erklären. Friedensarbeit hieß für die Intellektuellen, Gemeinsamkeiten zu suchen und die Annäherung möglichst nicht durch konkrete politische Forderungen zu verkomplizieren. Bernt Engelmann, als Vorsitzender des westdeutschen Schriftstellerverbandes (VS) an der Organisation des Treffens beteiligt, ging in diesen taktischen Rücksichtnahmen besonders weit. Als der polnische Schriftstellerverband aufgelöst wurde, schickte er ein milde formuliertes Telegramm an die dortigen Machthaber, in dem er die Wiederzulassung *eines* statt *des* einen verbotenen Verbandes forderte. An diesem grammatikalischen Unterschied zwischen unbestimmtem und bestimmtem Artikel entzündete sich ein jahrelanger Streit, der schließlich zum Austritt vieler Autoren aus dem VS führte und dessen politische Marginalisierung einleitete. Im VS, dem auch viele der in den Westen übergesiedelten DDR-Autoren angehörten, wurde in exemplarischer Heftigkeit um das Verhältnis der Linken zum Sozialismus und zu den sozialistischen Ländern gestritten.

Die DDR-Autoren hielten sich aus anderen Gründen zurück. Einer der wenigen, der ohne taktische Vorsicht klare Worte fand, war Günter de Bruyn, dem doch das Klischee anhaftete, einer der »Stillen im Lande« zu sein. Er setzte sich für die unabhängige Friedensbewegung ein, die in der DDR unter dem Schutz der Kirche entstand. Es könne doch wohl nicht wahr sein, dass DDR-Zeitungen dieselben Kräfte, die sie im Westen begrüßten – Pazifisten, Kriegsdienstverweigerer, Christen –, im eigenen Land als Kriminelle bezeichneten. Christa Wolf trug dagegen eine grundsätzliche Zivilisationskritik vor – so unwillkommen in der Gleichsetzung von Ost und West wie in ihrer Allgemeinheit unverbindlich. Geisteskrank, vielleicht todkrank sei eine Zivilisation, die die Instrumente ihrer Vernichtung planmäßig selbst hervorbringe. »Diese Raketen, diese Bomben, sind ja entstanden als genauester und deutlichster Ausdruck des Entfremdungssyndroms der Industriegesellschaft, die mit ihrem ›Schneller, Besser, Mehr‹ alle anderen Werte diesem ›Wert‹ Effektivität untergeordnet haben, die Massen von Menschen in ein entwirklichtes Scheinleben hineingezwungen und die besonders die Naturwissenschaften in den Dienst genommen haben.«[9]

Die Ursache dafür sah sie im »Wegdrängen des weiblichen Faktors in der Kultur«, das in dem historischen Moment begonnen habe, als die minoische Hochkultur durch die mykenischen Expansoren vernichtet wurde. Mit Troia beschrieb sie eine Männergesellschaft im Rohzustand, mit Kassandra das erste Opfer und ein Symbol des weggedrängten weiblichen Elements. Mit ihr verknüpfte Christa Wolf Feminismus und Frieden und rückte ihre literarische Arbeit ins Zentrum der Friedensforschung. Im Schreiben galt es die warme, gefühlvolle Seite der Authentizität stark zu machen. An die homerische Tradition der Schlachtbeschreibungen wollte und konnte sie nicht anknüpfen. »Es ist kein Hymnus denkbar auf die Schönheit der Atomrakete. Auch unsere Ästhetik muss neu durchdacht werden«[10], sagte Christa Wolf beim Berliner Friedenstreffen. Fünf Monate später hieß es in der dritten Frankfurter Poetik-Vorlesung: »Die Einsicht, dass unser aller physische Existenz von den Verschiebungen im Wahndenken sehr kleiner Gruppen von Menschen abhängt, also vom Zufall, hebt natürlich die klassische Ästhetik endgültig aus ihren Angeln, ihren Halterungen, welche letzten Endes an den Gesetzen der Vernunft befestigt sind. An dem Glauben, dass es solche Gesetze gebe, weil es sie geben müsse. Eine tapfere, wenn auch bodenlose Anstrengung, zugleich der frei schwebenden Vernunft und sich selbst ein Obdach zu schaffen: in der Literatur. Weil das Setzen von Worten an Voraussetzungen gebunden ist, die außerhalb der Natur zu liegen scheinen. Auch an ein Maß, denn die Ästhetik hat doch ihren Ursprung auch in der Frage, was dem Menschen zumutbar ist.«[11]

Ingeborg Bachmann, auf die die Wendung von der zumutbaren Wahrheit anspielt, war ein wichtiger Bezugspunkt der Vorlesungen. Bachmann hatte mit ihren Frankfurter Poetik-Vorlesungen im Wintersemester 1959/60 eine Tradition begründet, die dann in den siebziger Jahren von Autoren wie Wolfgang Koeppen, Heinrich Böll, Martin Walser, Uwe Johnson und Günter Kunert fortgesetzt wurde. Indem Christa Wolf an Bachmann anknüpfte, betonte sie die Linie des »weiblichen« Schreibens. Zwar verkündete sie gleich zu Beginn ihrer Vorlesungen, keine Poetik liefern zu können, aber sie bot doch Einblicke in den Entstehungsprozess ihrer Literatur. Indem sie betont subjektive Formen wie Reisebericht, Tagebuch und Brief für eine akademische Veranstaltung nutzte, führte sie eine Alternative zu normativer Ästhetik vor. Sie gab nicht nur eine geschlossene Erzählung zum Besten, sondern zeigte diese zugleich in ihrer Entstehung als Prozess, als unabgeschlossenes Denken. Nicht zuletzt darin sah sie die Alternative zu einer Souveränität simulierenden, männlichen Literaturgeschichte.

Die Vorlesungen wurden zu einem Massenereignis von überwältigenden Ausmaßen. Christa Wolf tauchte in den vier Frankfurter Wochen im Mai 1982 in einen »Strudel von Menschenmassen« ab, wie sie an Franz Fühmann schrieb.[12] Das tausend Zuhörer fassende Auditorium war jeweils schon eine Stunde vor Beginn dicht besetzt, auch auf dem Fußboden drängten sich die Studenten. Die gespannte Aufmerksamkeit und die innige Anbetungsbereitschaft trugen durchaus religiöse Züge. Dieser Kassandra glaubte das akademische Volk jedes Wort. In der feministischen Zeitschrift »Emma« wurde sie als »unsere Christa« apostrophiert. Das Hessische Fernsehen übertrug die Vorlesungen in voller Länge. Christa Wolf war Kult.

»Ich muss doch staunen über die Utopie-Strahlkraft des kleinen Ländchens, in dem wir wohnen«, schrieb sie an Franz Fühmann. Dieses Gefühl leitete sie nicht nur aus dem eigenen Erfolg ab. Fühmanns Trakl-Buch stand in der Zeit ihres Aufenthalts in der Bundesrepublik zusammen mit Sarah Kirschs Gedichtband »Erdreich« an der Spitze der SWF-Bestenliste. Sarah Kirsch gehörte für Christa Wolf immer noch zur DDR-Familie. Ein Besuch bei ihr zu Pfingsten 1982 ging jedoch nicht ohne latente Spannungen ab, auch wenn die beiden Frauen sich schonten und Sarah Kirsch versprach, im nächsten Sommer zum Gegenbesuch nach Mecklenburg zu kommen. Christa Wolfs Brief an Franz Fühmann ist die entstandene Distanz zur Freundin im Westen abzulesen: »Wir waren ihr, glaube ich, willkommen, wenn auch. Ja, wenn auch natürlich fünf Jahre ins Land gegangen sind und unsere Erfahrungen sich gegabelt haben und sie gegen manches und manche voller Ressentiments steckt, die sich zu meinem Erstaunen nicht vom Fleck bewegt haben, und sie nun ein ganz und gar zurückgezogenes, von allem Politischen und Öffentlichen vollkommen entferntes und abgewandtes Leben führt und braucht. Kaum in die nächsten Städte fährt, keine Lesungen macht, ihren schönen Staudengarten und Gemüsegarten sauber hält, vermehrt und pflegt, jeden Tag vormittags Gedichte schreibt und alles, was nach Konflikt riecht, flieht. (…) Ein solches Leben ist mir nicht beschieden und nicht möglich.«[13]

Und doch war das Engagement gegen die globale atomare Bedrohung auch eine Flucht: eine Flucht aus der DDR und vor der untergründig lauernden Erkenntnis, dass dieser Staat nicht mehr zu retten war. Vielleicht beruhte die Vereinnahmung Christa Wolfs durch die westdeutsche Friedensbewegung auf einem Missverständnis. Das mythische Troia, das in ihrer Erzählung so gegenwartsbezogen zerstört wurde, ging ja weniger durch die erobernden Griechen als an sich selbst zugrunde. »Nur, was ich damals nicht begriff und nicht begreifen wollte: dass manche nicht nur von außen, auch aus sich selbst heraus zum Opfer vorbereitet waren. Alles in mir stand dagegen auf. Warum?«[14] So spricht Kassandra in ihrem Monolog. Christa Wolf sagt in den Vorlesungen dagegen: »Das Troia, das mir vor Augen steht, ist – viel eher als eine rückwärts gewandte Beschreibung – ein Modell für eine Art von Utopie.«[15] Doch das ist nicht mehr als eine Behauptung. Allenfalls kann es sich dabei um eine negative Utopie handeln, um eine Befreiung durch die Zerstörung. Ort der Utopie ist ja auch in Troia eine im Verborgenen angesiedelte Gegenwelt, das weibliche Höhlenreich archaischer Sinnlichkeit außerhalb der Mauern der Stadt, wo gelacht, getanzt, gegessen und getrunken wird.

Das Schicksal Troias aber war als ein Gleichnis angelegt. Eine Gesellschaft, die nicht auf Kreativität, sondern auf Unterdrückung und Überwachung baut, lässt sich auf Dauer nicht halten. In der Beschreibung des Eumelos und seiner Sicherheitstruppen erkannte jeder Leser der DDR die Stasi und ihren Apparat. Christa Wolf arbeitete ganze Dialoge ein, so, wie sie in der DDR-Wirklichkeit stattgefunden haben. Sie erwartete folglich eine starke Abwehr der Erzählung durch die Zensurbehörden und machte eine erstaunliche Erfahrung: Nicht die Erzählung, sondern die vergleichsweise harmlosen Vorlesungen erregten das amtliche Misstrauen.

Allein Wilhelm Girnus, temperamentvoller Altkommunist und ehemaliger KZ-Häftling, veröffentlichte in »Sinn und Form« einen wutschäumenden Verriss. Er exerzierte den wenig originellen Vorwurf durch, Christa Wolf stelle in »Kassandra« die Geschichte nicht als eine Geschichte von Klassenkämpfen dar, sondern als permanenten Geschlechterkampf – was ja wohl »blühender Unsinn« sei. »Kampf Männer wider Frauen, Frauen wider Männer ist hirnverbrannter Selbstmord. Die Ausbeuterbande sitzt in ihren Atombunkern und reibt sich darüber feixend ihre blutbesudelten Hände. Wie kann man nur so naiv sein und das nicht sehen. Das kann man nur, wenn man die Welt aus der Froschperspektive betrachtet. Hüten wir uns vor Friedenseuphorie.« Christa Wolf setzte

sich mit einer sachlichen Richtigstellung gegen Girnus zur Wehr, ohne sich auf dessen polemischen Tonfall einzulassen.[16]
In der Bundesrepublik erschienen die Vorlesungen und die Erzählung im März 1983. Dass die beiden zusammengehörenden Teile entgegen den Wünschen Christa Wolfs nicht in einem Band veröffentlicht wurden, hatte verkaufsstrategische Gründe. Innerhalb eines Jahres wurden 90 000 Vorlesungen und 150 000 Erzählungen abgesetzt. Das Werk avancierte in kurzer Zeit zu einem Weltbestseller mit Übersetzungen in zahlreiche Sprachen. Nur in der DDR verzögerte sich die Publikation, weil Christa Wolf sich weigerte, insgesamt 66 Zeilen aus der dritten Vorlesung zu ändern, in denen sie den Rüstungswahn in Ost und West gleichsetzte und von den sozialistischen Ländern notfalls auch einseitige Abrüstung forderte. Schließlich einigte sie sich mit dem Aufbau-Verlag darauf, die beanstandeten Stellen zu streichen, die Streichungen aber durch Pünktchen kenntlich zu machen. Das hatte es in der DDR zuvor noch nicht gegeben und würde es auch nie wieder geben. Denn damit wurde die Aufmerksamkeit erst recht auf die Eingriffe der Zensur gelenkt. Ein solches Verfahren durchsetzen zu können, zeigt, wie kraftlos die Genehmigungsbehörde zu diesem Zeitpunkt bereits war – und wie selbstbewusst dagegen die weltberühmte Autorin. Hätte sie mehr aus ihrer Position machen müssen, als ein paar Auslassungszeichen durchzusetzen?
Von westlichen Lesern wurde sie oft gefragt, wieso sie sich auf die Kürzungen eingelassen habe. Sie fand das lachhaft und verwies auf die Erzählung: Da steckt der ganze Sprengstoff drin. Dass die Zensurbehörde dagegen keine Einwände erhob, erklärte Christa Wolf im Rückblick mit der höheren Form von Klugheit, die darin besteht, sich dumm zu stellen. Erst einmal wollte jeder Beamte, bevor er sich in Schwierigkeiten brachte, abwarten, ob die Sache nicht höheren Ortes durchgewunken werde. Weil jeder so dachte, passierte gar nichts. Die Zensoren beschlossen, die Erzählung

nicht zu verstehen. Sie wollten nicht zugeben, dass sie verstanden, und also stürzten sie sich ersatzweise auf die Vorlesungen und auf die aktuellen politischen Forderungen.[17] Als »Kassandra« schließlich im Dezember 1983 in der DDR herauskam – Vorlesungen und Erzählung in einem Band –, zirkulierten die gestrichenen Stellen bereits als Abschriften. Im Westen nahm der »Klassenfeind« die Vorlage dankbar auf: Die FAZ dokumentierte in ihrer Ausgabe vom 24. Februar 1984 die gestrichenen Stellen genüsslich unter der Überschrift »Die gekürzte Kassandra. Christa Wolfs Anschauungen sind in der DDR unwillkommen.«

Ganz so war es allerdings nicht – es sei denn, man meint mit DDR allein den Staatsapparat, aber nicht die Gesellschaft. Selbst im MfS wurde mit einiger Genugtuung das Friedensengagement der Schriftsteller beobachtet und ihnen eine friedliche Haltung attestiert: »Die Schriftsteller Stephan Hermlin, Christa und Gerhard Wolf, Volker Braun, Heiner Müller, deren Vorbehalte und ablehnende Haltungen gegen wichtige Bereiche bei der praktischen Verwirklichung des Sozialismus in der DDR nach wie vor vorhanden sind, enthalten sich im Ergebnis von Maßnahmen der Beeinflussung und Rückgewinnung und aus taktischen Gründen öffentlicher Angriffe auf die DDR.«[18]

Christa Wolf trat in diesen Jahren in der DDR wenig in Erscheinung. Ein paar Lesungen in der Akademie der Künste, in Suhl, Leipzig, Halle, die im »Sonntag« oder im ND vermeldet wurden. Die Auftritte waren so selten, dass ihre Unzufriedenheit auch »Bücherminister« Klaus Höpcke zu Ohren kam. Er schrieb ihr im Februar 1985 einen freundlichen Brief und bot Unterstützung an. Christa Wolf lehnte ab. Es handle sich um »kein so großes Problem«. Auch die Rede zu Bettina von Arnims 200. Geburtstag, die ihr Höpcke angetragen hatte, wollte sie nicht übernehmen. Eine Österreich-Reise und ein Krankenhausaufenthalt dienten als willkommene Begründung.[19] Sie zog es vor, im Hintergrund zu bleiben, und setzte sich immer wieder für junge Autoren ein, für die sie Kontakte zur NDL oder zu Verlagen herstellte.

Wie ein Menetekel war es, als im Sommer 1983 das Mecklenburger Bauernhaus der Wolfs abbrannte. Nur die Grundmauern und rauchendes Gebälk blieben übrig. Der Ort, der wie kein anderer Heimat und Zusammengehörigkeit bedeutete, war verloren. Im »Sommerstück«, in dem auch der Brand beschrieben wird, ist von der zwingenden Logik des Geschehens die Rede: »Da wollte irgendetwas sich bestätigen. Für irgendetwas war das die Quittung.«[20] Aber für was? Die Wolfs nahmen das schicksalhafte Ereignis jedenfalls nicht hin. In Woserin fanden sie ein neues altes Haus und machten sich an den Ausbau. Die Renovierungsarbeiten zogen sich das ganze Jahr 1984 hin. Handwerker zu finden, zu motivieren und die Arbeiten zu organisieren, erforderte in der DDR bekanntlich viel Geduld und Zeit. Es wurde für einige Monate zur vordringlichen Aufgabe. Ohne einen Rückzugsort weg von Berlin und der Welt der Funktionäre wäre es wohl nicht mehr gegangen – zumal die Spielräume kleiner wurden. Mit Franz Fühmann, der im Juli 1984 starb, verloren sie einen engen Freund und politischen Mitkämpfer. Auf der Trauerfeier in der Akademie hielt Christa Wolf die Ansprache, die sie mit einer verzweifelt optimistischen Zeile Fühmanns beendete: »Die Sonne ist das, was keiner begräbt.«[21]

Der ganze Unmut, der sich in ihr angestaut hatte, entlud sich im August 1985 gegen einen Mitarbeiter der Wochenzeitung »Sonntag«. Dort plante man zum 85. Geburtstag von Anna Seghers eine Autorenumfrage zu dem Seghers-Satz: »Denn wir schreiben ja nicht, um zu beschreiben, sondern um beschreibend zu verändern.« Von Christa Wolf erbat man zwanzig bis dreißig übersichtliche Zeilen, das hätte die Zeitung als Zierde empfunden. Christa Wolf antwortete prompt und direkt. Ihr Brandbrief, den die Redaktion als »kleinen Bericht aus der Werkstatt« hätte abdrucken dürfen, blieb unveröffentlicht. Er ist das seltene Dokument eines

Zornausbruchs, das ihre Befindlichkeit Mitte der achtziger Jahre wiedergibt. Der Brief soll deshalb hier ausführlich zitiert werden: »Glauben Sie wirklich, irgendeiner von uns könnte noch ruhigen Gewissens ein paar wohltemperierte Aussagen machen zu dem Thema, dass er nicht nur schreiben, sondern schreibend verändern möchte? Was ich schreibend tun möchte, habe ich über Jahrzehnte hin, durchaus nicht immer gleichbleibend, essayistisch, aber natürlich nicht *nur* essayistisch, mit einer wahren Engelsgeduld zu erläutern gesucht. Wer es wissen will, kann es wissen. Dass dabei die Hoffnung, schreibend etwas verändern zu können, gar sehr gesunken ist – auch das könnte man wissen, und nicht nur aus *meinen* Verlautbarungen. Was also soll ich Ihnen da in 20 bis 30 Zeilen aufschreiben? Dass nun schon mein Name im ND gestrichen wird, wenn es sich nur um eine Aufzählung von Aufbau-Autoren handelt? Oder dass Volker Brauns ›Hinze und Kunze‹, wahrlich ein Versuch, sich einzumischen, soweit nicht schon verkauft, aus den Buchhandlungen zurückgezogen wird? Oder was? Wie oft und wie lange sollen wir denn noch so tun, als wäre es das Normalste von der Welt, von hinten eine ins Genick zu kriegen und vorne weiter druckbare Statements abzugeben? Also nein, ich kann es nicht. Das geht, wie Sie wohl glauben werden, in keiner Weise gegen Sie, eigentlich geht es überhaupt gegen niemanden. Es ist nur ein Versuch zu erklären, warum sich mir die Sprache versagt, Aussagen wie die von Ihnen gewünschte [sich] mir verbieten.«[22]
Ganz anders die Lage im westlichen Ausland. Hier wurde Christa Wolf in den achtziger Jahren mit Ehrungen überhäuft. Sie erhielt Preise, Akademiemitgliedschaften und Doktorhüte im Jahresrhythmus. Auch die Ohio State University, Columbus, Ohio, wo sie 1983 eine Gastprofessur übernahm, wollte ihr die Ehrendoktorwürde verleihen. Da lehnte Christa Wolf noch einmal ab, weil zugleich auch US-Vizepräsident George Bush zum Ehrendoktor ernannt werden sollte. In dieser Nachbarschaft fürchtete sie, ihre

Glaubwürdigkeit in der Friedensbewegung zu verlieren. Erst im September, nachdem sie wieder in die DDR zurückgekehrt war, nahm sie das Angebot der Universität an, ihr nun in Abwesenheit den Ehrentitel zu verleihen.[23] Anders als bei ihrem ersten USA-Aufenthalt fand Christa Wolf nun aber einen Zugang zu diesem Land und knüpfte intensive Kontakte. Sie lernte die Schriftstellerin Grace Paley kennen, die ihr zur Freundin wurde. Sie kam mit Susan Sontag zusammen, die ihr gegenüber jedoch reserviert blieb, nachdem – so erzählt es Gerhard Wolf – Christa Wolf bekannt hatte, die Romane von Joyce Carol Oates gerne gelesen zu haben.
In Kalifornien traf sie Leo Löwenthal, besuchte in Palm Springs die Erben Arnold Schönbergs und in Los Angeles die Witwe Lion Feuchtwangers. Einen Tag lang begleitete sie den kalifornischen Gouverneur, besuchte die Kabinettssitzung und lernte so Mechanismen einer parlamentarischen Demokratie kennen. An all diese Kontakte konnte sie später, im Jahr 1993, anknüpfen, als sie sich für neun Monate in Santa Monica aufhielt.
Zu Hause in der DDR erreichten sie fast täglich Interviewwünsche und Anfragen für Artikel. Die Ordner im Archiv der Akademie der Künste, die den westlichen Marktwert Christa Wolfs dokumentieren, sind von beachtlicher Dicke. Besonders skurril ist eine Anfrage der Ford-Werke in Köln, wo eine Anthologie zum Thema Auto entstehen sollte und jemand auf die Idee kam, Christa Wolf sei dafür eine geeignete Autorin. Interessant auch die Absage, die Christa Wolf an den Sender Freies Berlin schickte, der sie zu einer Reihe mit dem Titel »Positive Utopien« gewinnen wollte. Ihre Antwort: »Ich kann solche Utopien nicht entwickeln. Mir fällt dazu nichts ein.«[24] Das war im August 1985. Im März hatte Michail Gorbatschow den Posten des Generalsekretärs der KPdSU übernommen.

Schlechte Nachrichten

Ein Störfall im Kräutergarten und andere Katastrophen

Am 26. April 1986 explodiert der vierte Reaktorblock des Atomkraftwerks im ukrainischen Tschernobyl. Die Nachrichtenlage ist undurchsichtig. Die Sowjetunion schweigt und bestätigt den GAU erst zwei Tage später, nachdem in Skandinavien erhöhte Werte gemessen wurden. In der DDR wird am 1. Mai der höchste Stand radioaktiver Belastung in der Luft registriert, am 2. Mai liegen die Messdaten immer noch um das Hundertfache über dem Normalwert. An die Öffentlichkeit aber dringt davon in den östlichen Medien nur wenig. Am 14. Mai verkündet Generalsekretär Michail Gorbatschow, dass das Schlimmste verhütet werden konnte.
Die Bevölkerung der DDR informiert sich über die Medien der Bundesrepublik. Neue Worte sind da zu lernen: Becquerel, Fallout, Halbwertszeit, Jod 131, Caesium. Die Meinungen der Experten über das Ausmaß der Gefahr gehen auseinander. Manche reden von Hysterie, andere von einer dramatischen Lage. Die Bundesregierung empfiehlt, Kinder besser nicht draußen spielen zu lassen, auf den Verzehr von Frischmilch zu verzichten, und legt den Bauern nahe, ihr Vieh von der Weide zu holen. Am 12. Mai gibt die Regierung Kohl Entwarnung, richtet jedoch, um bei zukünftigen Katastrophen besser gerüstet zu sein, ein Umweltministerium ein. In den nächsten Monaten kommt es zu Großdemonstrationen in Brockdorf und Wackersdorf. Die Anti-Atom-Bewegung lebt wieder auf.
Christa Wolf erlebte die Tage nach der Reaktorkatastrophe in der

Abgeschiedenheit ihres mecklenburgischen Hauses. Der Untergang Europas, den sie und die Friedensbewegung sich als raketengestütztes Atomkriegsszenario vorgestellt hatten, kam nun in ganz anderer Form, schleichend und heimtückisch unter die Menschen. Einstweilen ließ sich das Endo beim Unkrautjäten und Suppekochen noch ganz gut überleben: Die Katastrophe im Kräutergartenformat war unsichtbar. Niemand hätte sie bemerkt, wenn nicht die Medien unablässig berichtet hätten, aufgeregt und widersprüchlich, denn niemand, auch nicht die reichlich vertretenen Experten, wusste die Gefahr einzuschätzen. Der GAU war ein mediales Ereignis, das Phantasien freisetzte, war aber trotzdem real. Als nach Tagen der Ungewissheit das zerstörte Kraftwerk im Fernsehen gezeigt wurde, hatten die Apokalypse-Ängste ein neues Symbol. Der Atompilz wurde durch die rauchende Ruine des Reaktorblocks abgelöst.

Aus dem Schock heraus begann Christa Wolf zu schreiben. In wenigen Monaten entstand »Störfall«, die essayistische Schilderung des Tages, der mit dem Eintreffen der »NACHRICHT«[1] begann. Zugleich protokollierte sie damit ihre Verunsicherung und zog Bilanz. »Die Nachricht« – das war einmal, am Anfang ihrer literarischen Laufbahn, ein utopisches Fanal. Hochpathetisch hatte sie im »Geteilten Himmel« den Augenblick geschildert, in dem die Nachricht von Gagarins Weltraumfahrt »dem Tag die Maske der Gewöhnlichkeit vom Gesicht riss«. Schon damals verwunderte die Erzählerin sich darüber, dass das alltägliche Leben trotzdem einfach so weiterging wie zuvor, wo doch »die Nachricht, da sie um den Erdball fuhr, wie eine Flamme die schimmelpelzige Haut von Jahrhunderten abfraß«.[2] Die Nachricht bedeutete damals, am 12. April 1961, den Sieg des Sozialismus, und sie erfüllte die Werktätigen in Christa Wolfs Roman mit Stolz. Noch in »Nachdenken über Christa T.« blickten die Protagonistinnen mit glänzenden Augen in den nächtlichen Himmel, um dort den Sputnik als

»neuen Stern am Horizont« zu erahnen.[3] Erst in »Kindheitsmuster« war die Siegeszuversicht gebrochen und auch von toten Kosmonauten als Opfern des Fortschritts die Rede.[4]
Nun, fast auf den Tag genau 25 Jahre nach Gagarins Heldentat, bedeutete die neuerliche »Nachricht« aus der Sowjetunion das offensichtliche Scheitern aller auf technischer Entwicklung beruhenden Fortschrittsgläubigkeit. Die Symbolkraft kehrte sich um, Gagarin und Tschernobyl stehen für Aufstieg und Niedergang des Sozialismus. Der unteilbare, geteilte Himmel, damals noch Ort der Sehnsüchte, Wünsche und Utopien, ist nun zur Spiegelfläche profaner Strahlung geworden. Und endete »Der geteilte Himmel« noch mit dem hoffnungsfrohen Ausruf: »Dass wir aus dem Vollen leben, als gäbe es übergenug von diesem seltsamen Stoff Leben. Als könnte er nie zu Ende gehen«[5], so lautet der seufzend melancholische Schlusssatz in »Störfall«: »Wie schwer, Bruder, würde es sein, von dieser Erde Abschied zu nehmen.«[6] Der eigentliche Störfall, das sagte Christa Wolf gleich auf der ersten Seite, war der Verlust der Zukunft. Nichts ist geblieben vom singenden Jubelchor der Aufbauzeit, vom Überschwang des Gefühls in der großen kollektiven Aufgabe, eine starke, gerechte, sozialistische Gesellschaft aufzubauen. In der atomaren Katastrophe wurden alle Ziele endgültig weggesprengt, alle Bindungen obsolet. So hätte man sich die Freiheit nicht vorgestellt. Was bleibt, ist die unmittelbare Gegenwart mit all ihren sinnlosen Verrichtungen und Übersprungshandlungen, wie auch alle Gedanken nur noch Übersprungsgedanken sind. Christa Wolf schrieb: »Wieder einmal, so ist es mir vorgekommen, hatte das Zeitalter sich ein Vorher und Nachher geschaffen. Ich könnte mein Leben beschreiben, ist mir eingefallen, als eine Folge solcher Einschnitte, als eine Folge von Eintrübungen durch immer dichtere Schatten. Oder, im Gegenteil, als fortlaufende Gewöhnung an immer härtere Beleuchtungen, schärfere Einsichten, größere Nüchternheit.«[7] Die zwei großen Linien ihres Lebens kom-

men hier zur Sprache. Den andauernden Enttäuschungen steht die fortgesetzte Loyalität entgegen, den Brüchen die Kontinuität, der Desillusionierung die Gewöhnung. Der grundlegende Widerspruch zwischen Verabschiedungen und Dabeibleiben ist für Christa Wolf in dem ambivalenten Begriff der »Ernüchterung« aufgehoben, der zugleich den Verlust an Glauben und den Gewinn an Einsicht enthält: »größere Nüchternheit«.

So besticht in »Störfall« der gelassene Ton der Erzählerin und die Entschlossenheit, mit der sie das Leben fortzusetzen gewillt ist. Wenn Tschernobyl den Fortbestand der Gattung bedroht, so steht in der Konstruktion des Textes auch das individuelle Leben auf dem Spiel: Der geliebte Bruder muss sich am Tag der Reaktorkatastrophe einer komplizierten Hirntumoroperation unterziehen. Ihm gilt die ganze Sorge der Erzählerin. Der Bruder ist den Lesern Christa Wolfs als Figur aus »Kindheitsmuster« wohl bekannt. Schon dort erhielt er die Funktion eines Antipoden, und auch in »Störfall« ist er als Vertreter männlich-rationalen Denkens ein Widerpart. »Er ist das genaue Gegenteil von mir. Er steht mir nahe«,[8] heißt es im Text. Mit ihm und der Operation, die die Erzählerin in Gedanken mitvollzieht, kommt die Wissenschaft als lebensrettende Kraft ins Spiel. Das apokalyptische Denken erhält ein notwendiges Gegengewicht. Der Bruder ist es auch, der die Erzählerin darauf hinweist, dass ihr Beruf nicht ganz harmlos ist. Auch Worte können verletzen und zerstören. Wo, an welcher Grenze, fragt er sie, würde sie davor zurückschrecken, eine vernichtende Wahrheit mitzuteilen, und lieber schweigen? Der Gegensatz zwischen schriftstellerischer Moral und naturwissenschaftlicher Verantwortungslosigkeit, der in den Werken Christa Wolfs gelegentlich aufscheint, wird damit zumindest relativiert. »Alles, was ich habe denken und empfinden können, ist über den Rand der Prosa hinausgetreten«[9], notiert Christa Wolf und registriert damit die Grenzen ihrer subjektiven Schreibweise.

Unter dem Eindruck des Störfalls Tschernobyl droht selbst das Schreiben obsolet zu werden. Und doch entsteht in der Reflexion darüber eine Prosa, die das alltägliche Leben und das Weitermachen beschwört, um dem GAU erzählerisch Paroli bieten zu können. »Störfall« ist »Juninachmittag« plus Katastrophenbewusstsein, aber es sind die alltäglichen Verrichtungen, die den Fortgang des Lebens garantieren. Vor allem sind es die Gespräche mit anderen Menschen, beim Einkauf im Dorf-Konsum oder per Telefon mit der Schwägerin und den Töchtern. Das menschliche Miteinander, das Netz besorgter Solidarität ist das Gegenmodell zur wissenschaftlichen Rationalität, die in ihrer Zweckgerichtetheit den Menschen vergisst. Christa Wolf zeigt sich in »Störfall« so ungeschützt und unverhüllt wie nie zuvor. Das macht die moralische Qualität des Buches, aber auch seine ästhetische Schwäche aus. Die Kategorie der »Aufrichtigkeit«, Christa Wolfs oberste Maxime im Schreiben, erfährt in der atomaren Ausnahmesituation eine letzte Radikalisierung.

Ihre Ästhetik der Ehrlichkeit wird im Kontrast zu dem Dramatiker Heiner Müller besonders deutlich. Der sagte in einem Interview, als denke er dabei an Christa Wolf: »Ich kann mir das Schreiben von Prosa nur in der ersten Person vorstellen.« Aus diesem Grund kam für ihn Prosa nicht in Frage. Müller ging es nicht um Aufrichtigkeit, sondern um die Erprobung unterschiedlicher Positionen: »Beim Stückeschreiben hat man immer Masken und Rollen, und man kann durch sie sprechen. Deshalb ziehe ich Drama vor – wegen der Masken. Ich kann das eine sagen, und ich kann das Gegenteil sagen.«[10] Christa Wolf sieht es ebenso, zieht aber die gegensätzliche Konsequenz. Als sie von der Zeitschrift »Notate« des Brechtzentrums der DDR aufgefordert wurde, sich zu Müllers Thesen zum Theater zu äußern, notierte sie sich: »Ich bin keine Stückeschreiberin. Warum nicht? Müller nennt den Grund: Der Autor bleibt draußen. Ähnlich wie lange Zeit die Naturwissenschaften es taten, hat lange Zeit die Dramatik Objektivität behauptet. Dies ist ein Grund, warum es schließlich doch Dichterinnen, Prosaschreiberinnen gab, kaum Dramatikerinnen.«[11]

Als »Störfall« im März 1987 zuerst in der DDR und einige Wochen danach auch in der Bundesrepublik erschien, warfen einige westliche Rezensenten Christa Wolf vor, dass sie den Namen Tschernobyl ausgespart und das sozialistische Atomkraftwerk nicht als sozialistisches Atomkraftwerk benannt hatte. Als Feigheit wurde es ihr angerechnet, die Verantwortlichen in der UdSSR und die Vertuscher in der DDR nicht attackiert, sondern sich mit allgemeiner Technik- und Zivilisationskritik begnügt zu haben. Andererseits war schon vor der Veröffentlichung spekuliert worden, dass das Buch wohl nur deshalb erscheinen dürfe, weil »die DDR zur Zeit gern das publiziert, was die UdSSR in schlechtem Licht erscheinen lässt«.[12] »Störfall« war jedenfalls das Ereignis der Leipziger Buchmesse 1987 und schon nach wenigen Tagen vergriffen – ebenso wie die Broschüre mit der »Glasnost«-Rede Michail Gorbatschows, die er im Januar vor dem ZK der KPdSU gehalten hatte und die den Geschichte machenden Satz enthielt: »Wir brauchen die Demokratie wie die Luft zum Atmen.« »Glasnost in der DDR vergriffen«[13] war eine Meldung in der taz zu Christa Wolf und Gorbatschow überschrieben.

Die Botschaft der Autorin kam also an in der DDR, auch wenn dieser Staat in ihrem Buch nur noch in Gestalt des eigenen Gartens vorkam. Das Buch deshalb für unpolitisch zu halten, wäre jedoch ein Kurzschluss. Die Reflexionen, die sich auf Sprache, Wissenschaft und die Funktionsweise des Gehirns – ist der Mensch eine Fehlentwicklung der Evolution? – beziehen, greifen weit aus und haben Wohl und Wehe des bürokratischen Sozialismus längst hinter sich gelassen. Die Stasi jedenfalls registrierte im Juni 1986 eine »zunehmende Beeinflussung der negativen und oppositionellen Personen des Bereiches Literatur durch Lesungen und Diskussionen mit Schriftstellern wie Volker Braun, Stefan Heym, Christa Wolf«. Über einen Auftritt dieser Autoren in Dresden heißt es, er habe einen »Zuwachs an negativen Personen aus dem Bereich der politisch schwankenden Schreibenden« erbracht.[14] Die Konzentration auf den Privatraum, die Stärkung des Gesprächs, das Primat der Freundeskreise, wurde von offizieller Seite durchaus zu Recht misstrauisch beäugt. Entstand doch aus den zunächst noch getrennt voneinander und im Verborgenen wirkenden Gesprächskreisen in der zweiten Hälfte der achtziger Jahre allmählich die Bewegung, die schließlich das Ende der DDR herbeiführen sollte. Christa Wolf hatte mit den zumeist unter dem Dach der Kirche agierenden Gruppen wenig zu tun – die sozialistischen Intellektuellen pflegten ihre Vorbehalte gegen die christliche Kirche. Die Wirkung, die ihre Literatur in diesen Kreisen entfaltete, ist jedoch kaum zu überschätzen.

Christa Wolf, die Autorin mit Weltruhm, wurde von den Machthabern sorgsam behandelt und misstrauisch überwacht. Als moralisches Aushängeschild war sie so unverzichtbar wie störend. Sie erhielt viele Freiheiten, gehörte aber auch in den Bereich PID und PUT, eine Formel, mit der die Staatssicherheit sämtliche Oppositionsgruppen zusammenfasste. »Ohne politisch-ideologische Diversion (PID) keine politische Untergrundtätigkeit (PUT)« – so lautete die Devise, mit der jede kritische Äußerung zur Feindtätigkeit erklärt werden konnte. Die Nervosität des Staates wuchs mit den Erfolgen von Gorbatschows Perestroika in der UdSSR. Umso verbissener klammerten sich die alten Herren der SED an die verstaubten Rituale der Machtrepräsentation, auch wenn sie noch so lächerlich geworden waren.

Zu politischen Verstimmungen zwischen Ost und West führte beispielsweise Christa Wolfs Teilnahme am internationale PEN-Kongress in Hamburg Ende Juni 1986 – oder vielmehr die Zeitungsnotiz, die ihre Teilnahme ankündigte. Die Auslandsabteilung der

Stasi entdeckte eine »DPA-Meldung mit provokatorischem Charakter«. Die amtlichen Presseauswerter mussten lesen, der »Präsident des deutschen PEN-Zentrums, Martin Gregor-Dellin«, habe geäußert, »die DDR werde auf dem internationalen PEN-Kongress durch die Schriftstellerin Christa Wolf vertreten«. Die Provokation bestand darin, dass dpa den westdeutschen PEN im Sinne des Alleinvertretungsanspruchs zum »deutschen PEN« gemacht hatte und, schlimmer noch, Entscheidungen des DDR-PEN vorgriff. Denn nicht Christa Wolf sollte die DDR vertreten, sondern wie üblich PEN-Präsident Heinz Kamnitzer, Generalsekretär Walter Kaufmann und, als elder statesman, der kommunistische Aristokrat Stephan Hermlin.

Der Ost-PEN behandelte die Angelegenheit als ernste diplomatische Krise und lud Vertreter des westdeutschen PEN zum Gespräch nach Ostberlin, um offiziell Protest zu erheben. Selbstverständlich, so wurde dabei den »BRD-Vertretern« genehmigt, »stehe es ihnen frei, Christa Wolf als Gast des Kongresses einzuladen«.[15] Und so geschah es. Auch Heiner Müller nahm als Gast teil, und Wolf Biermann, zehn Jahre nach seiner Ausbürgerung, schaute aus der Hamburger Nachbarschaft vorbei. »Christa Wolf und Heiner Müller hatten an diesem Tag das Herz, mich freundschaftlich im großen Saal zu begrüßen«, erinnerte er sich später.[16] Eine kleine Geste nur, aber unter den Augen der im Saal platzierten Aufpasser aus dem Hause Mielke eine Tat, die alle schönen Reden zum weiträumigen Thema »Zeitgeschichte im Spiegel zeitgenössischer Literatur« überragte.

Aber: Die Reden wurden wichtiger. Das, was nun »Neues Denken« hieß, ließ sich auch in der DDR nicht länger unter dem Deckel halten. Als im Mai 1987 der DSV noch einmal eine internationale Schriftstellerkonferenz zum Großthema »Frieden« organisierte – Anlass war die 750-Jahr-Feier Berlins –, lagen neue sowjetische Abrüstungsvorschläge vor. US-Präsident Ronald Reagan und Michail

Gorbatschow hatten sich kurz zuvor in Reykjavík zu Abrüstungsverhandlungen getroffen. Noch gab es keine konkreten Resultate, aber die Welt geriet in Bewegung, und das Debattieren lohnte sich wieder. Erstmals seit 1979 beteiligte Christa Wolf sich an einer Veranstaltung des Schriftstellerverbandes. Ihr selbst gewähltes Abseits in stummem Protest hatte nun keinen Sinn mehr, auch wenn es ihr schwer fiel, zum Thema Frieden »noch einmal etwas zu sagen«.[17]
60 Teilnehmer aus 25 Ländern versammelten sich im Kongresszentrum des Palast-Hotels um ein großes Tischviereck. Im Leerraum in der Mitte stand das obligate Blumengesteck, der Teppich war bräunlich gemustert. Der Blick in den Tagungsraum verursachte bleischwere Müdigkeit. Erich Honecker gab der Veranstaltung seinen Segen, indem er zum Empfang ins Staatsratsgebäude einlud. Wohl im Glauben, den Weltfrieden noch einmal propagandistisch zur Sache des Sozialismus zu erheben, trat er dort als Parteigänger Gorbatschows auf und lobte dessen Abrüstungsinitiative. Getreue DDR-Autoren wie Erik Neutsch oder Herbert Otto gaben sich als kämpferische Antifaschisten und schmetterten – das Kriegsende jährte sich zum 42. Mal – ihr »Nie wieder!« hervor. Dagegen standen jedoch Ansichten, die so zuvor in der DDR kaum öffentlich geäußert wurden. Stephan Hermlin dachte über die Abschaffung der Mauer nach.[18] Heiner Müller sprach von der »Hypothek des Stalinismus«, der im bürokratischen Umgang mit Kunst zum Ausdruck komme. »Der Frieden ist das A und O«, sagte er, »aber wenn wir das Leben in unserer Gesellschaft nicht attraktiv machen, werden unsere Worte wie Asche im Mund sein.«[19]
Christa Wolf sprach metaphorisch von Berlin als einer Stadt der Baustellen, in der seit Jahren alles um- und umgegraben werde. Ihr Plädoyer für Abrüstung wandte sich gegen die kapitalistische Logik, die in der Rüstung vor allen Dingen den Profit erkennt. An Gorbatschow anknüpfend, wandte sie sich dann jedoch an die eigene, die sozialistische Adresse: Abrüstung sei nur ein erster

Schritt radikaler Friedenspolitik. Nach und nach müssten alle Bereiche der Gesellschaft verändert werden, »weil nämlich Frieden auf Dauer nicht die Abwesenheit von Krieg ist, sondern Konfliktfähigkeit, ein langer, mühsamer Lernprozess, der in den Staaten und Gesellschaftsordnungen mit den realen Widersprüchen, mit Andersdenkenden und Minderheiten zu beginnen hat, um nach außen hin glaubwürdig zu sein, das heißt: Angst abzubauen und wirksam zu werden«.[20]

Nicht ohne eine gewisse diabolische Schadenfreude registrierte sie, dass Sätze, die noch fünf Jahre zuvor »aus unseren Manuskripten als naiv« gestrichen wurden, nun Bestandteil offizieller Politik geworden waren. Die Forderung, »notfalls auch einseitig« abzurüsten, die man ihr aus den Vorlesungen zu »Kassandra« herauszensiert hatte, trug nun Michail Gorbatschow höchstinstanzlich vor. Da war nichts mehr zu machen. Dennoch konnte die erste ungekürzte DDR-Ausgabe von »Kassandra« erst im März 1989, zum 60. Geburtstag Christa Wolfs, herausgebracht werden, als das Buch die 7. Auflage erreichte.

Es ist kein Zufall, dass in der Phase der Unsicherheit, als Christa Wolf zwischen Abwarten und neuer Hoffnung, zwischen Rückzug und Engagement schwankte und vom Generalsekretär der KPdSU an Wagemut übertroffen wurde, erstmals die kritischen Stimmen aus der Bundesrepublik lauter wurden. Ihre kritisch-loyale Haltung schien historisch obsolet zu werden. Als leise Dissidentin war sie im Westen nicht mehr zu gebrauchen, und so begann auch ihr ästhetischer Stern zu sinken.

Uwe Wittstock nahm in der FAZ das Erscheinen von »Störfall« und der Essaysammlung »Die Dimension des Autors« zum Anlass, bei allem Respekt vor der »First Lady der deutschen Literatur« Einwände gegen ihre Ästhetik des gesteigerten Subjektivismus vorzubringen. Was in »Nachdenken über Christa T.« noch gelungen sei, werde spätestens in »Störfall« zum Problem: »Christa

Wolfs Vorsatz, das Erlebte so unmittelbar wie möglich nachzuerzählen, droht ihre Bücher zu Meditationen über mehr oder minder zufällige Bewusstseinsprozesse werden zu lassen. Und es fragt sich, ob dieses Selbstgespräch, das man neugierig (oder auch teilnahmslos) belauschen mag, den Leser etwas angeht.«[21] Wittstock geriet damit in erstaunliche Nähe zu Vertretern des sozialistischen Realismus, die in den Büchern Christa Wolfs einst »das Typische« und – mit Wittstock darin ebenfalls übereinstimmend – die Fabel zu vermissen pflegten. Und auch ideologisch meldete Wittstock Vorbehalte an, die ganz ähnlich, wenn auch weniger argumentativ als polemisch, der alte Wilhelm Girnus schon gegen »Kassandra« vorgebracht hatte. Wittstock bescheinigte Christa Wolf ein »strikt zweipoliges Weltbild«, das zwar nicht mehr zwischen bösen Kapitalisten und guten Sozialisten unterscheide, dafür aber zwischen rationalistischen Männern und ganzheitlichen Frauen. Ihre »kompakte feministische Ideologie« münde in »Störfall« in Okkultismus und einen Hang zum Mystizismus.

Härter und ungerechter polemisierte Marcel Reich-Ranicki, ebenfalls in der FAZ, gegen Christa Wolf.[22] Zum Anlass nahm er die Verleihung des Kleist-Preises, den sie als die Jurorin für das Jahr 1987 Thomas Brasch zuerkannte. In ihrer Laudatio zur Preisverleihung in Frankfurt am Main beschrieb sie Thomas Brasch als einen, der auch nach seinem erzwungenen Weggang aus der DDR im Jahr 1976 Sozialist geblieben sei. Trotz seiner Erfahrungen mit dem sozialistischen Staat, trotz Veröffentlichungsverboten und Gefängnishaft lege er das marxistische Instrumentarium der Gesellschaftskritik auch im Westen nicht weg und bleibe »geprägt durch die Wertvorstellungen dieses anderen Staates, dessen zentraler Begriff ›Arbeit‹ war und bleibt, Arbeit als soziale Kategorie, als Mittel, den Einzelnen mit der Gesellschaft zu verbinden«.[23] Die westliche Welt erschien Christa Wolf als das Refugium des Geldes, des Konsumzwangs und des Marktes, dem Thomas Brasch sich hartnäckig zu entziehen versuche. »Vor die Wahl zwischen zwei Übeln gestellt, wählt er eines der Übel, hört nicht auf, es als Übel zu sehen«, sagte sie über ihn.

»Macht Verfolgung kreativ?« überschrieb Reich-Ranicki seine Polemik. Er empfand es als Unverschämtheit, dass Christa Wolf einen verfolgten und ins Exil gepressten Autor weiter für den Sozialismus reklamierte. »Wie soll man das nennen: Zynismus, Heuchelei oder ganz einfach Unverfrorenheit?« Darin, dass sie Brasch als Preisträger auserkoren hatte, sah er keinen Mut, sondern bloß die Konsequenz der neuen politischen Lage: Gorbatschow und die Folgen. Er warf ihr Beschönigung der Verhältnisse in der DDR vor, ärgerte sich über ihre Kritik an der westlichen Konsumgesellschaft und zielte weit über den sachlichen Anlass hinaus aufs Persönliche. Ihre künstlerischen und intellektuellen Möglichkeiten seien eher bescheiden, an Charme und Scharfsinn mangle es ihr gleichermaßen, Mut und Charakterfestigkeit gehörten nicht zu ihren hervorstechenden Eigenschaften, ja, den Ruf, Deutschlands humorloseste Schriftstellerin zu sein, könne ihr niemand streitig machen. In dieser Polemik tauchte das Schlagwort »Staatsdichterin« auf, ein Umstand, der sich für Reich-Ranicki schon daraus ergab, dass Christa Wolf 1987 zum zweiten Mal mit dem Nationalpreis der DDR ausgezeichnet wurde. 1986 hatte Heiner Müller den Preis erhalten, 1988 war Volker Braun an der Reihe – letzte Versuche der Machthaber, die Fronten im eigenen Land zu begradigen und die kritischen Intellektuellen mit ins untergehende Boot zu holen. Christa Wolf war die staatliche Würdigung nicht angenehm, aber den Nationalpreis abzulehnen, hätte sie für einen Affront gehalten, der noch größere Unannehmlichkeiten bedeutet hätte. Sie wollte ihre Zugehörigkeit nicht riskieren – an diesem Punkt endete immer wieder ihre Opposition. Das mit dem Preis verbundene Geld allerdings nahm sie nur an, um es an Kollegen zu verteilen, die es dringender benötigten als sie selbst.[24]

Auch die falsche Behauptung, sie habe ihre Unterschrift gegen die Biermann-Ausbürgerung »rasch und in aller Form wieder zurückgezogen«, findet sich in Reich-Ranickis Polemik. Der Artikel war eine Ouvertüre zu den Angriffen auf Christa Wolf in den Jahren nach 1989. Hatte man bisher ihre behutsamen, beharrlichen Einsprüche geschätzt, störte nun das beharrliche Festhalten an der Möglichkeit einer Alternative zur kapitalistischen Gesellschaft, wie es in der Rede auf Thomas Brasch deutlich wurde. Gerade weil dieser Widerspruch ihr Werk und ihre Stellungnahmen durchzieht, ließ sich die Auseinandersetzung um den Sozialismus und das, was von ihm bleiben sollte, an Christa Wolf exemplarisch ausfechten. Es war ein Streit um das Erbe der Linken. Er begann als politischer Lagerstreit im westdeutschen Feuilleton, das sich mit diesem Thema noch einmal politisch am Markt positionieren konnte. In der »Zeit« erhielt Christa Wolf folglich Unterstützung mit einem Artikel auf der Titelseite[25]. In derselben Ausgabe wurde die angeblich zurückgezogene Unterschrift als Falschmeldung deklariert. Auch die FR unterstützte Christa Wolf.

Symptomatisch für die politisch aufgeladene Debatte ist die Antwort von Thomas Brasch auf Reich-Ranickis Artikel. Er stellte sich nicht nur demonstrativ an die Seite seiner Laudatorin, sondern legte gleich ein Bekenntnis zum Sozialismus ab: »Ich bin nach wie vor Bürger der DDR, und alle zurückliegenden Konflikte zwischen mir und verschiedenen Institutionen meines Landes waren immer Konflikte über das Wie des Sozialismus, nie über eine Alternative zu ihm. (…) Wie Christa Wolf bin auch ich davon überzeugt, dass eine Gesellschaft, die sich unter großen Schwierigkeiten und in ständiger Veränderung der jahrhundertealten Last der Ausbeutung entledigt, die einzige produktive Möglichkeit in sich birgt.«[26] Ganz anders äußerte sich ein anderer DDR-Weggeher der jüngeren Generation, Hans Noll, der sich später Chaim Noll nannte. Er schrieb schon vier Monate vor Reich-Ranicki ein Pamphlet, das in der

»Welt« erschien. Da war zum ersten Mal von der »Staatsdichterin« und der zurückgezogenen Unterschrift die Rede. Seine Anklage, die auf Genauigkeit der Fakten keine Rücksicht nahm, gipfelte in der Aussage: »Ihre große Lebenslüge besteht darin, dass sie sich einem politischen System zur Verfügung stellt, dessen Amoralität ihr bewusst ist. Sie dient einer Nomenklatura, die für Unterdrückung, Korruption und Entwürdigung des Individuums verantwortlich ist (...).«[27]

Thomas Brasch und Hans Noll verkörpern die ideologische Spannweite derer, die im Westen als »Dissidenten« firmierten. Noll spielte diese Rolle mit großer Überzeugungskraft und Erfolg auf dem publizistischen Markt der Stimmen, Brasch wehrte sich stets gegen dieses Label. Doch bei aller Gegensätzlichkeit sind sie beide Söhne der DDR-Nomenklatura. Braschs Vater war hoher SED-Funktionär und brachte es bis zum stellvertretenden Kulturminister, Noll ist der Sohn des parteitreuen Schriftstellers Dieter Noll. Für beide war der Konflikt mit der DDR zugleich ein innerfamiliärer Generationenkonflikt – und es ist mehr als sprechend, dass Braschs erste Publikation im Westen den Titel »Vor den Vätern sterben die Söhne« erhielt.

Das Politische erschien in der DDR häufig in familiärem, biederem Ambiente. Die Repression trug Strickjacke und Hausschuhe. Eine nicht verbürgte, unglaubliche Geschichte, die Gerhard Wolf erzählt, besagt, dass Thomas Brasch vor seiner Übersiedlung nach Westberlin von Erich Honecker zum Gespräch geladen wurde. Honecker war ein Freund der Familie und kannte Thomas Brasch von klein auf. Nun erkundigte er sich besorgt nach dem Wohlbefinden des abtrünnigen Sohnes, fragte, ob es im Gefängnis sehr schlimm gewesen sei, und wollte wissen, ob es durchgeregnet habe. Er, Honecker, habe nämlich das Dach des Zuchthauses gedeckt – als er in den dreißiger Jahren selbst dort Häftling war. Brasch war durchaus eingenommen vom Generalsekretär, der ihn auch aus dem Gefängnis geholt hatte. Nun redeten sie wie Knastbrüder miteinander, und Honecker bedauerte Braschs Entscheidung, in den Westen zu gehen.[28]

Wenn der Staat als Familienangelegenheit behandelt wurde, war zugleich die Familie ein Kampfplatz der Politik. Die Familienstruktur sagt also etwas aus über das herrschende Politikverständnis. Demnach ist es nicht nur von privater Bedeutung, dass es in der Familie Wolf eben nicht zu einem Bruch zwischen den Generationen kam. Keineswegs standen da die bürgerbewegten Töchter ihrer Mutter feindlich gegenüber, ganz im Gegenteil: Die Erneuerung, das Hinarbeiten auf eine Wende, war eine gemeinsame Hoffnung. Christa Wolf erklärt diese Zusammengehörigkeit damit, dass sie und ihr Mann die Kinder nie von der eigenen politischen Entwicklung ausgeschlossen hätten. Sie ließen sie die konfliktreiche Loslösung von der Ideologie Schritt für Schritt miterleben. Deshalb mussten sie sich später nicht vorwerfen lassen, früher einmal ganz anders gedacht zu haben: »Wir konnten darüber immer sprechen«, sagte Christa Wolf 1990. »Insofern stehen wir jetzt, und das ist für mich ein Riesenglück, politisch auf dem gleichen Stand. Es gibt keinen Graben. Da habe ich mir auch große Mühe gegeben, dass das nicht so wird.«[29]

Dass diese Behauptungen keine Floskeln sind, belegen nicht zuletzt Christa Wolfs öffentliche Äußerungen, in denen sie die eigenen Zweifel vorführt. Sie lieferte immer wieder selbst die Argumente, die ihr später von anderen entgegengehalten wurden. Als ihr im November 1987 in München der Geschwister-Scholl-Preis überreicht wurde, sprach sie in der Auseinandersetzung mit dem Widerstand gegen den Nationalsozialismus von der »Verführbarkeit durch Macht«, die ihrer Generation, also ihr selbst, von der Kindheit im Faschismus geblieben sei. »Mir scheint«, sagte sie vor dem westdeutschen Auditorium, »dass vielen Angehörigen meiner Generation (...) von ihren frühen Prägungen her der Hang zur

Ein- und Unterordnung geblieben ist, die Gewohnheit zu funktionieren, Autoritätsgläubigkeit, Übereinstimmungssucht, vor allem aber die Angst vor Widerspruch und Widerstand, vor Konflikten mit der Mehrheit und vor dem Ausgeschlossenwerden aus der Gruppe.«[30] Christa Wolf beschrieb damit ihren Ausgangspunkt in der frühen DDR, ein Charakterbild, gegen das sie einigermaßen erfolgreich angekämpft hatte. Von der Schwierigkeit, ich zu sagen, handelte ihre Literatur. Von der Schwierigkeit, nein zu sagen, ihr Leben.

Immer noch hielt sie die DDR für den deutschen Staat, der für ein antifaschistisches Geschichtsbewusstsein stand. Die Formel vom »verordneten Antifaschismus« erregte stets ihren Widerspruch. Sie sah es als Erfolg an, dass es in der DDR im Unterschied zur Bundesrepublik keine Tendenz zur Verharmlosung des Faschismus gebe. Die Einseitigkeit, sich nur auf einen Teil des Widerstandes zu berufen, sei in der DDR, wo nicht nur Kommunisten, sondern auch die Männer des 20. Juli und die Mitglieder der »Weißen Rose« gewürdigt würden, in den letzten Jahren überwunden. Sie kritisierte die Neigung der DDR, die faschistische Vergangenheit an die Bundesrepublik zu delegieren und den Bürgern damit die Auseinandersetzung mit ihrem Anteil an Schuld zu ersparen.

Vorsichtig erwähnte sie zudem »bestimmte Beobachtungen an jungen Menschen«, die sie befürchten ließen, »dass die Darstellung des Nationalsozialismus für sie zum Ritual erstarrt ist«.[31] Ihr war durchaus bekannt, dass es in der DDR in der zweiten Hälfte der achtziger Jahre bereits eine neonazistische Szene gab: NS-Symbole zu benutzen, war die einfachste und wirkungsvollste Weise der Tabuverletzung im antifaschistischen Staat. Im Westen wollte sie über diese Probleme nicht reden. In der DDR führte sie jedoch für den Dokumentarfilm »Unsere Kinder« von Roland Steiner und Anne Richter ein Gespräch mit zwei jungen Neonazis. Einer davon war Ingo Hasselbach, der später als Aussteiger bekannt wurde. Sie

wollte wissen, was in diesen Menschen vorging, und war schockiert, als einer ihr ein Photo seines Großvaters in SA-Uniform vorlegte. Den Neonazismus betrachtete sie zwar als Randerscheinung, der aber doch mehr Aufmerksamkeit zuteil werden sollte.[32]
Während Christa Wolf in München gefeiert wurde, begann in Berlin der X. Schriftstellerkongress der DDR. Hielte man sich allein an die Photos dieser Veranstaltung, könnte man kaum glauben, dass sich hier außerordentliche Dinge ereigneten. Die Ikonographie der Macht ist noch unerschüttert. Die Zusammenkunft der Schriftsteller sieht so wohlgeordnet und so öde aus wie ein Parteitag. In der Mitte des etwa dreißigköpfigen Präsidiums sitzt, mit leicht schräg geneigtem Haupt, Erich Honecker. Günter Schabowski blickt in eine unbestimmte Ferne, Kurt Hager legt sinnend einen Finger unter die Nase, Egon Krenz hat den Kopf aufgestützt und sieht aus, als würde er soeben von einem bedeutenden Gedanken durchströmt. Stephan Hermlin sitzt etwas steif zwischen Honecker und Horst Sindermann, Erwin Strittmatter neben Agitationschef Joachim Herrmann. Am Rednerpult, hinter riesigem Blumengesteck, ist Hermann Kant mit seinem Grundsatzreferat beschäftigt: alles wie gehabt. Neu und ungewohnt waren die offenen Debatten und einige geradezu umstürzlerische Redebeiträge. Umweltzerstörung und Stalinismus wurden ebenso thematisiert wie die repressive Druckgenehmigungspraxis. Christoph Hein forderte in der Arbeitsgruppe »Literatur und Wirkung« mit einem fulminanten Referat die Abschaffung der Zensur. Und auch Günter de Bruyn forderte, dass die Verantwortung für die Herausgabe von Büchern künftig allein bei den Autoren und ihren Verlagen liegen solle.
De Bruyn fasste sich kurz. Er wollte seine Redezeit nutzen, um einen Brief Christa Wolfs an den Kongress vorzulesen. Das Präsidium hatte es zuvor abgelehnt, sich damit zu beschäftigen. Hermann Kant begründete das ausgerechnet mit einem Hinweis auf die demokratischen Rechte der Kongressteilnehmer. Er war etwas

beleidigt, dass Christa Wolf seine Einladung nicht angenommen und sich mit Geschwister-Scholl-Preis und einem zweimonatigen Zürich-Aufenthalt entschuldigt hatte. In Zürich gab sie zusammen mit Gerhard Wolf Schreibseminare an der Technischen Universität. Beim vorigen Kongress sei sie in Schweden gewesen, jetzt in der Schweiz, stichelte Kant. »Es kann ja niemand auf einen Kongress geprügelt werden. Ob er dann sozusagen auf eine bestimmte Weise doch an ihm teilnimmt, ist eine andere Frage.«[33]
Durch Günter de Bruyn fand der Brief nun zwar seine Adressaten, die Debatte darüber verhinderte Kant jedoch geschickt und wurde dafür in der Stasi-Auswertung des Kongresses auch sehr gelobt.[34] Christa Wolf solle doch zur nächsten Berliner Bezirksversammlung kommen, da sei der richtige Ort, über ihre Thesen zu sprechen. Damit hatte er nicht ganz Unrecht, ging es Christa Wolf doch um die Auseinandersetzung des DSV mit seiner eigenen Geschichte – um seine unrühmliche Rolle nach der Biermann-Ausbürgerung und um die Ausschlüsse der neun Kollegen im Jahr 1979, für die der Berliner Bezirksverband verantwortlich war. Es war ihr wichtig, Reich-Ranickis falscher Anschuldigung öffentlich zu widersprechen: »Jeder, der mich kennt, weiß, dass ich meinen Einspruch gegen diese Maßnahme immer aufrechterhalten und auch nicht relativiert habe.«[35] Aber allein, dass sie auf das Thema überhaupt zu sprechen kam, war, wie sich zeigte, dem Präsidium äußerst unangenehm.
Im März 1988, zur Bezirksversammlung, kam Christa Wolf dann leibhaftig. Sie forderte Gespräche und Versöhnung mit den Ausgeschlossenen von 1979. Der Verband solle auf sie zugehen, vor allem und zuerst auf Stefan Heym, dessen bevorstehender 75. Geburtstag eine gute Gelegenheit biete. Auf die Erneuerung des Schriftstellerverbands, zu hoffen – im Vergleich zum PEN-Zentrum oder zur Akademie der Künste der am hoffnungslosesten von Dogmatikern beherrschte Club –, wäre sicherlich illusorisch gewe-

sen. Und doch glaubte Christa Wolf zur Zeit der Perestroika an die mögliche Liberalisierung und daran, aus dem DSV vielleicht doch einen Ort politischer Auseinandersetzungen zu machen.
Tatsächlich aber war hier bloß die Probebühne für den großen Exitus der DDR im Jahr 1989. Im Sommer 1989 verlautbarte das Politbüro, dass den tausenden so genannten Republikflüchtlingen »keine Träne nachzuweinen« sei. Das Entsetzen über diese Haltung, das Christa Wolf 1989 äußerte, brachte sie einstweilen im überschaubaren Rahmen des Schriftstellerverbandes vor, wo schon seit Jahren dieselbe Bunkermentalität herrschte. Noch war nicht zu erkennen, dass, wo bloß die Interessen einer Berufsgruppe verhandelt wurden, längst die Existenz der ganzen Gesellschaft auf dem Spiel stand. Doch die Frage, um die es ging, war im Kleinen und im Großen dieselbe: Wer bleibt?
Christa Wolf wollte sich nicht damit abfinden, dass immer mehr Kollegen die DDR verließen, weil sie keine Chance mehr sahen. Sie wollte retten, was nicht mehr zu retten war. »Seit langem vermisse ich Äußerungen von Erschrecken und Trauer über den Verlust von Kollegen«, sagte sie, »und ich vermisse vor allem ein kollektives Nachdenken, eine tiefgreifende Analyse der Ursachen von Resignation und Entmutigung, die dem Entschluss, die DDR zu verlassen, bei vielen vorausgingen.«[36] Die Wiederaufnahme der ausgeschlossenen Kollegen wäre in ihren Augen ein Zeichen dafür, dass es sich lohnen könnte, in der DDR zu bleiben und für eine andere, bessere Republik zu kämpfen. Noch einmal hoffen. Noch einmal alles anders und besser machen. Einen dritten Weg finden. Damit war das Thema der Wendezeit angeschlagen, aus der aber keine Wende wurde, sondern ein Ende.
Damit, dass sie noch auf Erneuerung setzte, war Christa Wolf zur potentiellen Bündnispartnerin der verzweifelten Machthaber geworden. Jemand, der nicht wegging, sondern verändern wollte, konnte kein Feind sein. Das begriff nun sogar das Politbüro. Günter

Schabowski sah in Christa Wolfs Bezirksversammlungsrede ein ermutigendes Zeichen. Im Manuskript strich er die Stellen an, in denen sie von den Weggehern und der fehlenden Trauer der Zurückgebliebenen sprach – als hätte er geahnt, dass sich daran das Schicksal der Deutschen Demokratischen Republik ein Jahr später entscheiden sollte. Den Text schickte er auch an Egon Krenz zur Kenntnisnahme und wertete ihn in einem Begleitschreiben als ein »bei aller Kompliziertheit unbedingt als Angebot zu behandelndes Signal zur Wiedermitarbeit im Verband. Wir haben die Genossen des Präsidiums des Schriftstellerverbandes gebeten, zu den Vorschlägen von Christa Wolf die entsprechenden Standpunkte zu erarbeiten und mit ihr im Gespräch zu bleiben sowie die Berliner Mitglieder über die entsprechenden Ereignisse zu informieren.«[37] Andere, wie der Übersetzer Thomas Reschke, fanden vor Schabowski weniger Gnade. In bewährter Manier urteilte er dessen Rede als »unsachlich« ab und ordnete an: »Mit ihm, der ein sehr qualifizierter Autor ist, muss prinzipieller die kameradschaftliche ideologische Auseinandersetzung geführt werden.« Es ging ihm demnach nicht um größere Toleranz oder wirkliche Veränderungen, sondern darum, die Prominenz – Christa Wolf – einzubinden. Mit den anderen konnte weiter so verfahren werden wie bisher.

O Täler weit, o Höhen!

Der Anfang vom Ende, Atemnot und ein rauschendes Fest

War alle Hoffnung vergeblich? War das Engagement für einen wirklichen Sozialismus, der das Gegenteil des realen hätte sein müssen, von vornherein illusorisch? Gab es eine Alternative? Und wann begann diese letzte Phase der DDR, die von den Beteiligten als Aufbruch erlebt wurde und doch so zielstrebig auf das Ende in Einheit zusteuerte?

Christa Wolf, aus Berlins Mitte ins bürgerliche Pankow umgezogen, erholte sich von einer schweren Erkrankung. 1988 hatte sie in Mecklenburg einen Blinddarmdurchbruch mit anschließender Sepsis und Bauchfellentzündung erlitten. Fünfmal musste sie operiert werden und lag, dem Tod nahe, auf der Intensivstation des Schweriner Krankenhauses. Die Ärzte fragten sich, was zum Zusammenbruch des Immunsystems geführt hatte. Sie selbst dachte später darüber nach, warum diese schwere Krankheit sie ausgerechnet zu diesem Zeitpunkt überfallen hatte, als der Untergang der DDR, eine Art Immunschwäche des Staates, unmittelbar bevorstand. Die Rekonvaleszenz zog sich bis ins revolutionäre Jahr 1989 hinein. Im Februar unterzog sich Christa Wolf einer Sauerstoffkur in Dresden, eine präventive Maßnahme zur Vorbereitung auf die nächste Operation: Was für ein Symbol! Das Ringen um frische Luft in der stickigen DDR könnte kaum plastischer formuliert werden. Oder handelte es sich nur um eine letzte Atempause vor der Beschleunigung der Geschichte?

Dass die Jahresversammlung des DDR-PEN sich am 1. März auf Initiative von Christa Wolf dazu durchringen konnte, die »umgehende Freilassung des tschechischen Bürgerrechtlers Václav Havel« zu fordern, muss ihr da wie eine Fortsetzung der Atemtherapie erschienen sein. Und doch wurde auch bei dieser Debatte noch genügend abgestandene Luft ventiliert. Statt den Protest gegen Havels Verhaftung lautstark vorzutragen, wie es Rolf Schneider und Christoph Hein gefordert hatten, einigte man sich darauf, die Angelegenheit an den Internationalen PEN in London zu delegieren und Unterstützung anzubieten. Ein halbes Mütchen also nur, aber immerhin. Christa Wolf formulierte mit am Schreiben an die Londoner Zentrale. Vizekulturminister Klaus Höpcke wurde, weil er in der Debatte keinen Widerspruch verlauten ließ, umgehend seines Amtes enthoben und nach Intervention von Hermann Kant ebenso umgehend wieder eingesetzt. Die Bürokratie war verunsichert, die Hierarchien begannen zu bröckeln. Erste Risse im Gefüge des Machtapparats wurden sichtbar.[1]

Mit ihren Büchern war Christa Wolf im Jahr 1989 in der DDR präsent wie nie zuvor. »Kindheitsmuster« erschien im Januar in einer Taschenbuchausgabe. 30 000 Exemplare wurden gedruckt, der Buchhandel bestellte 69 000. »Kassandra« war endlich ungekürzt zu haben, und in den »Gesammelten Erzählungen« durfte nun auch die Literatursatire »Kleiner Ausflug nach H.« aus dem Jahr 1971 nachgetragen werden. Das DDR-Fernsehen verfilmte mit »Selbstversuch« – der Science-Fiction-Geschichte über eine Wissenschaftlerin, die sich in einen Mann umwandeln lässt – erstmals einen Text Christa Wolfs. Zusammen mit Inge und Walter Jens planten Christa und Gerhard Wolf, als »Friedensbibliothek« ausgewählte Texte von der Aufklärung bis zur Gegenwart zusammenzustellen. Das Buch sollte in Ost und West, bei Reclam in Leipzig und bei Luchterhand, erscheinen. Die Geschichte ging darüber hinweg.

Im März, pünktlich zum 60. Geburtstag, erschien »Sommerstück«, das tschechowhafte Endspiel auf dem Lande, ihr persönlichstes Buch, vielleicht auch ihr schönstes. Über zehn Jahre hatte sie an dieser elegischen und doch so leichten Erzählung gefeilt und damit noch einmal den Ton der Zeit getroffen. Was bleiben würde von der DDR, nahm Christa Wolf mit »Sommerstück« vorweg. Es war die Feier des Alltags, die gesteigerte Intensität des gelebten Augenblicks, die Bedeutung der Freundschaften, das Glück im Winkel, das um seine Flüchtigkeit weiß. Was viele Ostdeutsche nach der Wende immer wieder vorbrachten – »Es war doch nicht alles schlecht!« –, findet sich komprimiert und verdichtet in diesem Buch. Aber eben auch der Verfall, der Tod, die Gewissheit, dass es so nicht weitergehen konnte. Schon im Frühling 1989 intonierte es die Grundmelodie des Abschieds, erinnerte an eine vergangene, unwiederbringlich versunkene Zeit und erzählte ohne jede Spur von Larmoyanz vom Altern und Sterben. »Altern ist, übrigens auch, dass du dich immer öfter zu dir sagen hörst: Es ist nicht wichtig.«[2] Gelassener kann man nicht schreiben.

Wenig verwunderlich, dass im Westen einige Rezensenten »Sommerstück« schlicht zum Gähnen langweilig fanden.[3] Sie bemängelten den Betroffenheitstonfall, die ungenügende literarische Formgebung und das unentschiedene Hin- und Herschwanken zwischen Autobiographie und Novelle.[4] Sie kritisierten die falsche Idylle und erkannten einen »Verrat an den eigenen Ideen, den Freunden und an sich selbst«.[5] Es gab jedoch auch Stimmen, die die klare Poesie dieses Buches zu schätzen wussten[6] und einen »neuen Maßstab autobiographischen Erzählens« gesetzt sahen. Das höchste Lob kam von Fritz J. Raddatz, der einst selbst aus der DDR in den Westen gekommen war. Er rühmte das »kleine große Meisterwerk« und meinte, es sei »endlich an der Zeit, wollte sich die Stockholmer Akademie dieser Schriftstellerin entsinnen. Sie ist des Nobelpreises würdig.«[7] Auch ihr alter Lehrer Hans Mayer ließ Christa Wolf wissen, dass er sich den Nobelpreis für sie vorstellen könnte – wenn, ja, wenn da nicht der Grass wäre, der ihn noch vor ihr verdient hätte.[8]

DDR-Leser aber schätzten an diesem hitzeflirrenden »Sommerstück«, dass es »etwas überaus Kostbares enthält: eine gelebte Utopie« – wobei der Akzent auf *gelebt* lag.[9] Der 60. Geburtstag Christa Wolfs wurde in den Zeitungen des Landes zum Würdigungsmarathon. Nachdem der große Vorsitzende Erich Honecker seine Grußadresse verschickt hatte, in der er seiner »Wertschätzung für die Leistung der Jubilarin als Erzählerin und Essayistin von hohem Rang, als feinfühlige Kritikerin, Herausgeberin sowie engagierte und mutige Verfechterin einer Welt ohne Hochrüstung und menschheitsbedrohende Politik«[10] Ausdruck verlieh, gab es an der Huldigungsfront kein Halten mehr. Selbst die Bauernzeitung »Freie Erde« rückte eine ganze Seite mit Lobpreisungen ins Blatt, und im ND stand zu lesen, Christa Wolfs Literatur gehöre »zum Besten, was in unserer Zeit in deutscher Sprache geschrieben wird«.[11] Solche Töne hatte man dort eher selten vernommen. Nun war Christa Wolf in der DDR auch ohne Nobelpreis nobilitiert und unangreifbar. Der Staat suchte schmeichlerisch ihre Nähe, um sich mit ihr zu schmücken und die eigene Schwäche zu kaschieren.

Politisch war Christa Wolf im historischen Jahr 1989 zunächst kaum wahrnehmbar. Ihre Rekonvaleszenz zog sich bis in den Juni hinein. Das Engagement spielte sich eher im Verborgenen ab. Dass sie den Schriftsteller Gert Neumann, der nicht veröffentlichen durfte, finanziell unterstützte, kann als Beispiel stiller Solidarität unter DDR-Autoren gelten. Als die Stasi davon erfuhr, überprüfte sie die Kontobewegungen und stellte fest, dass tatsächlich ein »beträchtlicher Geldbetrag« überwiesen worden sei.[12] Moralische Unterstützung erhielt auch Peter Hussock, ein Arbeiter, der gegen ein ungerechtes Arbeitsgerichtsurteil ankämpfte. In einem Brief an Honecker hatte er sich über die Stasi beschwert, Misswirtschaft angeprangert und die Justiz kritisiert. Zur Strafe für seine Respektlosigkeit strich Vater Staat ihm die Genehmigung, zum Geburtstag der Mutter in den Westen zu reisen. So ging es zu in der DDR, bis zuletzt. Christa Wolf intervenierte bei Honecker. Erfolglos. Hussock aber dankte ihr für die Bemühung und schrieb: »Diese Ihre Zivilcourage – ich nenne sie aktive Humanität – hebt Sie in meinen Augen noch über die theoretische Humanität Ihrer Bücher hinaus. Und erst dadurch wird der Schriftsteller wahrhaft groß und unvergänglich.«[13]

Im Januar 1989 hatte Erich Honecker noch verkündet, der antifaschistische Schutzwall werde so lange stehen bleiben, »wie die Bedingungen nicht geändert werden, die zu seiner Errichtung geführt haben. Er wird in fünfzig oder auch in hundert Jahren noch bestehen bleiben.«[14] Im Mai begann Ungarn damit, die Grenzbefestigungsanlagen abzubauen, und gab damit das Startsignal für eine Massenflucht aus der DDR über Ungarn in den Westen. Bei den Kommunalwahlen im Mai wiesen Bürgerrechtsgruppen der SED massive Wahlfälschung nach. Am 4. Juni ließ die chinesische Führung die Studentendemonstrationen auf dem Platz des Himmlischen Friedens blutig niederschlagen, ein Vorgehen, das die Volkskammer der DDR vier Tage später als Aktion zur Wiederherstellung von Ordnung und Sicherheit billigte. Die »chinesische Lösung« wurde zu einem stehenden Begriff und blieb während der folgenden Monate ständig eine Angst auslösende Bedrohung.

Im Juli trat Christa Wolf aus der SED aus, der sie vierzig Jahre angehört hatte. Seit sie 1980 in die Parteigruppe der Akademie überführt worden war, hatte sie dort sanft vor sich hin geschlummert: eine Karteileiche der Partei. Als die SED nun, um die Bataillone noch einmal zu sammeln, Formblätter verteilte, mit denen die Mitgliedschaft bekräftigt werden sollte, tat Christa Wolf, wovor sie 1976 noch zurückgeschreckt war: Sie verweigerte die erneuernde Unterschrift und schied damit aus. Die Partei versuchte, sie noch einmal umzustimmen, und brachte ein bewährtes Argument vor: Je weniger Leute ihrer Art Genossen blieben, umso weniger ließe sich verändern. In der Kulturabteilung der SED wurde der Vorgang ordnungsgemäß protokolliert und vom Büro Ursula Ragwitz in einer Hausmitteilung an Kurt Hager so zusammengefasst: »Lieber Genosse Hager! Am 26.7. informierte mich Genosse Heinz Schnabel mündlich davon, dass Genossin Christa Wolf beim Sekretär der Parteiorganisation der Akademie der Künste, Genossen Rolf Harder, vorgesprochen habe und ihm mitteilte, dass sie nicht bereit sei, die Mitgliedschaft in unserer Partei aufrechtzuerhalten. Daraufhin hat in der vorigen Woche ein längeres Gespräch mit ihr stattgefunden, das der Genosse Rolf Harder und Genossin Christel Berger führten. Genossin Wolf brachte während des Gesprächs folgendes zum Ausdruck: Sie habe lange über diesen Schritt nachgedacht, besonders während ihrer Krankheit in den vergangenen Monaten. Sie könne ihre Parteimitgliedschaft mit ihrem Gewissen nicht mehr vereinbaren, da sie sich ungenügend als Mitglied der Partei mit ihr verbunden fühlt, und nun möchte sie mit sich ins Reine kommen. Am Parteileben nimmt sie ja schon lange nicht mehr teil. Eigentlich, sagte sie, hätte sie diesen Schritt schon 1976 tun müssen, als ihr Mann aus der Partei ausgeschlossen wurde. Sie betrachte die nun bevorstehenden Parteigespräche mit jedem Parteimitglied und den Umtausch der Parteidokumente in gewissem Sinne als ›neuen Eintritt‹ in die Partei, so wäre es am besten, sich vor den Gesprächen streichen zu lassen. Sie möchte das in aller Stille tun, und sie sei selbst daran interessiert, dass daraus keine große Aktion gemacht wird. Sie selbst wird mit niemandem darüber sprechen.«[15]

Christa Wolf begriff ihren Parteiaustritt demnach eher als moralischen Entschluss. Sie vollzog ihn wie einen Kirchenaustritt als Gewissensentscheidung und möglichst geräuschlos. Sie wollte der SED nicht durch eine demonstrative Aktion schaden. Die eingeübte Parteidisziplin funktionierte noch über die Mitgliedschaft hinaus. Die Partei war schon lange nicht mehr der Ort, an dem sie sich heimisch fühlen konnte – ein Gegner war sie deshalb nicht. Noch war das Ende der DDR nicht zu ahnen. Christa Wolf wurde nicht zu einer Renegatin, bei der einstige Treue in Hass umgeschlagen wäre. Sie blieb auch im Abschied loyal, denn ihr Ziel war klar: eine Alternative zum Kapitalismus, die sie, und nicht nur sie, immer stärker bedroht sah. Stefan Heym bezeichnete in einem ARD-Interview die Ausreisewelle als ein »fürchterliches Phänomen«, das die ganze DDR zu verschlingen drohe. Im August begannen in Leipzig zögerlich, anfangs mit wenigen hundert Menschen, die Montagsdemonstrationen. Die Demonstranten, die sich zum Friedensgebet in der Nikolaikirche versammelten, forderten auf Transparenten Reisefreiheit statt Massenflucht. Sie wollten umfassende Reformen in der DDR und drängten ihre Mitbürger dazu, zu bleiben und sich einzumischen. Anstatt in diesen Veränderungswilligen die letzte Chance der DDR zu erkennen, ging der SED-Staat mit Stasi und Polizei gegen die Demonstranten vor.

Am 31. August äußerte Christa Wolf sich erstmals zum Geschehen. Sie nutzte eine Rede in der Westberliner Akademie der Künste zum 50. Jahrestag des Kriegsbeginns dazu, die Position zu verdeutlichen, die sie auch in den kommenden Monaten beibehielt. Ihre Opposition zur Staatsführung, die dem weglaufenden Volk Schmähungen hinterherrief, machte sie vor allem durch eine emotionale Haltung kenntlich. Im Duktus einer Politikerin, die als Repräsentantin für ihr Land und zu seinen Bürgern spricht, sagte sie: »Ich glaube, es sollte jemand, der in der DDR lebt, öffentlich sagen, und ich will es tun, dass dieser Vorgang mich schmerzt, dass alle diese Menschen uns fehlen und dass ich es tief bedauere, dass die Verhältnisse in der DDR diesen jungen Leuten anscheinend keine wie immer streitbare, konfliktreiche Identifikation mit diesem Staat, und sei es im Widerspruch, ermöglicht haben.« Sie

formulierte die Trauer um einen verlorenen Traum, zu der das Politbüro schon lange nicht mehr in der Lage war.
Ihre Vorschläge waren formelhaft und griffen aufs bewährte Repertoire ihrer Mahnungen zurück: Widersprüche produktiv machen, Wahrheit den Menschen zumuten, Dialog der Vernunft. Beginnen müsse der notwendige Prozess der Erneuerung jedoch mit einer »realitätsbezogenen Sprache in den Medien«. Man könnte es deutlicher formulieren: Demokratie beginnt mit Pressefreiheit. Keinen Zweifel ließ sie daran, dass sie »eine auf Dauer stabile DDR« für wünschenswert halte, eine Haltung, die sie mit dem antifaschistischen Charakter der DDR und dem großen historischen »Nie wieder!« begründete.[16] Die staatliche Existenz eines zweiten deutschen Staates war in ihren Augen Garant dafür, dass von deutschem Boden nie wieder ein Krieg ausgeht – ein Argument, das in den Debatten um die deutsche Einheit eine wichtige Rolle spielen sollte.
Ähnlich äußerte sie sich vierzehn Tage später auf der Mitgliederversammlung des Berliner Schriftstellerverbandes. Mit einer Gruppe befreundeter Autorinnen – Helga Schütz, Gerti Tetzner, Sigrid Damm, Helga Königsdorf, Daniela Dahn und Rosemarie Zeplin – hatte sie einen Resolutionsentwurf ausgearbeitet, der dem DSV vorgelegt werden sollte. »Der Exodus«, schrieben die Frauen, »ist nur ein Zeichen für angestaute grundsätzliche Probleme in allen Bereichen der Gesellschaft. Es fehlt inzwischen nicht an Analysen und Ideen, sondern an Möglichkeiten, sich öffentlich über sie zu verständigen und sie wirksam zu machen. Aus Sorge um die weitere Entwicklung fordern wir, dass dieser demokratische Dialog auf allen Ebenen sofort beginnt.«[17]
Die Gruppe, die sich als so genannter »Weiberkreis« heute noch trifft, glaubte, damit einen mutigen Vorstoß zu machen, und rechnete mit Widerstand. Die Frauen erfuhren jedoch, wie sehr sich die Verhältnisse bereits verändert hatten. Eine große Mehrheit der 150 Kollegen stimmte zu. Mit nur vier Gegenstimmen – unter

ihnen Hermann Kant – wurde die Resolution angenommen. Lediglich der obligate Satz gegen die westlichen Medien musste als Zugeständnis an die eingefleischten Rituale ergänzt werden. Christa Wolf empfand das als enormen Fortschritt und ging euphorisch gestimmt nach Hause. Doch anschließend begann das alte Spiel hinter den Kulissen. Die Resolution wurde vom Sekretariat des DSV zunächst nicht verbreitet. Das geschah erst auf Protest und nachdem der Text eine Woche später im Westen veröffentlicht worden war.[18] So sanft die Formulierungen sich im Nachhinein auch lesen, das MfS registrierte die veränderte Stimmung unter den »Künstlern und Kulturschaffenden in der Hauptstadt der DDR« in einem Lagebericht zum 40. Jahrestag genau. Resolutionen seien ein verbreitetes Mittel geworden, um auf angeblich »unzureichende gesellschaftliche Zustände« aufmerksam zu machen. Hervorzuheben sei, dass »*erstmalig* eine Resolution unter maßgeblicher Beteiligung der Schriftstellerin Christa Wolf eingebracht und mit Mehrheit angenommen wurde. (...) Seit der Annahme dieser Resolution ist mit fortschreitender Intensität eine solche Verfahrensweise im künstlerischen Bereich festzustellen.«[19]

Christa Wolf verbrachte die nächsten Wochen in Mecklenburg. Ende September erhielten die Wolfs dort Besuch von Inge Aicher-Scholl und Otl Aicher, mit denen sie seit den Tagen des Geschwister-Scholl-Preises in München befreundet waren. 1988 hatten sie den Aichers in der »autonomen Republik Rotis« einen Besuch abgestattet und waren fasziniert von der Konsequenz, in der dort Denken und Design zur philosophischen Lebensweise verbunden wurde. Nun staunten die Gäste aus dem Westen über unberührte Alleen und die Stille im autoarmen Land und erlebten im Kontrast dazu die Hochspannung, unter der die Wolfs in diesen Tagen standen. In ihrem Tagebuch notierten sie: »In diesem Haus jedoch knistert es, von morgens früh bis abends läuft Christa mit dem Radio in der Hand umher.«[20]

Es war die Woche vor der Vierzig-Jahr-Feier der DDR, zu der Gorbatschow erwartet wurde. Die Ausreisewelle hatte ihren Höhepunkt erreicht. In Prag hielten tausende DDR-Bürger die Botschaft der Bundesrepublik besetzt, um ihre Ausreise zu erzwingen. Es war völlig offen, in welche Richtung die Entwicklung gehen würde. Entsetzt zeigte Christa Wolf ihren Gästen die aktuelle Ausgabe des ND, das ein riesiges Photo der Feiern in China auf der ersten Seite brachte. Egon Krenz weilte dort, um der chinesischen Führung nach sozialistischem Brauchtum die Grüße des Volkes der Deutschen Demokratischen Republik zu überbringen und enge Verbundenheit zu demonstrieren. Also doch die »chinesische Lösung«? Abends saßen alle zusammen am Küchentisch und entwarfen auf einem Notizblock provisorisch die neue Regierung: »Man muss doch vorbereitet sein.« Otl Aicher plädierte für Zurückhaltung und Vorsicht. Man müsse die alten Herren einbeziehen, um die Existenz der DDR nicht zu gefährden. Honecker sollte deshalb Regierungschef bleiben, aber einen Aufpasser erhalten, der mit der Pistole hinter ihm steht. Jens Reich war als Landwirtschaftsminister vorgesehen, auch Manfred Gerlach von der Liberal-Demokratischen Partei (LDPD) durfte mitregieren. Es waren, wie Christa Wolf am Jahresende resümierte, die letzten ruhigen Tage, ehe sie in den Strudel der Ereignisse hineingezogen wurde.[21]

Im fernen Ascona nahm sie zusammen mit Stefan Heym an einem Symposium der »Internationalen Ärzte gegen den Atomkrieg« teil. Um »Macht und Frieden« sollte es gehen, tatsächlich aber wurde nur über die Entwicklung in der DDR gesprochen. Christa Wolf, von der taz als »dunkelhaarige Frau mit leicht resigniertem Zug um den Mund« beschrieben, war »in sehr großer Sorge« und in einer »wahnsinnigen Spannung«.[22] Die Entschlossenheit, mit der so viele Landsleute die Ausreise aus der DDR erzwangen, schürte ihre Angst, es könnte für Reformen bereits zu spät sein: »Der Zustand vieler Leute war vor der Ausreisewelle eher gedrückt.

Sie hatten keine rechte Hoffnung mehr, sie haben sich kaum noch artikuliert, man hat zusammengesessen und geklagt. Nach außen gewandt, auch aggressiv, haben sich im Grunde nur die, die ausreisen wollten.«[23] Nun aber sei es schwierig, überhaupt noch etwas zu tun, ohne damit zur Erosion der DDR beizutragen.

Am 4. Oktober fuhr zum zweiten Mal ein Zug mit Ausreisenden von der Prager Botschaft über das Territorium der DDR in den Westen. Die DDR-Regierung hatte auf diesem Umweg bestanden, um so zumindest vor sich selbst die Fiktion einer geregelten Ausreise zu schaffen. Doch entlang der Strecke versammelten sich Demonstranten. Im Dresdener Hauptbahnhof versuchten Tausende, den Flüchtlingszug zu stürmen, um selbst in den Westen zu gelangen. Mit Schlagstöcken wurde die Menge zurückgetrieben. Christa Wolf las an diesem Abend in Neubuckow im Kulturhaus der LPG vor Vertretern der so genannten »Landintelligenz«: Ärzte, Lehrer, Techniker, Pfarrer. Im anschließenden Publikumsgespräch, das ihr in den Jahren zuvor so oft zu einer geradezu sportiven Strapaze geworden war, gab es nun keine Vorsicht mehr und keine Rücksichten auf inoffizielle Zuhörer. Offen und angstfrei sprachen die Menschen über ihre Probleme, ihre Biographien in der DDR, ihre Enttäuschungen. Als ein Arzt die Anwesenden aufforderte, endlich ihre Meinung zu sagen, erwiderte eine junge Lehrerin leise und traurig: »Das haben wir nicht gelernt.« Wie könne sie, von klein auf dazu angehalten, sich anzupassen und immer nur die Meinung zu haben, die man von ihr erwartete, nun plötzlich offen reden? Sie wisse gar nicht, was ihre Meinung sei. Die Frage, die andere stellten – Was haben wir falsch gemacht? –, hätte sich nach diesem Bekenntnis fast schon erübrigt.[24] Hier, auf dem Lande, wurde bereits Inventur gemacht.

Am 7. Oktober, zum 40. Jahrestag der DDR, paradierte die Nationale Volksarmee durch die Straßen Ostberlins. Gorbatschow küsste Honecker und sagte seinen berühmtesten Satz: Wer zu spät kommt, den bestraft das Leben. Die Demonstration, die um 17 Uhr am Alexanderplatz begann und sich Gorbatschow zu nähern versuchte, wurde vor den Gästen der Feiern im Palast der Republik durch Polizeiketten abgeschirmt. Rücksichtslos wurden die Demonstranten abgedrängt und niedergeprügelt. Viele wurden festgenommen, unter ihnen Christa Wolfs Tochter Annette und der Schwiegersohn Jan Faktor. Am nächsten Morgen, einem Sonntag, suchte Christa Wolf nach den Vermissten. Kafka fiel ihr ein, als sie vor hohen eisernen Toren stand und von einer blechernen Stimme aus der Gegensprechanlage abgewiesen wurde. Auf dem Polizeirevier wusste man nichts von »Zuführungen«. Christa Wolf wandte sich an Gregor Gysi, den sie nicht persönlich kannte, von dem sie jedoch wusste, dass er sich als Anwalt für Dissidenten einsetzt. Gysi sagte ihr, er könne erst 24 Stunden nach der Verhaftung eingreifen, nannte aber ein paar Adressen, wo sie nachsehen solle.[25]

Was Christa Wolf anschließend von ihrer Tochter erfuhr, empörte sie so sehr, dass vielleicht in diesem Moment die letzten Bande der Loyalität mit den alten Machthabern gekappt wurden. Wahllos war auf Demonstranten eingeprügelt worden, auf ebenjene Jugend, die dem Staat massenhaft davonlief. Die Festgenommenen hatte man in einer Garage festgehalten, ohne Sitzgelegenheiten, ohne Essen und Trinken, ohne die Möglichkeit auszutreten. Die Tochter der Wolfs war herausgerufen worden. Als man begriff, zu welcher Familie sie gehörte, sagte der Vernehmer: »Da haben wir ja schön in die Scheiße gegriffen!« und wollte sie gehen lassen. Das lehnte sie ab. Gegen Mittag wurde die ganze Gruppe freigelassen.[26]

Am Nachmittag fuhr Christa Wolf nach Westberlin zum Interview mit einem befreundeten Journalisten im SFB. Der Druck, unter dem sie stand, ist diesem Gespräch deutlich anzumerken. Es ist beherrscht von der Angst davor, am nächsten Tag könne es bei der Leipziger Montagsdemonstration zum Ausbruch der Gewalt kommen. Es war bekannt, dass Nationale Volksarmee und Polizeitruppen bereitstanden. Gorbatschow hatte nach seiner Rückkehr nach Moskau den sowjetischen Truppen den Befehl gegeben, nicht einzugreifen, aber das wusste man in der DDR nicht.

In diesem Interview rief sie die Demonstranten dringlich dazu auf, sich zu keiner Gewaltanwendung provozieren zu lassen, ja, in ihrer Besorgtheit bat sie fast darum, doch lieber zu Hause zu bleiben: »Ich möchte denen, die daran denken, wieder auf die Straße zu gehen, zu bedenken geben, wem sie damit nützen; ob sie denen, für die sie sich in ihren Sprechchören einsetzen, wirklich nützen, oder ob nicht andere gerade daraus eine Rechtfertigung ziehen können für einen harten Kurs.«[27] Man muss, wenn man das heute liest, bedenken, dass tatsächlich ein Blutbad, die »chinesische Lösung«, zu befürchten war. Vor allem aber forderte Christa Wolf die Zulassung des »Neuen Forums«.

Am nächsten Morgen, dem 8. Oktober, schrieb sie einen Protestbrief an Erich Honecker – acht Tage bevor er als Generalsekretär durch Egon Krenz abgelöst wurde. Mittags fuhr sie zum Flughafen, um nach Moskau zu reisen. Tschingis Aitmatow hatte sie eingeladen, an der Redaktion seiner Zeitschrift »Inostrannaja Literatura« mitzuwirken. Als sie vom Hotel aus spät abends zu Hause anrief und erfuhr, dass in Leipzig 100 000 auf der Straße waren und es zu keiner Eskalation gekommen war, atmete sie auf: ein Glücksmoment.

Dennoch war die Woche in Moskau düster. Der Kontrast zu den Berichten von ihrer ersten Reise in die lichtdurchglänzte sowjetische Hauptstadt im Jahr 1957 könnte kaum größer sein. Nun sah sie schadhafte Straßen, leere Geschäfte und verlegene Freunde, die bescheidene fleischlose Gerichte auftrugen, die zu beschaffen Tage in Anspruch nahm. Sie sah die Angst ihrer Freunde, erschöpfte Gesichter in Zeitungsredaktionen und hörte von einer Freundin den entmutigten Satz: »Aber unser ganzes Leben kann doch nicht falsch gewesen sein!«[28] Die DDR-Botschaft, hoffnungslos auf Außenposten, lud sie ein, um von ihr zu erfahren, was in der DDR eigentlich los sei. Vom Kulturattaché bis zum Botschafter wollten alle mit der Schriftstellerin reden, die nun plötzlich zur bevorzugten Gesprächspartnerin geworden war. Auch zum großen Cocktailempfang am 13. Oktober wurde sie eingeladen. Verspätet feierte man an diesem Tag in Moskau das DDR-Jubiläum und erwartete eine Delegation hochrangiger Funktionäre aus Berlin. Christa Wolf ging widerwillig in Begleitung einer befreundeten Übersetzerin hin. Die DDR-Botschaft war ein bunkerähnliches Gebäude, eine Festung mit riesigen Sälen, prächtig geschmückt, hell erleuchtet. Für hunderte von Gästen war ein opulentes Büfett vorbereitet, mit allen Speisen des Orients und des Okzidents, russische und deutsche Küche vom Allerfeinsten. Christa Wolf stellte sich ans Ende des festlichen Hufeisens, mit dem Rücken zum Tisch, an dem die Honoratioren stehen würden. Dann Applaus beim Eintritt der Funktionäre und plötzliche Stille: Kurt Hager trippelte diagonal durch den riesigen Raum auf Christa Wolf zu und wollte wissen, ob er sie denn jetzt, wo sie aus der Partei ausgetreten sei, noch duzen dürfe. Alles werde nun anders werden, versprach der Politbüromann der Dichterin. Fehler seien gemacht worden, vieles sei zu spät erkannt worden, nun aber käme es auf jeden an, auch auf sie, Christa Wolf, die unbedingt weiterschreiben müsse. Es werde Freiheit für die Kultur geben, Pressefreiheit sowieso, und so weiter. Zehn Minuten redete Kurt Hager auf sie ein. Christa Wolf erinnert sich, immer nur zwei Worte gesagt zu haben: »Zu spät.« Auch all den untergeordneten Funktionsträgern, die nach Hager, um ihrem Chef nicht nachzustehen, zu ihr kamen, sagte sie: »Zu spät.« Der Letzte war Kulturminister Hoffmann. Er saß betrunken und zerzaust in einer Nische und teilte ihr mit, dass sie jetzt amtlich unterstützt werde. Die Literatur werde eine neue Blüte erreichen, aber man brauche dazu ihre Mitarbeit.

»Christa, es wird jetzt alles anders!«, rief er ihr zum Abschied nach.[29]
Beim Rückflug, auf dem Flughafen Tscheremedjewo, wurde Christa Wolf von Mädchen mit sächsischem Akzent angesprochen. Sie gehörten zum Madrigalchor aus Halle und kehrten von einer Reise aus Ufa zurück. Sie wollten wissen, was in Leipzig geschehen sei. Als Christa Wolf ihnen erzählte, dass alles friedlich abgelaufen sei, stellten sie sich zusammen und stimmten dankbar das Lied »O Täler weit, o Höhen« an. Es war ein ergreifender Moment tief empfundener Zusammengehörigkeit. Die westdeutsche Reisegruppe, die daneben stand und freundlich applaudierte, konnte nicht ahnen, worum es ging.[30] Christa Wolf notierte wenig später: »Ich sah mir diese jungen Leute an, diese Gesichter, und ich dachte, wie kann man die so unterdrücken, wie ist es möglich und warum. Das war für mich ein Erlebnis, wo man plötzlich etwas Wichtiges versteht.«[31]
Diese Reise war ihre bisher letzte nach Moskau. In den neunziger Jahren ergab sich keine Gelegenheit mehr, die Stadt zu besuchen, in der sie zu DDR-Zeiten so oft gewesen war.

Coming Out *Der kurze Herbst der Anarchie oder Die Schule der Demokratie*

In der Woche ihrer Abwesenheit hatte sich die Situation weiter zugespitzt. In Leipzig demonstrierten am 16. Oktober über hunderttausend Menschen: »Wir sind das Volk!« Am 17. Oktober setzte das Politbüro Erich Honecker als Generalsekretär ab und wählte Egon Krenz zum Nachfolger, Honecker sei aus gesundheitlichen Gründen von seinem Amt entbunden worden. Egon Krenz hielt aus Zeitmangel abends im Fernsehen dieselbe Ansprache, die er zuvor im ZK gehalten hatte: Die formelhafte Sprache, mit der er ankündigte, »eine Wende einzuleiten« und die »politische Offensive wiederzuerlangen«, diente nicht gerade seiner Glaubwürdigkeit.
Christa Wolf war kein Mitglied der Bürgerbewegung, war nicht im »Neuen Forum« oder in »Demokratie Jetzt« organisiert. Aber sie gehörte dazu. Man suchte sie als Gesprächspartnerin und schätzte sie als Bürgerin mit Renommee und Einfluss. Jens Reich und Reinhard Schult vom Neuen Forum kamen zum Gespräch nach Pankow, mit einem Rattenschwanz von Stasileuten, die ihren Autos folgten.[1]
Christa Wolfs Äußerungen hatten Gewicht. Bei der FDJ-Zeitung »Junge Welt« protestierte sie dagegen, als Kronzeugin für den Verriss eines Buches benutzt worden zu sein, das in der DDR noch gar nicht erschienen war. Sie pochte auf journalistische Moral und forderte die »Junge Welt« auf, sich mit ihrer eigenen Vergangenheit auseinanderzusetzen.[2] Ihr Brief wurde abgedruckt. Ein paar

Wochen zuvor wäre das kaum zu erwarten gewesen. Sie schrieb an den Generalstaatsanwalt der DDR und forderte eine Kommission, um die Polizeigewalt vom 7. und 8. Oktober zu untersuchen.[3] Auch an einer Resolution der Akademie der Künste mit demselben Ziel arbeitete sie mit. Und als sich am 28. Oktober Berliner Künstler und Schriftsteller unter dem Motto »Wider den Schlaf der Vernunft« in der Erlöserkirche versammelten, ging es ihr – neben der Erklärung für Walter Jankas Buch »Schwierigkeiten mit der Wahrheit« und der Forderung, den Stalinismus als Grundübel zu erkennen – erneut darum, eine Untersuchungskommission zu etablieren. Diese Forderung war ihr ceterum censeo. Die »bis ins Sadistische« gehende Gewalt des Staates hatte sie nachhaltig erschüttert. Damit war, wie sie formulierte, »eine Krankheit dieser Gesellschaft aufgebrochen«, die nur »durch die Gesellschaft geheilt werden« kann. Die Kommission sollte für Christa Wolf ein »Gegengewicht gegen den Schrecken und gegen die Verzweiflung« sein: »Wir brauchen die unabhängige Untersuchungskommission als eine Schule der Demokratie.«[4]

Janka stellte sein Erinnerungsbuch am selben Abend im Deutschen Theater vor. Christa Wolf ließ ihren »Vortext« dort durch den Schauspieler Ulrich Mühe vorlesen und trug ihn in der Erlöserkirche selbst vor. Zwölf Tage vor dem Mauerfall sagte sie: »Heute Abend findet in diesem Theater eine bedeutsame Premiere statt: Zum ersten Mal wird öffentlich und so radikal wie möglich jenes Grundübel zur Sprache kommen, aus dem über die Jahrzehnte hin fast alle anderen Übel des Staates DDR hervorgegangen sind: der Stalinismus.« Jankas Schicksal sei ein »Lehrbeispiel« für einen »bisher geleugneten, unterschlagenen, besonders düsteren Aspekt unserer Realität« und sei geeignet, »von den Symptomen weg zu den Ursachen jener Deformation zu führen«. Dass über Janka und andere Opfer von Schauprozessen nicht gesprochen werden konnte und dass er nicht rehabilitiert wurde, sei ein »Zeichen des schleichenden Stalinismus«, der den manifesten abgelöst habe, ohne dessen Grundposition aufgegeben zu haben, »die da heißt: Der Zweck heiligt die Mittel.« Am Ende waren es die christlichen Tugenden aktiver Scham und Reue, verbunden mit der sozialistischen Übung der Selbstkritik, die Christa Wolf ins Feld führte, um schließlich doch noch einen Funken Hoffnung für die erodierte Utopie zu retten.[5] Die dreiunddreißigjährige Verspätung der öffentlichen Diskutierbarkeit des Stalinismus scheint dabei weder von Christa Wolf noch von den revolutionär gestimmten Zuhörern als definitives »Zu spät« empfunden worden zu sein. Zu sehr waren alle hingerissen von der Dynamik des Augenblicks und der Sensation der endlich in Bewegung geratenen Verhältnisse.

Große Aufregung verursachte ein Artikel, der am 27. Oktober in der »Wochenpost« erschien.[6] Unter dem provozierenden Titel »Das haben wir nicht gelernt« setzte Christa Wolf sich mit den Themen Jugend und Schule auseinander, mit Gängelung und Unmündigkeit. Hier, in der Bildungspolitik, suchte sie nach den Ursachen dafür, dass die junge Generation keine Beziehung mehr zur DDR entwickeln konnte. Ihre alte Profession als Volkspädagogin schlug noch einmal durch, doch nun, in der aufgewühlten Stimmung des Herbstes, fand sie so eindeutige Worte wie selten zuvor und danach. Diplomatische Vorsicht war obsolet geworden. Vorsichtiges Abwägen entsprach nicht dem historischen Augenblick. Jetzt ging es darum, alle Tabus vom Tisch zu fegen und den »Kern des Problems« zu benennen: »Dass unsere Kinder in der Schule zur Unwahrhaftigkeit erzogen und in ihrem Charakter beschädigt werden.« Dass »die angeblich für sie geschaffenen Organisationen (…) die Jugendlichen mehr vereinnahmten, als ihnen Einübung in selbständiges, demokratisches Handeln zu ermöglichen«. Dass »Fackelzüge und gymnastische Massendressuren ein geistiges Vakuum anzeigen und vergrößern, nicht aber geeignet sind, jene Bindungen zu erzeugen, die nur in tätiger Mitverantwortung für die

Gesellschaft wachsen können«. Dass ein Staat, der sich sozialistisch nennt, andere Werte bieten muss, um der materiellen Überlegenheit des Westens etwas entgegenzusetzen. Dieses Andere jedoch konnte nach Lage der Dinge nur die radikale Demokratisierung der Gesellschaft sein.[7]

Die Stoßrichtung war eindeutig: »Wir müssen die DDR retten.« Es wäre allzu einfach, Christa Wolf jenes »Zu spät« entgegenzuhalten, mit dem sie die Erneuerungsbekundungen der Funktionäre in Moskau kommentiert hatte. Ende Oktober stand sie mit dieser Forderung keineswegs allein. Der Ruf der Bürgerbewegung »Wir bleiben hier!« war eine durchaus hörbare Gegenreaktion auf das »Wir wollen raus!«, mit dem die Flüchtlinge in den Botschaften ihre Ausreise ertrotzt hatten.

Die Reaktionen, die der »Wochenpost«-Artikel auslöste, waren außergewöhnlich. Mehr als 300 Briefe erreichten Christa Wolf, Danksagungen und Beschimpfungen, Zustimmung und blanker Hass. Manche Briefschreiber erinnerten sich voller Schrecken ihrer Schulzeit, verlorener Jahre. Andere verwahrten sich dagegen, als unmündig hingestellt zu werden. Vor allem die Lehrer meldeten sich zu Wort, als hätten sie 40 Jahre lang nur auf die Gelegenheit gewartet, endlich einmal schildern zu dürfen, warum sie mit Magengeschwüren den Schuldienst quittieren mussten. Unter der Lehrerschaft gab es auch die massivste Gegenwehr. Man habe doch nur seine Pflicht getan. Man konnte nicht anders. Es gab auch gute Lehrer. Und so weiter. Auch die ganz alte Garde hielt die Stellung, die mit Machtbeteuerungen statt Argumenten reagierte. 16 Unterschriften bekräftigten den Satz: »Die politische Macht hat die Arbeiterklasse. Das sollten auch Wolf und Konsorten nicht vergessen.« Diese Briefe, all die verwirrten, aufbegehrenden, trotzigen, erschrockenen, verbohrten, befreiten, verbitterten Stimmen, geben ein eindrucksvolles Bild der komplizierten Stimmungslage im Herbst 1989.[8] Sie sind ein Dokument des Umbruchs, Proben des freien Sprechens, das noch so ungewohnt ist. Christa Wolf hatte es geschafft, mit einem einzigen Artikel eine ganze Berufsgruppe, ja alle, die einmal Schüler waren, in Aufruhr zu versetzen.

Ihre Bemühungen, sich von allen Vereinnahmungen frei zu machen, dokumentiert ein Brief, den sie Anfang November einem Redakteur des ND schrieb. Das ND hatte angefragt, ob es ihre »Rede zum 1. September« nachdrucken dürfe. Christa Wolf lehnte ab und nutzte die Gelegenheit, ihrem Ärger über ein Interview mit Klaus Höpcke Luft zu machen, das wenige Tage zuvor dort erschienen war. Es ging darin fast ausschließlich um Christa Wolf und um ihre Bedeutung als Autorin in der DDR. Höpcke und sein Interviewer überboten sich in Lob und guten Absichten. Das ND versprach, in Zukunft der Bedeutung der Weltautorin gerecht werden zu wollen.[9] Christa Wolf reagierte empfindlich. »Viele haben es mit mir als einen durchsichtigen und peinlichen Versuch empfunden, mich als eine Art Reinwaschmittel zu benutzen«, schrieb sie. »Ich glaube nicht, dass solche Manöver Sie (irgendjemand sonst) der Notwendigkeit entheben, sich heute direkt und redlich mit denjenigen Ihrer Texte auseinanderzusetzen, die schon damals unhaltbar waren.«[10]

Für den 4. November hatten Theaterleute eine Demonstration auf dem Alexanderplatz organisiert. Ordnungsgemäß angemeldet und genehmigt, sollte es dabei um mehr Pressefreiheit gehen, doch es war schon vorher abzusehen, dass die Kundgebung alle bisherigen Dimensionen sprengen würde. Die SED versuchte dadurch, dass sie selbst zu dieser Demonstration aufrief, an die Spitze der Reformbewegung zu spurten. Günter Schabowski gehörte ebenso zu den Rednern wie Ex-Spionagechef Markus Wolf. Beide wurden gnadenlos ausgepfiffen, und vielleicht waren diese Pfiffe gegen die Mächtigen von einst die wichtigste Erfahrung des Nachmittags. Hunderttausende drängten herbei. Manche Beobachter sprachen von einer Million. Immer noch drohte die »chinesische Lösung«.

Für den Fall, dass die Menge das Brandenburger Tor stürmen sollte, gab es einen Schießbefehl. Doch das ahnte niemand, wie auch niemand barrikadenstürmerische Absichten hegte.
Christa Wolf war von den Veranstaltern gebeten worden, zum Thema »Sprache der Wende« zu sprechen. Im Unterschied zu anderen Rednern hielt sie sich an die Vorgabe. Heiner Müller wusste noch kurz vor seinem Auftritt nicht, was er sagen sollte, und verlas schließlich einen Zettel, den ihm eine Gruppe Gewerkschafter in die Hand drückte. Christa Wolf hatte bis in die Nacht hinein am Text ihrer Rede gefeilt, um jede provozierende Wirkung auszuschließen. Nein, ein Danton war sie nicht, und sie wurde erst ruhiger, als sie auf dem Alexanderplatz Ordner mit grün-gelber Schärpe und der Aufschrift »Keine Gewalt« vorfand. Sie sammelte die Sprüche, die auf den Transparenten standen, und baute sie in ihre Rede ein: »Vorschlag für den ersten Mai – die Führung zieht am Volk vorbei«. Auch das Wort »Wendehals«, das sofort Karriere machte, verbreitete sie dort. Wichtiger, als Botschaften zu vermitteln, war es, demokratisches Selbstvertrauen zu gewinnen. Zusammengehörigkeit: Aus der Menschenmenge löste sich eine Frau, trat auf Christa Wolf zu, umarmte sie und beantwortete ihre Frage, was sie denn habe, mit der schlichten Feststellung: »Ich bin Lehrerin.« So geht es zu, wenn in Deutschland eine Revolution stattfindet.
Niemand merkte Christa Wolf an, dass sie auf dem Podium, während ihrer Rede, einen Herzanfall erlitt. Seit Ende der sechziger Jahre hatte sie immer wieder mit Herzrhythmusstörungen zu kämpfen. Der Puls begann zu rasen. Doch sie hielt durch, sagte noch einmal den Satz, der ihr der wichtigste war: »Wir sind das Volk«, und begab sich dann hinter der Bühne zum Roten Kreuz. Die Sanitäter fuhren sie zum Krankenhaus. Dort erhielt sie die Spritze, die den Puls wieder auf Normaltempo verlangsamte. Erstaunte Ärzte behandelten sie: Eben noch im Fernsehen und jetzt hier![11]

Wolf Biermann schickte über die »Zeit« wenig später eine Sympathiebekundung. Er hatte von Christa Wolfs »Zusammenbruch« erfahren. In einem offenen Brief an Sarah Kirsch kam er darauf zu sprechen, obwohl er sichtlich beleidigt war, dass man seiner nicht gebührend gedacht hatte, dort am Rednerpult. Nicht Heym, nicht Hein, nicht Müller und auch nicht Christa Wolf. Und trotzdem schrieb er: »Ich liebe sie und bewunderte sie immer. Und sie kommt mir vor wie ein grundängstlicher Mensch und machte nie auf Drachentöter. Christa fürchtet sich wahrscheinlich zu Tode und zwang sich immer mal wieder zu einer Tapferkeit des Herzens, der ihr Hohlmuskel gar nicht gewachsen ist. Und grad deshalb hatte ich den Wunsch, sie anzurufen und ihr einen Kuss in die Seele zu geben.«[12] Und in der taz registrierte Biermann anerkennend, dass gerade »diejenigen Schriftstellerkollegen öffentlich von ihrer Schuld sprechen, die so gut wie keine Schuld haben: Christa Wolf, Günter de Bruyn«.[13] Man sollte sich diese Worte gut merken.
Es ist nicht verwunderlich, dass Christa Wolf in diesen stürmischen Wochen dem Eindruck erlag, es gäbe jetzt ein Bündnis zwischen Intellektuellen und dem Volk. 1976 waren die Intellektuellen, die gegen die Biermann-Ausbürgerung protestierten, isoliert. Jetzt konnten sie glauben, die Massen hörten auf ihre Worte. Nur so ist es zu erklären, dass sie sich von einem Vertreter von »Demokratie Jetzt« überreden ließ, im Fernsehen einen Appell an die Ausreisewilligen zu verlesen, als spräche mit ihr eine Repräsentantin des Landes. Und vielleicht war es in diesen wenigen Tagen tatsächlich so, dass diejenigen, die für die Gesellschaft standen, Funktionen übernahmen, die der abdankende Staat unbesetzt zurückließ. Für Christa Wolf war es eine erstaunliche Erfahrung, beim Fernsehen anzurufen und sofort, ohne dass man nach dem Inhalt ihrer Botschaft fragte, so viel Sendezeit bewilligt zu bekommen, wie sie wünschte. Postwendend schickte man ihr ein Kamerateam ins Haus.

Vermutlich hätte sie auch eine Stunde reden dürfen. Sie brauchte aber nur ein paar Minuten, um das Volk zu bitten: »Bleiben Sie doch in Ihrer Heimat, bleiben Sie bei uns!« Mittlerweile verließen täglich 10 000 DDR-Bürger ihr Land. In der Bundesrepublik dachten manche Länder über einen Aufnahmestopp nach, weil sie nicht mehr wussten, wo sie die Flüchtlinge unterbringen sollten. An der Grenze zur ČSSR verteilten Bürgerrechtler Flugblätter, um zum Bleiben oder zu baldiger Rückkehr aufzufordern. Christa Wolf sagte am 8. November im DDR-Fernsehen: »Was können wir Ihnen versprechen? Kein leichtes, aber ein nützliches Leben. Keinen schnellen Wohlstand, aber Mitwirkung an großen Veränderungen. Wir wollen einstehen für Demokratisierung, freie Wahlen, Rechtssicherheit und Freizügigkeit. (...) Helfen Sie uns, eine wahrhaft demokratische Gesellschaft zu gestalten, die auch die Vision eines demokratischen Sozialismus bewahrt. Kein Traum, wenn Sie mit uns verhindern, dass er wieder im Keim erstickt wird. Wir brauchen Sie. Fassen Sie zu sich und zu uns, die wir hier bleiben wollen, Vertrauen.«[14]

Der Aufruf wurde von Bärbel Bohley (Neues Forum), Erhard Neubert (Demokratischer Aufbruch), Hans-Jürgen Fischbeck (Demokratie Jetzt), Uta Forstbauer (SDP), Gerhard Poppe (Initiative Frieden und Menschenrechte) sowie Volker Braun, Ruth Berghaus, Christoph Hein, Stefan Heym, Kurt Masur und Ulrich Plenzdorf unterzeichnet. Christa Wolf beteiligte sich, obwohl sie die Vergeblichkeit der Aktion befürchtete. Aber es war ein Konsens der Bürgerbewegungen, der hier formuliert war. Schon vierzehn Tage später sprach sie davon, dass es sich um ein »heikles Unterfangen« gehandelt habe.[15] Wie fundamental der Text an den Bedürfnissen der DDR-Bevölkerung vorbeizielte, ahnte sie jedoch nicht. Die Wahl zwischen schnellem Wohlstand und politischer Mitwirkung war längst entschieden. Alle Sehnsuchtsantennen waren auf den Westen ausgerichtet. Nur innerhalb der Künstler- und Intellektuellenkreise und der Bürgerbewegung konnte man der Illusion verfallen, es gäbe eine Mehrheit für demokratisches Engagement. Einen Tag später, mit der Öffnung der Grenzen in Berlin, hatten sich alle Bleibeappelle sowieso erledigt.

Den Abend des 9. November verbrachten Christa und Gerhard Wolf im Kino. Sie sahen Heiner Carows »Coming Out«, einen Film über Homosexualität in der DDR, und waren erfreut, dass so etwas in der DDR jetzt gezeigt werden konnte. Doch draußen in der Stadt war bereits ein massenhaftes Coming Out ganz anderer Art im Gange. Als sie auf der Nachhausefahrt noch beim Schwiegersohn vorbeischauten, erfuhren sie, was sich ereignet hatte. An der Bornholmer Straße stießen sie auf die Trabi-Kolonnen, die sich vom Grenzübergang nach Westberlin zurückstauten. Christa Wolf war entsetzt. Das war das Ende. Nicht, dass sie etwas gegen das selbstverständliche Menschenrecht auf Reisefreiheit gehabt hätte. Aber sie erkannte den Bankrott einer ratlosen Politik, den die Plötzlichkeit dieser Entscheidung ausdrückte. Ein paar Tage zuvor hatte das ZK ein völlig unzureichendes Reisegesetz vorgelegt, nun die Wende um 180 Grad, Öffnung der Grenzen. Ein Gedanke drängte sich ihr auf: Selbst das haben sie nicht mehr hinbekommen. Erst am nächsten Morgen, als sie die Bilder vom Mauerfall sah, die tanzenden Menschenmassen, den Jubel, den kollektiven Glücksrausch, konnte sie sich freuen.[16] Doch die Katerstimmung überwog. Von einer »überstürzten Öffnung« sprach sie in den Wochen danach, von einer »millionenfachen Bekanntschaft mit der westlichen Konsumgesellschaft«, die den »Konsens zwischen linker Intelligenz und Massen, der uns am Anfang so gesichert erschien«, in Frage stellte.[17] Die letzten Illusionen zerbrachen.

Als zwei Tage nach dem Mauerfall Lew Kopelew zu Besuch kam, gingen sie gemeinsam auf den Dorotheenstädtischen Friedhof zu den Gräbern von Brecht und Hegel, als wären sie es, die Lebenden, die Trost und ihre geistige Heimat suchten bei den Toten. Auch eine

Woche danach, bei einer völlig überfüllten Lesung in der Berliner Stadtbibliothek, überwogen Schmerz und Zorn und Trauer. Da scheint Christa Wolf bereits klar gewesen zu sein, dass ein alternativer deutscher Staat nicht zu halten sein würde. Der Typ Mensch aber, wie sie ihn aus der DDR kannte, an dem wollte sie festhalten, der werde gebraucht. »Ich möchte versuchen«, sagte sie, »Züge und Verhaltensweisen, die ich sozialistisch nenne, zu bewahren.«[18] Letzte Schwundstufe der sozialistischen Utopie: Kein Gesellschaftssystem war mehr damit gemeint, sondern ein bestimmter menschlicher Charakter. Aber hatte sie nicht in ihrem »Wochenpost«-Artikel von ganz anderen, unmündig gehaltenen Menschen im Sozialismus gesprochen? Woher kam das neue Vertrauen? Berechtigten die Wochen des November zu so viel Hoffnung?

Christa Wolfs zentrale Forderung, die auch für die Bürgerbewegung von höchster Bedeutung war, wurde Mitte November erfüllt: Die Untersuchungskommission nahm ihre Arbeit auf. Für Christa Wolf sollte diese Tätigkeit, die sich bis Ende 1990 hinzog, zum Mittelpunkt ihres Engagements werden. Hier erlebte sie tatsächlich die »Schule der Demokratie«, die sie sich wünschte.

Bereits am 3. November hatte die Bürgerbewegung eine unabhängige Kommission eingerichtet, um die Aussagen der Betroffenen zu sammeln. Christa Wolf nahm an vorbereitenden Sitzungen und an der konstituierenden Versammlung teil. Der Berliner Magistrat wollte nicht zurückstehen und gründete seinerseits einen Untersuchungsausschuss. Neben Parteivertretern der Stadtverordnetenversammlung sollten auch einige Prominente als Vertreter der »Bürger von der Straße« mitwirken – unter ihnen Christa Wolf. Nichts könnte ihre Stellung in diesen Wochen deutlicher machen als die doppelte Kommissionsmitgliedschaft auf institutioneller und bürgerbewegter Seite.

Die Rivalität zwischen beiden Gruppen war offensichtlich, lag aber kaum im Interesse der Sache, so dass die Bürgerbewegung

der Fusion beider Gruppen zustimmte. Marianne Birthler, eine der Initiatorinnen der unabhängigen Untersuchungskommission, machte diesen Schritt nicht mit. Ihr Misstrauen gegen den staatlichen Ausschuss war zu groß. Christa Wolf stimmte zu, weil sie mit der Mehrheit die Meinung vertrat, eine offizielle Kommission habe mehr Einfluss und mehr Möglichkeiten. Für sie und einige andere doppelte Mitglieder[19] war der Zusammenschluss gewissermaßen eine Vereinigung mit sich selbst.
Die Sitzungen fanden zunächst allwöchentlich im Roten Rathaus statt. Später zog die von Pfarrer Martin-Michael Passauer geleitete Kommission in einen Nebenraum der Sophienkirche um. Die Untersuchungen dauerten mehr als ein Jahr, zogen sich also über das Ende der DDR hinaus in die Länge. Auf die Ergebnisse kam es dann nicht mehr an. Und es ist durchaus fragwürdig, ob die retrospektive Ausrichtung sinnvoll war, nämlich die Polizeigewalt eines untergehenden Staates zu untersuchen. Die Revolutionäre des Herbstes 1989 betätigten sich – nimmt man diese Kommission zum Maßstab – eher als Analytiker der Vergangenheit denn als Gestalter der Zukunft. Sie agierten weniger als Politiker denn als Selbsterfahrungsgruppe, die sich das Verständnis der kollabierenden Staatsstrukturen langwierig erarbeiten musste. Es ging, wie Christa Wolf formulierte, nicht um die Bestrafung der Täter, auch wenn sie es richtig fand, sie festzustellen und Strafverfahren gegen sie zu eröffnen. Wichtiger war ihr zu untersuchen, »welche gesellschaftlichen und sozialpsychologischen Zusammenhänge ein derart deformiertes Feindbild bei den Ordnungskräften hervorgebracht hatten«.[20] Sie wollte verstehen, um dann pädagogisch heilend einwirken zu können.
Die Gelegenheit dazu war günstig, denn selten gibt es die historische Chance, dass Verantwortliche Rede und Antwort stehen müssen. Die Kommission lud unter anderem den Berliner Polizeichef Generalleutnant Rausch und den Stasi-Generalmajor Hähnel vor. Der

stellvertretende Minister für Nationale Verteidigung, Generaloberst Streletz, musste ebenso aussagen wie Egon Krenz und Günter Schabowski. Den Stasichef Erich Mielke suchte Daniela Dahn mit zwei Begleitern in der Gefängniszelle in Rummelsburg auf, wo er als tumber alter Mann verdattert auf seiner Pritsche hockte. Nicht nur bei diesem Gespräch mussten die Kommissionsmitglieder die Erfahrung machen, dass sie statt konkreter Antworten nur Gestammel zu hören bekamen. Die Verantwortlichen delegierten die Verantwortung weiter, wussten von nichts und logen nach Herzenslust. Dennoch rechtfertigt allein schon das Protokoll des Mielke-Gesprächs, das an Verlogenheit und mitleidheischender Sentimentalität kaum zu überbieten ist, die Mühen der Gremienarbeit.[21]

Christa Wolf engagierte sich in der »Arbeitsgruppe Medizinische Betreuung«, die sich mit gesundheitlichen Folgen des Polizeieinsatzes beschäftigte. Die Gruppe besuchte Demonstranten, die Verletzungen erlitten hatten, zumeist Studenten oder Lehrlinge, die ahnungslos in die Auseinandersetzung hineingeraten waren. Vergleicht man die Konsequenzen des Polizeieinsatzes mit den Folgen einer durchschnittlichen Prügelei zwischen Polizei und Demonstranten in Westberlin, nehmen sich 58 aktenkundig gewordene Geschädigte, von denen sieben stationär behandelt werden mussten, nicht sonderlich dramatisch aus. Es gab Kopfplatzwunden, Knochenbrüche, Nierenprellungen, Blutergüsse. Besonders erschüttert war die Kommission über den Gummiknüppeleinsatz gegen zwei schwangere Frauen, Sprayverletzungen der Augen und über einen Patienten mit Schädel-Hirn-Trauma. Alles wurde sorgfältig aufgenommen und festgehalten für die Nachwelt.

Die Kommission hatte Modellcharakter. Darin liegt ihre eigentliche Bedeutung. Als Work in Progress mussten die Beteiligten sich eine Struktur geben, um arbeitsfähig zu werden. Die basisdemokratische Aufgabenteilung – jeder nach seinen Fähigkeiten – funktionierte erstaunlich gut und schien die sozialistische Theorie post mortem doch noch einzulösen. Für Christa Wolf wurde die Kommissionsarbeit zu einer ihrer wichtigsten politischen und menschlichen Erfahrungen, wie sie an deren Ende resümierte. »Sie hat mich darin bestärkt, dass eine Gruppe von Menschen unterschiedlicher Herkunft und Ansichten imstande ist, ein vernünftig und wirksam arbeitendes Kollektiv zu werden, wenn sie ihre Arbeit freiwillig macht und von deren Sinn überzeugt ist. Jeder und jede hat wahrscheinlich erfahren, wie er oder sie Fähigkeiten entwickeln konnten, von denen sie vorher vielleicht selber nicht gewusst hatten.«[22] Sie erkannte aber auch die Naivität der anfänglichen Hoffnung, im Dialog mit den beteiligten Polizisten wirkliche Einsicht hervorzurufen. Strafrechtliche Konsequenzen blieben aus, so dass sich auch ein »Gefühl von Vergeblichkeit und Ohnmacht« einstellte, wie Christoph Hein feststellte.[23]

Nach den Wahlen im März 1990 mit dem Sieg der CDU, der Regierungsübernahme durch Lothar de Maizière und dem klaren Kurs auf die deutsche Einheit war die Entwicklung bereits über die Arbeit der Kommission hinweggegangen. Das Interesse an ihr nahm rapide ab. Die frisch gewonnene Erfahrung basisdemokratischer Zusammenarbeit war schon wieder historisch. Christa Wolf glaubte nicht mehr, dass dies in den neuen Staat hinüberzuretten wäre – so sehr es sich auch bewährt hatte. De Maizière hatte sie noch vor der Wahl angerufen, um ihr mitzuteilen, dass die Fraktion soeben beschlossen habe, sie zur Staatspräsidentin zu machen. Da habe sie ihm geantwortet: »Sind Sie des Teufels? Machen Sie das rückgängig!«[24] Nein, Politikerin wollte Christa Wolf nicht werden. Schon im Herbst hatte sie auf einen Vorschlag von Rainer Eppelmann vom »Demokratischen Aufbruch« nicht reagiert, der sie als Mitglied einer Übergangsregierung ins Gespräch gebracht hatte – neben de Maizière, Ibrahim Böhme (SDP), Wolfgang Schnur (DA), Bärbel Bohley (Neues Forum) und den SED-Vertretern Gregor Gysi, Hans Modrow und Wolfgang Berghofer.[25]

Nicht als Politikerin, als »Persönlichkeit« agierte Christa Wolf im Herbst 1989, nicht als Vertreterin einer Institution, sondern als »Subjekt«. Das Zu-sich-selber-Kommen des Menschen, dem sie in ihren Büchern stets nachgespürt hatte, verwirklichte sich nun anscheinend im alltäglichen politischen Engagement. Für einen kurzen historischen Moment konnte es so scheinen, als vermöchten die bürgerbewegten Menschen ihr Geschick selbst in die Hand zu nehmen. Als sei es möglich, nicht das Objekt fremder Zwecke, sondern Subjekt eines großen politischen Willens zu sein. Also versuchte sie, ihre Autorität dafür einzusetzen, dass die DDR erhalten bliebe, dass der Zustand kometenhaften politischen Glücks anhielte – auch wenn ihr insgeheim schon klar war, dass es sich um einen Augenblick der Euphorie handelte, der fast schon vorüber war. Sie sprach im Konjunktiv, mahnte, appellierte. »Was jetzt kommen müsste, ist eine große Initiative zur Rettung der bewahrenswerten Züge in unserem Land«, rief sie am 21. November in die überfüllten Säle der Leipziger Universität, wo sie, anstatt die geplante Poetik-Vorlesung abzuhalten, einen Bericht ihrer Aktivitäten vorlegte. Gegen die These vom Ausverkauf des Landes sagte sie: »Ich möchte das nicht glauben, ich gehöre zu denen, die 40 Jahre Geschichte nicht löschen wollen.«[26]

Riesigen Beifall erhielt sie für ihre Schlussbemerkung, die Revolution sei bei den Leipzigern in guten Händen. Doch seit der Maueröffnung hatte sich der Charakter der Montagsdemonstrationen verändert. Aus dem emanzipatorischen Schlachtruf »Wir sind das Volk« war das einheitstümelnde, auf Helmut Kohl und den lieben Gott vertrauende »Wir sind ein Volk« geworden. Diese Wende war Thema des anschließenden Kneipengesprächs mit einigen Studenten. Christa Wolf erzählte von dem geplanten Aufruf »Für unser Land«, den der niederländische Pfarrer Dick Boer initiierte, und sagte, dass sie dabei nicht mitmachen wolle.

Sie stand dieser Initiative skeptisch gegenüber. Erst die Begegnung mit den Studenten und ihre Sorge über den Wandel der Leipziger Demonstrationen stimmte sie um. Generalsuperintendent Günter Krusche und der Bürgerrechtler Konrad Weiß hatten Entwürfe geschrieben. Christa Wolf übernahm trotz ihrer Bedenken die Endredaktion, strich nach eigenem Bekunden sechs- oder siebenmal das Wort Sozialismus. Nur einmal habe sie die »sozialistische Alternative« stehen gelassen, und darauf werde sie nun ewig festgelegt.[27] Schon im März 1990 klagte sie über den verbreiteten Eindruck, »dass ich also immer und immer nur darauf gedrängt habe, dass wieder alles sozialisiert werden soll, was natürlich Blödsinn ist. Das habe ich sehr schnell begriffen, dass das einfach verrückt ist, dieses Modell, und dass das nicht mehr künstlich herzustellen ist.«[28] Der Aufruf »Für unser Land« vom 26. November 1989 ist demnach eher als Verzweiflungsaktion einzustufen, als Versuch, das Unaufhaltsame aufzuhalten. Er ist ein Dokument der Selbstüberschätzung und ein Beleg dafür, dass es vergeblich ist, sich mit Moral und mit einer Resolution gegen die Geschichte zu stemmen.

Besonders übel genommen wurde den Unterzeichnern[29] die starre Gegenübersetzung von »Eigenständigkeit der DDR« und »Ausverkauf unserer materiellen und moralischen Werte«. Nur in einer »sozialistischen Alternative« zur Bundesrepublik sei es möglich, »eine solidarische Gesellschaft zu entwickeln, in der Frieden und soziale Gerechtigkeit, Freiheit des Einzelnen, Freizügigkeit aller und die Bewahrung der Umwelt gewährleistet sind«. In den Ohren der breiten Bevölkerung, die Sozialismus lange genug als Mangel an Freizügigkeit und katastrophale Umweltzerstörung erlebt hatte, mussten diese Worte wie Hohn klingen. Und von den »antifaschistischen und humanistischen Idealen, von denen wir einst ausgegangen sind«, wollte nun, nachdem sie zu Ritualen verkommen waren, auch niemand mehr etwas wissen. Zeugte nicht gerade diese Formulierung davon, wie sehr die Autoren des Appells im »alten Denken« verhaftet waren? Darf man im Wissen um die stalinistischen Säuberungen noch im Jahr 1989 so unschuldig »humanistische Ideale« zugrunde legen?

Der Grat zwischen einer um ihr Überleben kämpfenden DDR und der Bundesrepublik, die zur Übernahme bereitstand, war zu schmal, um ihn mit einem starren Entweder-Oder zu beschreiten – als ob es ökonomische Zwänge nur im Falle der Wiedervereinigung gäbe und antifaschistische Ideale nur in einem eigenständigen Staat zu verfechten wären. Das »Neue Deutschland« sah in dem Appell der Intellektuellen jedenfalls eine Unterstützungsaktion und berichtete unter der Überschrift »Noch haben wir die Chance einer sozialistischen Alternative zur BRD« auf der ersten Seite.[30] Dass bald auch Egon Krenz und Hans Modrow zu den Unterzeichnern gehörten, zeugt nicht nur von der Überforderung der SED-Konkursverwalter, die mit ihrer Unterschrift den Aufruf endgültig diskreditierten. Erwiesen ist damit vor allem die Unmöglichkeit, den Raum für eine sozialistische oder wie auch immer genannte Alternative freizuhalten. Ein Sozialismus ohne Sozialisten hätte es sein müssen, ein Idealstaat aus den Trümmern der Utopie, eine Basisdemokratie ohne gelernte Demokraten. Allzu naiv setzte sich der Aufruf über die Wirklichkeit hinweg. Zwei Tage später, am 28. November, legte Bundeskanzler Helmut Kohl im Bundestag den Zehn-Punkte-Plan zur deutschen Einheit vor und stellte damit die Weichen der Politik. Der Aufruf »Für unser Land« blieb dagegen ein politischer Rohrkrepierer – auch wenn mehr als eine Million DDR-Bürger ihre Unterschrift unter das Papier setzten.[31]

Die erstrebte Erneuerung des Landes war für Christa Wolf mehr als nur eine Herausforderung durch tagespolitische Aktivitäten. Den viel zitierten Dialog suchte sie an allen Fronten. Sie diskutierte mit Schülern im Westberliner Stadtteil Zehlendorf über den Sozialismus und die DDR und betonte auch vor diesem Auditorium, dass man die kurze Zeit nutzen müsse, um einen demokratischen Sozialismus als Alternative zur Bundesrepublik aufzubauen. Bei den

Leipziger Dokumentarfilmtagen lief endlich der Film »Unsere Kinder«, der einen zehnminütigen Ausschnitt ihres Gesprächs mit zwei Neonazis enthielt. Dieser Dialog ist der fast schon rührende Versuch, das Gespräch als Mittel der Aufklärung zu behaupten und die beiden kurzhaarigen Jünglinge durch die Kraft der besseren Argumente zur Einsicht und Umkehr zu bewegen.

Ende November las Christa Wolf im »Berliner Ensemble« erstmals aus ihrer liegen gebliebenen Erzählung »Was bleibt«. Die Schilderung eines Tages unter Stasi-Observation fügte sich nun in die Debatte um Aufklärung und Analyse der DDR-Vergangenheit ein. Der Schubladentext kam als Vergangenheitsbewältigungstext an die Öffentlichkeit. Radio und Fernsehen der DDR sendeten umfangreiche Mitschnitte der Lesung. Es sei, darauf beharrte Christa Wolf hartnäckig, allein Sache der DDR-Bürger, in ihrem Land aufzuräumen. Der Westen möge nicht drängen und drängeln, möge auch Irrtümer und Versagen zulassen. Niemand wisse, sagte sie der »Zeit«, wie es wirtschaftlich und moralisch weitergehe, wohin das Land rücke. »Aber lasst es *uns* rücken – und drückt nicht.«[32]

So bemühte sich auch der stellvertretende sowjetische Botschafter Igor Maximytschew extra nach Pankow zu Christa Wolf, weil er wissen wollte, ob die Bürgerbewegung die sowjetischen Kasernen stürmen würde. Die Botschaftsmitarbeiter waren abgeschnitten von allen Informationen. Sie wussten nicht, wer und was die Bürgerbewegung überhaupt ist, und glaubten, Christa Wolf könne Einsatzbefehle sprechen oder zurückhalten. »Das«, erzählt sie, »hat mir doch, ehrlich gesagt, einen kleinen Schrecken versetzt.«[33]

Ebenfalls Ende November lud Christa Wolf Physiker und andere Wissenschaftler zur ersten von zwei Gesprächsrunden über das Buch »Störfall« ein. Mit diesem unzeitgemäßen, lange vorher geplanten Dialogversuch reagierte sie auf eine mehrjährige Diskussion in »spectrum«, der Zeitschrift der Akademie der Wissenschaften. Da hatte sie die seltsame Erfahrung gemacht, dass ihre Erzählung auf die Frage verkürzt wurde, ob es sich um ein Plädoyer für oder gegen Atomenergie handle. Verblüfft registrierte sie das Ausmaß der Verdrängung der Gefahren, zu dem Atomkraftwerksbetreiber fähig waren. Die an sich erfreuliche Tatsache, dass in einem Organ der Wissenschaft über ein Kunstwerk debattiert wurde, war ihr ein »Zeichen für beginnende Zersetzungserscheinungen im Machtgefüge«. Als die »Störfall«-Debatte 1991 in Buchform erschien, schrieb sie im Vorwort: »Zu den Kennzeichen dieser Macht hatte die Strategie gehört, Künstler, Wissenschaftler, Techniker, Arbeiter nur als Konsumierende zusammenzuführen, nicht als Arbeitende, miteinander Erkenntnis Produzierende.«[34] Demnach gehörte es zu ihrer Politik der gesellschaftlichen Erneuerung, das Gespräch mit diesen Berufsgruppen zu suchen und zu initiieren. Es war der Beginn eines halböffentlichen Gesprächskreises, zu dem Christa Wolf bis heute mit wechselnden Referenten und Themen in Pankow einlädt.

Die erste Gesprächsrunde in der Akademie der Künste fand in einem überheizten Zimmer statt, in dem man die Fenster öffnen musste, um die Hitze zu ertragen. Sie hatte die Kernphysiker Hans-Peter Dürr und Sebastian Pflugbeil eingeladen, André Brie war dabei und Ingenieure, die in Lubmin bei Greifswald im Atomkraftwerk arbeiteten und nun bereits um ihre Arbeitsplätze und ihre Technik kämpften. Christa Wolf brachte die Diskussion auf »die Werte« und konfrontierte die Runde mit der fundamentalen Frage: »Was wollen wir überhaupt mit unserem Leben anfangen?« Sie suchte nach Traditionen, an die sich jetzt, da schon »so etwas wie Anarchie entstanden« sei, anknüpfen ließe.[35] Dass viele Intellektuelle bereit seien, »noch mal Werte in die Diskussion« einzubringen, klang wie eine Beschwörungsformel. Welche Werte das sein könnten, verriet sie nicht. Als der Dietz Verlag Ende 1989 um einen Beitrag für den Sammelband »Gedanken über unser Land« bat, antwortete sie kurz und bündig: »Da ich keine Vorstellungen darüber habe, wie es in unserem Land weitergehen soll, kann ich Ihnen leider nichts dazu schreiben.«[36]

Ob der französische Staatspräsident François Mitterrand mit einer ähnlich gearteten Auskunft vorlieb nehmen musste, ist nicht überliefert. Er kam als erster westlicher Regierungschef nach dem Mauerfall kurz vor Weihnachten 1989 zu einem demonstrativen Staatsbesuch, um klar zu machen, dass er für den Fortbestand der DDR sei. Jede Diskussion über bestehende Grenzen bezeichnete er als »sehr gefährlich«. Bei einem Abendessen mit Künstlern und Intellektuellen wollte er sich über die Lage im Land informieren. Christa und Gerhard Wolf, Stefan Heym und Heiner Müller wurden beim offiziellen französischen Empfang im Palast-Hotel von Hostessen herausgelotst und in schwarzen Limousinen in die Offenbachstuben in Prenzlauer Berg gefahren. Dort standen unauffällige junge Männer Posten. Stefan Heym vermisste seinen neuen Mantel. Heiner Müller wurde gebeten, vor Ankunft des Präsidenten die Zigarre auszumachen, und, man glaubt es kaum, er tat es. Der Aufforderung, beim Eintreffen des Präsidenten doch bitte Spalier zu stehen, wurde jedoch nicht entsprochen. Das, so versicherten die Gäste, hätten sie lange genug gemacht, nun sei Schluss damit. Mitterrand war müde. Er hörte sich der Reihe nach an, was die Schriftsteller zu sagen hatten, was von der Bürgerbewegung zu halten sei, was sich verändert habe. Dann wurden alle zurückgebracht ins Palast-Hotel, und Stefan Heym fand seinen Mantel wieder.[37]

Es war vermutlich das letzte Mal, dass Intellektuelle in der Rolle von Politikern gesehen wurden und dass sie kommunikative Aufgaben übernahmen, die in einer offenen Gesellschaft die Medien übernehmen. Was aber würde nun aus der Literatur werden? Mit Erleichterung nahm Christa Wolf die »Entlassung aus einer Dauer-Überforderung« zur Kenntnis: »Die Arbeit der Presse muss die Literatur nicht mehr machen, manche Bücher, die noch vor Monaten auf Schwierigkeiten stießen, sind durch die radikale Kritik der Öffentlichkeit zu Makulatur geworden«, sagte sie Ende Januar 1990, als ihr in Hildesheim die Ehrendoktorwürde verliehen wurde. Die grundlegenden Aufgaben der Literatur als Lebenshelferin jedoch blieben für sie über die Wende hinweg dieselben: Sie »wird die blinden Flecken in unserer Vergangenheit erkunden müssen und die Menschen in den neuen Verhältnissen begleiten«.[38] Damit aber – mit der Erkundung der eigenen Vergangenheit und dem Selbstbild des Autors als Seelsorger – sollte Christa Wolf auf schmerzhafte Weise Schiffbruch erleiden. In der Umstellung auf die neuen Verhältnisse war es für die Schriftsteller nicht damit getan, die Öffentlichkeitsersatzfunktion der Literatur wegzulassen und dennoch an einem pädagogischen, aufklärerischen Literaturkonzept festzuhalten. Die ab sofort westdeutsch dominierte Öffentlichkeit akzeptierte keine wie auch immer verbrämte Präzeptorenrolle der Schriftsteller mehr. Nun wurde mit Christa Wolf diejenige, die als »moralische Instanz« bezeichnet worden war, nach ihrer eigenen Moral befragt.

Literatur als Kriegsschauplatz

Einfach zu naiv: Muh und mäh oder Die Frage, was bleibt?

»Wie soll ein Mensch ohne Zensur schreiben, der immer unter Zensur gelebt hat?« Auf dem Schriftstellerkongress im März 1990 sprach Christa Wolf freundlich provozierend über die veränderte Rolle des Autors in der Gesellschaft. Vor der DDR-Autorenschaft, die sich in einem Gebäude der VEB Elektrokohle Lichtenberg versammelt hatte, erinnerte sie an Heinrich Heines sarkastisches Zensorenlob von 1848. Was tun, wenn es niemanden mehr gibt, der die größten Dummheiten streicht? Was darf man hoffen? Was soll man wagen?

Nach vierzig Jahren DDR standen bei diesem DSV-Kongress die Ergebnisse zum ersten Mal nicht von vornherein fest. Für viele Beteiligte war es eine irritierende Erfahrung, dass es nun keine »Linie« mehr gab, sondern ein Stimmengewirr. Gerade von Christa Wolf hätten sie sich Rettung aus der Not der Unübersichtlichkeit erhofft und nahmen es ihr übel, dass sie nicht für den neuen Vorstand kandidieren wollte. Christa Wolf plädierte für einen Generationswechsel. Sie wollte nicht wieder aktiv werden, weil ihre Bindung an den Verband seit der Biermann-Ausbürgerung und den Ausschlüssen von 1979 zerstört sei. Der DSV war für sie aber ein »Spiegel der Situation, in der sich das Land befindet: Er hätte sich möglichst selbstkritisch zu sehen und muss zugleich versuchen, den selbstzerstörerischen Tendenzen zu entgehen, die in diesen Versuchen bei uns weit verbreitet sind. Dies schafft ein Einzelner nur, indem er sich verändert, ein Verband, indem er sich zu erneuern beginnt.«[1]

Erneuern und Bewahren sind für Christa Wolf stets zusammengehörende Begriffe. Das eine funktioniert nicht ohne das andere, und jede Veränderung, die sie erstrebte, zielte auf den Erhalt der DDR. Nicht der DDR, wie sie war bis zu ihrem Untergang, sondern einer anderen, besseren Alternative zum real existierenden Kapitalismus. Kritik blieb und bleibt bei Christa Wolf immer ein Mittel zur Verbesserung des Bestehenden, nicht zu dessen Überwindung. Das ist ihr Lebenskonzept. Es beschreibt die Grenzen ihrer Dissidenz und ihre unerschütterliche Anhänglichkeit: Christa Wolf blieb die loyale Dissidentin – noch über 1989 hinaus.

Und doch machte der Verlauf des Kongresses deutlich, dass es für jede Erneuerung zu spät war. Der DSV war nach vierzigjährigem Reformstau ebenso wenig reformierbar wie die DDR. Man sprach über Statute, verwickelte sich in den ungewohnten basisdemokratischen Verfahrensfragen, vergaß darüber die Inhalte und war, wie Christa Wolf registrierte, am Ende »beschämt über den Mangel an substantiellen Diskussionen«. Und so beschwor schließlich auch sie den Feind im Westen, gegen den die versprengte Schar der DDR-Dichter noch einmal zusammenrücken konnte. Sie verteidigte die eigenen kulturellen Leistungen gegen die »vorrückende Restauration«, sprach von einer »konzertierten Aktion« in einigen Medien der Bundesrepublik, »die mit der allgemeinen Totaldemontage der DDR auch die Literatur demontieren will, die in der DDR geschrieben wurde, und möglichst viele ihrer Autoren gleich mit«. Da konnte sie noch nicht ahnen, dass drei Monate später ein erbitterter Streit um ihre Person und ihr literarisches Werk entbrennen würde. Äußerungen wie diese trugen dazu bei, den Unmut der ungnädigen westdeutschen Öffentlichkeit zu entfachen.

»Mir ist nicht bange um die kritische, sich wehrende, humanistische, antizipierende, unerschrockene und sich behauptende Literatur, die in diesem Land geschrieben wurde, aus der Bindung an dieses Land und aus den Konflikten, die wir annahmen und in denen wir uns behaupteten«, sagte sie, als wolle sie damit ein Glaubensbekenntnis ablegen. All diese Begriffe aber sollten nun auf den Prüfstand geraten: Wie kritisch, wie angepasst war ihre Literatur wirklich? Hat Christa Wolf sich gewehrt, wo es nötig war? Wie tapfer, wie ängstlich war sie? Was ist ein Humanismus wert, der die Gegenwart einer besseren Zukunft opfert? Wann wurde aus der Utopie eine Illusion, aus der Illusion eine Rechtfertigung? Und nicht zuletzt: Was ist von der grundlegenden Bindung an das Land DDR zu halten, einer Bindung, die im Dienste der Kreativität immer wieder genötigt war, die realen Zustände zu akzeptieren? Und wem steht es zu, darüber zu urteilen?

Christa Wolf legte sich selbst diese Fragen vor. Sie sei in ein tiefes Nachdenken versunken, gestand sie der Freundin Brigitte Struzyk. Die beiden Schriftsteller-Kolleginnen führten im März 1990 ein Gespräch, das für einen Sammelband geplant war – gemäß der Vergangenheitsbewältigungsdevise: Erzählen wir uns unsere Biographien![2] Es gebe, sagte Christa Wolf, eine Menge Fragen, die sie nicht entlastend für sich beantworten könne. Zum Beispiel, ob sie radikal genug dem gefolgt sei, was sie schon gewusst habe. Das Gespräch blieb unkonkret. Vielleicht wurde es deshalb nicht veröffentlicht. Durch kontinuierliche Selbstbefragung aber, da war Christa Wolf sicher, sei bei ihr »eine Lebensgeschichte entstanden, die bestand und besteht in einer andauernden Durcharbeitung dessen, was ich gerade erfahren und erlebt habe, und insofern glaube ich nicht, dass es zu viele tote Flecken gibt, so ungelebte Flecken, weißt Du, die finde ich eigentlich immer am schlimmsten, also ich glaube nämlich, dass das ungelebte Leben die Leute jetzt so massiv aggressiv [macht]«.

Christa Wolf zweifelte, aber sie hatte ihre Selbstsicherheit noch nicht verloren. Ihre Zweifel waren methodische Operationen, die sich in die Kontinuität ihrer literarischen Arbeit einfügten. Erinnern, wiederholen, durcharbeiten: Was die fortgesetzte Analyse als Lebensgeschichte und Schreibarbeit sie an Kraft kostete, darüber sprach sie nicht. Von der Anstrengung, »Nein« zu sagen, hatte sie einmal gesprochen. Von der »dissidentischen Substanz«, die man sich immer wieder neu abringen muss, sprach sie bei den Frauen um sie herum, denen die Kraft irgendwann ausging. Als im Mai 1990 Irmtraud Morgner starb, verlängerte sich die Reihe der krebstoten DDR-Schriftstellerinnen ein weiteres Mal. Christa Wolf betonte in ihrem Nachruf den Zusammenhang von seelischen Verletzungen, Krankheit und Tod, den Irmtraud Morgner überdeutlich in sich verspürt habe. Sie interpretierte deren Werk als bedeutsame Metapher für den weiblichen Versuch, zu leben und schöpferisch zu sein in den heutigen Gesellschaften. Die Wucht der Veränderungen im Herbst 1989 habe Irmtraud Morgner, schon nicht mehr fähig, daran teilzunehmen, tief mitgenommen. Zuletzt habe sie an der »absichtsvollen Entwertung« der DDR-Literatur zu leiden gehabt. So erschien die Tote in Christa Wolfs Nachruf fast als ein Opfer der Wende. Und an ihr, der Überlebenden, war es, deren Werk und Sehnsüchte von den »Zuschüttungen« der Gegenwart freizuhalten.[3]

In dem Aufsatz »Krebs und Gesellschaft« gab sie ein Resümee ihres Verständnisses von Krankheit, das ihr über die DDR hinaus gültig zu sein schien. »Wie können wir wissen, ob nicht unser Körper der Austragungsort für Widersprüche ist, in die jeder von uns angesichts unzumutbarer Ansprüche der Gesellschaft im weitesten Sinn gerät, wenn es der Person nicht gelingt, sich gemäß ihrem Wertesystem mit diesen Widersprüchen auseinanderzusetzen? Wie können wir hoffen, ›Gesundheit‹ zu erfahren im körperlichen Bereich, wenn wir aufgehört haben, um die Integrität unserer Person zu kämpfen?«[4] Bösartige Wucherungen, ein Wachstum, das nicht als Fortschritt betrachtet werden kann: Der Krebs interessierte sie als Metapher für gesellschaftliche Missstände. Als seelische Krankheit, als Ausdruck des nicht gelebten Lebens war er ihr Anlass grundsätzlicher Kritik der Wissenschaft, die im separierten Spezialwissen den ganzheitlichen Menschen aus den Augen verloren habe. Dagegen gelte es, Kunst und Wissenschaft wieder zusammenzubringen – eine These, die Christa Wolf auch in ihrer Auseinandersetzung mit Atomphysikern vertreten hatte.

Was würde bleiben? Unmerklich hatten die Fronten sich verschoben. Von der Politik des demokratischen Erneuerns und Bewahrens, mit der die Bürgerbewegung angetreten war, blieb nun, nachdem die deutsche Einheit als politisches Ziel feststand, nur mehr das Bewahren übrig. Aus den Revolutionären waren konservative Verteidiger einer alltagsgeschichtlich begründeten Eigenständigkeit geworden, die im massenhaften Klageseufzer – »Es war doch nicht alles schlecht!« – ihre triviale Entsprechung fand. Die Helden des Herbstes, die ihre Position beibehalten hatten, erschienen nun als Bremser, als Störenfriede der Entwicklung und wurden stündlich darüber belehrt, dass »der Zug zur Einheit abgefahren« sei. Die westdeutsche Öffentlichkeit empfing die DDR-Intellektuellen, die an ihrer kritischen Haltung gegenüber der kapitalistischen Gesellschaftsordnung festhielten, alles andere als wohlwollend.

Im Falle Christa Wolfs drehte sich die öffentliche Meinung besonders abrupt. War sie 1989 noch als Nobelpreiskandidatin gehandelt worden und als inoffizielle Sprecherin der Bürgerbewegung geschätzt, so erschien sie nun als exponierte Repräsentantin der DDR, die man rasch in das Amt der »Staatsdichterin« des verblichenen Staates beförderte. Bestenfalls wurde sie als Günstling des SED-Staates eingestuft, schlimmstenfalls als privilegierte Mittäterin. Freya Klier warf ihr in der taz vor, dass sie die Friedensbewegung der DDR ignoriert, eine Solidaritätslesung abgelehnt, den Nationalpreis aber angenommen habe.[5] Frank Schirrmacher schrieb in einem Leitartikel zur Leipziger Buchmesse, sie habe sich vor

den Konflikten im eigenen Staat in planetare Untergangsphantasien von so großer Allgemeinheit gerettet, dass ihre Kritik schon wieder gleichgültig war.[6] Derber und weniger mit Argumenten unterfüttert arbeitete Jürgen Serke in der »Welt«. Er rührte von der Befürwortung des Einmarsches in Prag bis zur angeblich zurückgezogenen Biermann-Unterschrift alle Halb- und Unwahrheiten zusammen, um Christa Wolf zu diskreditieren.[7]
Serke berichtete auch über den Fall Thomas Nicolaou, der die Wolfs und ihren Freundeskreis in Mecklenburg jahrelang großflächig bespitzelt hatte. Einzelheiten kannte man damals noch nicht. Vorwürfe gegen Nicolaou hatten jedoch zwei ehemalige DDR-Häftlinge erhoben: der Schriftsteller Siegmar Faust und der Maler Sieghard Pohl. Pohl schrieb Christa Wolf im Dezember 1989 einen Brief, in dem er ihr mitteilte, dass ihr Freund ein »besonders hinterhältiger« Stasi-Mitarbeiter gewesen sei. Auf diesen Brief erst geantwortet zu haben, nachdem die »Welt« über den Fall berichtete, machte ihr Serke nun zum Vorwurf – und zitierte ausführlich aus ihrem doch wohl nicht als offenen Brief verfassten Antwortschreiben an Pohl. Schon damit wäre deutlich gewesen, dass Christa Wolfs Zögern nicht ganz unbegründet gewesen war. Nun aber gereichte es schon zum Verdacht gegen sie selbst, dass sie den Verrat des Freundes als eine persönliche Sache abseits der Öffentlichkeit behandelt wissen wollte. Einst war mit der Stasi die Staatsmacht in den misstrauisch beäugten Raum des Privaten eingerückt. Nun übernahm die Öffentlichkeit den frei gewordenen Platz: Unter dem Zeichen der Aufklärung wurden die Grenzen des Privaten erneut missachtet. »Warum schwieg Christa Wolf zu den Vorwürfen gegen den Schriftsteller Thomas Nicolaou«, fragte die »Welt« in pompöser Rhetorik, die sich aufklärerisch gab und doch nur anklägerisch war.
Eine Woche später legte an gleicher Stelle Chaim Noll nach und wiederholte seine schon 1987 vorgebrachten Anschuldigungen

gegen Christa Wolf, aber auch gegen Stefan Heym, Stephan Hermlin und Christoph Hein: Sie alle, die in der DDR geblieben waren und sich arrangiert hatten, waren in seinen Augen korrumpiert bis auf die Knochen.[8] Moralisch sauber, so schien es, konnte nur sein, wer das Land und den Sozialismus rechtzeitig verlassen hatte. Dagegen erhob mit Martin Ahrends ein anderer Autor der jüngeren Generation Einspruch, der in den achtziger Jahren in die Bundesrepublik gegangen war. Er versuchte, sich eine DDR ohne Christa Wolf vorzustellen, oder eine Christa Wolf als »Ehemalige«, »die im Westen lebt und die man also nicht ganz ernst hätte nehmen müssen«: eine Verlustrechnung. Ahrends ließ die Frage offen, ob es ehrenvoller gewesen sei, »zu kollidieren oder das jeweils Mögliche zu bewirken«.[9] Pauschale Antworten konnte es darauf nicht geben.

Hatte Christa Wolf sich im Herbst als Subjekt des historischen Handelns empfunden, so sah sie sich nun zum Objekt einer Debatte zurückgestutzt, die sie in ihrer Heftigkeit überraschte. Ab jetzt sprach nicht mehr Christa Wolf, jetzt sprachen nur noch andere über sie. »Ich glaube, dass in allen auf Effizienz und Leistung orientierten Gesellschaften die offizielle Richtung gegen das Subjekt läuft«, sagte sie der Freundin Daniela Dahn. »Und dass das Subjekt sehr wenige Verbündete hat, in diesem Kampf sich zu behaupten. Einer der Verbündeten ist die Literatur. Seitdem [seit »Nachdenken über Christa T.«] habe ich das so gesehen, habe ganz bewusst jedes Buch in diesem Sinne konzipiert, den einzelnen Menschen zu stärken, das Subjekt zu stärken gegen die zerstörenden Anforderungen.«[10] In der Tat: Darin bestand ihre Leistung in der DDR. Und eben davon, von der Zersetzung des Subjekts durch die Belagerungen der Macht, handelte ihre Erzählung »Was bleibt« aus dem Jahr 1979, die im Juni 1990 erschien. Der Zeitpunkt hätte kaum unglücklicher sein können.

Im Rückblick sieht Christa Wolf die Veröffentlichung zu diesem Zeitpunkt selbst als Fehler an: »Ich war vielleicht einfach zu naiv.«[11] Naiv war es auch, unter dem Text als Entstehungsdatum »Juni–Juli 1979/November 1989« zu vermerken und im Klappentext eine »überarbeitete Fassung« anzukündigen. So musste die Erzählung als frisiertes Dokument erscheinen, als nachträglich zurechtgefälschter Tatsachenbericht, als halbe Wahrheit. Tatsächlich nahm Christa Wolf im Herbst 1989 nur kleinere stilistische Korrekturen vor.[12] Zumindest diese Angriffe hätte sie sich also leicht ersparen können, wenn sie mit einem Nachwort Entstehungszeit und Bedingungen der Veröffentlichung genauer beschrieben hätte. Weil der Text keine Ebene nachträglicher Reflexion und keine historische Distanz zu erkennen gibt, ist der Hinweis auf eine Überarbeitung so problematisch.

Christa Wolf handelte in Unterschätzung der Mechanismen einer pluralen Öffentlichkeit und in völliger Verkennung der erhitzten Atmosphäre. Der Vorwurf, sie wolle sich mit dem im Grunde doch eher läppischen Protokoll ihrer Überwachung durch die Stasi auf die Seite der Opfer mogeln, überraschte sie. War sie nicht eben noch die »moralische Instanz« gewesen, die gefeierte Autorin? Sie selbst sah sich nüchtern als Teil der DDR-Gesellschaft. Hier hatte sie gelebt, gewirkt, gelitten. In den schlichten Kategorien von Opfer und Täter zu denken, war ihr fremd, und gerade in ihrem Fall wäre damit nicht viel erklärt. In »Was bleibt« finden sich kaum Ansätze zur Selbststilisierung in dieser Richtung. Vielmehr geht es um die Auseinandersetzung mit der eigenen Angst, der Verinnerlichung äußerer Ansprüche und – im Bericht von der abendlichen Lesung – um die Komplizenschaft mit der Macht. Der einfachste Vorwurf, den man der Autorin machen konnte, war der ihrer Offenheit: Wer so über sich spricht, will Vorwürfen zuvorkommen. Ulrich Greiner bezeichnete das in der »Zeit« als »Entwaffnungstechnik« und zitierte genüsslich Christa Wolfs Satz: »Mit simplen Selbstbezichtigungen würde ich diesmal nicht davonkommen.« Mit seinem Verriss vom 1. Juni[13] – vier Tage vor Erscheinen der Erzählung –

und mit Frank Schirrmachers »Studie über den autoritären Charakter« einen Tag später[14] war der offizielle Startschuss einer Debatte gegeben, die nur noch auf ihren Anlass gewartet hatte.[15]
Greiner und Schirrmacher waren sich einig darüber, dass die Veröffentlichung von »Was bleibt« nach dem 9. November »nur noch peinlich« (Greiner), »bedeutungslos, anachronistisch, lächerlich« (Schirrmacher) sei. Vor dem 9. November wäre sie eine Heldentat gewesen, ja, sie hätte »vor zehn, vor fünf Jahren der Staatssicherheit wohl Schaden zufügen können«. Beide Kritiker gingen stillschweigend darüber hinweg, dass »Was bleibt« allenfalls in der Bundesrepublik hätte erscheinen können und dass Christa Wolf damit ihre Grundsatzentscheidung, in der DDR zu bleiben und zu veröffentlichen, gefährdet hätte. Was sie von ihr verlangten, war nicht weniger, als vorzeitig den Abschied von der DDR genommen zu haben. Die Erzählung lieferte den Vorwand für die grundsätzliche Gretchenfrage: Wie hältst du's mit der DDR?, die sich nun, nach ihrem staatlichen Ableben, mit postumer Entschlossenheit ausfechten ließ. Christa Wolf, immer auf dem schmalen Grat zwischen Anteilnahme und Gegnerschaft, eignete sich wie keine Zweite, um an ihrem Beispiel die notwendige Auseinandersetzung zu führen. Um »Was bleibt« ging es dabei nur am Rande. »Christa Wolf interessiert nicht als künstlerischer Fall«, schrieb Frank Schirrmacher.
Schirrmachers Aufsatz gab die Grundlinien der Auseinandersetzung vor. Im Zentrum seiner Kritik stand das familiäre, fast intime Verhältnis, das Christa Wolf und andere Intellektuelle ihrer Generation zu ihrem Staat aufgebaut hatten. Sie verstanden, schrieb Schirrmacher, die Gesellschaft als »größere Variante der kleinbürgerlichen, autoritär aufgebauten Familie« – eine Diagnose, der sich kaum widersprechen lässt. Ob in Christa Wolfs Berichten aus der DDR jedoch immer nur ein »Genrebild häuslichen Friedens« übrig blieb, ist so fragwürdig wie Schirrmachers Behauptung, sie

habe womöglich nie begriffen, dass sie in einem totalitären System lebte. Auch innerhalb einer Familie kann es ja bekanntlich grausam zugehen. Im Kontrast zum friedlichen Familienidyll, das er übrig ließ, rückte er die DDR in die Nähe des Nationalsozialismus – nicht in ihrer kriminellen Energie und in der Dimension ihrer Verbrechen, wohl aber in der fragwürdigen Kooperationsbereitschaft der Intellektuellen: »Angesichts ihrer Biographie stellt sich ein zweites Mal in der Geschichte des Jahrhunderts die Frage, wie blind Denken und Tat, Literatur und Welt füreinander sein können. Man hat mit Recht darauf hingewiesen, dass der Nazi-Staat die intellektuelle Klasse nicht zuletzt durch suggestive Kategorien wie Ordnung, Preußentum, nationale Selbstzucht auf sich verpflichten konnte. Umso erstaunlicher, dass die Dienstverpflichtung der Intellektuellen trotz dieser Erfahrung noch einmal gelang: Sozialismus, Solidarität, schöpferischer Widerspruch, das waren nur andere Worte für Unterwerfungs- und Gleichschaltungsprozesse.«

Aus der Christa-Wolf-Debatte wurde damit ein neuer Totalitarismus-Streit, als hätte es die Auseinandersetzung zwischen Jürgen Habermas und Ernst Nolte in den achtziger Jahren nie gegeben, in deren Ergebnis die vorschnelle Gleichsetzung der Diktaturen abgewiesen wurde. Das Selbstverständnis der Linken stand zur Disposition, die sich gegen den Stalinismus stets mit dem Argument gewappnet hatte, es handle sich dabei bloß um die bürokratische Degeneration einer an sich guten Sache – während der Nationalsozialismus die von Anfang an offen proklamierte Barbarei gewesen sei. Schirrmacher stellte den Kernbestand der sozialistischen Utopie – das Erbe des Humanismus anzutreten, eine solidarische Gesellschaft zu ermöglichen – in Frage und bestritt damit den Erneuerern des Sozialismus die moralische Legitimation. »Was bleibt« war für ihn folglich »ein Buch des schlechten Gewissens« und seine Autorin der exemplarische Fall einer Intellektuellen,

die vom »zweiten totalitären Sündenfall im zwanzigsten Jahrhundert nichts wissen« wollte. Harte Vorwürfe, aber Fragen, die zu diskutieren notwendig war.
In der monatelangen Debatte überlagerten sich immer wieder Abrechnungen mit der DDR und latente Schuldgefühle in der Folge des Nationalsozialismus. Manche Vergangenheitsbewältigungsexegeten schienen nun an der DDR nachholen zu wollen, was die Bundesrepublik gegenüber dem Dritten Reich versäumt hatte. Die Entschlossenheit, mit der die »Aufarbeitung« gefordert wurde, entsprang der deutschen Erfahrung, schon einmal Verdrängung und Restauration zugelassen zu haben. Die Verteidiger Christa Wolfs und der DDR beriefen sich dagegen meist auf die Alltagswirklichkeit und das komplexe »Leben«, das man eben leben müsse – hier oder dort, und das mit Kategorien wie »Schuld« nicht zu begreifen sei. »Ach, ihr süßen Wessis«, schrieb Martin Ahrends in der »Zeit«, »was wisst ihr denn von der Stasi? Was euch jetzt an Sensationsberichten aufgetischt wird: Das wisst ihr von der Stasi. Und weil ihr schon mehrere von der Sorte gelesen habt und weil der von Frau Wolf gar nicht richtig sensationell ist, lacht ihr sie aus: zu spät, zu spät.«[16]
Die Fronten verliefen keineswegs eindeutig. Weder war es ein Aufstand der jüngeren Generation gegen die Älteren, noch formierten sich die Weggeher gegen die Dagebliebenen, die Rechte gegen die Linke oder »der Westen« gegen »den Osten«. Es war von allem etwas, vor allem aber die Auflösung althergebrachter Fronten und politischer Fraktionen. Opfer des Stalinismus wie Lew Kopelew und Walter Janka gehörten zu den Wolf-Verteidigern. DDR-Emigranten wie Reiner Kunze oder Günter Kunert nahmen sie von ihrer Kritik an östlichem Opportunismus weitgehend aus. Monika Maron widersprach dagegen in sehr scharfer Form den Intentionen des Aufrufs »Für unser Land«[17]. Wolf Biermann schrieb: »Wie zögerlich, furchtsam und zerrissen Christa Wolf auch war, sie

machte nie auf Held, und sie durfte deshalb zerrissen, furchtsam und zögerlich sein.« Und: »Was kann sie dafür, dass mancher Kritiker sein Kuscheltier aus der Zeit des Kalten Krieges schlachtet. Nun rieseln ihr die Sägespäne aus dem Herzen.«[18] Auch Günter Grass fühlte sich zur Solidarität mit Christa Wolf herausgefordert – vor allem, weil ihn der gehässige Tonfall vieler Debattenbeiträge irritierte. Dabei machte er, der als Sozialdemokrat der SED stets kompromisslos gegenübergestanden hatte, keinen Hehl aus seiner Haltung. Eine »gewisse biedere Wohlerzogenheit und Konfliktscheu« entdeckte er in den Texten Christa Wolfs und sah darin eine Ursache dafür, dass sie so lange gebraucht habe, sich »von der zweiten ideologischen Bindung« zu lösen. Eine Rechtfertigung für die Angriffe gegen sie sei das aber nicht.[19]

Auf der anderen Seite des moralischen Spektrums ließ sich sogar Hermann Kant, der mit sehr viel größerer Berechtigung Kritik zu fürchten gehabt hätte, zu einer Verteidigung hinreißen. »Ich versteh nicht, was Sie reitet, Christa Wolf so anzugreifen«, sagte er den Reportern des »Spiegel«. »Ich finde das ungerecht. Ich habe wenig Grund, den Propagandisten von Christa Wolf zu machen. Aber ich weiß, dass sie in den Jahren, in denen es schwierig für viele Leute war, diesen Leuten ihre Schwierigkeiten gemindert hat, wo sie konnte. (...) Das finde ich sehr merkwürdig, dass Sie, die Sie so rastlos waren bei der Schilderung einer DDR, in der keiner muh und mäh sagen durfte, jetzt verlangen, Christa Wolf hätte muh und mäh sagen sollen. (...) Ich bin in vielen Fragen verquer mit Christa Wolf in politischen Angelegenheiten; aber ich sehe nicht denjenigen, der das Recht hätte, sich selber sozusagen Moral zu bescheinigen und sie Christa Wolf abzusprechen.«[20] Pikant, pikant: dieser Verteidiger konnte nur schaden, auch wenn er etwas Richtiges sagte.

Die komplizierte Gemengelage unterschiedlicher Interessen, die Verwirrung nach dem Verlust der eingeübten politischen Koordi-

naten von Ost und West, lässt sich nicht auf einen einfachen Nenner bringen. Im »Spiegel« war zu lesen, dass es beim Streit um »Was bleibt« für die Literaturkritik um die Formulierung eines Urteils ohne den althergebrachten DDR-Bonus gehe. Weil die etwas kritischere DDR-Literatur in der Bundesrepublik stets wohlwollend besprochen wurde, selbst wenn sie ästhetisch eher belanglos war, hatte auch die westdeutsche Öffentlichkeit einen neuen, unbefangenen Blick einzuüben – und verfiel vom übertriebenen Lob in die überzogene Kritik. Ulrich Greiner brachte das Dilemma in der »Zeit« auf den Nenner: »Wir haben die DDR nie so gesehen, wie sie wirklich war, sondern immer nur in den instrumentellen Zusammenhängen der alten Paradigmen Faschismus contra Antifaschismus, Kommunismus contra Antikommunismus. Von diesem Schema war nicht nur die Literaturkritik geprägt, sondern die gesamte geistige und politische Auseinandersetzung mit der DDR. Ihm verfielen die Rechten ebenso wie die Linken.«[21]
Noch war die Loslösung von den alten Schemata mehr behauptet als vollzogen. Die heftigen Affekte, die in der Debatte frei wurden, zeugen davon. Auch Christa Wolf reagierte im Rückgriff auf eingeübte Denkmuster. Bei einem Bertelsmann-Colloquium im Potsdamer Cecilienhof am 14. Juni sprach sie – nicht zu Unrecht – von »bewusster, gezielter Demontage« und klagte über Wut, Aggression, Hass und Häme, der sie ausgesetzt sei. Wenn sie darüber hinaus aber eine »Hetzkampagne« im Gange sah, die sie an Artikel im ND erinnerte, verwechselte sie doch die gesteuerte, parteitreue Presse der DDR mit der komplexen Medienöffentlichkeit der Bundesrepublik. So polemisch einzelne Beiträge waren – es gab stets auch die Gegenstimmen. Die »Zeit« hatte dem Greiner-Artikel sogar eine freundliche Besprechung von Volker Hage zur Seite gestellt und damit sorgsam ein liberales Pro und Contra ausbalanciert. Christa Wolf erlebte die westlichen Medien jedoch wie zu DDR-Zeiten als monolithische Einheit. Vierzig Jahre lang hatte man dort

die Presse des Westens gelesen wie die eigene – als stünde sie repräsentativ für den Staat, in dem sie erschien. Mit der Pluralität der Meinungen gelassen umzugehen – auch das lehrt diese Debatte –, musste nach der Wende mühsam erlernt werden. Leicht gemacht wurde es Christa Wolf nicht, und es ist nicht von der Hand zu weisen, dass mancher, der ihr Ausharren in der DDR als Opportunismus deutete, selbst bloß opportunistisch in den großen Chor der Besserwisser einfiel. Wer will es ihr verdenken, dass sie, so wie sie früher die Vereinnahmung durch westliche Medien zurückgewiesen hatte, nun am liebsten diese Kritik als unerlaubte Einmischung in die inneren Angelegenheiten des Subjekts und der DDR-Bevölkerung zurückgewiesen hätte: »Schärfere Fragen, als wir uns im Moment stellen, kann uns von außen niemand stellen.«[22]

Richtig ist, dass die Konfrontation zwischen westlichem Gerechtigkeitsfuror und östlicher Trauerarbeit wenig hilfreich war. Es musste nicht gleich larmoyant oder nostalgisch sein, wer sich dagegen wehrte, alles zu negieren, was die DDR ausmachte. Den Ostdeutschen wurde jedoch nicht die Zeit und der Freiraum zugestanden, sich mit ihrem Leben anders als unter dem Fokus von Schuld und Sühne zu befassen. Was vonstatten ging, lässt sich als diskursive Enteignung bezeichnen. Die pädagogische Rolle der DDR-Literaten, die als Fürstenaufklärer und Volksbelehrer keine Aufgaben mehr hatten, wurde vorübergehend von den westdeutschen Kritikern übernommen. Sie machten sich nun daran, die Autoren aus dem Osten zu erziehen. Erste Übung: Watschen entgegennehmen. Dass Christa Wolf zur »gesamtdeutschen Heulsuse« und »Mutter Teresa der Literatur« ernannt wurde, ihre Erzählung gar zum »finalen Todesstuss«[23], das sollte sie gefälligst ertragen lernen.

Christa Wolfs Enttäuschung bezog sich weniger auf den Untergang der DDR als auf das Scheitern der emanzipatorischen Kräfte des Herbstes. DDR-Nostalgie sei ihr schon zu DDR-Zeiten gründlich ausgetrieben worden, sagte sie bei einer Diskussion in der Akademie der Künste über »40 Jahre deutsch-deutsche Literatur«. »Trotzdem empfinde ich sehr großen Schmerz darüber, dass die Kräfte, die im Herbst noch produktive Ansätze zuwege gebracht haben, sich als zu schwach erwiesen haben, unser Miteinanderleben heute mehr zu bestimmen. (...) Ich glaube nicht, dass das im Herbst eine Revolution war. Es war eine Volkserhebung, die münden musste in diesen Zusammenbruch. In diesen Zusammenbruch wird jetzt sehr vieles hineingerissen. Das macht einen Teil meiner Trauer aus, dass wir alle nicht stark genug waren. Das ist ein schweres kollektives Versagen. Und ich glaube schon, dass das Trauer und Reue wert ist.«[24]

Erneuern, Bewahren, Selbstprüfung, Schmerz und Trauer: Es ist das bekannte Wolf'sche Krisen-Vokabular – ein Instrumentarium, das zu Innenschau und Retrospektive einlädt, das aber für die politische Auseinandersetzung wenig tauglich ist. So verständlich es psychologisch betrachtet war, die Frage »Was bleibt« an sich selbst zu richten – politisch adäquater wäre vermutlich die Frage »Was kommt?« gewesen. Während die Bürgerbewegung sich in der Debatte um die DDR-Vergangenheit verstrickte und im eigenen Schmerz verbarrikadierte, ging der Anschluss an die politische Entwicklung verloren. Dass schließlich die Herren Schäuble und Krause die Bedingungen der deutschen Einheit aushandelten und die Bürgerbewegung zusah, hat auch mit dieser von westdeutschen Moralisten vorgegebenen und vorangetriebenen Vergangenheitsdebatte zu tun. Sie verstärkte bei den Betroffenen im Osten das trotzige Festhalten an der DDR als kulturellem Lebens-, Gedanken- und Empfindungsraum, auch wenn der jetzt nur noch als Negativabdruck zu haben war.

Es gibt nur wenige öffentliche Äußerungen Christa Wolfs in eigener Sache aus dem Jahr 1990. Als sie im September in Frankreich zum »Offizier des Arts et des Lettres« ernannt wurde, nutzte sie den Auftritt im Ausland, wo ihr Ansehen ungebrochen war, für eine Bemerkung, die die erlittenen Verwundungen nur andeutete: »Wenn aber die Literatur streitbar sein kann und, wie ich finde, sein soll, so wird der Literaturbetrieb zuweilen mörderisch, seine Protagonisten halten sich nicht immer an das Gebot der Fairness und kämpfen mit präparierten Waffen: die Literatur als Kriegsschauplatz. Ob ein Offizierspatent da helfen kann, besser zu bestehen?«[25] Und als sie im November Hans Mayers Rede in der Reihe »Nachdenken über Deutschland« in der Staatsoper Berlin einführte, betonte sie den Anteil, den die Literatur – und damit auch sie selbst – am Umsturz gehabt hatte: »Es gab Jahre hier, in denen Bücher wie Taten wirkten, Lebens- und Arbeitsmittel jener Gruppen, die in den achtziger Jahren entstanden und die im Herbst des vorigen Jahres in einer Reihe ganz neuer Organisationsformen das Gesicht, die Gestalt einer freien, humanen, sozialen Gesellschaft ahnen ließen, die sich unter dem Panzer des alten Staatswesens als Puppe herausgebildet hatte. Dabei beteiligter Zeuge gewesen zu, ist eine unverlierbare Erfahrung.«[26]

In dieser Rede sprach sie auch vom »Verlierergefühl«, das sie beherrschte. Sie kannte dieses Gefühl seit dem 11. Plenum von 1965, nie jedoch war es stärker als im Sommer 1990, als sie vor den Gräbern von Bert Brecht und Helene Weigel auf dem Dorotheenstädtischen Friedhof stand. »Judensau« hatte jemand auf den Grabstein gesprüht. Christa Wolf glaubte, sich in einer »Zeitschleife« zu befinden. Das, so sagte sie, hätte dem Professor Hans Mayer und der Studentin Christa Wolf damals in den fünfziger Jahren in Leipzig niemand voraussagen dürfen, als der Antifaschismus ihr Engagement für den jungen Staat begründete. Umgekehrt fürchtete sie nun aber auch, ein wieder aufflammender Rechtsradikalismus könne der alten DDR-Garde als Rechtfertigung dienen, jede Veränderung abzulehnen.[27]

Und Brecht? Ihm stand Christa Wolf nun näher als damals, zu ihrer aufrechten Jugendzeit, in der er ihr doch etwas suspekt gewesen war. Brecht war zu einem Dialogpartner geworden, der zur Auseinandersetzung herausforderte. »Der da nun, vierzig Jahre später, beschimpft wurde, hat nachdenklich eingeschränkt: ›Die wir den Boden bereiten wollten für Freundlichkeit, konnten selber nicht freundlich sein.‹ Diesen Satz habe ich in mir um und um gewendet. Jetzt muss ich auch ihn noch einmal neu befragen.«[28]

Unordnung und spätes Leid

Fundstücke im Archiv, Befunde in eigener Sache: Medea und die Stasi

Im September 1990 fragte das Allensbacher Institut für Meinungsforschung nach den hundert einflussreichsten Frauen Deutschlands. Rita Süssmuth errang in dieser Umfrage den Sieg, dicht gefolgt von der Allensbach-Chefin Elisabeth Nölle-Neumann und der »Zeit«-Herausgeberin Marion Gräfin Dönhoff. Christa Wolf landete immerhin noch auf Platz 25, ein erstaunliches Resultat nach all den Vorwürfen, die in den Monaten zuvor gegen sie erhoben worden waren. Damit ließ sie Steffi Graf (Platz 43) und Alice Schwarzer (Platz 45) hinter sich, hatte aber Volkskammer-Präsidentin Sabine Bergmann-Pohl auf Platz vier als oberste Repräsentantin des Ostens weit vor sich.[1] Die Stimmung hatte sich spürbar verändert. Im Supermarkt in Mecklenburg hörte sie einen Mann an der Kasse fragen: Ist das nicht die Wolf? Als die Kassiererin bejahte, folgte die Bemerkung: Der hat der Honecker doch auch ihr Luxushaus geschenkt.[2] Das ist nicht unbedingt repräsentativ, jedoch eines der möglichen Ressentiments, mit denen sie sich auseinandersetzen musste.

Christa Wolfs Essays aus dieser Zeit berichten von der Fremdheit in den »neuen Verhältnissen«, die sie wie mit spitzen Fingern in Anführungszeichen setzt. Sie handeln von der Macht des Geldes, dem Ausverkauf des Landes, Firmenschließungen, schlechter Laune und Osttarifen, Leichtgläubigkeit, neuen Illusionen, neuen Ängsten und neuer Entfremdung und dem Beharren auf einer eigenen Identität. »Wo ist euer Lächeln geblieben?« lautete die sprechende Überschrift ihres Zustandsberichts aus dem »Brachland Berlin« des Jahres 1990, den sie für die Schweizer Kulturzeitschrift »Du« verfasste.[3] Das einst auf der Flucht verlorene und in den optimistischen Jahren des sozialistischen Aufbruchs in Moskau wiedergefundene Lachen ging nun erneut verloren: Der Kapitalismus ist eine ernste Sache. Der resignative Tonfall steigerte sich, als im Januar 1991 die Kuwait-Krise zum Golfkrieg eskalierte. Zeigte der Imperialismus jetzt sein wahres Gesicht, wie es die sozialistische Ideologie immer behauptet hatte, und führte Krieg um Öl? Oder verteidigten die Alliierten beherzt das Selbstbestimmungsrecht der Völker gegen die irakischen Invasoren?

In der unübersichtlichen, aber emotional aufwühlenden Situation wirkte der Versuch Christa Wolfs, an eingeübten intellektuellen Gepflogenheiten festzuhalten und ihre »tiefe Besorgnis« in Form eines Appells an die UNO auszudrücken, geradezu rührend hilflos. Kurt Masur und der Wolf-Freundeskreis mit Volker Braun, Peter Härtling, Friedrich Schorlemmer, Otl Aicher und Inge Aicher-Scholl unterzeichneten die Stellungnahme.[4] »Der Konflikt mit dem Irak war ein Testfall für die Fähigkeit der viel beschworenen Völkergemeinschaft, auch sehr schwierigen Herausforderungen auf friedliche Weise zu begegnen«, formulierte Christa Wolf. »Der Test wurde nicht bestanden, auf die Meinung der Völker wurde nicht gehört. Die unvorstellbaren Risiken für uns alle werden in Kauf genommen.«[5]

Noch einmal drängte sich die Rolle der Kassandra auf, doch ihre Sprache war zögerlich und nebulös, als sei ihr bewusst, dass sie bloß eine Pflicht erfüllte, ohne an ihren Sinn zu glauben. Sie verlangte sich die Stellungnahme ab, hätte sich aber viel lieber aus einer aufgeschreckten Öffentlichkeit zurückgezogen, in der die Intellektuellen die Fronten neu zu ordnen suchten. Hans Magnus Enzensberger verglich Saddam Hussein mit Hitler, und auch Wolf Biermann plädierte für den Krieg gegen den Irak. Günter Grass forderte dagegen den Rücktritt der Bundesregierung, und Martin Walser missfiel, dass die USA nicht geduldig auf Sanktionen setzten. Richtige oder wenigstens nur einfache Antworten gab es nicht mehr.

In einem Brief an Hans Mayer, zu dem die Freundschaft in diesen Jahren tiefer und enger wurde, beschrieb Christa Wolf ihre innere Verfassung. Mayer hatte ihr vorgeschlagen, dass sie im Jahr 1991 den Erich-Fried-Preisträger der Wiener Fried-Gesellschaft benennen und eine Laudatio auf ihn halten solle. Christa Wolf bat nun darum, sie von dieser Pflicht zu entbinden. Je näher der Termin rücke, umso größer sei die Last, die dieser Auftritt ihr verursache. »Es gibt in mir einen Widerstand dagegen, er ist moralischer Natur, Sie können ihn auch neurotisch nennen, ich würde nicht widersprechen. Dieser Widerstand ist verknüpft mit einer fast panischen Abwehr gegen Öffentlichkeit – beide Paniken haben dieselbe Wurzel, aus der übrigens auch eine massive Schreibhemmung erwächst. Dies war zu Ihnen gesagt, weil Sie Literaten verstehen. – Haben die Sie also geschafft? werden Sie mich fragen, und ich müsste darauf erwidern: Ich weiß es noch nicht. Ich hoffe, nein. Aber um wieder zu mir zu kommen, brauche ich Zurückgezogenheit und Ruhe, dies weiß ich sicher.«[6]

Vom Rückzug aufs Land, von Ernüchterung und Dialog mit sich selbst war in Zeitungsartikeln zu ihrem 62. Geburtstag die Rede.[7] Das hätte zu DDR-Zeiten genauso gesagt werden können. Doch wenn Christa Wolf nun über ihr Landleben mit Enkelsohn, Freundin Carola Nicolaou, Kartoffelpuffer und Kräutergarten berichtete, hatte sich die Bedeutung des Privaten in den veränderten Koordinaten grundsätzlich verschoben. Vom Ausharren, das vor der Wende immer auch etwas Heroisches hatte, war das Weitermachen geblieben. Aus dem freundschaftlichen Zusammenrücken in der Notgemeinschaft war ein profanes Miteinander geworden. Der Landenklave war alles Subversive des alternativen Lebensentwurfs ausgetrieben. Das Private war nicht länger politisch. Auch im Schreiben ließ sich die Betonung der Subjektivität nicht mehr als Widerstandsakt gegen eine Kollektivideologie wahrnehmen. Dieser Spannungsverlust irritierte Christa Wolf. Ein Dauergefühl des »Zu spät« stellte sich ein, das bedrückende Gefühl, »im Joch falscher, vernichtender Bedürfnisse« zu leben.[8]

In dem Film-Porträt »Zeitschleifen«, das der Deutsche Fernsehfunk zu ihrem 62. Geburtstag sendete, erklärte sie, dass sie »in bestimmter Weise« zu hoffen aufgehört habe. Der lange Abschied von der Utopie setzte sich kontinuierlich und unabschließbar ein weiteres Mal fort. Eine Stelle aus »Störfall«, die sie in dieser Sendung las, wurde nun zu einer bitteren Deutung ihrer Intellektuellenlaufbahn: »Wir haben die Geschenke falscher Götter angenommen. Und wir alle, jeder Einzelne von uns, haben die falschen Speisen von den falschen Tellern gegessen.« Jetzt blieb nur noch die Nachlassverwaltung übrig und die nüchterne Pflicht, »den großen Zusammenbruch zu beschreiben, den wir erlebt haben. Denn das muss ja Literatur auch wieder einmal leisten.«[9] Im Schreiben würde es nun nicht mehr um das zähe Prinzip Hoffnung gehen, aber doch um die Frage, »welche Art Zukunft wir noch in die Gegenwart hineinnehmen können«.[10] Ein Hintertürchen für die Utopie blieb offen.

Das Ergebnis der Gegenwartsorientierung war paradoxerweise die Hinwendung zur Vergangenheit. Christa Wolf griff das Erfolgsmodell der »Kassandra« wieder auf und kehrte zur griechischen Mythologie zurück. Die Suche nach einem künstlerischen Neuanfang führte sie zum Altbewährten, zur feministischen Relektüre des Mythos. Damit setzte sie eine Schreibstrategie fort, die mit der Desillusionierung nach der Biermann-Ausbürgerung ihren Ausgang genommen hatte: gegenwärtige Konflikte in prähistorischer Verallgemeinerung abzuhandeln. In »Medea«, zu der sie sich ab Juni 1991 Notizen zu machen begann, fand sie erneut eine Figur,

mit der sie sich identifizieren konnte, und einen mythologischen Stoff, der ihre gegenwärtige Verfassung auszudrücken schien. Sie formte ihn zur Parabel darüber, wie in Krisensituationen immer wieder Menschen ausgegrenzt und zu Sündenböcken gestempelt werden. Rückblickend erklärte sie ihren Ansatzpunkt so: »In der DDR hatte ich ja gesehen, wohin ein Staat gerät, der immer größere Gruppen ausgrenzte, der seine Integrationsfähigkeit immer mehr verlor. Jetzt erleben wir in der größer gewordenen Bundesrepublik Deutschland, wie immer größere Gruppen von Menschen überflüssig werden, aus sozialen, aus ethischen und anderen Gründen. Angefangen hatte es mit bestimmten Gruppen der DDR-Bevölkerung, gegen die man im Vereinigungsprozess eine Abwehrhaltung entwickelte. Diese Ausgrenzung des Fremden zieht sich durch die ganze Geschichte unserer Kultur. Immer schon vorhanden ist die Ausgrenzung des Angst machenden weiblichen Elements.«[11]
Die Fundamentalkritik an »patriarchalisch und hierarchisch strukturierten Gesellschaftsgruppen« erlaubte Christa Wolf, DDR-Vergangenheit und Einheits-Gegenwart als Kontinuität zu beschreiben. Das Thema Ausgrenzung umfasste die DDR-Gesellschaft und die Lage der Ostdeutschen im vereinigten Deutschland ebenso wie die Rolle der Frau und die eigenen Erfahrungen mit einer ungastlichen Öffentlichkeit. Ausgrenzung wurde zum zentralen Thema in einem Land, in dem Wohnheime von Ayslbewerbern brannten und auf Ausländer Jagd gemacht wurde. In Hoyerswerda, einst Symbol des sozialistischen Stadtbaus und Ort von Brigitte Reimanns »Ankunft im Alltag«, wurde ein Heim vietnamesischer Asylbewerber wochenlang vom Mob belagert und mit Brandsätzen beworfen. Christa Wolf nahm Anfang Oktober 1991 im Deutschen Theater in Berlin an einer Veranstaltung gegen Ausländerfeindlichkeit teil. »Der Gastfreund« hatte sie ihre Rede überschrieben, in der sie von eigenen frühen Erfahrungen der Ausgrenzung berichtete. Damals, auf der Flucht aus Landsberg im Jahr 1945, hatte sie erlebt, »wie

Entwurzelung sich anfühlt, was Armut bedeutet, was es heißt, durch ein Dorf zu gehen, dessen Türen und Fenster sich vor dir verschließen. Und wie die Versuchung entsteht, auf andere Flüchtlinge, noch ärmer, von noch weiter her, vor allem: von zweifelhafterer Deutschheit hinunterzublicken.«[12] Jetzt erklärte sie sich den aufflammenden Rassismus im Land als Folge der überstürzten Vereinigung, der sozialen und kulturellen Entwurzelung Ostdeutschlands, der Angst vor Arbeitslosigkeit.

So entschieden sie für die bedrohten Asylbewerber eintrat, so sehr fühlte sie sich selbst von der Atmosphäre im Land bedroht. Für die DDR hatte sie sich in früher Jugend entschieden. Das vereinigte Deutschland aber war über sie gekommen, Widerstand zwecklos. Sie hätte es sich anders gewünscht und tat sich schwer, neue Bindungen und Loyalitäten auszubilden. Welche Funktion hatte sie noch als Autorin? »In der DDR war es für eine Reihe von Leuten wichtig, dass ich hier war, auch für mich: Hier war die Reibung, aus der heraus ich schrieb. Nun aber muss ich nicht mehr hier sein, um mich weiter in diese Destruktivität mit hineinreißen zu lassen«, schrieb sie im Februar 1992 an ihre italienische Übersetzerin Anna Chiarloni. Sie kündigte an, dass sie im Herbst für längere Zeit das Land verlassen werde, und begründete diesen Schritt mit der Ausgrenzung, die sie erfahre: »Hier erlebt man natürlich täglich, dass das führende westdeutsche Feuilleton und auch eine Reihe von Politikern, viele Medien ›den Osten‹ verteufeln, dämonisieren, und nicht zuletzt die Literatur, die auch im letzten Jahrzehnt der DDR hier noch entstand. Ich muss mich aus dieser niederziehenden Atmosphäre herausziehen, hier kann ich nichts mehr tun.«[13]

Den Abschied von Deutschland eine Flucht zu nennen, wäre »zu billig«, schrieb sie nach ihrer Ankunft in Santa Monica, Kalifornien, wo sie als Scolar des »Getty-Center for the History of Art and the Humanities« im September 1992 ein neunmonatiges Stipendium antrat. Immerhin war es eine längere Abwesenheit, als sie es sich zu DDR-Zeiten je zugebilligt hätte. Ihren Äußerungen ist abzulesen, dass sie durchaus das Gefühl hatte, in eine Art Exil zu gehen – dorthin, wo der Westen am westlichsten ist. Die Armut auf den Straßen in Los Angeles deprimierte sie. Sie musste – sentimentalisches Gemüt – die Tränen unterdrücken, wenn sie einem der zahlreichen homeless people einen Dollar gab. Abends schaute sie sich mit Begeisterung »Raumschiff Enterprise« im Fernsehen an. Irgendwie schien diese surreale Weltraumexotik ihrer Stimmung zu entsprechen.[14]

Gerhard Wolf blieb in Deutschland zurück. Zum ersten Mal in ihrer Ehe waren die Wolfs für längere Zeit getrennt. Er arbeitete seit der Wende als selbständiger Verleger und konnte sich eine längere Abwesenheit deshalb nicht erlauben. Mit der Gründung von Janus Press hatte er sich einen Lebenstraum erfüllt. Die Tantiemen, die Christa Wolfs Werke in aller Welt abwarfen, ermöglichten es, das finanzielle Risiko einzugehen. Janus Press steht für Bücher in edler Ausstattung, für experimentelle Literatur und Kunst und für fortgesetzte Grenzübertritte zwischen den Disziplinen. Es sind Bücher abseits des Marktes: »Sprachblätter« des DDR-Avantgardisten Carlfriedrich Claus, Lyrik von Bert Papenfuß oder Róža Domašcyna, Essays von Franz Mon als Vertreter der konkreten Poesie oder von Otl Aicher, in dessen Schrifttype »Rotis« Janus-Press-Bücher gedruckt werden.

Christa Wolf musste sich also alleine zurechtfinden, und vielleicht verstärkte die Trennung das Gefühl des Fremdseins. Für die Arbeit an »Medea« war das keine unwichtige Übung. Nun fiel es ihr leichter, sich in die Situation der Kolcherin im fremden Korinth hineinzufühlen. Kolchis, östlicher Rand der Welt des Altertums, ist in Christa Wolfs Medea-Variante eine verknöcherte, korrupte Gesellschaft. Medea, die die Wahrheit nicht verschweigt, wird dort nicht länger geduldet und geht deshalb mit Jason ins westliche Korinth. Dort aber fällt sie als Fremde in Ungnade und wird des Mor-

des an ihren Kindern angeklagt. Im Osten Dissidentin, im Westen als Barbarin verachtete Repräsentantin ihres Herkunftslandes: die Parallelen zwischen dem Stoff und der Situation der Autorin sind offensichtlich. Welcher Triumph, als sie entdeckte, dass Medea erst in der Überlieferung des Euripides zur Kindsmörderin wurde, während in früheren Quellen die Korinther ihre Kinder umbrachten.[15] Nun konnte Christa Wolf erst recht die unschuldig Beschuldigte zur mythologischen Projektionsfigur ihrer eigenen Erfahrungen im wiedervereinigten Deutschland machen und den Mythos gegen den Strich der patriarchalen Überlieferung erzählen.
Ihren Studienaufenthalt in Kalifornien nutzte sie, um Material über Medea zu sammeln, wissenschaftliche Literatur zu suchen und erste Schreibversuche am neuen Stoff zu unternehmen. Auch wenn sie Medea als literarische Figur frei entwickeln würde – auf Grund von gründlichen Kenntnissen fiel ihr das Erfinden leichter. So hatte sie es in allen ihren Büchern gehalten. Nie hatte sie frei fabuliert, nie Geschichten ersponnen, sondern sich stets an Vorlagen und historischem Material abgearbeitet. Darüber hinaus las sie die Bücher, die exilierte Autoren wie Brecht und Feuchtwanger in Kalifornien geschrieben hatten. Sie studierte die Tagebücher Thomas Manns am Ort ihres Entstehens »mit neuer Intensität«[16] und lernte Nachfahren jüdischer Emigranten kennen. Seltsame, irritierende Erfahrung, dass sie ihnen gegenüber als Deutsche das wiedervereinigte Deutschland und seine ganze ungeteilte Geschichte zu vertreten hatte. Deutschland erschien in Kalifornien in den Nachrichten mit dem Brandanschlag in Mölln, mit Anschlägen auf Synagogen, mit Rostock und Hoyerswerda, und Christa Wolf fand sich in der Rolle der Verteidigerin ihres Landes wieder: So schlimm ist es nicht, die Medienperspektive verzerrt. Als sie von einem jungen jüdischen Paar um Rat gefragt wurde, das zögerte, nach Deutschland zurückzukehren, riet sie zu und war doch selbst froh, für ein paar Monate möglichst weit weg zu sein.

Ein Traum, den sie in den ersten Tagen in der neuen Welt notierte, zeigt, wie stark das Exil-Gefühl war und wie entfremdet sie sich Deutschland fühlte. Da sah sie sich selbst neben ihrem Mann in einem Auto sitzen. Es war klar, dass sie emigrieren müssten. Bilder der Flucht von 1945 drängten sich ins Gedächtnis. Das vorherrschende Gefühl war »Unordnung, Desaster, Unbehaustheit«. Der Freund, der sie über viele Jahre als Informeller Mitarbeiter der Stasi ausgespitzelt hatte, saß ebenfalls im Auto und half beim »Umzug«. Zwei gut bekannte Frauen packten mit traurigen Gesichtern das Auto immer voller.[17]

Christa Wolf wurde, so lässt sich dieser Traum verstehen, eine Last nicht los. Das alte Gepäck ließ sich auch in der Ferne nicht so einfach abwerfen. Im Mai 1992 hatten die Wolfs ihre Stasi-Akten in der Gauck-Behörde eingesehen, 42 Ordner aus den Jahren 1968 bis 1980, die über den »operativen Vorgang« mit dem Kennwort »Doppelzüngler« Auskunft gaben. Das Ausmaß der Überwachung, der sie ausgesetzt waren, hatten sie so nicht erwartet – auch nicht, dass ein enger Freund zu den IMs gehörte, von denen sie umstellt waren. In ihren Akten fand Christa Wolf auch einen Hinweis darauf, dass sie von 1959 bis 1962 selbst als IM geführt worden war. Die so genannten »Täter«-Akten einzusehen, war ihr nach Lage der Gesetze nicht erlaubt. Eine Mitarbeiterin der Behörde ließ sie jedoch damit für kurze Zeit allein, so dass sie sich einen Eindruck verschaffen konnte.

Diese Ereignisse lagen weit zurück. Die Gespräche, die sie damals in Berlin und Halle mit Stasileuten geführt hatte, waren ihr – wenn überhaupt – als unbedeutende Begegnungen in Erinnerung geblieben. Den Decknamen »Margarete« gewählt und mindestens einmal damit einen Bericht unterschrieben zu haben, hatte sie verdrängt und vergessen. Jetzt aber tauchte die Episode aus dem Gedächtnis des Archivs wieder auf. Wie konnte ausgerechnet sie so etwas vergessen, deren Werk als fortgesetzte Selbst-Analyse, als

gegen die Verdrängung anschreibende Erinnerungsbewegung zu verstehen ist? Oder muss man die Erinnerung als eine besonders subtile Form der Verdrängung begreifen? Wie hieß es doch am Ende von »Kindheitsmuster«: »Hat das Gedächtnis seine Schuldigkeit getan? Oder hat es sich dazu hergegeben, durch Irreführung zu beweisen, dass es unmöglich ist, der Todsünde dieser Zeit zu entgehen, die da heißt: sich nicht kennen lernen wollen?«[18]
Christa Wolf scheute davor zurück, mit ihrer schockierenden Entdeckung an die Öffentlichkeit zu gehen. Die Debatte um »Was bleibt« lag erst zwei Jahre zurück. Sie konnte sich leicht ausrechnen, was passieren würde, wenn sie nun gestand, selbst einmal »IM« gewesen zu sein. Im Jahr zwei der deutschen Einheit konnten diese zwei Buchstaben vernichtend wirken – die Beispiele Ibrahim Böhme oder Wolfgang Schnur hatten das gelehrt. Unterschiede wurden nicht gemacht, Pardon nicht gegeben, Dabeisein war alles. Unter den Schriftstellern war die Entlarvung Sascha Andersons durch Wolf Biermann der spektakulärste Fall. Als dann auch der Lyriker Rainer Schedlinski zugeben musste, jahrelang Spitzeldienste geleistet zu haben, schien es, als sei die ganze oppositionelle Literatur vom Prenzlauer Berg bloß eine Inszenierung der Staatssicherheit gewesen, als habe das MfS die DDR-Gesellschaft nicht nur überwacht, sondern sie mit seinen eigenen Leuten dargestellt. Die DDR erschien als perfekte Diktatur, in der sogar die Ansätze von Widerstand als Teil des totalen Machtspiels zu betrachten waren. Nichts traute man dem havarierten Staat zu, aber doch die Perfektion einer stasigenerierten Simulation seiner selbst. Der Widerspruch, der zwischen totaler Unfähigkeit und umfassender Allmacht bestand, schien niemandem aufzufallen.
Acht Monate benötigte Christa Wolf, bevor sie in der »Berliner Zeitung« eine »Auskunft« in eigener Sache erteilte.[19] Es war ihr klar, dass es irgendwann geschehen müsste. Das kommunistische Ritual öffentlicher Selbstkritik kam in der Nachwendezeit zu später

Blüte, und auch Christa Wolf musste ihm Tribut zollen. Zuvor aber wollte sie sich die Bedeutung dieser Periode ihres Lebens selbst klar machen; nicht einmal mit ihren Töchtern konnte sie über dieses Thema auf Anhieb sprechen. Die Furcht vor bevorstehenden Enthüllungen – schließlich waren die »Täter«-Akten für Pressevertreter frei zugänglich – mag eine Rolle gespielt haben, dass sie im Januar 1993 den Canossa-Gang wagte. Letzter Auslöser war die um Heiner Müller entbrannte Debatte, dem ebenfalls vorgeworfen wurde, mit Stasileuten Gespräche geführt zu haben. Er war von einem jungen Schriftsteller denunziert worden, den er – ebenso wie Christa Wolf und Franz Fühmann – zu DDR-Zeiten finanziell und moralisch unterstützt hatte. Christa Wolf, am eigenen Schweigen und ihren Schuldgefühlen laborierend, wollte Müller nicht allein lassen. Im Fall Heiner Müllers gab es allerdings nur Gerüchte über Kantinengespräche und Whiskytrinken mit Stasioffizieren. Bei Christa Wolf lag eine kompromittierende Akte vor – und sei sie auch noch so dünn. Die »Bild«-Zeitung brachte ihre »Auskunft« auf die formelhafte Schlagzeile: »Unsere berühmteste Schriftstellerin Christa Wolf: Ich war IM (...) aber ich wusste es nicht.« Die »Bild«-Frage »Müssen wir das glauben?« konnte unter dieser fetten Prämisse getrost verneint werden: »Das Geständnis, Reaktionen – letzte Seite.«[20]

Der »Spiegel« sprach von der »ängstlichen Margarete« und bezeichnete das Material, das er vorlegte, als »erdrückend«. Ein Photo zeigte Christa Wolf beim freundlichen Händedruck mit Walter Ulbricht. Als Faksimile war ein Ausschnitt des mit »Margarete« unterzeichneten handschriftlichen Berichts über den Kollegen Walter Kaufmann abgedruckt. Herausvergrößert aus allen biographischen Zusammenhängen nahm die Stasi-Episode beängstigende Dimensionen an. Wer nur diesen Artikel kannte, konnte durchaus glauben, was der »Spiegel« als Resümee nahe legte: »Sie plauderte drei Jahre lang Details über Kollegen aus, politische, aber auch intime. Die Galionsfigur der DDR-Identität als zaghafte Opportunistin – später wurde sie selbst von der Stasi bespitzelt.«[21] In der »Welt« rechnete Erich Loest mit dem Lebenslauf der Kollegin ab und zählte von der Prag-Resolution von 1968 bis zum Aufruf »Für unser Land« von 1989 noch einmal alle Übeltaten auf. Selbst der Protest gegen die Biermann-Ausbürgerung schien ihm nicht wirklich der Rede wert.[22] In der »Zeit« verfiel Fritz J. Raddatz in eine seitenfüllend ausgestellte, tiefe Depression und rief Christa Wolf über den Atlantik hinweg schmerzverzerrt zu: »Halten Sie der Würde Ihres Werkes die Treue. Erklären Sie. Nehmen Sie mir und Ihren Lesern die Traurigkeit.«[23] Ach! Doch wie hätte Christa Wolf den armen Mann trösten sollen?

Die »Kampagne« aber, die sie wieder einmal drohen sah, blieb aus. Zu unterschiedlich, zu widersprüchlich waren die Stimmen im Feuilletonistenchor, in dem bald schon die Aufrufe zur Mäßigung Oberhand gewannen. Während die FR bereits am Tag nach Christa Wolfs Auskunft »Jagdszenen« ausmachen zu können glaubte, schrieb am selben Tag Frank Schirrmacher in der FAZ: »Christa Wolf hat in ihren Berichten niemanden belastet und fast durchweg nur Freundliches über aufrechte Genossen und talentierte Kollegen berichtet. Alles andere verliert sich ins Unbestimmte und ist von großer Allgemeinheit.« Er, der in der Debatte um »Was bleibt« zu ihren härtesten Kritikern gezählt hatte und dabei nicht gerade zimperlich mit ihrer Person umgegangen war, sprach sich nun für Zurückhaltung aus: »Die politische und intellektuelle Auseinandersetzung ist eines; das biographische Verdammungsurteil etwas ganz anderes.«[24] Schirrmacher sah, wie er eine Woche später erläuterte, in den »marktschreierischen Anklagen und Anschuldigungen gerade aus jenem Milieu, das noch vor kurzem die Repräsentanten der DDR-Kultur als Helden feierte (...) Spuren einer Ersatzhandlung, die Kompensation für eigene Irrtümer«.[25] Er zielte nun weniger auf die DDR-Intellektuellen als auf die westdeutsche Linke. Statt immer nur über die Stasi wollte er über die SED reden, statt über Moral über Politik.

In der taz untersuchte Antje Vollmer die neuen Beichtregeln der modernen Zeit, die dem Schuldigen keinen Ausweg ließen und deshalb barbarisch seien. Sie formulierte keine Anklagen, sondern stellte die Frage, »warum gerade das brave Kind Christa Wolf das ideale Medium war, in dem der lange Weg von der ideologischen Loyalität bis zur Aufkündigung des Gehorsams sich vollzog«. Woher, fragte sie, kommt »bei so viel real existierender Schwäche der Person trotz alledem die Tapferkeit«?[26] Darüber aber konnten die Akten eben keine Auskunft geben. Auch nicht darüber, warum gerade sie die Abrechnungswut so sehr herausforderte.

Christa Wolf bemühte sich, die Angriffe zu entpersonalisieren, um sie bewältigen zu können. In einem Brief an Antje Vollmer stellte sie ihre Theorie dar: »Die alte Bundesrepublik erlebt eine heftige allergische Reaktion auf das Transplantat ›Fünf neue Bundesländer‹, das ihr da über Nacht eingepflanzt wurde, und sie braucht dringender denn je Personen, auf die sie etwas von den Konvulsionen in ihrem eigenen Innenleben ableiten kann.«[27] Das ist sicherlich richtig, erklärt aber nicht, warum gerade sie als Antiallergikum herhalten musste. Auch das häufig gehörte Erklärungsmodell, mit ihr als der prominentesten Identifikationsfigur der Ostdeutschen solle die DDR insgesamt diskreditiert werden, reicht nicht aus. Vielmehr ist es gerade die widersprüchliche Position Christa Wolfs zwischen Loyalität und Dissidenz, zwischen Kritik und Verteidigung der DDR, die sie so geeignet scheinen ließ, um an ihrem Beispiel Fragen der politischen Moral abzuhandeln, die alle auf die eine, zentrale Frage zusteuerten: Gab es ein richtiges Leben im falschen System? Und anders, politischer gefragt: Wie ist der hartnäckige Glaube an die Verbesserbarkeit der DDR und des real existierenden Sozialismus zu erklären?

Wie schon bei »Was bleibt« drohte die Debatte auch dieses Mal in eine Schieflage zu geraten. Wieder waren es Westdeutsche, die sich über die Ostdeutschen äußerten, während die, die es betraf, bis auf wenige Ausnahmen, stumm blieben. Christoph Hein wies auf dieses Missverhältnis hin, sprach von einer »kalten Siegesfeier«, in der diejenigen, die von all diesen Dingen völlig unbehelligt seien, umso fröhlicher das Schwert schwingen könnten.[28] Friedrich Schorlemmer verteidigte Christa Wolf als »die Frau, die unser beschattetes Dasein mit uns geteilt hat, die nicht aufgab und die dieses Land nicht aufgab«. Dabei verschwieg er seine Enttäuschung nicht. Der »Schatten«, der auf Christa Wolf fiel, sei alles andere als harmlos. Aber er verwahrte sich dagegen, eine Episode gegen ein ganzes Leben aufzuwiegen.[29] Eine besondere Rolle spielte Joachim Gauck, der Leiter der nach ihm benannten Bundesbehörde für die Hinterlassenschaften der Stasi. Christa Wolf schrieb ihm Ende Januar aus Santa Monica einen Brief, in dem sie grundsätzliche Fragen stellte, was den Umgang mit Stasiakten betraf. Wie konnte es sein, dass sie selbst ihre IM-Akte offiziell nicht einsehen durfte? Warum wurde sie nicht darüber informiert, wenn Journalisten ihre Akte erhielten? Indirekt machte sie Gauck den Vorwurf, er und seine Behörde hätten die »Verzerrung« der Berichterstattung leichtfertig durch die Steuerung des Informationsflusses ermöglicht, ja, sie zitierte das Gerücht, dass bei der Herausgabe von Akten »viel Geld im Spiel« sei. Gauck wies diese Anschuldigung empört zurück. Er verwies in seinem sehr formalen Antwortschreiben auf die geltende Rechtslage, an die er sich gehalten habe. In einem Rundfunkinterview allerdings erteilte er Christa Wolf höchstinstanzliche Absolution. Sie müsse sich, was ihren Ruf und ihre Rolle betrifft, keine Sorgen machen: »Diese Frau hat eine Art der Suche nach Wahrheit gehabt, die sie schon verdächtig gemacht hat für die Staatssicherheit, nicht ihre revolutionäre Haltung, die es so nicht gegeben hat. Aber die Intensität ihrer Suche war es, die sie zu einer verdächtigen Person gemacht hat.«[30]

Ein Farce besonderer Art ereignete sich in München. Die CSU-Fraktion im Stadtrat forderte Oberbürgermeister Georg Kronawitter auf, Christa Wolf unverzüglich den Geschwister-Scholl-Preis abzuerkennen. Sie habe den »moralischen Anspruch verwirkt«, der gerade mit diesem Preis verbunden sei. Der CSU-Mann Gerhard Bletschacher konnte sich mit diesem Ansinnen nicht durchsetzen – schon deshalb nicht, weil die nachträgliche Zurücknahme eines verliehenen Preises ontologisch nicht möglich ist. Die Stadt München und der Verband bayrischer Verlage und Buchhandlungen lehnten den grotesken Antrag ab. Zustimmung erhielt Parteimann Bletschacher jedoch von Erich Loest, der den Scholl-Preis für Christa Wolf »von vornherein als Fehlentscheidung« bezeichnete, die allenfalls durch den Zeitgeist des Jahres 1987 zu erklären sei: »Da hat man ja auch Milliardenkredite für die DDR eingefädelt und Honecker als Staatsgast empfangen.« Loest schlug tatsächlich vor, Christa Wolf solle zukünftig darauf verzichten, den Scholl-Preis in der Aufzählung ihrer Preise zu erwähnen. Diese der Stadt Schilda würdige Variante hielt Bretschacher für einen »bestechenden Vorschlag« und setzte sich hin, um Christa Wolf in einem Brief darum zu bitten, freiwillig auf den Preis zu verzichten. »Bitte treten Sie im Interesse des Geistes des Widerstandes gegen die Unfreiheit diesem Gedanken näher!«, mahnte der wackere Mann. Zehn Tage später erhielt er ablehnenden Bescheid aus Kalifornien. Auch das Preisgeld, falls er das meine, könne sie nicht zurückgeben, schrieb Christa Wolf. Sie habe damit eine junge Chilenin unterstützt, »die von der Soldateska der rechten Pinochet-Diktatur mit Benzin übergossen und angezündet worden war«.[31]
Weniger von Komik als von skurrilem Ernst gezeichnet war Christa Wolfs Austritt aus den Berliner Akademien der Künste in Ost und West. Er hatte mit einem Gerücht zu tun, das in Deutschland die Runde machte: Christa Wolf vergleiche ihre Situation in Santa Monica mit der von Exilanten des Dritten Reiches. Der Vorwurf der

Anmaßung, der daraufhin erhoben wurde, bezog sich auf ihre Äußerung im Kulturreport der ARD vom 24. Januar 1993. Da hatte sie von den Spuren jüdischer und kommunistischer Emigranten gesprochen, auf die sie in Kalifornien gestoßen sei, und dazu gesagt: »Jetzt glaubt man in Deutschland, man könnte auf die Kultur verzichten, die es in der DDR gegeben hat. Damals hat sich Deutschland der linken, der jüdischen Kultur entledigt, dieser ungeheuren, großen, menschlichen Kultur, die da war. Wir wissen, wohin das geführt hat. Wessen sich Deutschland jetzt entledigen zu können glaubt und dass es unter anderem Heiner Müller und mich in ein solches Licht rückt, dass wir nur noch kriminalisiert werden.«[32] Die nicht besonders glückliche Äußerung kannten nur wenige. Christa Wolf bemühte sich in den folgenden Monaten vergeblich, das Missverständnis aus der Welt zu schaffen, sie stelle sich in die Tradition der Naziverfolgten. Das hatte sie, indem sie die kulturellen Ausgrenzungen miteinander verglich, auch nicht getan. Es ist jedoch eine ihrer grundlegenden Eigenschaften, gesellschaftliche Probleme so darzustellen, dass sie sich mit eigenem Erleben ins Verhältnis dazu setzt. Wenn sie über Ausländerfeindlichkeit spricht, spricht sie über die Erfahrung, selbst einmal ausgegrenzt worden zu sein. Wenn sie über Exil spricht, geht sie vom eigenen Empfinden aus. Keine Selbsterhebung ist damit beabsichtigt, sondern Betroffenheit als Methode der Annäherung. Damit aber sorgte sie immer wieder für Missverständnisse.

Auch Walter Jens, Präsident der Westberliner Akademie der Künste, kritisierte Christa Wolf vorsichtig.[33] Die Autorin nahm seine Äußerungen zum Anlass, den Austritt aus beiden Berliner Akademien zu erklären. Sie handle ohne jede Bitterkeit, erklärte sie. Damit wolle sie die Debatte für sich beenden und endlich wieder zur Ruhe kommen. Schon im Januar hatte sie ihren Austritt angeboten. Jens hatte abgelehnt und fand Christa Wolfs Schritt auch jetzt »entsetzlich und traurig«. Es war fast so, als wären zwei Liebhaber nach langen Ehejahren auseinander gegangen. Die Akademie der Künste war in der DDR eine institutionelle Heimat für Christa Wolf gewesen. Hier hatte sie nach 1976 einen halböffentlichen Schutzraum gefunden, in dem das Gespräch mit Kollegen, Diskussionen über Kunst und auch vorsichtige Kritik möglich waren. Nach der Wende, als die Vereinigung der beiden Berliner Akademien auf der politischen Tagesordnung stand, setzte sie sich deshalb für den Erhalt der Ostberliner Institution ein. Mit ihrem Verschwinden in der Vereinigung, so fürchtete sie, würde der progressive Teil der DDR-Kultur, wie zum Beispiel die antifaschistische Literatur, verschwinden und die Auseinandersetzung mit der Vergangenheit, die sie für notwendig hielt, unmöglich werden. Andere, wie Sarah Kirsch, hielten die Ost-Akademie für eine »Stasi-Schlupfbude« und plädierten deshalb für deren Auflösung. Im kleinen Biotop der Akademie spiegelten sich die großen Ängste der Wiedervereinigung. Christa Wolf war hier wie dort auf der Seite derjenigen, die für Aufklärung und selbstbewusste Ost-Identität gleichermaßen stritten. Sie hatte sich damit gegen pauschale Verurteilungen der DDR ebenso zu wehren wie gegen Nostalgiker, die die kritische Auseinandersetzung mit der eigenen Geschichte verweigern wollten.

Man kann Christa Wolf manches vorwerfen. Dass sie sich der Kritik nicht gestellt hätte, lässt sich nicht behaupten. Es war vermutlich ihr Glück, dass sie in Santa Monica den nötigen Abstand hatte, um allmählich zu einem souveränen Umgang mit der eigenen Vergangenheit und der gegenwärtigen Öffentlichkeit zu finden. Sie versuchte, in die Offensive zu gehen, erklärte sich in einem Interview mit der »Wochenpost« und in einem ausführlichen Fernsehgespräch »Zur Person« mit Günter Gaus. Vor allem aber machte sie in einem bis dahin beispiellosen Vorgang ihre »Täter«-Akte öffentlich. Mit dem Erscheinen des Dokumentationsbandes »Akteneinsicht« fiel die Debatte in sich zusammen. Das Buch, das neben der fast vollständigen IM-Akte auch die Pressereaktionen, Briefe und Auszüge aus der »Opfer«-Akte dokumentiert, ist ein imposantes Zeugnis deutscher Geschichte. Es belegt die grässlich banale, bürokratische Perversion einer Utopie in der DDR ebenso wie den hysterischen Bewältigungsfuror der Nachwendezeit. Dass es in der Presse kaum wahrgenommen wurde, war für Christa Wolf ein Indiz für die Unaufrichtigkeit der Medien. »Spätestens seitdem weiß ich, dass es nicht um sachliche Information, um die so oft geforderte Aufarbeitung der Vergangenheit geht«, sagte sie rückblickend.[34]

Als Beitrag zur Selbstverteidigung lässt sich auch die Veröffentlichung des Briefwechsels mit Brigitte Reimann verstehen. Diese persönlichen Dokumente lenkten das Interesse der DDR-Aufarbeiter von der Fixierung auf Geheimdienstdossiers zurück zur Lebenswirklichkeit, die nicht nur aus Stasi und aus Repression bestand. Die schwierige Freundschaft der ungleichen Frauen vermittelte eine realistischere Vorstellung von der bedrückenden, fröhlichen, zermürbenden DDR-Gesellschaft und der Rolle, die Christa Wolf darin spielte – freiwillig und unter Ächzen und Stöhnen. In diesen Briefen war tatsächlich etwas zu erfahren über die »Möglichkeiten des Schreibens und politischen Handels, über Leben und Sterben in der Gesellschaft der DDR«, wie die FAZ wohlwollend konstatierte.[35]

»Stürzen kann man Monarchen und Ministerpräsidenten«, sagte Christa Wolf, »nicht aber eine Schriftstellerin. Die kann man verleumden und beschimpfen, das ja. Wie jemand das ›verkraftet‹ – danach wird dann erst sehr spät gefragt.«[36] Dass sie es schwer verkraftete, lässt sich an den Texten im Sammelband »Auf dem Weg nach Tabou« ablesen. Das Buch ist ein Produkt dieser Krise. Es enthält Versuche der Selbstvergewisserung in der Auseinandersetzung mit Freunden und Geistesverwandten wie Max Frisch und Otl Aicher, deren Tod sie beklagte, mit Paul Parin, Friederike Mayröcker, Anna Seghers oder Nuria Quevedo, die sie porträtierte und zugleich als Spiegel benutzte. »Diese lebenslange Besessenheit, sich ganz auszusprechen, dieser Zwang, zu schreiben bis zur Erschöpfung, mit der gleichen Geste sich ganz zu entblößen und sich zu bedecken«, schrieb sie über Mayröcker und hätte sich doch selbst kaum treffender charakterisieren können. Die im Band enthaltenen Briefwechsel mit Volker Braun, dem russischen Germanisten Efim Etkind, Wolfgang Thierse, Günter Grass, Volker Braun und Jürgen Habermas schufen einen kommunikativen Sicherheitskordon um die gefährdete Person, die sich dazwischen in brüchigen Selbstdiagnosen zu erkennen gab.

»Befund« heißt einer dieser Texte, der das Gefühl beschreibt, in der Kehle »wuchere ein Gesträuch«. Die Stimme ist ausgedünnt, einige Worte lassen sich schon gar nicht mehr aussprechen. Das Wort »sicher« ist eines der ersten der abhanden gekommenen Worte. Abstrakte Begriffe wie Wahrheit, Treue, Liebe, Verrat sind ebenfalls betroffen, so dass das Sprechen immer schwieriger wird. »Jeder wird verstehen, denke ich, dass ich nur noch wenig und zögernd und leise spreche, es ist ja selbstverständlich, dass ich mit den mir verbliebenen Wörtern behutsam, fast liebevoll umgehe und dass ich ein jedes von ihnen zu schätzen weiß.«[37] Es ist nicht schwer, in diesem Text die Selbstdiagnose zu erkennen, die allmähliche Gewöhnung an ein Sprechen (und Schreiben) unter veränderten gesellschaftlichen Rahmenbedingungen. Einen Vorzug hat das neue Schweigen, das sich schließlich einstellt: Erhob sich früher, wie ein Schatten, hinter allen Wörtern das Wort »Lüge«, so sind sie nun von einer wohltuenden Stille umgeben. Die Schriftstellerin ist auf sich selbst zurückgeworfen. Sie ist aber auch befreit von ihrer Sprecher- und Stellvertreterrolle in einer streng reglementierten Ersatzöffentlichkeit. Christa Wolf, letztmalig und gründlicher denn je ernüchtert, kommt allmählich im neuen Deutschland an – auch wenn sie sich im Westteil Berlins hartnäckig nicht zurechtfindet. Regelmäßig verirrt sie sich, wenn sie dort mit dem Auto unterwegs ist. Das Gedächtnis wehrt sich noch gegen die neuen Wege.[38]

Abendlicht *Die Zeit der Wunder ist vorbei: Nachruhm zu Lebzeiten*

Die Dresdner Semperoper war schon Wochen vorher restlos ausverkauft. Trotzdem bildete sich am 27. Februar 1994 eine lange Schlange vor den Kassenhäuschen. Hunderte hofften darauf, doch noch hineinzugelangen, um Christa Wolf in der Reihe »Zur Sache: Deutschland« reden zu hören. Es war ihr erster großer Auftritt seit dem 4. November 1989, und Christa Wolf nutzte ihn, um ihre grundsätzliche Kritik am Prozess der deutschen Einheit zu formulieren, an der Siegermentalität des Westens, am wirtschaftlichen Ausverkauf des Ostens, an der Ausgrenzung radikaldemokratischer Ansätze der Wendezeit. Die Spannung des Publikums entlud sich nach konzentrierter Stille in einem langen Applaus. Glaubt man dem Berichterstatter der »Süddeutschen Zeitung«, dann wurde allerdings nicht die »merkwürdig unpersönliche Rede« bejubelt, sondern »Christa Wolf als ein Symbol«.[1] Wie das?

Ein ähnliches Bild bot sich einen Monat später in Leipzig, als Christa Wolf auf der Buchmesse ihren 65. Geburtstag feierte. In den Saal der Deutschen Bücherei, wo sie ihr neues Buch »Auf dem Weg nach Tabou« vorstellte, passten nur rund 300 Zuhörer. Einige hundert konnten im Nebensaal das Ereignis per Videoübertragung verfolgen. Die doppelte Menge stand draußen vor der Tür und kämpfte vergeblich um Einlass. Unbeschreibliche Szenen spielten sich ab, als ginge es um den Zutritt zu einem Fußballstadion. »Wir sind das Volk«, rief das Volk in bewährter Manier und übersah vor lauter

Eifer, dass Christa Wolf mit dem Megaphon in der Hand ans Fenster trat und um Verständnis für die misslichen Umstände bat. Sie selbst hatte sich aus Gründen der Überschaubarkeit für diesen Raum entschieden und nicht für Oper oder Gewandhaus, die von der Messeleitung angeboten wurden. Sie tat so, als wisse sie nicht um den Andrang, den sie hervorruft, egal, wo sie auftritt. Drinnen aber erhob sich das Publikum bei ihrem Eintritt von den Plätzen und intonierte ein vielstimmiges »Happy birthday, liebe Christa«. Die Feierstunde geriet zur Huldigung. Berichterstatter beobachteten, wie ergriffene Zuhörer während der Lesung weinten.[2]

Schon am Nachmittag war in kleinerem Kreis gefeiert worden. Friedrich Schorlemmer überreichte der Jubilarin in sakraler Symbolik einen Laib Brot mit einer Flasche Wein und bezog sich damit auf den Schluss ihrer Dresdner Rede. Die Deutschen aus West und Ost, hatte Christa Wolf da als Vision ausgegeben, sollten sich zum Gespräch bei Brot und Wein versammeln, »das sie aus ihren verschiedenen Landschaften mitgebracht haben, es einander zu kosten geben und es gerne und großzügig mit anderen teilen«[3]. Über dieses Genrebildchen völkischen Friedens machten sich die Feuilletons gehörig lustig: Christa Wolf neige ja nicht erst seit gestern zum Kitsch. In Leipzig gab es zum Geburtstag Pralinen mit den aufgespritzten Initialen CW, und Friedrich Schorlemmer verkündete: »Ich sage öfter ›Christa Wolf hat gesagt‹, so wie ich sagen würde ›Christa dixit‹.« Die Heiligsprechung stand kurz bevor.

Was war geschehen? Christa Wolf hatte sich nach langer Abwesenheit in der Öffentlichkeit zurückgemeldet. Ihr neues Buch zeigte – bei aller Brüchigkeit der Texte –, dass mit ihr als Autorin weiter zu rechnen sein würde. Nach dem Streit um »Was bleibt« und der Stasi-Debatte hatte sie im Osten nichts vom Nimbus der moralischen Instanz eingebüßt. Im Gegenteil: Stellvertretend für viele hatte sie die Sache durchgestanden, wehrte sich erfolgreich, nahm die Auseinandersetzung mit der eigenen Vergangenheit an, ohne sich zu Schuld- und Reuebekenntnissen drängen zu lassen. Vom Sockel der gesamtdeutschen Dichterfürstin gestürzt, übernahm sie die Rolle einer Jeanne d'Arc des gedemütigten Ostens, die Selbstvertrauen und Selbstkritik gleichermaßen demonstrierte. Je harscher sie im Feuilleton – und das Feuilleton war immer »der Westen« – kritisiert wurde, umso treuer hielten ihre Anhänger im Osten solidarisch zu ihr. Das Misslingen der deutschen Einheit auf sozialer und ökonomischer Ebene lässt sich am Umgang mit Christa Wolf ablesen: Nie war die Wertschätzung ihres Werkes und ihres Wirkens gespaltener als in diesen Jahren. Sie hätte in ihrer Dresdner Rede gar nicht erst Infas zitieren müssen, um festzustellen, dass die überwältigende Mehrheit der Deutschen sich nicht als vereintes Volk empfand.[4]

Christa Wolf überwand ihre Öffentlichkeitsangst, indem sie sich ihre eigene Öffentlichkeit schuf. Interviews gab sie nun vorwiegend ostdeutschen Sendern und Zeitungen. Sie suchte sich Gesprächspartner, bei denen sie ähnliche Erfahrungen voraussetzen konnte. In Berlin hat sich aus den Gesprächsrunden über »Störfall« ein Kreis von Freunden, Interessierten aus Ost und West gebildet, die sich allmonatlich in der Akademie der Künste, später in der Pankower Literaturwerkstatt zu Diskussions- und Informationsabenden trafen. Christa Wolf organisiert als engagierte Bürgerin diesen halböffentlichen Kreis, schlägt die Themen vor und lädt als Diskutanten Naturwissenschaftler, Künstler, Politiker und Soziologen ein. Journalisten dürfen teilnehmen, sollen aber nicht berichten. Einübung in Demokratie noch immer und demokratische Belebung der Gesellschaft von unten: Mit ihrem Gesprächskreis, der bis heute existiert, transformierte sie die Organisation ihres DDR-Alltags in die neue Zeit. Es zeigte sich, dass die Tugenden des aufgeklärten Bürgertums – das erkenntnisorientierte Gespräch, die Lust an Bildung und Wissen – in der sozialistisch verlangsamten DDR besser überdauern konnten als im Hochbeschleunigungskapitalismus des Westens. Die Sozialistin Christa Wolf etablierte sich als Bürgerin in einem Winkel der veränderten Gesellschaft.

Auch die Ausstellung »Unsere Freunde, die Maler« im Schloss Rheinsberg dokumentierte ein bürgerliches Kunstengagement, wie es so nur in der DDR entstehen konnte; eine öffentliche Ausstellung dieser Bilder wäre vor 1989 allerdings nicht möglich gewesen. Schon zu Beginn der sechziger Jahre hatte vor allem Gerhard Wolf damit begonnen, durch seine Sammlertätigkeit jüngere Künstler zu unterstützen, die keinen Zugang zu Galerien und zu staatlichem Kunsthandel erhielten. Kunst war für ihn, mehr noch als für Christa Wolf, willkommene Ergänzung zur Beschäftigung mit Literatur und Erweiterung des eigenen Blickfelds. Durch ihren Mann entwickelte Christa Wolf im Lauf der Jahre ihre eigene Beziehung zur bildenden Kunst, unsystematisch und von der Faszination durch einzelne Bilder angeregt. So wie sie über ihn zur Gegenwartslyrik und zu experimenteller Literatur fand, so war er auch ihre Auskunftei für alles, was Malerei betrifft.[5]

»Die blaue Stadt« von Fritz Müller gehört für sie zu den wichtigsten Bildern, ebenso wie Nuria Quevedos »Stadt« oder Harald Metzkes Bild des Kollwitzplatzes. Den Stadtlandschaften Berliner Maler – Werner Heldt und die Folgen – gilt immer wieder ihre Vorliebe.[6] Die lange Reihe der Malerbekanntschaften und -freundschaften reicht von Willi Sitte in den frühen Sechzigern über Wieland Förster bis zu Helge Leiberg oder Manfred Butzmann, von Albert Ebert bis zu Carlfriedrich Claus, der mit seinen Sprachblättern, die Strich und Wort unlösbar verschmelzen, sie besonders beeindruckte. Waren hier nicht die »Grenzen des Sagbaren«, die sie literarisch zu überwinden suchte, spielerisch durchbrochen? Umgekehrt regte die Literatur Christa Wolfs viele Malerinnen und Maler zu eigenen Produktionen an. Zu »Kassandra« gab es 1987 in der Moritzburg in Halle eine eigene Ausstellung. Der Mitteldeutsche Verlag hatte eine »Kassandra«-Ausgabe mit Illustrationen von

Nuria Quevedo herausgebracht. Nun, im Sommer 1995, wurden alle Bilder aus dem Privatbesitz der Wolfs in Rheinsberg ausgestellt: eine unkonventionelle Schau von DDR-Kunst verschiedener Generationen und unterschiedlichster Stilrichtungen, aber auch Werke von den befreundeten Künstlern Günther Uecker, HAP Grieshaber und Alfred Hrdlicka. Die Bürger Wolf, die sich als stille Mäzene betätigt hatten, zeigten, was ansonsten in ihrem Wohnzimmer hing. Sie machten Privates öffentlich. Sie gaben Einblick in ihre Vorlieben, führten die Vielfalt der DDR-Kunst vor und übernahmen damit eine neue Aufgabe: den Kulturraum DDR in eine Museumslandschaft zu überführen.

Der Wiedereintritt in die Akademie der Künste im Oktober 1994 war ein weiteres Zeichen der Ankunft im Neuen als Rückkehr zum Alten. Die Westberliner und die Ostberliner Akademie hatten sich unter der Führung von Walter Jens und Heiner Müller endlich vereint. Christa Wolfs Stasi-Kontakte, mit denen sie im Jahr zuvor ihren Austritt begründet hatte, spielten nun keine vordringliche Rolle mehr. Die Mitgliederversammlung beschloss einstimmig ihre Wiederaufnahme. Christa Wolf akzeptierte und sah darin ähnlich wie Walter Jens ein Zeichen der erfolgreichen Ost-West-Annäherung.

Ihr Schreiben blieb, wie könnte es anders sein, auf die DDR ausgerichtet. An die verwaiste Stelle der Auseinandersetzung mit der Macht trat nun die Auseinandersetzung mit einer abgeschlossenen Vergangenheit. Den Übergang markiert die Erzählung »Im Stein«, die 1994/1995 entstand. Sie beginnt mit der Aufforderung der Erzählerin an sich selbst, doch endlich einmal nicht mit dem Anfang anzufangen, also so zu tun, als sei das Ende noch unbekannt. Das erinnert an die Geschichte »Juninachmittag« von 1965, in der Christa Wolf ihre Zweifel an einer realistischen Erzählung als etwas »Festes, Greifbares« formuliert hatte. Nun aber löste sie sich formal in einer damals undenkbaren Radikalität aus der Linearität des Zeitablaufs. Die Rahmenstruktur des Textes ist identisch mit dem »Geteilten Himmel«: Die Erzählerin liegt im Krankenhaus und reflektiert, nach einer Operation aus der Narkose erwachend, ihre Lage. Stilistisch aber markiert dieser Text den weiten Weg, den sie seitdem zurückgelegt hat. Der Bewusstseinsstrom ist mit harten Cuts montiert, assoziationshaft folgen die Bruchstücke nahtlos aufeinander. Sichtbares Zeichen ist der Verzicht auf Punkte am Ende der Sätze. Nichts trennt die Wahrnehmungen, Erinnerungen, Reflexionen, Gegenwart und Vergangenheit voneinander.

War es in »Störfall« noch der Bruder der Erzählerin, der sich einer Operation unterziehen musste, so ist es nun unverkennbar Christa Wolf selbst, die unters Messer gerät. 1994 musste sie sich, weil sie unter Rückenschmerzen und Gehbeschwerden litt, an der Hüfte operieren lassen. Diesen unter lokaler Betäubung erfolgten Eingriff legte sie nun dem Text als Handlung zugrunde. »Jetzt hämmern sie aber Das neue künstliche Gelenk / Titanlegierung / muss ja festgeklopft werden SIE SPÜREN DOCH NOCH IMMER NICHTS Nein nichts AUSGEZEICHNET Für Lob immer empfänglich.«[7] Wegen auftretender Komplikationen musste sie 1995 erneut operiert werden. Für einige Zeit war sie bewegungsunfähig und musste, am Stock und Schritt für Schritt, das Gehen üben. Auch diese Beschwerden reihen sich ein in die Geschichte der sprechenden Krankheiten Christa Wolfs. Die Symptom-Symbolik ist drastisch: aufrechter Gang. Wieder gehen lernen. Sich aufrichten. Christa Wolf begann, ihre bitteren Erfahrungen nach der Wende auch als Gewinn einzuschätzen: »Die Veränderungen seit 1989 haben uns ja ermöglicht, uns selbst noch tiefer kennen zu lernen und andere auch«, sagte sie 1996. »Ich glaube übrigens, dass man durch solche Erfahrungen härter wird.«[8]

Zur Überwindung der Wende-Krise trugen die Arbeit an »Medea« und der Erfolg des Buches maßgeblich bei. Schon bei einer ersten Lesung aus dem noch unveröffentlichten Manuskript im Berliner

Hebbel-Theater war die knisternde Erwartung zu spüren. Der mythologische Stoff bediente keineswegs das Traditionsbedürfnis eines Publikums, das im Mythos die immer gleichen Geschichten in naturgesetzlicher Notwendigkeit immer gleich erzählt bekommen möchte. Mit der Rekonstruktion der ursprünglichen Medea-Gestalt aus der späteren Überlieferung gelang es Christa Wolf, eine emanzipatorische Befreiungsutopie vorzuführen: Medea als Beispiel und Vorbild. Die Lesung »setzte einem dumpfen Ohnmachtsgefühl, die Legenden seien gestrickt und unverrückbar geschrieben, die – wenn auch schmerzliche – Erkenntnis entgegen, dass Geschichte und Geschichten ihren wahren Gehalt in jedem selbst finden«, schrieb die »Berliner Zeitung«[9] nach dieser Kostprobe und hatte damit das Ermunterungspotential der »Medea« entdeckt. Darin lag die Aktualität des Stoffes: Auch die Gegenwart, die gespiegelt im Mythos aufleuchtet, war in ihrer Deutung offen und in jedermanns Verantwortung gestellt.

»Medea« erschien im Februar 1996 und stand mit mehr als 100 000 verkauften Exemplaren innerhalb weniger Monate rasch auf den Bestsellerlisten. Die Anhängerschaft Christa Wolfs ließ sich durch verhaltene Kritiken nicht irritieren. Spürbar war das Bemühen der Feuilletons, die Autorin nun fair zu behandeln und vom moralischen Schiedsspruch über ihre Person zur Literaturkritik zurückzukehren. Das gelang aber nur bedingt. Bemängelt wurde vor allem die Schlichtheit der Ost-West-Parabel und der allzu deutliche Selbstkommentar, den Christa Wolf mit der Medea-Figur gab.[10] Sogar von einem »Buch der Rechtfertigung« war die Rede.[11] Aber es gab auch Einspruch gegen diese Sichtweise: »›Medea‹ ist mehr als eine Rechtfertigung, nämlich ein grandioser Essay über die Fluchtbewegungen dieses und anderer Jahrhunderte, ein – in der Rede Agamedas gipfelnder – Aufsatz über Migration und Rassismus, über kulturelle und noch schwerwiegendere Verluste.«[12]

Die »Zeit« zeigte sich genervt von der Ernsthaftigkeit, mit der Christa Wolf »Weltverschwörungsmotive aus Ideologiekritik und Trivialliteratur« aufeinanderhäufe, und mokierte sich über die »ungeheure Gemütlichkeit« des übersichtlichen Schwarz-Weiß-Mann-Frau-Weltbildes.[13] Der »Spiegel« stellte sogar Schlüsselromanspekulationen an: »Wer verbirgt sich hinter Agameda? Vielleicht die Wolf-Konkurrentin Monika Maron? Oder Sarah Kirsch? Ist die Nebenfigur Presbon, der Ehrgeizling aus dem Osten, der in Korinth sein Talent anbietet, eher Heiner Müller oder Marcel Reich-Ranicki?«[14] Zwei Monate zuvor, noch bevor das Buch erschienen war, hatte der »Spiegel« bei Christa Wolf um ein ausführliches Interview angefragt. Sie lehnte ab, weil sie keine Vorabinterpretationen liefern wolle. Vor allem aber sei sie »entsetzt« über die Art und Weise, in der im »Spiegel« Günter Grass' Roman »Ein weites Feld« zerrissen worden war.[15] In diesem Umfeld wolle sie nicht auftreten.[16] Nun befand der »Spiegel« missgelaunt: »Diese Medea tut keinem weh.«

Positiver, zum Teil überschwänglich im Lob fielen die Kritiken aus, die sich dem Text anstatt mit politischen Vorbehalten unter ästhetischen Gesichtspunkten näherten. Selbst die Gegner rühmten die Schönheit der Sprache oder bemerkten despektierlich den »typischen Christa-Wolf-Sound«, der sich einstelle. Und immer wieder wurde ihre gelassene Haltung hervorgehoben, ihre »noble Resignation«[17] gelobt oder ihr heiter gewordener Tonfall bewundert. Medea konnte als Christa Wolfs »bisher entspannteste Frauengestalt«[18] gelten.

Diese Gelassenheit ergab sich auch aus der formalen Gestaltung des Textes. War »Kassandra« als düsterer Monolog angelegt, so entfaltete »Medea« seine Wirkung durch die aufeinander folgenden und sich widersprechenden Stimmen. Medea ist nur eine Sprecherin neben anderen. Ihre Geschichte setzt sich wie ein Mosaik aus unterschiedlichen Perspektiven zusammen. Die Wahrheit ist nicht eindeutig. Das hat zur Folge, dass dieses Buch selbst an pathosgeladenen Stellen weniger weihevoll klingt als »Kassandra«. Der hohe Ton, der Merksätze produziert, relativiert sich im Chor der Gegenstimmen.

»Medea« ist ein demokratisches, offenes Werk, mit dem Christa Wolf sich frei schrieb von allen selbst auferlegten Verpflichtungen und Bindungen. Am Ende heißt es: »Wohin mit mir. Ist eine Welt zu denken, eine Zeit, in die ich passen würde. Niemand da, den ich fragen könnte. Das ist die Antwort.« Einsamkeit und Heimatlosigkeit sprechen aus diesen Zeilen, aber auch Selbstsicherheit und grenzenlose Geduld. Aller Zwang, etwas bewirken zu wollen, war von ihr abgefallen. »Ich glaube nicht, dass ein Autor oder Literatur in dieser Gesellschaft etwas bewirken kann im Sinne einer Veränderung der gesellschaftlichen Verhältnisse«, sagte sie jetzt. 40 Jahre lang hatte sie es anders gesehen, und in der DDR, in der Literatur eine Ersatzöffentlichkeit darstellte und sich politischer Gängelung erwehren musste, war es auch anders. Jetzt aber blieb nur noch die Freiheit. Medea führte es vor: An ihr war keine Hoffnung, kein Glauben mehr zu finden, nur noch Zorn und Hass.[19] Das ist die Bilanz, die Christa Wolf am Ende des Jahrhunderts der Gläubigkeiten und der falschen Hoffnungen vorlegt. Glaube und Hoffnung, zusammen mit der Liebe die grundlegenden Tugenden der christlichen Kultur, sind als politische Kategorien diskreditiert. Die Intellektuelle, die statt mit Religion mit Ideologien gehandelt hat, steht mit leeren Händen da.

Die veränderte Positionierung in der Welt – ohne Botschaft, ohne pädagogisches Ziel – lässt sich an der fragmentarischen Erzählung »Begegnungen Third Street« von 1995 ablesen.[20] Der Text verbindet bruchstückhaft Eindrücke des Aufenthalts in Los Angeles mit Reflexionen über die Geschichte des Sozialismus, verknüpft die offene Gegenwart als reine Wahrnehmung mit persönlichen Erinnerungen und Überlegungen. Wie bin ich dahin gekommen, wo ich heute stehe? könnte die Leitfrage dieses zwischen Essay und Erzählung angesiedelten Textes lauten, an dem Christa Wolf seither immer weiter arbeitet. »Begegnungen Third Street« war die Keimzelle eines umfangreichen Konvoluts, das in alle Richtungen weiterwuchert und den Arbeitstitel »Stadt der Engel« erhalten hat. Tagebücher und Briefe fließen als Material des Lebens darin ein. Als »labyrinthisch« bezeichnet Christa Wolf diese Arbeit, die sie »Roman« nicht nennen will und die sie als »biographisch« nur mit Einschränkungen und den zugehörigen Erfindungen gelten lässt.[21] Vielleicht wird dieses so unabschließbar erscheinende Werk, wenn sie es einmal abgeschlossen haben wird, als ihr großes »Lebensmuster« betrachtet werden, als Versuch, die Bilanz eines Jahrhunderts zu ziehen und über die eigene Geschichte als Geschichte einer sozialistischen Intellektuellen Rechenschaft abzulegen.

»Der Widerspruch der Zeit war nicht nur, wie er es manchmal darstellte, sein Arbeitsmaterial; er war Grundlage und Stachel seines Lebens«, schrieb Christa Wolf zum Tod Heiner Müllers, der ihr über Jahre hin »so etwas wie Seitendeckung« gegeben habe.[22] Mit dem Philosophen Wolfgang Heise starb 1995 ein Gesprächspartner, der für sie zu »jenem Netzwerk von Freundschaften« gehörte, »das sich über das ganze Land erstreckte und uns leben half«.[23] Stephan Hermlin, der im April 1997 starb, war für sie »ein Mensch, in den dieses Jahrhundert sich eingeschrieben hat, der sich in dieses Jahrhundert eingeschrieben hat«.[24] Und dem Freund Lew Kopelew rief sie hinterher: »Wie andere ein absolutes musikalisches Gehör haben, hatte er einen absoluten Sinn für Anstand und Menschlichkeit. Ich glaube, er brachte fast jeden, der ihm nahe kam, dazu, seine besten Seiten herauszukehren. Vielleicht ist das ja die wirksamste Art, etwas an den Zuständen dieser Welt zu ändern.«[25]

Paradoxerweise waren es die Toten, in deren Namen die Erfahrungen des in der DDR gelebten Lebens immer wieder lebendig wurden. Als Jurek Becker starb, beteiligte Christa Wolf sich an einem Abend mit Lesungen seiner Werke in der Akademie der Künste. Privilegierter Ort des Dichter-Gedenkens war jedoch das Berliner Ensemble, in dem Heiner Müller mit einem zehntägigen Marathonlesen betrauert wurde. Auch Stephan Hermlin erhielt dort seinen ihm gewidmeten Gedächtnisabend. Wie der Chor einer griechischen Tragödie saßen Karl Mickel und Rainer Kirsch, Christoph Hein und Kathrin Schmidt, Volker Braun und Stefan Heym, Christa und Gerhard Wolf in großem Halbkreis auf der Bühne. Doch nicht nur die DDR-Literaturgemeinde war erschienen, sondern auch westdeutsche Freunde wie Klaus Wagenbach, Günter Grass und Günter Gaus. Ost-Identität, so schien es, fiel nicht mehr mit den alten Landesgrenzen zusammen, sondern transformierte sich zu einer Frage der politischen Einstellung. Mit Hermlin wurde noch einmal die DDR-Gesellschaft gegen die historische Generalabwicklung verteidigt. Ein »skeptischer Kommunist« sei er gewesen, ein »deutscher Patriot«, sagte Günter Grass. Christa und Gerhard Wolf sprachen in einem dialogischen Text von Hermlins »ungeheurer Sehnsucht nach Vollkommenheit«. Am Ende versagte Christa Wolf die Stimme, als sie ein Gedicht Hermlins zitierte. Gerhard Wolf musste die letzte Zeile sprechen: »Die Mauerzeichen und die Vogelzüge melden: Die Jugend ging. Die Zeit der Wunder ist vorbei.«

Fin de Siècle: Das Jahrhundert, das Christa Wolf als Geschichte fortgesetzter Abschiede durchlebte – Abschiede von Hoffnungen, von Illusionen, von Utopien –, ging mit dem Verlust der Rolle der engagierten Intellektuellen zu Ende. Die Freundschaft mit Günter Grass, die sich in den neunziger Jahren entwickelte, ist als Solidarität zweier Exemplare einer aussterbenden Spezies zu begreifen. In der skeptischen Einschätzung der Wiedervereinigungspolitik kamen sie sich politisch nahe. So wie Grass sie verteidigt hatte, als sie nach der Wende in Bedrängnis geriet, verteidigte sie nun ihn, als er nach seiner Laudatio auf den Friedenspreisträger Yasar Kemal heftig attackiert wurde. Grass hatte sich zu Ausländer- und Asylpolitik der Kohl-Regierung geäußert und die gängige Abschiebepraxis als »abermalige, diesmal demokratisch abgesicherte Barbarei« bezeichnet. CDU-Generalsekretär Peter Hintze exkommunizierte ihn daraufhin aus der regierungsamtlichen Intellektuellenschaft und meinte, Grass habe sich »endgültig aus dem Kreis ernst zu nehmender Literaten verabschiedet«.[26] Noch einmal, als Farce, wurde das Stück »Die engagierten Intellektuellen und die Macht« aufgeführt, allein, es führte zu nichts als zu Mediengetöse. Christa Wolf erhielt allerdings Gelegenheit, sich noch einmal zur »Einmischung« zu bekennen und die Notwendigkeit des politischen Engagements zu betonen.[27]

Daran hielt sie sich von diesem Zeitpunkt an wieder stärker. Sie mahnte soziale Gerechtigkeit an, unterzeichnete Appelle, protestierte gegen französische Atomversuche im Pazifik oder bekundete angesichts des Luftkriegs der Nato gegen Jugoslawien, dass es ihr »die Sprache verschlagen« habe.[28] Doch sie wusste, wie unzeitgemäß ihre Haltung geworden war. Als Grass den Nobelpreis erhielt, freute sie sich mit ihm, denn er war ja wie sie Repräsentant einer zu Ende gehenden Epoche. Dass sie eigene Ambitionen auf den Nobelpreis damit begraben musste – immerhin war sie bis 1989 als Kandidatin gehandelt worden –, konnte sie verschmerzen. Darauf komme es ihr nicht an, versicherte sie. Grass aber erklärte, dass er den Preis gerne mit Christa Wolf geteilt hätte, wenn das möglich wäre, weil er »immer von einer gesamtdeutschen Literatur ausgegangen« sei.[29]

Christa Wolf versuchte, die eigene Position am Jahrhundertende an drei großen Vorgängern zu bestimmen: dem Katholiken Heinrich Böll, der Jüdin Nelly Sachs und – wieder einmal – der Kommunistin Anna Seghers. »Eine mutige Stimme, die furchtlos Tabus verletzt – wo hören wir sie heute noch?«, fragte sie mit Heinrich

Böll bedauernd, als sie im Dezember 1997 zu dessen 80.Geburtstag bei einer Festveranstaltung in der Heinrich-Böll-Stiftung auftrat. Über seinen Tod habe sie getrauert wie über keinen anderen. Er, der stets abgelehnt hatte, als »Gewissen der Nation« bezeichnet zu werden, stand ihr, die sich gegen die Bürde der »moralischen Instanz« zu wehren hatte, am nächsten. Er war ihr der vertrauteste Freund, verlässlicher Orientierungspunkt und moralisches Vorbild. Mit ihm verteidigte sie die diskreditierte »Gesinnungsästhetik« gegen »die Zumutungen der Zeitgeistästhetik«, die an die Stelle der Gesinnung einen »fröhlichen Nihilismus« gesetzt habe.[30] Alles, was Böll geschrieben hat, verdichtete sich für Christa Wolf in einem seiner Sätze: »Auf der Suche nach einer bewohnbaren Sprache in einem bewohnbaren Land.«[31] Umso schwerer wogen die Verluste, die seit seinem Tod zu verzeichnen waren. All die Attribute, mit denen Böll zu beschreiben wäre, »redlich«, »rechtschaffen«, »unbestechlich«, »anständig«, waren hoffungslos aus der Zeit gefallen und klangen, sie beklagte es, lächerlich.[32] Es war kein Platz mehr für einen wie ihn oder eine wie Christa Wolf. Doch zugleich verteidigte sie diesen Platz.

Auch in ihrer Rede zur Verleihung des Nelly-Sachs-Preises 1999 machte Christa Wolf eine Inventur der verlorenen Worte. »Müssten wir nicht damit anfangen«, fragte sie bei der Lektüre der Gedichte Nelly Sachs', »eine Liste der verlorenen Wörter anzulegen, so wie die Naturforscher Listen der aussterbenden Arten angelegt haben, die täglich länger werden? Und ist es abwegig, zu vermuten, dass die sterbenden Wörter etwas mit den ausgestorbenen Tieren und Pflanzen zu tun haben? Weil wir geduldet haben, dass ein Wort wie ›Ehrfurcht‹ uns fremd geworden ist, ausgesondert, überflüssig, peinlich, bleibt eine Gefühlsstelle in uns taub, wenn wir Mitlebendes ausmerzen.«[33] Christa Wolf, das zeigen diese Worte, war zu einer konservativen Bewahrerin geworden, für die die Gegenwart nicht mehr als Veränderung, sondern als Verlust beschreibbar ist. »Jene andere Sprache, die ich im Ohr, noch nicht auf der Zunge habe«, war einmal ihre in die Zukunft gerichtete Formel für eine Befreiung von den engen »Grenzen des Sagbaren«. Jetzt galt es nur noch zu verteidigen, was längst verloren war. Wie bescheiden klingt die Frage, die Christa Wolf am Ende des Jahrhunderts stellte, das so ausgiebig vom »neuen Menschen« geträumt hatte: »Was ist heute menschlich? Worauf beziehen wir heutzutage das Wort ›human‹? Für welche Inhalte ist es uns unverzichtbar geblieben oder geworden?«[34]

Über Anna Seghers schließlich wollte Christa Wolf eigentlich nicht mehr sprechen, als in der Akademie der Künste ihr 100. Geburtstag gefeiert wurde. Sie glaubte, zu Anna Seghers alles gesagt zu haben. Und für das, was sie nicht gesagt habe, sei die Zeit noch nicht reif. Als wolle sie ihre emotionale Abwehr illustrieren, hatte Christa Wolf das Redemanuskript zu Hause vergessen und musste nun, als die Reihe nach Peter Härtling, Kerstin Hensel und Volker Braun an sie kam, das Malheur eingestehen. Gerhard Wolf betätigte sich als fliegender Bote und machte sich auf, das Vergessene herbeizuschaffen. »Ich will nicht wissen, was Freud dazu gesagt hätte«, meinte Christa Wolf, die nicht aus der Ruhe zu bringen war. Die schließlich doch noch gehaltene Rede geriet – wie stets, wenn Christa Wolf über Anna Seghers sprach – zu einer Selbstbestimmung. Anna Seghers' Fremdheit in Deutschland stand nun im Mittelpunkt der Auseinandersetzung, ihre Entwurzelung und Heimatlosigkeit nach der Rückkehr 1947, als niemand in Deutschland sie und ihre Bücher kannte. Es gebe für sie derzeit nicht das richtige Publikum, sagte Christa Wolf, habe vielleicht noch nie in Deutschland das richtige Publikum für sie gegeben: »War nicht auch die übermäßige Verehrung, die ihr in der DDR von ihren Lesern entgegengebracht wurde, ein gut Teil – oder ein schlecht Teil – Verkennung, zu schweigen von der bis zur Gehässigkeit gehenden Ablehnung, die sie immer wieder von anderer Seite auf sich zog, bis heute auf sich zieht? Und wäre dies: ›Verkennung‹, nicht überhaupt ein Motto, das man über ihr Leben und Nachleben setzen könnte?« Ihre Entscheidung für die DDR und für die Partei war unumstößlich, weil sie fürchtete, noch einmal die selbst gewählte Heimat zu verlieren. Den Preis, den sie dafür bezahlte, schätzte Christa Wolf sehr hoch ein: »Sie ist ›ihrem Lied auf die Kehle getreten‹.«[35]

Anna Seghers steht für eine Intellektuellenlaufbahn, die Christa Wolf nicht mehr einschlagen konnte. Die Ältere entschied sich im Konflikt zwischen Loyalität und Eigenständigkeit für die Parteidisziplin. Christa Wolf, eine Generation später, versuchte ihren Weg als loyale Dissidentin zu finden. Sie bekannte sich zur DDR, weil sie eine Alternative zum Kapitalismus suchte. Sie blieb dort, weil sie nur dort schreiben konnte. Sie träumte vom Sozialismus, aber abseits der Partei. Sie ließ sich nicht zum Verstummen bringen, sondern hat ihre eigene Ausdrucksfähigkeit behauptet. Sie ist ihrem Lied nicht auf die Kehle getreten. Aber sie hat leise gesungen, um niemanden zu erschrecken. Und manchmal hat sie auch nur gepfiffen wie ein ängstliches Kind im Wald. Ein paar sehr schöne Werke sind so entstanden. Das bleibt.

Anmerkungen

Die Werke von Christa Wolf werden zitiert nach der dreizehnbändigen Werkausgabe, herausgegeben von Sonja Hilzinger, Luchterhand, München 1999–2002.
Die römischen Ziffern geben den Band an. Der abschließende 13. Band erscheint im Frühjahr 2003. Häufiger vorkommende Titel werden in den Fußnoten folgendermaßen abgekürzt:

CT: Nachdenken über Christa T.
GH: Der geteilte Himmel
KM: Kindheitsmuster
KON: Kein Ort. Nirgends
KAS: Kassandra
MED: Medea. Stimmen
MN: Moskauer Novelle
SF: Störfall
SO: Sommerstück
UdL: Unter den Linden
VE: Voraussetzungen einer Erzählung
WB: Was bleibt

Von vorn anfangen

1 *Selbstanzeige*, XII, 505
2 »Warum Medea?«, Gespräch mit Petra Kammann, 25.1.1996, XI, 258
3 Marcel Reich-Ranicki: »Macht Verfolgung kreativ?«, *FAZ*, 12.11.1987
4 »Warum Medea?«, Gespräch mit Petra Kammann, 25.1.1996, XI, 258
5 *UdL*, III, 433
6 ebd., 434
7 Annie Voigtländer: *Liebes- und andere Erklärungen*, 410
8 ebd., 416
9 »Ich bin eine Figur, auf die man vieles projizieren kann«, Gespräch mit Detlev Lücke und Jörg Magenau, *Freitag*, 18.3.1994

Goldene Nüsse

1 vgl. Karin Großmann: »Was treibt uns in Verhältnisse, die uns zerstören?«, *Sächsische Zeitung*, 23.9.1997
2 Christa Wolf erzählt die Episode mit den Nüssen in der Dankrede zur Verleihung des Samuel-Bogumil-Linde-Preises 1999 in Göttingen. Vgl. *Zeichen*, XII, 688

3 *Einiges über meine Arbeit als Schriftsteller*, IV, 88

4 »Unerledigte Widersprüche«, Gespräch mit Therese Hörnigk, Juni 1987/Oktober 1988, XII, 53

5 vgl. *KM*, V, 235 ff.

6 ebd., 499

7 *MN*, III, 27

8 vgl. »Schreiben als Lebensäußerung«, Gespräch mit Herlinde Koelbl, März 1998, XII, 602

9 *KM*, V, 73 f.

10 vgl. *Erfahrungsmuster. Diskussion zu »Kindheitsmuster«*, 1975, VIII, 51

11 *KM*, V, 242

12 »Schreiben als Lebensäußerung«, Gespräch mit Herlinde Koelbl, März 1998, XII, 602

13 »Auf mir bestehen«, Gespräch mit Günter Gaus, 25.2.1993, XII, 449

14 »Schreiben als Lebensäußerung«, Gespräch mit Herlinde Koelbl, März 1998, XII, 601

15 vgl. *Lesen und Schreiben*, IV, 245

16 *KM*, V, 297 ff.

17 *KM*, V, 230

18 vgl. »Gespräch mit Brigitte Struzyk«, 1990, *Wolf-Archiv*, AdK, Signatur 257. Das Gespräch war für den von Anna Mudry herausgegebenen Sammelband mit dem an Maxie Wander angelehnten Titel »Gute Nacht, du Schöne« geplant, aber von Christa Wolf nicht zur Veröffentlichung freigegeben.

19 *Dankrede für den Geschwister-Scholl-Preis*, XII, 104

20 »Unerledigte Widersprüche«, Gespräch mit Therese Hörnigk, Juni 1987/Oktober 1988, XII, 55

21 vgl. *Auskunft*, VIII, 171

22 vgl. »Gespräch mit Brigitte Struzyk«, 1990, *Wolf-Archiv*, AdK, Signatur 257

23 vgl. »Unruhe und Betroffenheit«, Gespräch mit Joachim Walther, 1972, IV, 360

24 *Erfahrungsmuster. Diskussion zu »Kindheitsmuster«*, 1975, VIII, 50

25 *Lesen und Schreiben*, IV, 251 f.

26 So zum Beispiel Brigitte Reimann, die Christa Wolf 1963 auf einer gemeinsamen Moskausreise kennen lernte und im Tagebuch notierte: »Christa Wolf ist eine gute Reisegefährtin, freundlich und gelassen und erfahren und sehr viel erwachsener als ich.« Brigitte Reimann: *Ich bedaure nichts*, 342

27 vgl. *KM*, V, 327
28 vgl. *Ein Besuch*, IV, 310
29 *Lesen und Schreiben*, IV, 253
30 *Einiges über meine Arbeit als Schriftsteller*, IV, 87

Das verlorene Lachen

1 *KM*, V, 263
2 *CT*, II, 21
3 vgl. *CT*, II, 25
4 *KM*, V, 415 f.
5 Dieses Erinnerungsbild taucht in Christa Wolfs erster Prosaveröffentlichung »Moskauer Novelle« auf. Vgl. *MN*, III, 83 und *KM*, V, 423
6 *Blickwechsel*, III, 117. Auch *MN*, III, 83
7 »Nachdenken über Christa W.«, ORB-Fernsehporträt von Gabriele Conrad zum 70. Geburtstag am 18.3.1999
8 *Blickwechsel*, III, 113
9 *KON*, VI, 93
10 *CT*, II, 25
11 *KM*, V, 332
12 *Blickwechsel*, III, 121
13 *Erfahrungsmuster. Diskussion zu »Kindheitsmuster«*, 1975, VIII, 60 f.
14 »Auf mir bestehen«, Gespräch mit Günter Gaus, 25.2.1993, XII, 444
15 vgl. *KM*, V, 480
16 vgl. *Erfahrungsmuster. Diskussion zu »Kindheitsmuster«*, 1975, VIII, 51
17 *KM*, V, 482
18 »Auf mir bestehen«, Gespräch mit Günter Gaus, 25.2.1993, XII, 446
19 ebd.
20 *Akteneinsicht*, 39
21 *Blickwechsel*, III, 128
22 *Zu einem Datum*, III, 132
23 vgl. *SF*, IX, 64, 81
24 *Erfahrungsmuster. Diskussion zu »Kindheitsmuster«*, 1975, VIII, 50
25 *Auskunft*, VIII, 171 f.
26 *KM*, V, 548
27 vgl. »Subjektive Authentizität«, Gespräch mit Hans Kaufmann, 1973, IV, 405
28 »Das siebte Kreuz«, Nachwort, 1963, IV, 39

29 »Auf mir bestehen«, Gespräch mit Günter Gaus, 25.2.1993, XII, 447
30 *Zu einem Datum*, III, 135
31 ebd.
32 ebd., 135 f.
33 *Einiges über meine Arbeit als Schriftsteller*, IV, 88
34 »Auf mir bestehen«, Gespräch mit Günter Gaus, 25.2.1993, XII, 445
35 *Über Sinn und Unsinn von Naivität*, IV, 448
36 vgl. »Gespräch mit Brigitte Struzyk«, 1990, *Wolf-Archiv*, AdK, Signatur 257

Wir heißen euch hoffen

1 »Unerledigte Widersprüche«, Gespräch mit Therese Hörnigk, Juni 1987/Oktober 1988, XII, 72
2 *CT*, II, 39
3 *Akteneinsicht*, 41
4 vgl. »Unerledigte Widersprüche«, Gespräch mit Therese Hörnigk, Juni 1987/Oktober 1988, XII, 69
5 vgl. »Gespräch mit Brigitte Struzyk«, 1990, *Wolf-Archiv*, AdK, Signatur 257. Vor allem aber »Er und ich«, *Poesie*, 145 ff.
6 vgl. *Ein Gespräch mit Christa und Gerhard Wolf*, 1983, VIII, 305 f.
7 »Die Diskussion in der Sowjetunion und bei uns«, *ND*, 4.7.1950. Zitiert nach Manfred Jäger: *Kultur und Politik*, 31
8 vgl. »Unerledigte Widersprüche«, Gespräch mit Therese Hörnigk, Juni 1987/Oktober 1988, XII, 68
9 *Zum 80. Geburtstag von Hans Mayer*, XII, 19
10 ebd.
11 Hans Mayer: *Ein Deutscher auf Widerruf*, II, 32
12 »Unerledigte Widersprüche«, Gespräch mit Therese Hörnigk, Juni 1987/Oktober 1988, XII, 64 f. In ihrem Tagebuch notierte Christa Wolf am 18.4.1968: »E. B., eine meiner ehemaligen Dozentinnen, hat in ihrer Parteigruppe eine Resolution durchgesetzt: Anna Seghers, Erwin Strittmatter und ich zeigten in unseren letzten Arbeiten ›parteifeindliche Tendenzen‹. Das wurde ans ZK geschickt.« *Dokumentation*, 197
13 *Brecht und andere*, IV, 127
14 *Ein Gespräch mit Christa und Gerhard Wolf*, 1983, VIII, 318
15 »Unerledigte Widersprüche«, Gespräch mit Therese Hörnigk, Juni 1987/Oktober 1988, XII, 78

16 vgl. Manfred Jäger: *Rauschgift-Lektüre*, 45

17 vgl. *Zum 80. Geburtstag von Hans Mayer*, XII, 17

18 vgl. *CT*, II, 46

19 »Die Poesie hat immer recht«, Gerhard Wolf im Gespräch mit Peter Böthig, 1998, *Poesie*, 96

20 »Unerledigte Widersprüche«, Gespräch mit Therese Hörnigk, Juni 1987/Oktober 1988, XII, 63

21 ebd., 80 f.

22 »Schreiben im Zeitbezug«, Gespräch mit Aafke Steenhuis, 11.12.1989, XII, 222

23 vgl. »Schreiben als Lebensäußerung«, Gespräch mit Herlinde Koelbl, 1997, XII, 600

24 »Gespräch mit Günter Gaus«, 18.10.2000, ORB-Fernsehen

25 »Schreiben im Zeitbezug«, Gespräch mit Aafke Steenhuis, 11.12.1989, XII, 222 f.

26 ebd., 224

27 vgl. »Warum Medea?«, Gespräch mit Petra Kammann, 25.1.1996, XI, 261

28 *Ein Gespräch mit Christa und Gerhard Wolf*, 1983, VIII, 306

29 »Die Dauerspannung beim Schreiben«, Gespräch mit Helmut Böttiger, 22.3.2000, XII, 710

30 vgl. *Zum 80. Geburtstag von Hans Mayer*, XII, 17

31 vgl. ebd., 19

32 »Die Dauerspannung beim Schreiben«, Gespräch mit Helmut Böttiger, 22.3.2000, XII, 710

33 *Zum 80. Geburtstag von Hans Mayer*, XII, 27

34 Hans Mayer: *Rückschau*, 19

35 *Ein Gespräch mit Christa und Gerhard Wolf*, 1983, VIII, 307

36 *Zum 80. Geburtstag von Hans Mayer*, XII, 17

37 Hans Mayer: *Der Turm von Babel*, 85

38 *CT*, II, 83 f.

39 »Unerledigte Widersprüche«, Gespräch mit Therese Hörnigk, Juni 1987/Oktober 1988, XII, 66 f.

40 vgl. *CT*, II, 113

Der Endsieg des Proletariats

1 Hans Mayer: *Der Turm von Babel*, 97

2 »Unerledigte Widersprüche«, Gespräch mit Therese Hörnigk, Juni 1987/Oktober 1988, XII, 70.

3 »Die Dauerspannung beim Schreiben«, Gespräch mit Helmut Böttiger, 22.3.2000, XII, 710 f.

4 *Einiges über meine Arbeit als Schriftsteller*, IV, 90

5 vgl. »Die Poesie hat immer recht«, Gerhard Wolf im Gespräch mit Peter Böthig, 1998, *Poesie*, 97

6 Diese Anekdote erzählte Loest in einem Brief an den Germanisten Heinrich Mohr. Die Geschichte hat noch einen zweiten Teil. Der geht so: »Ein gutes Dutzend Jahre später traf ich Christa Wolf wieder. Der Mitteldeutsche Verlag Halle hatte an die dreißig oder fünfzig Autoren und Gäste geladen. Christa Wolf kam während der Begrüßungsworte und setzte sich, in die Runde nickend, zu sechs oder acht anderen an einen Tisch, an dem auch ich saß. Da nicht jeder jeden kannte, sollten die Anwesenden ihre Namen nennen. Für mich war es das erste Mal seit meiner Entlassung aus dem Zuchthaus Bautzen, dass ich wieder in eine solche Runde geladen war. Ich stand auf, sagte, wie ich hieß. Da lief ein Erschrecken über Christa Wolfs Gesicht, sofort streckte sie mir über den Tisch hinweg die Hand entgegen und sagte: ›Entschuldige bitte, dass ich dich nicht erkannt habe, Erich.‹« Heinrich Mohr: »Die zeitgemäße Autorin – Christa Wolf in der DDR«, *Mauser*, 17

7 »Probleme des zeitgenössischen Gesellschaftsromans«, *NDL*, 1/1954, 142–150

8 »Unruhe und Betroffenheit«, Gespräch mit Joachim Walther, 1972, IV, 370 f.

9 *Einiges über meine Arbeit als Schriftsteller*, IV, 89 f.

10 »Subjektive Authentizität«, Gespräch mit Hans Kaufmann, 1973, IV, 405

11 *Ein Gespräch mit Christa und Gerhard Wolf*, 1983, VIII, 307 ff.

12 Heinrich Mohr: »Die zeitgemäße Autorin – Christa Wolf in der DDR«, *Mauser*, 20

13 vgl. »Achtung, Rauschgifthandel!«, *NDL*, 2/1955, 136–140

14 vgl. Manfred Jäger: *Rauschgift-Lektüre*, 35 ff.

15 *Lesen und Schreiben*, IV, 245

16 »Er und ich«, *Poesie*, 153

17 »Die schwarzweißrote Flagge«, *NDL*, 3/1955, 148–152

18 vgl. »›Freiheit‹ oder Auflösung der Persönlichkeit?«, *NDL*, 4/1957, 135–142
19 »Besiegte Schatten?«, *NDL*, 9/1955, 141
20 »Menschen und Werk«, *NDL*, 11/1955, 144
21 ebd.
22 »Menschliche Konflikte in unserer Zeit«, *NDL*, 7/1955, 141
23 *Bemerkungen zu »Tinko«. Über unsere junge Literatur. Diskussionsmaterial zur Vorbereitung des IV. Deutschen Schriftstellerkongresses 1955*, 44 f.
24 vgl. Manfred Jäger: *Kultur und Politik*, 77–80
25 vgl. »Popularität und Volkstümlichkeit«, *NDL*, 1/1956, 115–124
26 ebd., 118
27 ebd., 122 f.

Schreib, Christa! Schreib!

1 vgl. *Akteneinsicht*, 49
2 »Unerledigte Widersprüche«, Gespräch mit Therese Hörnigk, Juni 1987/Oktober 1988, XII, 62
3 ebd.
4 *Louis Fürnberg, Briefe 1932–1957*, II, 264
5 ebd., I, 707
6 ebd., II, 180
7 ebd., II, 535
8 ebd., II, 558
9 ebd., II, 291 f.
10 *Wolf-Archiv*, AdK, Signatur 53
11 »Auf mir bestehen«, Gespräch mit Günter Gaus, 25.2.1993, XII, 458
12 »Unerledigte Widersprüche«, Gespräch mit Therese Hörnigk, Juni 1987/Oktober 1988, XII, 73
13 »Begegnungen Third Street«, *Hierzulande*, 21
14 vgl. Manfred Jäger: *Kultur und Politik*, 82
15 Hans Mayer: *Der Turm von Babel*, 140
16 *Ein Deutscher auf Widerruf*, XII, 359
17 vgl. »Die Poesie hat immer recht«, Gerhard Wolf im Gespräch mit Peter Böthig, 1998, *Poesie*, 98
18 vgl. *Akteneinsicht*, 50 f.
19 ebd., 53

20 ebd., 69
21 »Vom Standpunkt des Schriftstellers und von der Form der Kunst«, *NDL*, 12/1957, 123
22 ebd.
23 »Dieter Noll: Die Abenteuer des Werner Holt«, *Sonntag*, Nr. 46, 13.11.1960
24 »Schicksal einer deutschen Kriegsgeneration«, *Sonntag*, Nr. 50, 1962
25 vgl. »Kann man eigentlich über alles schreiben?«, *NDL*, 6/1958, 3–16
26 vgl. »Literatur und Zeitgenossenschaft«, *NDL*, 3/1959, 7–11
27 vgl. »Sozialistische Literatur der Gegenwart«, *NDL*, 5/1959, 3–7
28 »Auf mir bestehen«, Gespräch mit Günter Gaus, 25.2.1993, XII, 457
29 »Kann man eigentlich über alles schreiben?«, *NDL*, 6/1958, 4
30 ebd., 11
31 »Eine Lektion über Wahrheit und Objektivität«, *NDL*, 7/1958, 120–123
32 *Einiges über meine Arbeit als Schriftsteller*, IV, 87
33 vgl. *Wir, unsere Zeit*
34 ebd. Band 1, *Prosa aus zehn Jahren*, 11
35 *SAPMO-BArch*, DY30/IV2/2,109/6, Blatt 120–121
36 ebd., Blatt 122
37 »Literatur und Zeitgenossenschaft«, *NDL*, 3/1959, 9 f.

Dialektik der Aufklärung

1 Geheimer Informator, gleichbedeutend mit dem späteren Informellen Mitarbeiter (IM).
2 *Akteneinsicht*, 69. Christa Wolf veröffentlichte – soweit Daten- und Personenschutz das zuließen – 1993 ihre komplette Stasi-Akte, m sich damit gegen die Angriffe wegen ihrer IM-Vergangenheit zu verteidigen. Der Begriff »Täterakte«, der in diesem Zusammenhang häufig benutzt wird, ist missverständlich, enthält diese Akte doch etwa 70 Seiten Material über Christa Wolf und nur rund 30 Seiten, die Zusammenkünfte mit ihr dokumentieren, darunter einen handschriftlichen Bericht.
3 ebd., 49
4 ebd., 72
5 ebd., 63
6 ebd., 86
7 ebd., 88

8 ebd., 89
9 ebd., 90
10 »Auf mir bestehen«, Gespräch mit Günter Gaus, 25.2.1993, XII, 457
11 *Akteneinsicht*, 117
12 »Margarete in Santa Monica«, Gespräch mit Fritz-Jochen Kopka, *Wochenpost* 5, 28.1.1993, auch in *Akteneinsicht*, 166
13 »Auf mir bestehen«, Gespräch mit Günter Gaus, 25.2.1993, XII, 461
14 vgl. *Akteneinsicht*, 120
15 ebd., 94
16 »Auf mir bestehen«, Gespräch mit Günter Gaus, 25.2.1993, XII, 454
17 »Eine Auskunft«, *Berliner Zeitung*, 21.1.1993
18 »Margarete in Santa Monica«, Gespräch mit Fritz-Jochen Kopka, *Wochenpost* 5, 28.1.1993
19 *Akteneinsicht*, 130
20 ebd., 131
21 ebd., 99
22 »Margarete in Santa Monica«, Gespräch mit Fritz-Jochen Kopka, *Wochenpost* 5, 28.1.1993
23 Joachim Walther: *Sicherungsbereich Literatur*, 691
24 ebd., 21

Stadt auf sieben Hügeln

1 *Über Sinn und Unsinn von Naivität*, IV, 441
2 *Einiges über meine Arbeit als Schriftsteller*, IV, 90
3 ebd.
4 *Wolf-Archiv*, AdK, Signatur 53. Sonja Hilzinger beschreibt in ihrem Nachwort zur »Moskauer Novelle« in der Werkausgabe auch die Vorstufen der Novelle. Vgl. *MN*, III, 554 ff.
5 ebd.
6 *MN*, III, 45
7 *Über Sinn und Unsinn von Naivität*, IV, 442 f.
8 vgl. ebd., 445 f.
9 vgl. »Gespräch mit Therese Hörnigk«, Juni 1987/Oktober 1988, *Reden*, 49 f.
10 *Über Sinn und Unsinn von Naivität*, IV, 442
11 vgl. *Frau von heute*, 1962, Nr.2, 26
12 *MN*, III, 18

13 *Wolf-Archiv*, AdK, Signatur 64

14 vgl. »Die Literatur der neuen Etappe«, *ND*, 20.6.1959

15 Ähnlich große ökonomische Erfolge galten auch in der DDR für ausgemacht. Beispielhaft Otto Gotsches Einschätzung, die er im Mai 1959 auf einer Kulturkommissionssitzung des Politbüros, zu der auch Christa Wolf geladen war, vortrug. Da heißt es: »Wir wollen bis 1961 (...) auf ökonomischem Gebiet erreichen, dass wir den Lebensstandard Westdeutschlands auf den entscheidenden Gebieten einholen bzw. überholen. Bis 1965 wollen wir noch viel mehr schaffen (...).« Auch die Kultur wurde als ein Faktor angesehen, der in direkter Systemkonkurrenz seine Überlegenheit zu beweisen habe: Kultur als Element der ideologischen Planwirtschaft. *SAPMO-BArch*, DY 30/IV 2/2.109/6, Blatt 109

16 Erwin Strittmatter: »Notizen vom Schriftstellerkongress in Moskau«, *NDL*, 8/1959, 14

17 »Begegnungen Third Street«, *Hierzulande*, 24

18 *Über Sinn und Unsinn von Naivität*, IV, 442

19 Brigitte Reimann: *Ich bedaure nichts*, 342

20 Brigitte Reimann/Christa Wolf: *Sei gegrüßt*, 174

21 Brigitte Reimann: *Ich bedaure nichts*, 345

22 ebd., 133

23 ebd., 352

24 Heide Hampel: *Wer schrieb Franziska Linkerhand?*, 17

25 Brigitte Reimann/Christa Wolf: *Sei gegrüßt*, 24

26 Brigitte Reimann: *Ich bedaure nichts*, 349 f.

27 Tonbandprotokoll, Jörg Magenau

28 *Begegnungen. Max Frisch zum 70. Geburtstag.* VIII, 202–209

29 Max Frisch: *Tagebuch 1966–1971*, 158

30 Tonbandprotokoll, Jörg Magenau

Bewährung in der Produktion

1 *Einiges über meine Arbeit als Schriftsteller*, IV, 91

2 vgl. *Dienstag, der 27. September*, III, 366 ff.

3 Tonbandprotokoll, Jörg Magenau. Texte über den 27. September 1991, 1992 und 1993 erschienen in *Tabou*. Notizen vom 27. September 1980 in *VE*, VII, 118 ff.

4 *Einiges über meine Arbeit als Schriftsteller*, IV, 91

5 vgl. *Wolf-Archiv*, AdK. Vgl. auch Nachwort von Sonja Hilzinger, *GH*, I, 290 ff.
6 *Dienstag, der 27. September*, III, 369
7 ebd., 381
8 ebd., 381 f.
9 vgl. Nachwort von Sonja Hilzinger, *GH*, I, 293
10 ebd., 299
11 zitiert nach *Der geteilte Himmel und seine Kritiker*, 161
12 ebd., 78 ff.
13 ebd., 93
14 *GH*, I, 11 f.
15 *Wolf-Archiv*, AdK, Signatur 55
16 zitiert nach *Christa Wolf. Materialienbuch*, 92 f. Diese Rede Christa Wolfs ist bezeichnenderweise nicht in die Werkausgabe aufgenommen worden.
17 *Diskussionsbeitrag*, IV, 116
18 vgl. Kathleen Krenzlin, »Die Akademie-Ausstellung ›Junge Kunst‹ 1961 – Hintergründe und Folgen«, *Kahlschlag*, 66 ff.
19 Heiner Müller, *Krieg ohne Schlacht*, 182
20 Dokumente zum »Fall Heiner Müller« und dem Stück »Umsiedlerin« wurden nach der Wende in der Zeitschrift »Sinn und Form« veröffentlicht. *Sinn und Form*, 43. Jahrgang, 1991, Heft 3, 429–486
21 Manfred Jäger: *Kultur und Politik*, 110
22 »Begegnungen Third Street«, *Hierzulande*, 20
23 Brigitte Reimann: *Ich bedaure nichts*, 277 f.
24 Martin Reso: *Der geteilte Himmel und seine Kritiker*, 26 ff.
25 vgl. Hans-Jürgen Schmitt (Hg.): *Sozialgeschichte der deutschen Literatur*, 61 ff.

Wir sind stolz auf Dich!

1 vgl. Martin Reso: *Der geteilte Himmel und seine Kritiker*, a. a. O.
2 ebd., 149
3 ebd., 78 ff.
4 ebd., 138 f.
5 ebd., 115 ff.
6 Walter Osten: »Der geteilte Himmel«, *Stuttgarter Zeitung*, 7.11.1963, 133 ff.
7 ebd., 103 ff. Wolfgang Werth in der »Deutschen Zeitung« und »Wirt-

schaftszeitung« vom 5./6. Oktober 1963, der als Beispiel westdeutscher Rezeption auch in Martin Resos Sammelband *Der geteilte Himmel und seine Kritiker* aufgenommen wurde.

8 Hans Bunge: »Im politischen Drehpunkt«, *Arbeitsbuch*, 16 f.

9 Brigitte Reimann/Christa Wolf: *Sei gegrüßt*, 5

10 »Die Dauerspannung beim Schreiben«, Gespräch mit Helmut Böttiger, 22.3.2000, XII, 708

11 *Referat und Diskussionsbeiträge der II. Plenartagung*, 53

12 vgl. ebd., 52

13 »Unerledigte Widersprüche«, Gespräch mit Therese Hörnigk, Juni 1987/Oktober 1988, XII, 82

14 *Referat und Diskussionsbeiträge der II. Plenartagung*, 63

15 »Unerledigte Widersprüche«, Gespräch mit Therese Hörnigk, Juni 1987/Oktober 1988, XII, 83

16 Tonbandprotokoll, Jörg Magenau

17 Brigitte Reimann: *Alles schmeckt nach Abschied*, 26

18 *Rummelplatz 11. Plenum. Erinnerungsbericht*, XII, 263 f.

19 *Diskussionsbeitrag zur 2. Bitterfelder Konferenz*, IV, 42 ff.

20 ebd., 50 f.

21 ebd., 47

22 *KM*, V, 363

23 *Eine Rede*, IV, 57

24 ebd., 57 f.

Wir brauchen Weltoffenheit!

1 Günter de Bruyn: »Fragment eines Frauenporträts«, *Liebes- und andere Erklärungen*, 410 ff.

2 vgl. *Juninachmittag*, III, 105 f.

3 vgl. Alexander Stephan: *Christa Wolf*, 17

4 Maxie Wander: *Ein Leben ist nicht genug*, 183

5 *Erinnerung an Friedrich Schlotterbeck*, VIII, 444 f. Christa Wolf schrieb diesen Text als Nachwort zu einer westdeutschen Buchausgabe seines Erfahrungsberichts über die Nazizeit »Je dunkler die Nacht«, die 1986 erschien. Schlotterbeck starb 1979.

6 *Dokumentation*, 144

7 *Rede auf Schiller*, VIII, 393

8 Tonbandprotokoll, Jörg Magenau

9 Interessant hierzu der Romanessay von Ruth Rehmann, »Unterwegs in fremden Träumen«.

10 *Fortgesetzter Versuch*, VIII, 17 f.

11 ebd., VIII, 14

12 »Unerledigte Widersprüche«, Gespräch mit Therese Hörnigk, Juni 1987/Oktober 1988, XII, 78

13 Brigitte Reimann: *Ich bedaure nichts*, 338

14 vgl. Nachwort von Sonja Hilzinger in der Werkausgabe, IV, 479

15 *Wolf-Archiv*, AdK, Signatur 79

16 *Ein Gespräch mit Anna Seghers*, IV, 94 ff.

17 ebd., 95

18 »Unerledigte Widersprüche«, Gespräch mit Therese Hörnigk, Juni 1987/Oktober 1988, 87 f.

19 *SAPMO-BArch*, DY 30/IV A2/906/37. Auch im *Wolf-Archiv*, AdK, Signatur 273

20 Brigitte Reimann: *Alles schmeckt nach Abschied*, 22

21 Umfrage in der Ausgabe 2/1965 der Zeitschrift »film-wissenschaftliche mitteilungen«, die nach dem 11. Plenum verboten wurde. Vgl. Günter Agde: *Kahlschlag*, 372 ff.

22 zitiert nach Manfred Jäger: *Kultur und Politik*, 114

23 »Gespräch mit Brigitte Struzyk«, 1990, *Wolf-Archiv*, AdK, Signatur 257

24 Manfred Jäger: *Kultur und Politik*, 115

25 *Notwendiges Streitgespräch*, IV, 81

26 ebd., 83

27 ebd., 85

28 »Auf mir bestehen«, Gespräch mit Günter Gaus, 25.2.1993, XII, 453

29 Das Buch erschien 1974 unter dem Titel »5 Tage im Juni« in der Bundesrepublik.

30 *Wolf-Archiv*, AdK, Signatur 79

31 »Mit dem absoluten Sinn für Toleranz. Totenrede für Lew Kopelew«, *Hierzulande*, 170

32 *Wolf-Archiv*, AdK, Signatur 79

Die weggeschlagenen Hände

1 Günter Agde: *Kahlschlag*, 243 f.

2 Es ist verblüffend, wie stark sich die Vertreter der feindlichen Systeme DDR und BRD in ihrer Denkweise und ihrer kleinbürgerlichen Moral

ähnelten. Im Westen bezeichnete Ludwig Erhard kritische Schriftsteller als »Pinscher« – auch dort war man der Auffassung, Literatur habe zum Wohle der Regierung zu wirken.

3 vgl. Günter Agde: *Kahlschlag*, 234 f.

4 *Im Widerspruch. Zum 100. Geburtstag von Anna Seghers*, XII, 748 f.

5 Brigitte Reimann: *Alles schmeckt nach Abschied*, 166

6 *Rummelplatz 11. Plenum. Erinnerungsbericht*, XII, 255

7 zitiert nach Günter Agde: *Kahlschlag*, 142. Das stenographische Protokoll des Treffens liegt im Bundesarchiv Berlin-Lichterfelde, vgl. *SAPMO-BArch*, DY30/IV A2/906/142

8 *Rummelplatz 11. Plenum. Erinnerungsbericht*, XII, 256 f.

9 *SAPMO-BArch* DY30/IV A2/906/142. Ebenfalls im *Wolf-Archiv*, AdK, Signatur 273

10 *Rummelplatz 11. Plenum. Erinnerungsbericht*, XII, 257

11 ebd.

12 Günter Agde: *Kahlschlag*, 146

13 Brigitte Reimann: *Alles schmeckt nach Abschied*, 169

14 ebd., 168

15 Teile der Akte wurden mit der Quellenangabe »Parteiarchiv Potsdam, BPA IV-A-2/9.02/823« im »Sonntag« vom 30.9.1990 veröffentlicht. Als Christa Wolf in der Nachwendezeit unter anderem als »Staatsdichterin« heftig angegriffen wurde, hoffte der »Sonntag«, mit Material wie diesem die Absurdität dieses Vorwurfs zu belegen. Resümierend hieß es dort jedoch, die Tragik und das Dilemma Christa Wolfs und ihrer Leser bestehe darin, »dass sie, dass wir noch in unserem Aufbegehren von der anonymen Machtmaschine *auch* eingetaktet wurden«.

16 ebd.

17 *Akteneinsicht*, 23

18 »Gespräch mit Brigitte Struzyk«, 1990, *Wolf-Archiv*, AdK, Signatur 257

19 *Rummelplatz 11. Plenum. Erinnerungsbericht*, XII, 258

20 *Wolf-Archiv*, AdK, Signatur 273

21 ebd.

22 *Rummelplatz 11. Plenum. Erinnerungsbericht*, XII, 260

23 »Die Dauerspannung beim Schreiben«, Gespräch mit Helmut Böttiger, 22.3.2000, XII, 710

24 Wolfgang Engler: *Die Ostdeutschen*, 106

25 *Rummelplatz 11. Plenum. Erinnerungsbericht*, XII, 260

26 Wolfgang Engler: *Die Ostdeutschen*, 106

27 *Diskussionsbeitrag*, IV, 121

28 ebd., 122 f.
29 ebd., 124
30 Diesen Hinweis gibt Manfred Jäger: *Sozialliteraten*, 43
31 »Auf mir bestehen«, Gespräch mit Günter Gaus, 25.2.1993, XII, 452
32 Brigitte Reimann/Christa Wolf: *Sei gegrüßt*, 20 f.
33 Hans Mayer: *Ein Deutscher auf Widerruf*, XII, 356
34 *Rummelplatz 11. Plenum. Erinnerungsbericht*, XII, 262
35 vgl. Therese Hörnigk: »... aber schreiben kann man dann nicht«, *Kahlschlag*, 421
36 Brigitte Reimann: *Alles schmeckt nach Abschied*, 178
37 »Er und ich«, *Poesie*, 160
38 »Begegnungen Third Street«, *Hierzulande*, 18
39 Brigitte Reimann/Christa Wolf: *Sei gegrüßt*, 47 f.
40 »Er und ich«, *Poesie*, 155
41 *Sonntag*, 30.9.1990, vgl. Anmerkung 15
42 *Rummelplatz 11. Plenum. Erinnerungsbericht*, XII, 267
43 *Akteneinsicht*, 23
44 vgl. Therese Hörnigk: »... aber schreiben kann man dann nicht«, *Kahlschlag*, 420
45 *Rummelplatz 11. Plenum. Erinnerungsbericht*, XII, 265
46 »Die Dauerspannung beim Schreiben«, Gespräch mit Helmut Böttiger, 22.3.2000, XII, 708
47 Brigitte Reimann/Christa Wolf: *Sei gegrüßt*, 7

Unter Generalverdacht

1 »Auf mir bestehen«, Gespräch mit Günter Gaus, 25.2.1993, XII, 452
2 *Rummelplatz 11. Plenum. Erinnerungsbericht*, XII, 261
3 *Eine Diskussion über »Kindheitsmuster«*, 24.5.1983, VIII, 303
4 *Dokumentation*, 9
5 Brigitte Reimann/Christa Wolf: *Sei gegrüßt*, 8
6 ebd., 6
7 *Die Andere Zeitung*, 48, 18.11.1965. Auch *Kieler Nachrichten*, 12.11.1965. Zitiert nach Alexander Stephan: *Christa Wolf*, 175
8 vgl. Nachwort von Sonja Hilzinger, *CT*, II, 223. Der Entwurf liegt im *Wolf-Archiv*, AdK, Signatur 54
9 Brigitte Reimann/Christa Wolf: *Sei gegrüßt*, 24
10 *Ein Briefwechsel*, IV, 213 ff.

11 *Juninachmittag*, III, 87
12 *Neue Texte. Almanach für deutsche Literatur*, Berlin und Weimar 1967, 166–184
13 *Dokumentation*, 193
14 *Tagebuch – Arbeitsmittel und Gedächtnis*, IV, 60
15 ebd., 65
16 Der symptomatische Vorgang gehört zu den Kapiteln der Geschichte, die nach dem Ende der DDR »aufgearbeitet« wurden. Angela Drescher, in den achtziger Jahren Lektorin Christa Wolfs im Aufbau-Verlag, legte 1991 eine umfassende Dokumentation vor, die die Geschehnisse um »Christa T.« aus den Akten rekonstruiert. Das aufschlussreiche Buch hätte in der aufgeregten Atmosphäre der Nachwendezeit viel zur Aufklärung beitragen können, wurde aber wenig beachtet.
17 *Dokumentation*, 193 f.
18 Maxie Wander: *Ein Leben ist nicht genug*, 183
19 *Dokumentation*, 32, 36 f.
20 ebd., 194 f.
21 Ein anderes, ähnliches Beispiel: Wolf Biermann erzählte in der »Zeit« vom 24.8.1990, wie Margot Honecker ihn in seiner Wohnung besuchte, um ihn dazu zu bringen, bravere Lieder zu singen.
22 »Zwei Schriftsteller zur Frage ›Wie soll man lesen?‹«, *Sonntag*, Nr. 7, 18.2.1968, 4
23 *CT*, II, 55
24 »Auf den Grund der Erfahrungen kommen. Eduard Zak sprach mit Christa Wolf«, *Sonntag*, Nr. 7, 18.2.1968, 6
25 *Dokumentation*, 40, 45
26 ebd., 58
27 ebd., 197
28 ebd., 56, 57
29 vgl. Wolf Biermann: »Nur wer sich ändert, bleibt sich treu«, *Die Zeit*, 24.8.1990
30 Beate Pinkerneil/Fritz J. Raddatz: »Gespräch über Christa Wolf«. In: Text und Kritik Heft 46: *Christa Wolf*. 4. Auflage 1994, 20
31 »Schreiben im Zeitbezug«, Gespräch mit Aafke Steenhuis, 11.12.1989, XII, 201
32 »Die Dauerspannung beim Schreiben«, Gespräch mit Helmut Böttiger, 22.3.2000, XII, 715
33 Tonbandprotokoll, Jörg Magenau
34 vgl. Vorwort von Angela Drescher, *Dokumentation*, 15

35 vgl. »Woserin, Freitag, der 27. September 1991«, *Tabou*, 100
36 Brigitte Reimann: *Alles schmeckt nach Abschied*, 215
37 »Nur die Lösung: Sozialismus«, *ND*, 4.9.1968
38 Peter Weiss: *Rapporte* 2, 22
39 vgl. Peter Weiss: *Notizbücher 1960-1971*, 577
40 vgl. *Dokumentation*, 15
41 ebd., 204

Mach's nicht zu scharf, Heinz

1 Christa Wolf/Franz Fühmann: *Monsieur*, 6
2 Den Hinweis auf Fühmanns »Ernüchterung« gab Thomas Günther in der *SZ*, 18./19. 8.1990
3 *Ein Briefwechsel*, IV, 23
4 Brigitte Reimann: *Alles schmeckt nach Abschied*, 222
5 Brigitte Reimann/Christa Wolf: *Sei gegrüßt*, 22 f.
6 ebd., 23 f.
7 ebd., 25
8 ebd., 33 f.
9 ebd., 34
10 vgl. *Dokumentation*, 194
11 *Glauben an Irdisches*, IV, 181
12 ebd., 192
13 ebd., 206 f.
14 ebd., 211
15 *CT*, II, 64. Ganz ähnlich formulierte Christa Wolf im Essay »Lesen und Schreiben« als Funktionsbestimmung revolutionärer und realistischer Literatur: »sie verführt und ermutigt zum Unmöglichen«. Vgl. *Lesen und Schreiben*, IV, 282
16 vgl. Jörg Magenau: »Versuchen wir das Unmögliche«, *FAZ/Berliner Seiten*, 11.1.2001
17 *Lesen und Schreiben*, IV, 264
18 *Die zumutbare Wahrheit*, IV, 145–161
19 ebd., 146
20 ebd., 152
21 ebd., 146
22 vgl. Therese Hörnigk: *Christa Wolf*, 134
23 So der DDR-Germanist Dieter Schlenstedt, zitiert nach ebd.

24 *Lesen und Schreiben*, IV, 238
25 ebd., 282
26 ebd., 258
27 Günter Zehm: »Nachdenken über Christa W.«, *Die Welt*, 27.3.1969. *Dokumentation*, 75 ff. Auch in: *Wirkungsgeschichte von Christa Wolfs »Nachdenken über Christa T.«*
28 *Dokumentation*, 84
29 ebd., 86
30 ebd., 147
31 ebd., 199
32 ebd., 100
33 ebd., 201
34 ebd., 98
35 R. M., »Selbstkritik eines Verlegers in der ›DDR‹«, *FAZ* vom 15.5.1969, auch *Dokumentation*, 102
36 Marcel Reich-Ranicki, »Christa Wolfs unruhige Elegie«, *Die Zeit*, 23.5.1969, auch *Dokumentation*, 104, ungekürzt in *Wirkungsgeschichte von Christa Wolfs »Nachdenken über Christa T.«*, 59 ff.
37 *Dokumentation*, 202
38 ebd., 203 f.
39 Brigitte Reimann: *Alles schmeckt nach Abschied*, 251 f.
40 *Wirkungsgeschichte von Christa Wolfs »Nachdenken über Christa T.«*, 71
41 *Dokumentation*, 114
42 vgl. dazu das Vorwort von Angela Drescher: *Dokumentation*, 16
43 Christa Wolf/Franz Führmann: *Monsieur*, 16
44 *Dokumentation*, 206 f.
45 Brigitte Reimann: *Alles schmeckt nach Abschied*, 243
46 Brigitte Reimann/Christa Wolf: Sei gegrüßt, 63
47 Tonbandprotokoll, Jörg Magenau
48 *Dokumentation*, 162
49 Brigitte Reimann/Christa Wolf: *Sei gegrüßt*, 63
50 Brigitte Reimann: *Alles schmeckt nach Abschied*, 102
51 *Dokumentation*, 209
52 In den veröffentlichten Tagebuchauszügen erwähnt Christa Wolf diese Szene nicht. Erst 1994, in dem Erinnerungstext »Begegnungen Third Street«, kommt sie darauf zu sprechen. Vgl. *Hierzulande*, 25
53 Brigitte Reimann/Christa Wolf: *Sei gegrüßt*, 64
54 »Unerledigte Widersprüche«, Gespräch mit Therese Hörnigk, Juni 1987/Oktober 1988, XII, 89

55 *Dokumentation*, 188
56 Nachwort von Sonja Hilzinger in der Werkausgabe, IV, 483
57 vgl. Vorwort von Angela Drescher, *Dokumenation*, 22
58 *Ein Besuch*, IV, 283 ff.

Zeit, in der wir leben

1 Brigitte Reimann: *Alles schmeckt nach Abschied*, 262
2 Brigitte Reimann/Christa Wolf: *Sei gegrüßt*, 56 f.
3 *Dokumentation*, 207
4 Das Material, das im Wolf-Archiv der Akademie der Künste liegt, ist dokumentiert in *KM*, V, 607 ff.
5 Brigitte Reimann/Christa Wolf: *Sei gegrüßt*, 94
6 ebd., 91
7 »Begegnungen Third Street«, *Hierzulande*, 27 f.
8 Tonbandprotokoll, Jörg Magenau
9 ebd.
10 Brigitte Reimann/Christa Wolf: *Sei gegrüßt*, 77
11 Brigitte Reimann: *Alles schmeckt nach Abschied*, 331
12 *Akteneinsicht*, 273
13 Kurt Hager: »Wissenschaft und Kultur in der entwickelten sozialistischen Gesellschaft«, *Sonntag*, Nr. 23, 6.6. 1971, 8
14 zitiert nach Manfred Jäger: *Kultur und Politik*, 140
15 ebd.
16 *SAPMO-BArch*, DY 30/IVB2/2.024/99
17 Tonbandprotokoll, Jörg Magenau
18 Brigitte Reimann/Christa Wolf: *Sei gegrüßt*, 151
19 *Diskussionsbeitrag zum VII. Schriftstellerkongeß der DDR 1973*, IV, 451 f.
20 »Subjektive Authentizität«, Gespräch mit Hans Kaufmann, 1973, IV, 419 f.
21 vgl. dazu das Nachwort von Sonja Hilzinger in der Werkausgabe, III, 569
22 »Subjektive Authentizität«, Gespräch mit Hans Kaufmann, 1973, IV, 424 f.
23 ebd., 425 f.

Seelsorgerin und Ärztin

1 »Nachdenken über Christa W.« ORB-Fernsehporträt von Gabriele Conrad zum 70. Geburtstag am 18.3.1999
2 vgl. *Zeichen*, XII, 689
3 vgl. *KM*, V, 450
4 *Erfahrungsmuster. Diskussion zu »Kindheitsmuster«*, 1975, VIII, 33
5 Christa Wolf/Franz Führmann: *Monsieur*, 65
6 Tonbandprotokoll, Jörg Magenau
7 Der Brief war nachzulesen in der Ausstellung »Literarische Welt – Dokumente zu Leben und Werk von Hans Mayer«, die von Dezember 1985 bis Februar 1986 in Köln zu sehen war. Private Abschrift
8 ebd.
9 Hans Mayer: »Der Mut zur Unaufrichtigkeit«, *Spiegel*, 16/1977, 185
10 *Zum 80. Geburtstag von Hans Mayer*, XII, 25 f.
11 Tonbandprotokoll, Jörg Magenau
12 *KM*, V, 182
13 Brigitte Reimann: *Alles schmeckt nach Abschied*, 283
14 ebd., 270
15 ebd., 312
16 vgl. Heide Hampel: *Wer schrieb Franziska Linkerhand?*, 17 ff.
17 Brigitte Reimann/Christa Wolf: *Sei gegrüßt*, 165
18 vgl. *KM*, V, 260
19 ebd., 402 f.
20 ebd., 308
21 »Unerledigte Widersprüche«, Gespräch mit Therese Hörnigk, Juni 1987/Oktober 1988, XII, 70
22 *Eine Diskussion über »Kindheitsmuster«*, 1983, VIII, 300
23 *KM*, V, 506
24 »Unruhe und Betroffenheit«, Gespräch mit Joachim Walther, 1972, IV, 367
25 »Schreiben als Lebensäußerung«, Gespräch mit Herlinde Koelbl, März 1998, XII, 596
26 »Unruhe und Betroffenheit«, Gespräch mit Joachim Walther, 1972, IV, 365
27 *KON*, VI, 76
28 »Das wird man bei uns anders verstehen«, Gespräch mit Christa Wolf, *Unsere Zeit*, 2.11.1974
29 Joachim Walther: *Sicherungsbereich Literatur*, 767 f.
30 *SAPMO-BArch*, DY 30/IV B2/2.024/99

31 *SAPMO-BArch.* DY 30/IV B2/9.06/61
32 *SAPMO-BArch*, DY30/IV B2/2.024/77
33 Maxie Wander: *Tagebücher und Briefe*, 25, 33

Bedenken in einer Verfahrensfrage

1 HA XX, Nr.1129/76
2 »Die Dauerspannung beim Schreiben«, Gespräch mit Helmut Böttiger, 22.3.2000, XII, 716
3 Manfred Krug: *Abgehauen*, 10
4 *Die Biermann-Ausbürgerung und die Schriftsteller*, 170 ff.
5 zitiert nach Manfred Jäger: *Kultur und Politik*, 166
6 *Die Biermann-Ausbürgerung und die Schriftsteller*, 173
7 »Die Poesie hat immer recht«, Gerhard Wolf im Gespräch mit Peter Böthig, 1998, *Poesie*, 102
8 *Im Widerspruch*, XII, 763
9 »Auf mir bestehen«, Gespräch mit Günter Gaus, 25.2.1993, XII, 462
10 *SAPMO-BArch.* DY 30/IV 2/2.033/52
11 Tonbandprotokoll, Jörg Magenau
12 *SAPMO-BArch.* DY 30/IV 2/2.033/52
13 ebd.
14 ebd.
15 vgl. Manfred Krug: *Abgehauen*, 16–112
16 ebd., 34
17 ebd., 49
18 ebd., 86 f.
19 *SAPMO-BArch*, DY 30/IV 2/2.033/52
20 *Die Biermann-Ausbürgerung und die Schriftsteller*, 171 ff.
21 *SAPMO-BArch*, DY 30/IV 2/2.033/52
22 HA XX, Nr. 1129/76
23 Tonbandprotokoll, Jörg Magenau
24 *SAPMO-BArch*, DY 30/IV B2/9.06/61
25 *SAPMO-BArch*, DY 30/IV B2/9.06/63
26 *SAPMO-BArch*, DY 30/IV B2/9.06/61
27 Joachim Walther: *Sicherungsbereich Literatur*, 518
28 »Die Dauerspannung beim Schreiben«, Gespräch mit Helmut Böttiger, 22.3.2000, XII, 723
29 *SAPMO-BArch*, DY 30/IV B2/9.06/61

30 »Die Dauerspannung beim Schreiben«, Gespräch mit Helmut Böttiger, 22.3.2000, XII, 723
31 *Akteneinsicht*, 288
32 So zum Beispiel in dem folgenreichen Artikel »Macht Verfolgung kreativ?« in der *FAZ* vom 12.11.1987. Da heißt es, Christa Wolf habe »ihre Unterschrift rasch und in aller Form wieder zurückgezogen«.
33 »Schreiben im Zeitbezug«, Gespräch mit Aafke Steenhuis, 11.12.1989, XII, 216
34 *Der Schmerz*, VI, 238
35 Tonbandprotokoll, Jörg Magenau

Wer bleibt?

1 Christa Wolf/Franz Führmann: *Monsieur*, 42
2 *Laudatio für Thomas Brasch*, XII, 39 f.
3 »Ich bin schon für eine gewisse Maßlosigkeit«, Gespräch mit Wilfried F. Schoeller, VIII, 165
4 »Die Dauerspannung beim Schreiben«, Gespräch mit Helmut Böttiger, XII, 717
5 vgl. »Gespräch mit Brigitte Struzyk«, 1990, *Wolf-Archiv*, AdK, Signatur 257
6 »Schreiben im Zeitbezug«, Gespräch mit Aafke Steenhuis, 11.12.1989, XII, 216
7 »Die Poesie hat immer recht«, Gerhard Wolf im Gespräch mit Peter Böthig, 1998, *Poesie*, 104
8 *Wolf-Archiv*, AdK, Signatur 273
9 Maxie Wander: *Tagebücher und Briefe*, 235
10 *SAPMO-BArch*, DY 30/IV B2/9.06/63. Dokumentiert in: Christa Wolf/Franz Führmann: *Monsieur*, 34 f.
11 ebd., 36
12 Tonbandprotokoll, Jörg Magenau
13 Christa Wolf/Franz Führmann: *Monsieur*, 41
14 ebd., 40
15 »Projektionsraum Romantik«, Gespräch mit Frauke Meyer-Gosau, 1981/82, VIII, 239 f.
16 ebd., 236
17 ebd., 240
18 ebd., 241 ff.

19 *Der Schatten eines Traumes*, VI, 111
20 Christa Wolf/Franz Fühmann: *Monsieur*, 100
21 *VE*, VII, 160
22 Maxie Wander: *Tagebücher und Briefe*, 209 f., 235, 239 f.
23 *Zum Tod von Maxie Wander*, VIII, 111 ff.
24 *Wolf-Archiv*, AdK, Signatur 5
25 vgl. »Gespräch mit Brigitte Struzyk«, 1990, *Wolf-Archiv*, AdK, Signatur 257
26 »Schreiben im Zeitbezug«, Gespräch mit Aafke Steenhuis, 11.12.1989, XII, 149
27 ebd.
28 Annemartie Auer: »Gegenerinnerung«, *Sinn und Form*, 4/1977, 859
29 Christa Wolf/Franz Fühmann: *Monsieur*, 37 ff.
30 ebd., 40
31 zitiert nach Joachim Walther: *Sicherungsbereich Literatur*, 48
32 *SAPMO-BArch*, DY 30/2286, Blatt 187,188

Die Literatur als Sehnsuchtsorgan

1 »Projektionsraum Romantik«, Gespräch mit Frauke Meyer-Gosau. 1981/82, VIII, 253
2 ebd., 251 f.
3 ebd., 252
4 *SAPMO-BArch*, DY 30/IV B2/2.024/99
5 *Ein Satz. Bremer Rede*, VIII, 130 ff.
6 Tonbandprotokoll, Jörg Magenau
7 zitiert nach Joachim Walther: *Sicherungsbereich Literatur*, 806
8 vgl. ebd., 723
9 Christa Wolf/Franz Fühmann: *Monsieur*, 62
10 *SAPMO-BArch*, DY 30/IV B2/2.024/99
11 Tonbandprotokoll, Jörg Magenau
12 zitiert nach Joachim Walther: *Protokoll eines Tribunals*, 65
13 ebd., 105 f.
14 Christa Wolf/Franz Fühmann: *Monsieur*, 78
15 vgl. Joachim Walther: *Protokoll eines Tribunals*, 15
16 ebd., 116 f.
17 *SAPMAO-BArch*, DY 30/IV B2/2.024/99
18 Jürgen Serke: »Bußgang zur Kosmetik«, *Die Welt*, 16.2.1991

»Einverstanden. Erich Honecker«

1 *WB*, X, 253
2 ebd., 288
3 ebd., 251
4 Tonbandprotokoll, Jörg Magenau
5 ebd.
6 *WB*, X, 268 f.
7 Gabriele Stötzer: »Schreiben als Sehnsucht«, *Thüringer Allgemeine*, 18.3.1999
8 ebd.
9 *WB*, X, 223
10 ebd., 228
11 *KM*, V, 594
12 *WB*, X, 233
13 ebd., 289
14 Tonbandprotokoll, Jörg Magenau
15 Rulo Melchert: »Christa Wolf in der Berliner Stadtbibliothek«, *Sonntag*, Nr. 49, 9.12.1979
16 Christa Wolf/Franz Führmann: *Monsieur*, 79
17 »Die Dauerspannung beim Schreiben«, Gespräch mit Helmut Böttiger, 22.3.2000, XII, 719
18 Wolfgang Ignée: »Die Wörter blicken misstrauisch«, *Stuttgarter Zeitung*, 12.5.1979
19 *Auskunft*, VIII, 173
20 *SAPMO-BArch*, DY 30/IV B2/2.024/99
21 ebd.
22 Zitiert nach Hans Dieter Zimmermann: *Literaturbetrieb Ost/West*, 162
23 *Von Büchner sprechen*, VIII, 199
24 Nachwort von Sonja Hilzinger in der Werkausgabe, VIII, 488
25 *Von Büchner sprechen*, VIII, 187
26 *SAPMO-BArch*, DY 30/IV B2/2.024/99
27 ebd.

Friede, Frauen, Feierstunden

1 *VE*, VII, 114
2 ebd., 111

3 ebd., 126

4 *Wolf-Archiv*, AdK, Signatur 50. Nachzulesen im Nachwort von Sonja Hilzinger in der Werkausgabe, VII, 434 f.

5 *VE*, VII, 35

6 *KAS*, VII, 247

7 *Berliner Begegnung*, VIII, 221

8 vgl. Manfred Jäger: *Kultur und Politik*, 187 f.

9 *Berliner Begegnung*, VIII, 222

10 ebd., 223

11 *VE*, VII, 109

12 Christa Wolf/Franz Führmann: *Monsieur*, 128 f.

13 ebd.

14 *KAS*, VII, 338

15 *VE*, VII, 107

16 Wilhelm Girnus: »Wer baute das siebentorige Theben?«, *Sinn und Form*, 1983/2. Christa Wolfs Antwort in der Ausgabe 4/1983.

17 Gespräch im *Saarländischen Rundfunk*, 7.3.1992. Abschrift des Interviews im *Wolf-Archiv*, AdK, Signatur 257

18 Analyse der HA XX vom 18.6.1982, zitiert nach Joachim Walther: *Sicherungsbereich Literatur*, 116

19 *Wolf-Archiv*, AdK, Signatur 247

20 *SO*, X, 198

21 *Franz Fühmann – Trauerrede*, VIII, 406

22 *Wolf-Archiv*, AdK, Signatur 247

23 *Zwei Briefe*, VIII, 345 f.

24 *Wolf-Archiv*, AdK, Signatur 247

Schlechte Nachrichten

1 *SF*, IX, 15

2 *GH*, I, 191, 197

3 *CT*, II, 159

4 vgl. *KM*, V, 143 f.

5 *GH*, I, 272

6 *SF*, IX, 112

7 ebd., 44

8 ebd., 60

9 ebd., 65

10 zitiert nach Antonia Grunenberg: »DDR. Nichts ist mehr gültig«, *Die Zeit*, 4.4.1986

11 *Wolf-Archiv*, AdK, Signatur 247

12 *taz*, 2.9.1986

13 *taz*, 17.031987

14 zitiert nach Joachim Walther: *Sicherungsbereich Literatur*, 123

15 zitiert nach Hans Dieter Zimmermann: *Literaturbetrieb Ost/West*, 171

16 Wolf Biermann: »Nur wer sich ändert, bleibt sich treu«, *Die Zeit*, 24.8.1990

17 *Berlin – ein Ort für den Frieden*, 123. Unter dem Titel *Prioritäten setzen*, XII, 29

18 *Berlin – ein Ort für den Frieden*, 111 f.

19 ebd., 167

20 ebd., 125 f., auch XII, 32

21 Uwe Wittstock: »Christa Wolf und der fremde, unbekannte Gott«, *FAZ*, 14.4.1987

22 Marcel Reich-Ranicki: »Macht Verfolgung kreativ?«, *FAZ*, 21.11.1987

23 *Laudatio für Thomas Brasch*, XII, 48

24 Tonbandprotokoll, Jörg Magenau

25 Volker Hage: »Drüben bleiben?«, *Die Zeit*, 20.11.1987

26 Thomas Brasch: »Antwort auf Marcel Reich-Ranicki«, *FAZ*, 13.11.1987

27 Hans Noll: »Die Dimension der Heuchelei«, *Die Welt*, 4.7.1987

28 Tonbandprotokoll, Jörg Magenau

29 »Gespräch mit Brigitte Struzyk«, 1990, *Wolf-Archiv*, AdK, Signatur 257

30 *Dankrede für den Geschwister-Scholl-Preis*, XII, 104 f.

31 ebd., 107

32 Einen Hinweis auf dieses Gespräch gibt Christa Wolf in ihrer Rede vor der Akademie der Künste Berlin (West) am 31.8.1989, XII, 131. Im Film selbst kommt Hasselbach kaum zu Wort. Er sitzt die meiste Zeit stumm dabei, während Christa Wolf mit einem anderen Neonazi spricht.

33 *X. Schriftstellerkongress der Deutschen Demokratischen Republik*, 135

34 vgl. Joachim Walther: *Sicherungsbereich Literatur*, 738

35 *X. Schriftstellerkongress der Deutschen Demokratischen Republik*, 132, auch XII, 111

36 *Rede auf der Bezirksversammlung der Berliner Schriftsteller im März 1988, XII*, 114

37 *SAPMO-BArch*, DY 30/IV 2/2.039/273, Blatt 190 f.

O Täler weit, o Höhen!

1 vgl. Friedrich Dieckmann: »Geschichtsstunde«, *Freitag*, 23.7.1993

2 *SO*, X, 217

3 Arno Widmann: »Rehabilitierung des Genrebildchens«, *taz*, 18.3.1989

4 Lothar Schmidt-Mühlisch: »Christa Wolf in der Zwickmühle eines Sommers«, *Die Welt*, 23.3.1989

5 Klara Obermüller: »Falsche Idylle«, *FR*, 18.3.1989

6 vgl. H. L. Arnold: »Raubvogel süß ist die Luft«, *Sonntagsblatt*, 24.3.1989

7 Fritz J. Raddatz: »Ein Rückzug auf sich selbst«, *Die Zeit*, 24.3.1989

8 Tonbandprotokoll, Jörg Magenau

9 Eva Kaufmann: »Vergangen, nicht widerlegt«, *Wochenpost*, Nr. 22/1989

10 *Junge Welt*, 18.3.1989

11 Horst Haase: »Literatur – aus dem Lebensstoff des Landes und der Zeit geformt«, *ND*, 18./19.3.1989

12 vgl. Joachim Walther: *Sicherungsbereich Literatur*, 421

13 *Wolf-Archiv*, AdK, Signatur 122

14 Die zeitgeschichtlichen Daten hier und in der Folge basieren auf *Die Deutschen nach dem Krieg* und *Chronik der Wende*. Hier: *Die Deutschen nach dem Krieg*, 651

16 *Überlegungen zum 1. September 1939*, XII, 133 f.

17 *Wolf-Archiv*, AdK, Signatur 260

18 vgl. z. B. *taz*, 22.9.1989

19 Lagebericht, HA XX/7, 7.10.1989, zitiert nach Joachim Walther: *Sicherungsbereich Literatur*, 139

20 Inge Aicher-Scholl: *Aus der Rotis Chronik, Ein Text für C. W.*, 8 f.

21 ebd., 11

22 *Erste Gesprächsrunde in der Akademie der Künste der DDR am 29. November 1989*, IX, 221

23 Bascha Mika: »Dialog auf dem Berg der Wahrheit«, *taz*, 2.10.1989

24 *Das haben wir nicht gelernt*, XII, 152

25 Tonbandprotokoll, Jörg Magenau

26 ebd.

27 »Aufforderung zum Dialog«, Gespräch mit Gerhard Rein, 8.10.1989, XII, 138

28 »Begegnungen Third Street«, *Hierzulande*, 15 ff.

29 Tonbandprotokoll, Jörg Magenau

30 »Nachtrag zu einem Herbst«, *Reden*, 11

31 *Wolf-Archiv*, AdK, Signatur 260

Coming out

1 Tonbandprotokoll, Jörg Magenau
2 *Brief an die »Junge Welt«*, XII, 150 f.
3 »Brief an den Generalstaatsanwalt«, *Reden*, 92
4 *Wider den Schlaf der Vernunft. Rede in der Erlöserkirche*, XII, 158 f.
5 ebd., 159 f.
6 nachgedruckt in der *taz* und in der *FR* vom 31.10.1989
7 *Das haben wir nicht gelernt*, XII, 152 ff.
8 170 Briefe an Christa Wolf sind in dem Band *Angepasst oder mündig?* im Mai 1990 in Buchform erschienen.
9 vgl. »Ahnungen und Mahnungen in unserer Literatur«, Klaus Höpcke im Gespräch mit Dr. Harald Wessel, *ND*, 28./29.10.1989
10 *Wolf-Archiv*, AdK, Signatur 247
11 Tonbandprotokoll, Jörg Magenau
12 Wolf Biermann: »Mir lachte das Herz, und es gab mir einen Stich«, *Die Zeit*, 17.11.1989
13 Wolf Biermann: »Und als ich an die Grenze kam«, *taz*, 11.11.1989
14 »Bleiben Sie bei uns«, *taz*, 10.11.1989
15 »Rede in der Universität Leipzig am 21.11.1989«, *Wolf-Archiv*, AdK, Signatur 260
16 So schilderte Christa Wolf ihre Reaktion vor einer Schulklasse in Berlin-Zehlendorf am 30.11.1989. Vgl. Fernsehdokumentation auf N3, gesendet am 5.3.1990
17 *Erste Gesprächsrunde in der Akademie der Künste der DDR am 29. November 1989*, IX, 268 f.
18 Uta Kolbow: »Hin zu Themen von Weltgeltung«, *Berliner Zeitung*, 17.11.1989
19 u. a. Daniela Dahn, Manfred Butzmann, Jürgen Rennert. Die Dokumentation der Arbeit der Untersuchungskommission erschien 1991 bei Basis-Druck unter dem Titel »Und diese verdammte Ohnmacht«.
20 *Ohnmacht*, 309
21 vgl. ebd., 197 ff.
22 ebd., 310
23 ebd., 13
24 Tonbandprotokoll, Jörg Magenau
25 »Zensur ade!«, *taz*, 13.12.1989
26 *Wolf-Archiv*, AdK, Signatur 260
27 Tonbandprotokoll, Jörg Magenau

28 »Gespräch mit Brigitte Struzyk«, 1990, *Wolf-Archiv*, AdK, Signatur 257
29 neben Christa Wolf unter anderen die Schriftsteller Stefan Heym und Volker Braun, der Regisseur Frank Beyer, die Rocksängerin Tamara Danz, der Pfarrer Friedrich Schorlemmer, der Physiker Sebastian Pflugbeil und Ulrike Poppe, die als »Hausfrau« firmierte
30 »Noch haben wir die Chance einer sozialistischen Alternative zur BRD«, *ND*, 28.11.1989
31 Die *taz* meldete am 25.1.1990 1,15 Millionen Unterschriften
32 Fritz J. Raddatz: »Das wehende Vakuum«, *Die Zeit*, 15.12.1989
33 ebd.
34 *Verblendung. Disput über einen Störfall*, IX, 118
35 ebd., 268 ff.
36 *Wolf-Archiv*, AdK, Signatur 247
37 Tonbandprotokoll, Jörg Magenau
38 *Zwischenrede. Rede zur Verleihung der Ehrendoktorwürde der Universität Hildesheim*, XII, 231 f.

Literatur als Kriegsschauplatz

1 *Heine, die Zensur und wir*, XII, 246
2 vgl. *Wolf-Archiv*, AdK, Signatur 257
3 *Der Mensch ist in zwei Formen ausgebildet*, XII, 252 ff.
4 *Krebs und Gesellschaft*, XII, 336
5 vgl. Freya Klier: »Die Nestoren der DDR-Revolution und die Moral«, *taz*, 21.2.1990
6 vgl. Frank Schirrmacher: »Leipzig und die Bücher«, *FAZ*, 10.3.1990
7 vgl. Jürgen Serke: »Der Schrei des Henkers und des Opfers«, *Die Welt*, 24.4.1990, und Jürgen Serke: »Was man mit Worten machen kann«, *Die Welt*, 3.5.1990
8 vgl. Chaim Noll: »Das lächerliche Pathos alter Schwärmer«, *Die Welt*, 12.5.1990
9 Martin Ahrends: »Stunde der Abrechung«, *Die Zeit*, 25.5.1990
10 »Gespräch mit Daniela Dahn«, Juli/Oktober 1990, *Wolf-Archiv*, AdK, Signatur 260
11 Tonbandprotokoll, Jörg Magenau
12 Nachwort von Sonja Hilzinger, *WB*, X, 320 ff. Aufschluss gibt das Material im *Wolf-Archiv*, AdK
13 vgl. Ulrich Greiner: »Mangel an Feingefühl«, *Die Zeit*, 1.6.1990

14 vgl. Frank Schirrmacher: »Dem Druck des härteren, strengeren Lebens standhalten«, *FAZ*, 2.6.1990
15 Der Streit um »Was bleibt« ist in dem von Thomas Anz herausgegebenen Band »Es geht nicht um Christa Wolf« dokumentiert, thematisch aufgearbeitet und hervorragend kommentiert.
16 Martin Ahrends: »Ach, ihr süßen Wessis«, *Die Zeit*, 1.7.1990
17 Monika Maron: »Die Schriftsteller und das Volk«, *Spiegel*, 7/1990
18 Wolf Biermann: »Nur wer sich ändert, bleibt sich treu«, *Die Zeit*, 24.8.1990
19 Günter Grass: »Nötige Kritik oder Hinrichtung?«, Gespräch mit Günter Grass, *Spiegel*, 16.7.1990
20 Hermann Kant: »Ich war ein Aktivist der DDR«, Gespräch mit Hermann Kant, *Spiegel*, 6.8.1990
21 Ulrich Greiner: »Der Potsdamer Abgrund«, *Die Zeit*, 22.6.1990
22 zitiert nach Jens Jessen: »Auch tote Götter regieren«, *FAZ*, 16.6.1990
23 Matthias Altenburg: »Gesamtdeutsche Heulsuse«, *Stern*, 21.6.1990
24 Tonbandabschrift, 10.6.1990, Jörg Magenau, gekürzt abgedruckt in Volkszeitung, 15.6.1990
25 *Dankrede*, XII, 269
26 *Ein Deutscher auf Widerruf*, XII, 356
27 »Gespräch mit Brigitte Struzyk«, 1990, *Wolf-Archiv*, AdK, Signatur 257
28 *Ein Deutscher auf Widerruf*, XII, 357

Unordnung und spätes Leid

1 vgl. »VILs Very Important Ladys«, *taz*, 8.9.1990
2 vgl. »Woserin, Freitag, den 27. September 1991«, *Tabou*, 103
3 *Wo ist euer Lächeln geblieben? Brachland Berlin*, XII, 293 ff.
4 *Wolf-Archiv*, AdK, Signatur 257
5 zitiert nach »Unterm Strich«, *taz*, 19.1.1991
6 *Wolf-Archiv*, AdK, Signatur 259
7 so die Deutsche Presseagentur, *taz*, 20.3.1991
8 »Woserin, Freitag, den 27. September 1991«, *Tabou*, 109
9 zitiert nach Wilfried Mommert: »Christa Wolf wurde 62 Jahre alt: ›Mit Hoffen aufgehört‹«, *taz*, 20.3.1991
10 zitiert nach Leonore Brandt: »Zeitschleifen«, *Freitag*, 22.3.1991
11 »Warum Medea?«, Gespräch mit Petra Kammann, 25.1.1996, XI, 252 f.
12 *Der Gastfreund*, XII, 380

13 *Wolf-Archiv*, AdK, Signatur 276
14 »Santa Monica, Sonntag, den 27. September 1992«, *Tabou*, 233
15 *Tagebuchnotizen*, XI, 220
16 »Warum Medea?«, Gespräch mit Petra Kammann, 25.1.1996, XI, 260
17 »Santa Monica, Sonntag, den 27. September 1992«, *Tabou*, 233
18 *KM*, V, 594
19 »Eine Auskunft«, *Berliner Zeitung*, 21.1.1993. Die Mediendebatte ist dokumentiert in *Akteneinsicht*
20 *Bild*, 22.1.1993
21 »Die ängstliche Margarete«, *Spiegel*, 25.1.1993
22 Erich Loest: »Wer zu spät kommt, den bestraft das Misstrauen«, *Die Welt*, 22.1.1993
23 Fritz J. Raddatz: »Von der Beschädigung der Literatur durch ihre Urheber«, *Die Zeit*, 28.1.1993
24 Frank Schirrmacher: »Fälle. Wolf und Müller«, *FAZ*, 22.1.1993
25 Frank Schirrmacher: »Literatur und Staatssicherheit«, *FAZ*, 28.1.1993
26 Antje Vollmer: »Der Zeitgeist ist Anarchist«, *taz*, 6.2.1993
27 *Akteneinsicht*, 194
28 Christoph Hein: »Der Waschzwang ist da, also muß gewaschen werden«, Gespräch mit Detlev Lücke und Stefan Reinecke, *Freitag*, 29.1.1993
29 Friedrich Schorlemmer: »Eine Statue fällt, ein Mensch bleibt«, *Wochenpost*, 11.2.1993
30 *Akteneinsicht*, 292 ff. und 340
31 ebd., 215 ff.
32 ebd., 170
33 Walter Jens: »Christa Wolf bekümmert mich«, Gespräch mit Michael Hametner, *Freitag*, 12.2.1993
34 »Warum Medea?«, Gespräch mit Petra Kammann, 25.1.1996, XI, 263
35 Heinrich Detering: »Unkraut bedroht die artigen Beete«, *FAZ*, 30.3.1993
36 »Warum Medea?«, Gespräch mit Petra Kammann, 25.1.1996, XI, 262
37 »Befund«, *Tabou*, 192
38 »Berlin, Montag, der 27. September 1993«, *Tabou*, 288

Abendlicht

1 Ralf Husemann: »Geklatscht und geklagt«, *SZ*, 1.3.1994
2 Helmut Böttiger: »Zartbitterschokolade und drinnen Bananen«, *FR*, 21.3.1994

3 *Abschied von Phantomen*, XII, 534
4 vgl. ebd., 509
5 vgl. »Er und ich«, *Poesie*, 147
6 vgl. *Maler*, 46
7 »Im Stein«, *Hierzulande*, 93
8 »Gespräch mit Tilman Krause«, *Tagesspiegel*, 1.5.1996
9 Gregor Ziolkowski: »Der düstere Glanz der Mythen«, *Berliner Zeitung*, 6.2.1995
10 Sigrid Löffler im *Falter*, 9/1996
11 Pia Reinacher im *Tagesanzeiger*, 24./25.2.1996
12 Anke Westphal: »Plädoyer: Unschuldig«, *taz*, 9.3.1996
13 Jens Balzer, *Die Zeit*, 23.2.1995
14 Volker Hage: *Spiegel* 9/1996
15 Der Verriss wurde auf der Titelbild-Montage durch Marcel Reich-Ranicki plastisch dargestellt: Er zerriss das Buch in zwei Teile
16 vgl. *Wolf-Archiv*, AdK, Signatur 218
17 Manfred Fuhrmann, *FAZ*, 2.3.1996
18 Tilman Krause, *Tagesspiegel*, 26.2.1996
19 »Christa Wolf im Gespräch«, 23.2.1997, *Christa Wolfs Medea*, 59
20 »Begegnungen Third Street«, *Hierzulande*, 7 ff.
21 Tonbandprotokoll, Jörg Magenau
22 *Einen Verlust benennen*, XII, 566 f.
23 *Winterreise*, XII, 565
24 *Der Worte Wunden bluten heute nur nach innen*, XII, 575
25 *Mit dem absoluten Sinn für Toleranz*, XII, 610
26 *taz*, 20. und 21.10.1997
27 Gespräch im *Deutschlandradio*, 23.10.1997
28 »Persönliche Stellungnahme für die Presse«, *Junge Welt*, 8.4.1999
29 Cornelia Geissler: »Was vom Osten übrigblieb«, *Berliner Zeitung*, 18.10.1999
30 *Mitleidend bleibt das ewige Herz doch fest*, XII, 620
31 ebd., 629
32 ebd., 613
33 *... der Worte Adernetz. Nelly Sachs heute lesen*, XII, 701
34 ebd., 695
35 *Im Widerspruch. Zum hundertsten Geburtstag von Anna Seghers*, XII, 748 und 758

Bibliographie

1. Werke Christa Wolf

a) Werkausgabe

Christa Wolf: Werke 13 Bände (1999–2003), herausgegeben, kommentiert und mit einem Nachwort versehen von Sonja Hilzinger. Luchterhand Literaturverlag, München.

Bd. 1: Der geteilte Himmel (1999)
Bd. 2: Nachdenken über Christa T. (1999)
Bd. 3: Erzählungen 1960–1980 (1999)
Bd. 4: Essays, Gespräche, Reden, Briefe 1959–1974 (1999)
Bd. 5: Kindheitsmuster (2000)
Bd. 6: Kein Ort. Nirgends. Der Schatten eines Traumes. Karoline von Günderode, ein Entwurf. Nun ja! Das nächste Leben geht aber heute an. Ein Brief für Bettine. (2000)
Bd. 7: Kassandra. Voraussetzungen einer Erzählung. (2000)
Bd. 8: Essays, Gespräche, Reden, Briefe 1975–1986 (2000)
Bd. 9: Störfall. Nachrichten eines Tages. Verblendung. Disput über einen Störfall. (2001)
Bd. 10: Sommerstück. Was bleibt. (2001)
Bd. 11: Medea (2001)
Bd. 12: Essays, Gespräche, Reden, Briefe 1987–2000 (2001)
Der 13. Band erscheint im Frühjahr 2003.

b) Außerhalb der Werkausgabe

Böthig, Peter (Hg.): *Die Poesie hat immer recht.* Gerhard Wolf, Autor, Herausgeber, Verleger. Ein Almanach zum 70. Geburtstag. Gerhard Wolf Janus Press, Berlin 1998 [Poesie]

Böthig, Peter (Hg.): *Unsere Freunde, die Maler.* Gerhard Wolf Janus Press, Berlin 1995 [Maler]

Reimann, Brigitte/Wolf, Christa: *Sei gegrüßt und lebe.* Eine Freundschaft in Briefen 1964–1973. Herausgegeben von Angela Drescher, Berlin 1993 [Sei gegrüßt]

Und diese verdammte Ohnmacht. Report der Untersuchungskommission zu den Ereignissen vom 7. und 8. Oktober 1989 in Berlin. Basis Druck, Berlin 1991 [Ohnmacht]

Vinke, Hermann (Hg.): *Akteneinsicht Christa Wolf. Zerrspiegel und Dialog.* Eine Dokumentation. Luchterhand Literaturverlag, Hamburg 1993 [Akteneinsicht]

Wolf, Christa: *Auf dem Weg nach Tabou.* Texte 1990–1994. Köln 1994 [Tabou]

Wolf, Christa: *Hierzulande Andernorts.* Erzählungen und andere Texte. Luchterhand Literaturverlag, München 1999 [Hierzulande]

Wolf, Christa: *Reden im Herbst.* Aufbau-Verlag, Berlin/Weimar 1990 [Reden]

Wolf, Christa /Fühmann, Franz: Monsieur – wir finden uns wieder. Briefe 1968–1984. Aufbau-Verlag, Herausgegeben von Angela Drescher, Berlin 1995 [Monsieur]

Wolf, Christa/Wolf, Gerhard (Hg.): *Wir, unsere Zeit. Prosa und Gedichte aus zehn Jahren.* Mit einer Einleitung von Christa und Gerhard Wolf. 2 Bände, Berlin 1959 [Wir, unsere Zeit]

Wolf, Christa (Hg.): *Proben junger Erzähler.* Reclam Verlag, Leipzig 1959

c) Gespräche außerhalb der Werkausgabe

Ohne Titel, Gespräch mit Brigitte Struzyk, März 1990, *Wolf-Archiv*, AdK, Signatur 257

Ohne Titel, Gespräch mit Daniela Dahn, Juli/Oktober 1990, *Wolf-Archiv*, AdK, Signatur 260

»Margarete in Santa Monica«, Gespräch mit Fritz-Jochen Kopka, *Wochenpost*, 28.1.1993. In: Vinke, Hermann (Hg.): *Akteneinsicht Christa Wolf. Zerrspiegel und Dialog.* Eine Dokumentation. Luchterhand Literaturverlag, Hamburg 1993, 163–167

»Ich bin eine Figur, auf die man vieles projizieren kann«, Gespräch mit Detlev Lücke und Jörg Magenau. In: *Freitag*, 18.3.1994

»Sind Sie noch eine Leitfigur, Frau Wolf?«, Gespräch mit Tilman Krause, *Tagesspiegel*, 29.4.1996

»Nachdenken über Christa W.«, Gespräch mit Gabriele Conrad im ORB-Fernsehen zum 70. Geburtstag von Christa Wolf, 18.3.1999

2. Quellen

Das Material im Christa-Wolf-Archiv in der Stiftung Archiv der Akademie der Künste Berlin-Brandenburg ist nicht öffentlich zugänglich. Die in den Fußnoten angegebenen Signaturen beziehen sich auf die Kästen, in denen das jeweilige Material abgelegt ist. [Wolf-Archiv, AdK]

Stiftung Archiv der Parteien und Massenorganisationen der DDR im Bundesarchiv, Berlin-Lichterfelde. [SAPMO-BArch]
Gespräche mit Christa Wolf, die zwischen Februar und Mai 2001 geführt wurden. [Tonbandprotokoll, Jörg Magenau]
Stasi-Akten zitiert nach Joachim Walther: *Sicherungsbereich Literatur*, nach Hermann Vinke (Hg.): *Akteneinsicht* und nach den Kopien von Christa Wolf aus dem OV »Doppelzüngler«. Falls auf den Kopien vorhanden werden die angegebenen Aktenzeichen angegeben. [Stasi-Akten]

3. Sonstige Literatur

Agde, Günter (Hg.): *Kahlschlag. Das 11. Plenum des ZK der SED 1965.* Studien und Dokumente. 2. Erweiterte Auflage, Aufbau Taschenbuch Verlag, Berlin 2000. [Kahlschlag]
Anz, Thomas (Hg.): *Es geht nicht um Christa Wolf.* Der Literaturstreit im vereinten Deutschland. Fischer Verlag, Frankfurt/Main 1995.
Arnold, Heinz Ludwig: *bestandsaufnahme gegenwartsliteratur. Bundesrepublik Deutschland, Deutsche Demokratische Republik, Österreich, Schweiz.* Edition Text + Kritik, München 1988.
Arnold, Heinz Ludwig (Hg.): *Christa Wolf.* 3. Auflage. Text und Kritik. Edition Text + Kritik, München 1985.
Arnold, Heinz Ludwig (Hg.): *Christa Wolf.* 4. Auflage. Text und Kritik XI/94. Edition Text + Kritik, München 1994.
Bahrmann, Hannes/Links, Christoph: *Chronik der Wende.* Christoph Links Verlag, Berlin 1999.
Baumer, Franz: *Christa Wolf.* Colloquium Verlag, Berlin 1988.
Baumert, Heinz: *Das verbotene Heft: film-wissenschaftliche mitteilungen,* 2/1965. In: *Kahlschlag.*
Behn, Manfred (Hg.): *Wirkungsgeschichte von Christa Wolfs »Nachdenken über Christa T.«.* Athenäum Verlag, Königstein/Ts., 1978. [Wirkungsgeschichte von Christa Wolfs »Nachdenken über Christa T.«]
Berlin – ein Ort für den Frieden. Internationales Schriftstellergespräch anlässlich des 750-jährigen Jubiläums der Stadt, 5.–8. Mai 1987. Aufbau-Verlag, Berlin und Weimar 1987. [Berlin – ein Ort für den Frieden]
Bögeholz, Hartwig: *Die Deutschen nach dem Krieg. Eine Chronik.* rororo aktuell, Reinbek 1995. [Die Deutschen nach dem Krieg]
Böthig, Peter/Michael, Klaus: *Literatur und Staatssicherheit im Fokus Prenzlauer Berg.* Reclam Verlag, Leipzig 1993.

Böttcher, Kurt u. a.: *Schriftsteller der DDR*. VEB Bibliographisches Institut, Leipzig 1974.
Brussig, Thomas: *Helden wie wir*. Roman. Verlag Volk und Welt, Berlin 1995.
Bruyn, Günter de: *Fragment eines Frauenporträts*. In: *Liebes- und andere Erklärungen*.
Bruyn, Günter de: *Vierzig Jahre. Ein Lebensbericht*. Fischer Verlag, Frankfurt/Main 1996.
Bunge, Hans: »Im politischen Drehpunkt«. Alternative, Berlin (West), Nr. 35, April 1964, in: *Arbeitsbuch*.
Deiritz, Karl/Krauss, Hannes: *Der deutsch-deutsche Literaturstreit oder »Freunde, es spricht sich schlecht mit gebundener Zunge«*. Analysen und Materialien. Luchterhand Literaturverlag, Hamburg, Zürich 1991.
Deiritz, Karl/Krauss, Hannes: *Verrat an der Kunst? Rückblicke auf die DDR-Literatur*. Aufbau Taschenbuch Verlag, Berlin 1993.
Deutsche Akademie der Künste zu Berlin (Hg.): *Der geteilte Himmel. Referat und Diskussionsbeiträge der II. Plenartagung der Deutschen Akademie der Künste zu Berlin vom 30. Juni 1964*. Sonderdruck der Akademie der Künste, Berlin 1964. [Referat und Diskussionsbeiträge der II. Plenartagung]
Diersch, Manfred/ Hartinger, Walfried: *Literatur und Geschichtsbewusstsein. Entwicklungstendenzen der DDR-Literatur in den sechziger und siebziger Jahren*. Aufbau-Verlag, Berlin und Weimar 1976.
Drescher, Angela (Hg.): *Christa Wolf. Ein Arbeitsbuch*. Studien, Dokumente, Bibliographie. Aufbau-Verlag, Berlin und Weimar 1989. [Arbeitsbuch]
Drescher, Angela (Hg): *Dokumentation zu Christa Wolf, »Nachdenken über Christa T.«* Luchterhand Literaturverlag, Hamburg, Zürich 1991. [Dokumentation]
Emmerich, Wolfgang: *Kleine Literaturgeschichte der DDR*. Erweiterte Neuausgabe. Gustav Kiepenheuer Verlag, Leipzig 1996.
Engler, Wolfgang: *Die Ostdeutschen. Kunde von einem verlorenen Land*. Aufbau-Verlag, Berlin 1999. [Die Ostdeutschen]
Frisch, Max: *Tagebuch 1966–1971*. Suhrkamp Verlag, Frankfurt/Main 1972.
Fürnberg, Louis: *Briefe 1932–1957*. Auswahl in zwei Bänden, Aufbau Verlag, Berlin und Weimar 1986.
Gaus, Günter: *Zur Person*. Edition Ost, Berlin 1998. [Zur Person]
Geschichtskommission des Verbands deutscher Schriftsteller (VS): *Die Biermann-Ausbürgerung und die Schriftsteller. Ein deutsch-deutscher Fall*. Verlag Wissenschaft und Politik, Köln 1994. [Die Biermann-Ausbürgerung und die Schriftsteller]

Gruner, Petra (Hg.): *Angepasst oder mündig?* Briefe an Christa Wolf im Herbst 1989. Luchterhand Literaturverlag, Frankfurt/Main 1990.
Hampel, Heide (Hg.): *Wer schrieb Franziska Linkerhand?* Federchen Verlag, Neubrandenburg 1998. [Wer schrieb Franziska Linkerhand?]
Heym, Stefan: *Der Winter unseres Missvergnügens.* Aus den Aufzeichnungen des OV Diversant. Btb/Goldmann, München 1996.
Heym, Stefan: *5 Tage im Juni.* Bertelsmann, München 1974.
Heym, Stefan: *Nachruf.* Bertelsmann, München 1988.
Hilzinger, Sonja: *Christa Wolf.* Sammlung Metzler, Stuttgart 1986.
Hochgeschurz, Marianne (Hg.): *Christa Wolfs Medea. Voraussetzungen zu einem Text. Mythos und Bild.* Berlin 1998 [Christa Wolfs Medea]
Hörnigk, Therese: *»... aber schreiben kann man dann nicht.« Über die Auswirkungen politischer Eingriffe in künstlerische Prozesse.* In: *Kahlschlag*
Hörnigk, Therese: *Christa Wolf.* Steidl Verlag, Göttingen 1989.
Jäger, Manfred: *Kultur und Politik in der DDR 1945–1990.* Edition Deutschland Archiv, Köln 1994. [Kultur und Politik]
Jäger, Manfred: *Rauschgift-Lektüre.* In: Text und Kritik 46, 4. Auflage, XI 1994. [Rauschgift-Lektüre]
Jäger, Manfred: *Sozialliteraten. Funktion und Selbstverständnis der Schriftsteller in der DDR.* Bertelsmann Universitätsverlag, Düsseldorf 1973.
Koelbl, Herlinde: *Im Schreiben zu Haus.* Knesebeck Verlag, München 1998.
Krenzlin, Kathleen: *Die Akademie-Ausstellung »Junge Kunst« 1961 – Hintergründe und Folgen.* In: *Kahlschlag.*
Krug, Manfred: *Abgehauen. Ein Mitschnitt und ein Tagebuch.* Econ Verlag, Düsseldorf 1996. [Abgehauen]
Kunert, Günter: *Erwachsenenspiele. Erinnerungen.* Hanser Verlag, München 1997.
Links, Christoph: *Chronik der Wende.* Christoph Links Verlag, Berlin.
Mauser, Helmtrud/Mauser, Wolfram: *Christa Wolf. »Nachdenken über Christa T.«.* Wilhelm Fink Verlag, München 1987.
Mauser, Wolfram (Hg.).: *Erinnerte Zukunft.* 11 Studien zum Werk von Christa Wolf, Königshausen & Neumann, Würzburg 1985. [Mauser]
Mayer, Hans: *Ein Deutscher auf Widerruf. Erinnerungen.* Band II. Suhrkamp Verlag, Frankfurt/Main 1984.
Mayer, Hans: *Der Turm von Babel.* Suhrkamp Verlag, Frankfurt/Main 1991.
Mayer, Hans: *Rückschau auch meinerseits.* Zum 60. Geburtstag meiner – weiland – Studentin Christa Wolf. In: Christa Wolf zum 60. Geburtstag am 18. März 1989. Luchterhand Literaturverlag, Privatdruck 1989. [Rückschau]

Meyer-Gosau, Frauke: *Christa Wolf.* In: *Kritisches Lexikon zur deutschsprachigen Gegenwartsliteratur*, KLG, Edition Text + Kritik.

Mitscherlich-Nielsen, Margarete: *Gratwanderung zwischen Anspruch und Verstrickung.* In: Arbeitsbuch.

Mohr, Heinrich: *Die zeitgemäße Autorin – Christa Wolf in der DDR.* In: *Mauser.*

Müller, Heiner: *Krieg ohne Schlacht. Leben in zwei Diktaturen. Eine Autobiographie.* Erweiterte Neuausgabe, Kiepenheuer & Witsch, Köln 1992, 1994. [Krieg ohne Schlacht]

Raddatz, Fritz J.: *Traditionen und Tendenzen. Materialien zur Literatur der DDR.* Suhrkamp Verlag, Frankfurt/M. 1972.

Rehmann, Ruth: *Unterwegs in fremden Träumen.* Hanser Verlag, München 1993.

Reimann, Brigitte: *Alles schmeckt nach Abschied, Tagebücher 1964–1970.* Herausgegeben von Angela Drescher. Aufbau-Verlag, Berlin 1998. [Alles schmeckt nach Abschied]

Reimann, Brigitte: *Ich bedaure nichts. Tagebücher 1955–1963.* Herausgegeben von Angela Drescher, Aufbau-Verlag, Berlin 1997. [Ich bedaure nichts]

Reso, Martin: *Der geteilte Himmel und seine Kritiker. Dokumentation.* Mitteldeutscher Verlag, Halle 1965.

Richter, Rolf: *Schreibend über die Dinge kommen. Zu Christa Wolf.* Neuer Hochschulschriftenverlag, Rostock 1998.

Rüther, Günther: *»Greif zur Feder, Kumpel«. Schriftsteller, Literatur und Politik in der DDR 1949–1990.* Droste Verlag, Düsseldorf 1991.

Sauer, Klaus (Hg): *Christa Wolf. Materialienbuch.* Neue, überarbeitete Ausgabe. Sammlung Luchterhand, Darmstadt und Neuwied 1979. [Materialienbuch]

Schlotterbeck, Friedrich: *Je dunkler die Nacht. Erinnerungen eines deutschen Arbeiters 1933–1945.* Mit einem Nachwort von Christa Wolf und Werner Stiefele. Verlag G. Walter, Stuttgart 1986

Schmitt, Hans-Jürgen: *Sozialgeschichte der deutschen Literatur.* Band 11. Die Literatur der DDR. DTV, München 1983. [Sozialgeschichte der deutschen Literatur]

Schriftstellerverband der Deutschen Demokratischen Republik, Diskussionsmaterial zur Vorbereitung des IV. Deutschen Schriftstellerkongress der Deutschen Demokratischen Republik, Aufbau-Verlag, Berlin und Weimar 1955.

Schriftstellerverband der Deutschen Demokratischen Republik, VII. Schriftstellerkongress 1973, Aufbau-Verlag, Berlin und Weimar 1974.

Schriftstellerverband der Deutschen Demokratischen Republik, X. Schriftstellerkongress der Deutschen Demokratischen Republik, Aufbau-Verlag, Berlin und Weimar 1988.

Stephan, Alexander: *Christa Wolf*. 3., überarbeitete Auflage, C. H. Beck Verlag, München 1987.

Texte für Christa Wolf zum 65. Geburtstag. Gerhard Wolf Janus Press, Berlin 1994 [Ein Text für C. W.]

Voigtländer, Annie: *Liebes- und andere Erklärungen. Schriftsteller über Schriftsteller*, Aufbau-Verlag, Berlin, Weimar 1972. [Liebes- und andere Erklärungen]

Walther, Joachim, u. a.: *Protokoll eines Tribunals. Die Ausschlüsse aus dem DDR-Schriftstellerverband 1979*. Rororo aktuell, Reinbek 1991. [Protokoll eines Tribunals]

Walther, Joachim: *Sicherungsbereich Literatur. Schriftsteller und Staatssicherheit in der Deutschen Demokratischen Republik*, Christoph Links Verlag, Berlin 1996. [Sicherungsbereich Literatur]

Wander, Maxie: *Ein Leben ist nicht genug*. DTV, München 1996.

Wander, Maxie: *Tagebücher und Briefe*. Buchverlag Der Morgen, Berlin 1979. (Unter dem Titel *Leben wär eine prima Alternative* erschien das Buch leicht verändert in der Bundesrepublik. DTV, München 1994)

Weiss, Peter: *Notizbücher 1960–1971*. Edition Suhrkamp, Frankfurt/Main 1982.

Weiss, Peter: *Rapporte*, 2. Edition Suhrkamp, Frankfurt/Main 1971.

Wichner, Ernst/Wiesner, Herbert: *Zensur in der DDR. Geschichte, Praxis und ›Ästhetik‹ der Behinderung von Literatur*. Ausstellungsbuch. Literaturhaus Berlin, 1991.

Wittstock, Uwe: *Leselust. Wie unterhaltsam ist die neue deutsche Literatur?* Luchterhand, München 1995.

Wittstock, Uwe: *Von der Stalinallee zum Prenzlauer Berg. Wege der DDR-Literatur 1949–1989*. Piper Verlag, München 1989.

Zimmermann, Hans Dieter: *Literaturbetrieb Ost/West. Die Spaltung der deutschen Literatur von 1948 bis 1998*. Kohlhammer, Stuttgart, Berlin, Köln 2000.

Veröffentlichungen in Zeitungen und Zeitschriften werden hier nicht aufgelistet, sondern in den Fußnoten ausgewiesen.

Personenregister

Danksagung

Mein besonderer Dank gilt Christa und Gerhard Wolf für Gespräche, Geduld und Vertrauen; Barbara Wenner, ohne deren Idee und Initiative ich die Arbeit an diesem Buch nicht begonnen hätte; Uwe Naumann für die unterstützenden Buchpakete und andere Materialien; meiner Lektorin Ulrike Kloepfer, ihrer Mitarbeiterin Barbara Berninger, die nicht nur die Fotoauswahl besorgte, und allen anderen Mitarbeitern des Kindler Verlags; den Mitarbeitern der Archive, die beim Suchen halfen, Andrea Doberenz und Barbara Stang vom Aufbau-Verlag, Jürgen Holtfreter vom »Freitag«, vor allem aber Barbara Oetter für kritische Begleitung, Ausdauer und tägliche Unterstützung.

Einige Rechteinhaber der Fotos konnten nicht ausfindig gemacht werden. Der Verlag bittet dies zu entschuldigen. Ausstehende Honorare werden auf Anfrage jederzeit nacherstattet.

2. Auflage März 2002

Umschlaggestaltung: Gudrun Fröba, Berlin
Buchgestaltung: Ⓢ sans serif, Berlin
Gesetzt aus der Melior
Satz: Greiner & Reichel, Köln
Reproduktionen: Mega-Satz-Service, Berlin
Druck und Bindung: Clausen & Bosse, Leck
Printed in Germany
ISBN 3-463-40394-3